KB210298

● 77 Story Bible 영어회화 ●

영어로 이야기

세니카 B. 정 지음

Englishlo
영어로연구소

Note | 일러두기

영어말을 전달하려면, 원어민이 사용하는 사운드 코드를 맞춰야 한다. 그래서 <영어로 이야기>의 영문에 나오는 고유명사는 현재 미국영어의 방송발음을 기준으로 일일이 소리나는 대로 근접한 한글음이 되도록 표기했다.
이런 노력으로 본서 영문을 소리내어 읽는 것만으로도 우리만이 아닌 세계인의 발음과 거의 같은 사운드를 내는 효과를 기대할 수 있다. 이에 따라 아래 제시한대로 a는 [애], e는 [이], o는 [아], ph는 [프], th는 [쓰]로 주로 표기할 때, 영어발음소리의 한글음 표기에 대한 시행착오가 줄었음을 밝힌다.
세계인이 들을수 있는 발음이 되도록 주의를 기울여, 네이버 오디오클립>어학>영어영역에 "영어로 이야기" 채널을 개설하여 사운드를 함께 제공한다. 한글을 읽을 때 영어발음이 가깝게 살아나는 대표적 표기조건은 다음과 같다.

a [애]: Adam 애덤 | [애이]: David 대이빋 | [어]: Abraham 애이브러햄 | [으] Satan 새이튼
e [에]: Eve 이브; Jesus 지저스; Peter 필어 | [으] Delilah 들라일라 | [에]: Esther 에스털
o [아]: God 갇; Lot 랕 | [으]: Edom 이듬; Samson 샘슨 | [어] Cannon 캐이넌; Aaron 애런
u [유]: Samuel 새뮤얼 | [어]: Darius 대리어스 | [우]: Jerusalem 저루살럼
ph [프]: Pharoah 풰로우; Joseph 조셒; Potiphar 팔어풔
th [쓰]: Ruth 루쓰; Bethel 베썰; Nazareth 내저레쓰

Preface

—— 머리말 ——

유일신 하나님은 자신을 이즈리얼Israel 밖으로 알리는 도구로 폴Paul을 지명했고, 자신의 말 가스펄Gospel을 세상에 전파하기 위한 언어도구로 영어를 선택했다. 우리가 세상언어 영어를 배우고자 노력 중인 것이 그 증거다.

하나님이 전한 바에 의하면, 인간은 그로부터 배워야 한다고 했다. 바이블Bible은 바로 그 이야기를 한데 묶은 모음집이므로, 이를 읽으면 깨닫음이 많아진다. 그책의 부피가 부담될 때, 재미있는 이야기를 중심으로 어린이부터 성인까지 모두가 흥미롭게 접근할 수 있는, 77 스토리 바이블Story Bible이 선정되어 있다.

가스펄Gospel 전파의 선두는 의심없이 모지스Moses다. 이집트 탈출이라는 놀라운 임무에 호출된 그는 80세부터 120세까지 충실하게 역할을 수행하며 하나님의 길을 사람에게 알리고 이끌었다. 우리 역시 모지스를 본받아 하나님이 제시한 올바른 인생길을 살아가는 것은 물론, 자손에게도 정의를 지키며 바른길에서 벗어나지 않도록 권할 책임과 의무가 있다.

이런 목적을 위해, 이웃과 단절없는 소통을 위해, 또 선진문화를 받아들이기 위해, 영어를 바이블로 익혀보자. 그뿐만 아니라 잘못을 저지르는 인간 대신 그 대가를 감당한 지저스Jesus의 의미를 오해없이 받아들여, 자기자신의 잘못을 반성하고, 또 한국밖 세계가 공감하는 영어문화적 이해가 우리한테 반드시 필요하기 때문에, 바이블을 영어로 이야기해보는 노력은 더욱 중요하다.

영어와 바이블이라는 최고의 두 가치를 흥미로운 이야기 가운데서 발견하면, 사람이 살아갈 길을 알 것 같아 마음이 편해지며 만족의 기쁨이 느껴진다. 두 마리 토끼를 한 번에two in one 잡는 묘수가 바로 "영어로 이야기" 속에 들어 있다.

Contents
—— 차 례 ——

STORY BIBLE 01

기원 1 | 하나님의 창조작업

Genesis 1 | God's Work of Creation

하나님이 세상을 만들다

God creates the world

처음에, **하나님**이 하늘과 땅을 창조했다.

1 In the beginning, God created the heavens and the earth.

땅은 형태없이 텅 비어 있었고, 어둠이 그 위를 깊게 뒤덮고 있었다. **하나님**의 영혼이 물표면에서 아른거렸다.

2 The earth was without form and void, and darkness was over the face of the deep. And the Spirit of God was hovering*move* over the face of the waters.

하나님이 말했다. "빛이 있게 하자." 그러자 빛이 있게 되었다.

3 And God said, **"**Let there be light.**"** And there was light.

하나님이 그 빛을 보니 좋았다. 그리고 빛을 어두움에서 분리했다.

4 And God saw that the light was good. And God separated the light from the darkness.

하나님은 빛을 **낮**이라고 부르고, 어둠을 **밤**이라고 불렀다. 이것이 첫날 저녁과 아침이었다.

5 God called the light Day, and the darkness he called Night. And there was evening and there was morning, the first day.

하나님이 말했다. "물 한가운데 거대한 공간허공을 두어, 물과 물이 나뉘게 하자."

6 And God said, **"**Let there be a space*expanse* in the midst of the waters, and let it separate the waters from the waters.**"**

하나님이 허공공중을 만들어, 공

7 And God made the expanse and

중상공 위에 있는 물을 아래쪽 물과 분리시켰다. 그래서 그렇게 되었다.

separated the waters that were under the
expanse from the waters that were above
the expanse. And it was so.

하나님은 그 상공을 **하늘**이라 불렀다. 두 번째 날도 저녁이 있었고 아침도 있었다.

8 And God called the expanse Heaven.
And there was evening and there was
morning, the second day.

하나님이 말했다. "하늘 아래 물이 한데 모이게 하여, 마른 땅이 나타나게 하자." 그러자 그렇게 되었다.

9 And God said, "Let the waters under the
heavens be gathered together into one
place, and let the dry land appear." And it
was so.

하나님은 마른 곳을 **땅**, 한데 모인 물을 **바다**라고 부르고 보니 좋았다.

10 God called the dry land Earth, and the
waters that were gathered together he
called Seas. And God saw that it was good.

하나님이 말했다. "땅에 초목이 움트게 하고, 식물은 씨앗을 맺게 하며, 과일나무는 종류대로 씨앗이 들은 열매를 맺게 하자." 그러자 그렇게 되었다.

11 And God said, "Let the earth sprout
vegetation, plants yielding seed, and fruit
trees bearing fruit in which is their seed,
each according to its kind, on the earth."
And it was so.

땅은 초목이 나오게 되었고, 식물은 종류대로 씨앗을 맺고, 나무는 종류에 따라 자체 씨앗이 들은 열매가 달리게 되었다. **하나님**은 그것을 좋다고 보았다.

12 The earth brought forth vegetation, plants
yielding seed according to their own
kinds, and trees bearing fruit in which is
their seed, each according to its kind. And
God saw that it was good.

그 저녁과 아침이 셋째 날이었다.

13 And there was evening and there was
morning, the third day.

그리고 **하나님**이 다음과 같이 말했다. "하늘의 상공허공에 빛을 두어, 밤과 낮을 구분하게 하

14 And God said, "Let there be lights in the
expanse*sky* of the heavens to separate the

고, 그것이 징조와 계절과 날과 해가 되게 한 다음,

day from the night. And let them be for
signs and for seasons, and for days and
years,

그들이 하늘의 공중에서 빛을 내어 땅에 빛을 밝히게 하자." 그래서 그렇게 되었다.

15 and let them be lights in the expanse*sky* of
the heavens to give light upon the earth."
And it was so.

하나님은 두 큰빛을 만들어, 큰 빛은 낮, 작은 빛은 밤을 주관하게 하고, 별도 만들었다.

16 And God made the two great lights—the
greater light to rule the day and the lesser
light to rule the night—and the stars.

하나님은 하늘의 허공에 두 빛을 두어, 땅에 빛을 비추며,

17 And God set them in the expense*sky* of the
heaven to give light on the earth,

두 빛이 낮과 밤을 관리하도록, 어둠에서 빛을 분리한 다음, 보더니 만족했다.

18 to rule over the day and over the night,
and to separate the light from the
darkness. And God saw that it was good.

그 저녁과 아침이 넷째 날이었다.

19 And there was evening and there was
morning, the fourth day.

그다음 **하나님**이 말했다. "물은 생명체 무리가 떼지어 다니며 살게 하고, 새는 땅위 하늘에서 날게 하자."

20 And God said, "Let the waters swarm*move*
with swarms*multitude*of living creatures, and
let birds fly above the earth across the
sky*expanse*of the heavens."

또 **하나님**은 거대한 고래류와 움직이는 생명체도 창조하여, 물이 종류별로 떼지어 살 수 있게 했고, 날개 달린 새도 종류대로 만들고 나서 보니 좋았다.

21 So God created the great whales and every
living creature that moves, with which the
waters swarm, according to their kinds,
and every winged bird according to its
kind. And God saw that it was good.

하나님은 그 창조물들을 축복했다. "열매를 맺어 수를 늘리고, 바다는 물을 채우고, 새는 땅에

22 And God blessed them, saying, "Be fruitful
and multiply and fill the waters in the

서 번식해라."

seas, and let birds multiply on the earth."

그 저녁과 아침이 다섯째 날이었다.

23 And there was evening and there was morning, the fifth day.

하나님이 말했다. "땅이 종류에 따라 생명체를 낳되, 가축과 기는것과 땅위 짐승이 종류별로 각각 낳게 하자." 그러자 그렇게 되었다.

24 And God said, "Let the earth bring forth living creatures according to their kinds—livestock and creeping things and beasts of the earth according to their kinds." And it was so.

하나님은 땅위 짐승을 종류대로 만들고, 가축도 종류대로, 땅에서 기는것도 모두 종류대로 만들었다. **하나님**은 그것을 좋다고 보았다.

25 And God made the beast of the earth according to their kinds, and the livestock according to their kinds, and everything that creeps on the ground according to its kind. And God saw that it was good.

다음 **하나님**이 말했다. "우리 모습을 닮은 인간을 만들어서, 그들이 바다의 물고기와, 공중의 새와, 땅위 온갖 가축과, 땅에서 기는 짐승 모두를 지배하게 하자."

26 Then God said, "Let us make man in our image, after our likeness. And let them have dominion over the fish of the sea and over the birds of the heavens and over the livestock and over all the earth and over every creeping thing that creeps on the earth."

그래서 **하나님**은 자기 형상대로, 그의 모습을 닮은 사람을 만든 다음, 남자와 여자로 창조했다.

27 *So God created*
man in his own image,
in the image of God
he created him;
male and female he created them.

하나님이 그들을 축복하며 말했다. "자손을 많이 낳아 수를 늘려 땅을 채우고 다스리며, 바다의 물고기와, 공중의 새와, 땅에서 움직이는 모든 생물을 지배해라."

28 And God blessed them. And God said to
them, **"**Be fruitful and multiply and fill the
earth and subdue it, and have dominion
over the fish of the sea and over the birds
of the air, and over every living thing that
moves on the earth.**"**

그가 말했다. "보라, 너희에게 주는 것은 온땅에서 씨를 생산하는 풀과, 열매가 달리는 씨앗을 품은 과일나무로, 이를 음식으로 삼아라.

29 And God said, **"**Behold, I have given you
every plant yielding seed that is on the
face of all the earth, and every tree with
seed in its fruit. You should have them for
food.

또한 땅위 짐승과 공중의 새와 땅을 기는것, 생명의 숨을 쉬는 모든 것에, 푸른식물을 먹이로 준다." 그러자 그렇게 되었다.

30 And to every beast of the earth and to
every bird of the air and to everything
that creeps on the earth, everything that
has the breath of life, I have given every
green plant for food.**"** And it was so.

하나님이 자기가 만든 모든 것을 바라보니, 참 좋았다. 그 저녁과 아침이 여섯째 날이었다.

31 And God saw everything that he had
made, and behold, it was very good.
And there was evening and there was
morning, the sixth day.

● **가르침** ***Gospel*** 처음에 하나님이 낮과 밤, 하늘과 땅을 만들었다.

STORY BIBLE 02

기원 2 | 애덤과 이브

Genesis 2 | Adam and Eve

7일째 날 쉬었다

The seventh day, God rests

이렇게 하늘과 땅이 완성되자, 많은 것이 존재하게 되었다.

1 Thus the heavens and the earth were
finished, and all the host of them.

일곱째 날 **하나님**은 그의 작업을 마치고 끝낸 다음, 7일째에 제작일에서 쉬었다.

2 And on the seventh day God finished his
work that he had done, and he rested on
the seventh day from all his work that he
had done.

하나님이 일곱째 날을 축복하고 신성하게 정한 것은, 창조작업에서 쉬었기 때문이다.

3 So God blessed the seventh day and made
it holy, because on it God rested from all
his work that he had done in creation.

다음은 하늘과 땅이 창조된 당시 기원의 족보로, 그날 **주인 하나님**이 땅과 하늘을 만들었다.

4 These are the generations of the heavens
and the earth when they were created, in
the day that the Lord God made the earth
and the heavens.

그때는 아직 땅에 덤불이 없고, 들풀도 자라지 않았는데, 이는 **주 하나님**이 땅에 비를 내리게 하지 않았고, 땅을 경작할 사람도 없었기 때문이었다.

5 When no bush*plant* of the field was yet in
the land and no small plant*herb* of the field
had yet sprung up*grew*—for the Lord God
had not caused it to rain on the land, and
there was no man to work*till* the ground,

그러다 안개가 땅에서 나오더니, 땅표면을 전부 적신 다음,

6 and a mist was going up from the land and was watering the whole face of the ground—

주인 하나님이 땅의 흙먼지로 남자 형태를 만들어, 콧구멍에 생명의 숨결을 불어넣자, 그는 살아 있는 영혼창조물이 되었다.

7 then the LORD God formed the man of the dust from the ground and breathed into his nostrils the breath of life, and the man became a living creature*soul*.

주인 하나님은 이든 동쪽에 정원을 꾸며, 자신이 만든 남자를 두었다.

8 And the LORD God planted a garden in Eden, in the east, and there he put the man whom he had formed.

주 하나님은 보기에 즐겁고 먹기에도 좋은 온갖 나무가 땅에서 자라게 했다. 동산 중앙에 있는 생명의 나무는 선악을 아는 지식나무였다.

9 And out of the ground the LORD God made to spring up*grow* every tree that is pleasant to the sight and good for food. The tree of life was in the midst of the garden, and the tree of knowledge of good and evil.

강 하나가 이든에서 흘러나와 동산에 물을 댄 다음, 갈라져 네 강의 근원이 되었다.

10 A river flowed out of Eden to water the garden, and there it divided and became heads of four rivers.

첫 번째 피슨강은, 금이 있는 해빌라 땅 전체를 감싸고 흘렀다.

11 The name of the first is Pison. It is the one that flowed around the whole land of Havilah, where there is gold.

그곳 금은 질이 좋았고, 델리엄방향나무와 검은 오닉스원석도 있었다.

12 And the gold of that land is good; bdellium and onyx stone are there.

두 번째 기혼강은, 이씨오피아히브리어:쿠쉬 땅 전체를 둘러 흐른다.

13 The name of the second river is the Gihon. It is the one that flowed around the whole land of Ethiopia*Cush*.

세 번째 강 타이그러스티그리스,

14 And the name of the third river is the

히데켈는, 엇시리아 동쪽을 흐른다. 네 번째 강은 유프래이티스다.

TigrisHiddekel, which flows east of Assyria.
And the fourth river is Euphrates.

주인 하나님은 남자를 이든동산에 데려와, 그곳을 가꾸고 지키게 했다.

15 The LORD God took the man and put him in
the garden of Eden to work it and keep it.

주 하나님이 남자에게 명령했다. "너는 동산의 모든 나무를 마음대로 먹어도 좋지만,

16 And the LORD God commanded the man,
saying, "You may surely eat of every tree
of the garden,

단지 선악을 아는 지식나무는 안 된다. 그것을 먹는 날 너는 반드시 죽게 된다."

17 but of the tree of the knowledge of good
and evil you shall not eat, for in the day
that you eat of it you shall surely die."

주인 하나님이 말했다. "남자 혼자는 좋지 않으니, 내가 그에게 맞는 조력자를 만들어주겠다."

18 Then the LORD God said, "It is not good
that the man should be alone; I will make
him a helper fit for him."

주인 하나님은 땅에서 온갖 들짐승과 공중의 새를 만들어, 애덤한테 데려와, 그들을 어떻게 부르는지 보고자 했는데, 애덤이 생물을 부르는 대로 각자의 이름이 되었다.

19 Now out of the ground the LORD God
had formed every beast of the field and
every bird of the air, and brought them
to Adam to see what he would call them.
And whatever Adam called every living
creature, that was its name.

애덤은 모든 가축과, 공중의 새와, 들의 짐승에게 이름을 지어주었지만, 자신에 맞는 조력자는 발견하지 못했다.

20 And Adam gave names to all cattle, and
to the fowl of the air, and to every beast
of the field. But for Adam there was not
found a helper fit for him.

주 하나님은 애덤을 깊이 잠들게 하고, 잠든 사이 그의 갈비뼈 하나를 빼낸 다음, 살로 마무리했다.

21 So the LORD God caused a deep sleep to
fall upon Adam, and while he slept took
one of his ribs and closed up its place with
flesh.

주인 하나님은 빼낸 갈비뼈로

22 And the rib that the Lord God had taken
from the man

여자를 만들어 남자에게 데려갔다.

he made into a woman and brought her
to the man.

남자가 말했다.

23 Then the man said,

"이는 나의 뼈 중의 뼈이고, 살 중의 살이다.

"This is bone of my bones
and flesh of my flesh;

그녀를 여자라고 부르는 것은

she shall be called Woman,

남자의 것으로 만들었기 때문이다."

because she was taken out of Man."

그런 이유로 남자는 아버지와 어머니를 떠나

24 Therefore a man shall leave his father and
his mother

자기 아내와 합쳐, 둘이 한 몸이 된다.

and hold fast to his wife, and they shall
become one flesh.

남자와 아내는 벌거벗고 있었어도 부끄럽지 않았다.

25 And the man and his wife were both
naked and were not ashamed.

● **가르침** ***Gospel*** 하나님이 7일째 날을 신성한 휴일로 정했다.

기원 6 | 노아와 사각배방주

Genesis 6 | Noah and the Ark

땅에 부패가 증가하다

사람이 땅에서 번성하여 그들에게 딸이 태어나기 시작하자,

하나님의 아들들이 보니 인간의 딸이 예쁘다는 것을 알고, 각자 고른 사람을 아내로 맞이했다.

주님이 말했다. "내 영혼은 신체가 있는 사람 안에 영원히 있을 수 없고, 그 수명은 120년이 될 것이다."

땅에는 당시에도 이후에도 거인히브리어: 네필림이 있었다. 하나님의 아들이 인간 딸에게 들어가자, 딸들이 그들에게 아이를 낳아 주었고, 이들이 성장하여 명성을 얻는 강자가 되었다.

한편 하나님은 땅에서 사람의 부정이 많아지는 것을 보았다. 인간은 마음속 의도마다 계속 악행만 생각했다.

Increasing corruption on earth

1 When man began to multiply on the face
of the land and daughters were born to
them,
2 the sons of God saw that the daughters
of man were attractive. And they took as
their wives any they chose.
3 Then the LORD said, My spirit shall not
abide in man forever, for he is flesh: his
days shall be 120 years."
4 There were giants*Nephilim* on the earth in
those days, and also afterward. When the
sons of God came in to the daughters of
man and they bore children to them, and
these were the mighty men who were of
old, the men of renown.
5 GOD saw that the wickedness of man
was great in the earth. And that every
intention of the thoughts of his heart was

only evil continually.

주님이 땅에 인간을 창조한 것을 후회하자, 그의 마음이 슬펐다.

6 And the Lord regretted that he had made
man on the earth, and it grieved him at
his heart.

주님이 말했다. "인간을 없애겠다. 내가 땅에서 창조한 사람, 동물, 기는것, 공중의 새까지 없애는 것은, 내가 만든 것을 후회하기 때문이다."

7 So the Lord said, "I will blot out*destroy* man
whom I have created from the face of the
earth, man and animals*beast* and creeping
things and birds of the heavens, for I am
sorry that I have made them."

노아만은 **주님** 눈에 호의가 있었다.

8 But Noah found favor in the eyes of the
Lord.

다음은 노아의 세대다. 노아는 바른 사람이고, 그 세대에서 흠이 없었다. 그는 **하나님**을 따르는 길을 걸었다.

9 These are the generations of Noah. Noah
was a righteous man, blameless in his
generation. Noah walked with God.

노아는 세 아들 쉠, 햄, 재이풰쓰를 낳았다.

10 And Noah had three sons, Shem, Ham,
and Japheth.

하나님 눈앞에서 세상이 부패하며 폭력으로 가득 찼다.

11 Now the earth was corrupt in God's sight,
and the earth was filled with violence.

하나님이 땅을 바라보자 부패를 보게 되었다. 땅위에서 사람이 저마다 제멋대로 썩은 탓이었다.

12 And God saw the earth, and behold, it was
corrupt, for all flesh had corrupted their
way on the earth.

하나님이 노아에게 말했다. "모든 육체를 끝내기로 작정한 것은, 땅이 인간의 폭력으로 가득 찬 탓이다. 두고 봐라, 내가 땅과 함께 그들을 제거하겠다.

13 And God said to Noah, "I have determined
to make an end of all flesh, for the earth is
filled with violence through them. Behold,
I will destroy them with the earth.

너는 고퍼나무로 사각배방주를 만들어라. 네모사각배 안에 방을 여럿 만들고, 안팎에 피치수

14 Make yourself an ark*ship* of gopher wood.
Make rooms in the ark, and cover it inside

지를 발라라.

and out with pitch.

방주를 만드는 방법은, 길이 300큐빗약 135m, 넓이 50큐빗약 22.5m, 높이 30큐빗약 13.5m이다.

15 This is how you are to make it: the length
of the ark 300 cubits, its breadth 50 cubits,
and its height 30 cubits.

사각배에 창 하나를 다는데, 위에서 1큐빗약 0.45m 내에 만들고, 문은 옆쪽에 달고, 아래층과 2층, 3층 갑판이 되도록 만들어라.

16 A window shall you make for the ark, and
in a cubit you finish it above, and set the
door of the ark in its side. Make it with
lower, second, and third decks.

보라, 나는 이 땅에 물로 홍수를 일으켜, 하늘 아래 숨쉬는 생명의 육체를 모두 파괴하려 한다. 그러면 땅의 모든 것이 죽게 된다.

17 For behold, I will bring a flood of waters
upon the earth to destroy all flesh in
which is the breath of life under heaven.
And everything that is on the earth shall
die.

단, 나는 너와 계약을 맺는다. 너는 방주 안으로 들어가고, 자식, 아내, 자식의 아내도 함께 들어가라.

18 But I will establish my covenant with you.
And you shall come into the ark, you, your
sons, your wife, and your sons' wives with
you.

육체가 있는 생물은 모두 네가 종류마다 둘씩 배 안으로 데려가, 너와 함께 살아남도록 지켜야 한다. 그리고 그들은 각각 암수여야 한다.

19 And of every living thing of all flesh, you
shall bring two of every sort into the ark
to keep them alive with you. They shall be
male and female.

새도 종류대로, 가축도 종류에 따르고, 땅을 기는 짐승까지 종류별로 둘씩 너에게 데려와, 그들이 계속 살아남도록 유지해라.

20 Of the birds according to their kinds, and
of the animals according to their kinds,
of every creeping thing of the ground,
according to its kind, two of every sort
shall come in to you to keep them
alive.

또 너는 먹을 것을 전부 갖다 쌓아라. 그것은 너와 그들을 위한 식량이 될 것이다."

21 Also take with you every sort of food that
is eaten, and store it up. It shall serve as
food for you and for them.

그래서 노아는 **하나님**의 명령대로 했다.

22 Noah did this; he did all that God
commanded him.

● **가르침** ***Gospel*** 부정부패 가운데 노아가 있었다.

기원 9 | 노아와 계약

Genesis 9 | God's Covenant with Noah

하나님이 노아와 계약을 맺다

하나님이 노아와 그 아들들을 축복하며 말했다. "자손을 낳아 번성시켜 땅을 채워라.

너에 대한 두려움과 공포를 모든 땅의 짐승, 공중의 조류, 땅위를 기는것, 바다의 물고기 전부에게 두겠다. 그들을 네 손안에 넘긴다.

살아 움직이는 생물은 너를 위한 먹거리가 되며, 푸른 식물까지, 내가 너에게 모든 것을 준다.

단, 너희는 살아 있는 피를 가진 생체를 먹어서는 안 된다.

그러면 내가 네 생명의 피를 그 대가로 생각하여, 네 목숨의 그것을 맹수가, 다른 사람이, 네 동료가 빼앗도록 요구하게 하겠다.

God makes contract with Noah

1 And God blessed Noah and his sons and
said to them, "Be fruitful and multiply and
fill the earth.
2 The fear of you and the dread of you shall
be upon every beast of the earth and
upon every bird of the heavens, upon
everything that creeps on the ground and
all the fish of the sea. Into your hand they
are delivered.
3 Every moving thing that lives shall be
food for you. And as I gave you the green
plants*herb*, I give you everything.
4 But you shall not eat flesh with its life, that
is, its blood.
5 And for your lifeblood I will require a
reckoning: from every beast I will require
it and from man. From his fellow man I will
require a reckoning for the life of man.

"피를 흘리는 자는 누구든지, 제 피도 남이 흘리게 되는데, 이는 **하나님**이 인간을 자기 모습으로 만들었기 때문이다.

6 *"Whoever sheds the blood of man,*
by man shall his blood be shed,
for God made man in his own image.

너희는 자손을 낳아 번성시켜, 땅이 가득 차도록 수를 늘려라."

7 And you, be fruitful and multiply, increase
greatly on the earth and multiply in it."

그때 **하나님**이 노아와 그와 함께 있는 아들들에게 말했다.

8 Then God said to Noah and to his sons
with him,

"보라, 나는 너와 네 후손과 계약을 맺고,

9 "Behold, I establish my covenant*promise*
with you and your offspring after you,

또 너와 같이 있는 생물, 새, 가축과, 사각배방주에서 땅위로 나온 모든 짐승과 맺는다.

10 and with every living creature that is with
you, the birds, the livestock, and every
beast of the earth with you, as many as
came out of the ark*ship* to every beast of
the earth.

내가 너와 맺는 것은, 절대 모든 육체를 다시 홍수로 죽이지 않을 것이고, 결코 물이 땅을 파괴하지도 않는다는 것이다."

11 I establish my covenant with you, that
never again shall all flesh be cut off by the
waters of the flood, and never again shall
there be a flood to destroy the earth."

하나님이 말했다. "너 및 너와 함께 있는 생물과 맺는, 다음과 같은 계약의 표시는, 전 미래세대를 위한 것이다.

12 And God said, "This is the sign of the
covenant*promise* that I make between me
and you and every living creature that is
with you, for all future generations:

구름속에 나의 무지개를 두어, 나와 땅 가운데 계약의 증거가 되게 한다.

13 I have set my bow in the cloud, and it shall
be a sign of the covenantswear between
me and the earth.

내가 땅에 구름을 보낼 때, 구름

14 When I bring clouds over the earth and

사이에서 무지개가 보이면,

the bow is seen in the clouds,

나는 나와 너와 생물체 모두와 맺은 약속을 기억하여, 물이 더 이상 모든 신체를 파괴하는 홍수가 되지 않게 하겠다.

15 I will remember my covenant*pledge*, that
is between me and you and every living
creature of all flesh. And the waters shall
never again become a flood to destroy all
flesh.

무지개가 구름 속에 있을 때면, 그것을 보고, 나 **하나님** 그리고 땅에서 육체를 갖고 사는 모든 생물 사이에 맺은 영원한 계약을 기억하겠다."

16 When the bow is in the clouds, I will see it
and remember the everlasting covenant
between God and every living creature of
all flesh that is on the earth."

하나님이 노아에게 말했다. "이 표시로, 나는 땅위 모든 생물과 계약을 체결했다."

17 God said to Noah, "This is the sign of
the covenant*vow* that I have established
between me and all flesh that is on the
earth."

네모배방주에서 나온 노아의 아들은 쉠, 햄, 재이풰쓰다. [햄은 캐이넌의 아버지다.]

18 The sons of Noah who went forth from
of the ark were Shem, Ham, and Japheth.
[Ham was the father of Canaan.]

이들이 노아의 세 아들이고, 그로부터 사람이 온땅에 퍼졌다.

19 These three were the sons of Noah, and
from these the people of the whole earth
were dispersed*spread*.

노아는 농부가 되어 포도나무를 심었다.

20 Noah began to be a man of the
soil*husbandman*, and he planted a vineyard.

그는 술을 마시고 취해 천막 안에서 벗은 채 누웠다.

21 He drank of the wine and became drunk
and lay uncovered in his tent.

캐이넌의 아버지 햄이, 아버지의 알몸을 보고 밖의 두 형제에게 말했다.

22 And Ham, the father of Canaan, saw the
nakedness of his father and told his two
brothers outside.

그러자 쉠과 재이풰쓰가 옷을 어깨에 메고 뒷걸음으로 들어가 아버지의 맨몸을 덮은 다음, 얼굴을 뒤로 돌려서, 아버지의 맨몸을 보지 않았다.

23 Then Shem and Japheth took a garment,
laid it upon both their shoulders and
walked backward and covered the
nakedness of their father. Their faces were
turned backward, and they did not see
their father's nakedness.

노아가 술에서 깨어나, 어린 손자가 자신에게 한 일을 알았다.

24 When Noah awoke from his wine and knew
what his youngest son had done to him.

그가 말했다.

25 He said,

"캐이넌은 저주를 받아, 형제에게 종 중의 종이 된다."

"Cursed be Canaan; a servant of
servants shall he be to his brothers."

그가 또 말했다.

26 He also said,

"쉠은 **주 하나님**의 복을 받게 하고, 캐이넌은 그의 종이 되게 한다.

"Blessed be the LORD God of Shem;
and let Canaan be his servant.

하나님이 재이풰쓰를 크게 만들어 그를 쉠의 천막에서 살게 하고, 캐이넌은 그의 종이 되게 한다."

27 May God enlarge Japheth, and let him
dwell in the tents of Shem, and Canaan
shall be his servant."

홍수 이후 노아는 350년을 살았다.
노아는 모두 950년을 살다 죽었다.

28 After the flood Noah lived 350 youars.
29 All the days of Noah was 950 youars, and
he died.

● **가르침** ***Gospel*** 무지개는 사랑을 약속한 증거다.

STORY BIBLE 05

기원 11 | 배블타워 언어혼란 탑

Genesis 11 | Tower of Babel

주님이 언어를 흩어놓다

The Lord confused their languages

그때 온땅은 한가지 언어로 같은 말을 했다.

1 Now the whole earth had one language
and the same words.

사람이 동쪽에서 이주하여 와서, 샤이너 평원을 발견하고 정착했다.

2 And as people migrated from the east,
they found a plain in the land of Shinar
and settled there.

그들이 서로에게 말했다. "자, 벽돌을 제대로 구워 만들자." 그들은 벽돌을 석재로, 진흙을 석회아스팔트: 비튜먼로 삼았다.

3 And they said to one another, "Come,
let us make bricks, and burn them
thoroughly." And they had brick for stone,
and bitumen fot martar.

그들이 말했다. "자, 도성을 건설하고 하늘에 닿는 탑을 쌓아, 이름을 떨쳐, 우리가 멀리 땅 전체로 흩어지지 않게 하자."

4 Then they said, "Come, let us build
ourselves a city and a tower with its top in
the heavens, and let us make a name for
ourselves, lest we be dispersed over the
face of the whole earth."

주님은 사람 자손이 건설하는 도시와 탑을 보려고 내려왔다.

5 And the LORD came down to see the city
and the tower, which the children of men
had built.

주님이 말했다. "보라, 사람이

6 And the LORD said, "Behold, they are one

한 민족으로 같은 언어를 쓰다 보니, 이는 저들이 할 일의 시작일 뿐이다. 저들이 작정하면 말릴 수 없다.

people, and they have all one language,
and this is only the beginning of what
they will do. And nothing that they
propose to do will now be impossible for
them.

우리가 내려가 그들 언어를 혼란시키면, 서로 말을 이해하지 못할 것이다."

7 Come, let us go down and there confuse
their languages, so that they may not
understand one another's speech."

그래서 **주님**이 사람을 그곳에서 사방으로 흩어지게 하자, 도성 건설을 멈추게 되었다.

8 So the LORD dispersed them from there
over the face of all the earth, and they left
off building the city.

따라서 그곳을 배블언어혼란이라고 부른 것은, **주님**이 땅의 언어를 혼란시킨 다음, 사람을 그곳에서 사방으로 흩어지게 했기 때문이다.

9 Therefore its name was called Babel,
because there the LORD confused the
language of all the earth. And from there
the LORD dispersed them over the face of
all the earth.

다음은 쉠 세대의 족보다. 쉠은 100세에 알패샏의 아버지가 되었는데 홍수 2년 뒤였다.

10 These are the generations of Shem. When
Shem was 100 years old, he fathered
Arpachshad two years after the flood.

그는 알패샏의 아버지가 된 뒤 500년을 더 살며 아들딸을 얻었다.

11 And Shem lived after he fathered
Arpachshad 500 years and had other sons
and daughters.

알패샏은 35세에 섈라의 아버지가 되었다.

12 When Arpachshad had lived 35 years,
he fathered Salah.

알패샏이 섈라의 아버지가 되고 403년을 더 살며 아들딸을 얻었다.

13 And Arpachshad lived after he fathered
Salah 403 years and had other sons and
daughters.

샐라는 30세 때 에버의 아버지가 되었다.

14 When Salah had lived 30 years, he fathered Eber.

그는 에버를 낳고 403년을 더 살며 아들딸을 낳았다.

15 And Salah lived after he fathered Eber 403 years and had other sons and daughters.

에버는 34세 때 펠렉의 아버지가 되었다.

16 When Eber had lived 34 years, he fathered Peleg.

에버가 펠렉의 아버지가 되고 430년을 더 살며 아들딸을 얻었다.

17 And Eber lived after he fathered Peleg 430 years and had other sons and daughters.

펠렉이 30세에 루를 얻고, 아버지가 되었다.

18 When Peleg had lived 30 years, he fathered Reu.

펠렉이 루를 낳고 209년을 더 살며 아들과 딸을 낳았다.

19 And Peleg lived after he fathered Reu 209 years and had other sons and daughters.

루는 32세 때 시럭의 아버지가 되었다.

20 When Reu had lived 32 years, he fathered Serug.

루는 시럭의 아버지가 되고 207년을 더 살며 아들딸을 얻었다.

21 And Reu lived after he fathered Serug 207 years and had other sons and daughters.

시럭은 30년을 살았을 때, 내이홀의 아버지가 되었다.

22 When Serug had lived 30 years, he fathered Nahor.

시럭이 내이홀의 아버지가 되고 200년을 더 살며 아들딸을 얻었다.

23 And Serug lived after he fathered Nahor 200 years and had other sons and daughters.

내이홀은 29세에 테라의 아버지가 되었다.

24 When Nahor had lived 29 years, he fathered Terah.

내이홀은 테라의 아버지가 되고 119년을 더 살며 아들딸을 얻었다.

25 And Nahor lived after he fathered Terah 119 years and had other sons and daughters.

테라가 70년을 살았을 때, 애이브럼, 내이홀, 해랜을 얻었다.

26 When Terah had lived 70 years, he fathered Abram, Nahor, and Haran.

다음 이들은 테라의 세대다. 테라는 애이브럼, 내이홀, 해랜의 아버지고, 해랜은 랕의 아버지다.

27 Now these are the generations of Terah. Terah fathered Abram, Nahor, and Haran; and Haran fathered Lot.

해랜은 아버지 테라보다 먼저 친척이 있는 캘디언셈, 아랍인의 우르현 남이라크에서 죽었다.

28 Haran died in the presence of his father Terah in the land of his kindred, in Ur of the Chaldeans*modern south Iraq*.

애이브럼과 내이홀은 아내를 맞이했다. 애이브럼의 아내는 새래이, 내이홀의 아내는 밀카해랜의 딸로, 해랜은 밀카와 이스카의 아버지다.

29 And Abram and Nahor took wives. The name of Abram's wife was Sarai, and the name of Nahor's wife, Milcah, the daughter of Haran the father of Milcah and Iscah.

새래이는 아이가 없었다.

30 Now Sarai was barren; she had no child.

테라는 아들 애이브럼과, 해랜의 아들이자 손자 랕과, 며느리이자 애이브럼의 아내 새래이를 데리고, 캘디언의 우르를 떠나, 캐이넌땅 해랜에 도착한 다음 정착했다.

31 Terah took Abram his son and Lot the son of Haran, his grandson, and Sarai his daughter-in-law, his son Abram's wife, and they went forth together from Ur of the Chaldeans to go into the land of Canaan, but when they came to Haran, they settled there.

테라의 생애는 205년으로, 해랜에서 죽었다.

32 The days of Terah were 205 years, and Terah died in Haran.

● **가르침** ***Gospel*** 하늘에 도전하는 인간을 언어로 흩어놓았다.

기원 12
Genesis 12

애이브럼 호출
The Call of Abram

애이브럼이 제단을 쌓았다

Abram built an altar

주님이 애이브럼에게 말했다. "동족과 아버지 집 고향을 떠나, 네게 보여줄 땅으로 가라.

1 Now the LORD said to Abram, "Go from your
country and your kindred and your father's
house to the land that I will show you.

너를 위대한 민족으로 만들고, 복을 주어 네 이름이 훌륭해지도록, 축복받게 하겠다.

2 And I will make of you a great nation,
and I will bless you and make your name
great, so that you will be a blessing.

너를 축복하는 자를 축복하고, 모욕하는 자를 저주하며, 너에게 속하는 가계 모두를 복받게 한다."

3 I will bless those who bless you, and him
who dishonors you I will curse, and in
you all the families of the earth shall be
blessed."

그래서 애이브럼은 **주님**의 말에 따라, 랕조카과 함께 해랜을 떠났는데, 75세 나이였다.

4 So Abram went, as the LORD had told
him, and Lot went with him. Abram was
seventy-five years old when he departed
from Haran.

애이브럼은 아내 새래이와, 형제 아들 랕과, 그들이 모은 재물과, 해랜에서 얻은 사람들을 데리고, 캐이넌땅을 향해 나섰다. 그들이 캐이넌에 왔을 때,

5 And Abram took Sarai his wife, and Lot
his brother's son, and all their possessions
that they had gathered, and the people
that they had acquired in Haran, and they

set out to go to the land of Canaan. When
they came to the land of Canaan,

애이브럼은 시컴지역팰러스타인을 거쳐, 모레오크나무평원까지 갔고, 당시 그곳에 캐이넌인이 살았다.

6 Abram passed through the land to the
place at Sichem*West Bank*, to the plain of
Moreh*oak*. At that time the Canaanites
were in the land.

주님이 애이브럼에게 나타나서 말했다. "후손에게 이 땅을 준다." 그는 자신 앞에 나타난 **주님**을 위한 제단을 그곳에 세웠다.

7 Then the LORD appeared to Abram and
said, **"**To your offspring I will give this
land.**"** So he built there an altar to the
LORD, who had appeared to him.

그는 그곳에서 이동하여 베썰 동쪽 언덕에 천막을 쳤는데, 서쪽은 베썰, 동쪽은 아이 지역이다. 그는 그곳에도 제단을 쌓고, **주님**의 이름을 불렀다.

8 From there he moved to the hill country
on the east of Bethel and pitched his tent,
with Bethel on the west and Ai on the east.
And there he built an altar to the LORD and
called upon the name of the LORD.

애이브럼은 여행을 계속하며, 남쪽이즈리얼 네게브으로 갔다.

9 And Abram journeyed on, still going
toward the south*Negeb*.

그 땅에 기근이 들었다. 애이브럼이 그곳을 떠나 이집트로 간 것은, 심한 기근 때문이었다.

10 Now there was a famine in the land. So
Abram went down to Egypt to sojourn
there, for the famine was severe in the land.

이집트에 들어갈 무렵, 그가 아내 새래이에게 말했다. "나는 당신이 아름답다는 것을 안다.

11 When he was about to enter Egypt, he
said to Sarai his wife, **"**I know that you are
a woman beautiful in appearance,

이집트인이 당신을 보면, '이 사람은 그의 아내'라고 말하며, 나를 죽이고, 당신은 살릴 거다.

12 and when the Egyptians see you, they will
say, 'This is his wife.' Then they will kill me,
but they will let you live.

당신이 여동생이라고 말하면,

13 Say you are my sister, that it may go well

당신 덕에 내가 무사하고, 당신을 위해 내 목숨도 건질 수 있다."

with me because of you, and that my life
may be spared for your sake."

애이브럼이 이집트로 들어가자, 그들은 예쁜 여자를 보게 되었다.

14 When Abram entered Egypt, the Egyptians
saw that the woman was very beautiful.

이집트 왕자들이 그녀를 보고, 왕에게 칭찬했으므로, 그녀는 퀘로우왕 집으로 가게 되었다.

15 And when the princes of Pharaoh saw
her, hey praised her to Pharaoh. And the
woman was taken into Pharaoh's house.

이집트왕이 그녀를 위해 애이브럼을 극진히 대접하자, 그는 양, 황소, 숫당나귀, 남종여종, 암당나귀와 낙타까지 갖게 되었다.

16 And for her sake he dealt well with Abram;
and he had sheep, oxen, male donkeys,
male servants, female servants, female
donkeys, and camels.

그러나 **주님**이 왕과 그 집안을 애이브럼의 아내 새래이 때문에 심한 전염병으로 괴롭혔다.

17 But the LORD afflicted Pharaoh and his
house with great plagues because of
Sarai, Abram's wife.

왕이 애이브럼을 불러 말했다. "대체 당신이 내게 무슨 짓을 했지? 왜 그녀를 아내라 말하지 않았지?

18 So Pharaoh called Abram and said, **"**What
is this you have done to me? Why did you
not tell me that she was your wife?

왜 '그녀를 여동생'이라 말해서, 내가 그녀를 아내로 삼을 뻔하게 하나? 당신 아내를 데리고 떠나라."

19 Why did you say, 'She is my sister,' so that
I took her for my wife? Now then, here is
your wife, take her, and go.**"**

왕이 그에 관해 명령하자, 그들이 애이브럼을 아내와 그가 가진 모든 것과 함께 내보냈다.

20 And Pharaoh*Egyptian King* gave men orders
concerning him, and they sent him away
with his wife and all that he had.

● **가르침** ***Gospel*** 주님이 고향을 떠나게 했다.

기원 19 | 하나님이 랕을 구하다

Genesis 19 | God Rescues Lot

사자가 소듬을 파괴하다

Angels destroy Sodom

저녁때 두 천사가 소듬에 오자, 랕애이브러햄 조카은 소듬문에 앉아 있었다. 그들을 보고 일어나 맞이했고, 얼굴을 땅에 숙여 인사하며,

1 The two angels came to Sodom in the evening, and Lot was sitting in the gate of Sodom. When Lot saw them, he rose to meet them and bowed himself with his face to the earth,

그가 말했다. "주인님들, 당신 종의 집에 들려서, 발도 씻고 밤을 지내고, 아침 일찍 일어나 길을 가세요." 그들이 말했다. "아니요. 우리는 마을에서 밤을 보내죠."

2 and he said, "My lords, please turn aside to your servant's house and spend the night and wash your feet. Then you may rise up early and go on your way." They said, "No; we will spend the night in the town square."

그래도 랕이 굳이 권하자, 그들이 마음을 돌려 들어왔다. 그가 음식과 무효모빵을 구워 대접하니, 그들이 먹었다.

3 But he pressed them strongly; so they turned aside to him and entered his house. And he made them a feast and baked unleavened bread, and they ate.

그런데 그들이 눕기도 전에, 소듬성 남자들이, 어른 아이 가리지 않고 죄다, 집주위를 에워쌌다.

4 But before they lay down, the men of the city, the men of Sodom, both old and young, all the people to the last man,

surrounded the house.

그리고 랕에게 요구했다. "오늘 밤 온 남자들은 어딨지? 우리가 알아보도록 그들을 데려와라."

5 And they called to Lot, "Where are the
men who came to you tonight? Bring
them out to us, that we may know them."

랕이 입구에 있는 사람에게 나가서 뒤로 문을 닫고,

6 Lot went out to the men at the entrance,
shut the door after him,

말했다. "제발 부탁이니, 형제님, 그렇게 거칠게 하지 맙시다.

7 and said, "I beg you, my brothers, do not
act so wickedly.

보세요, 내게 남자를 모르는 두 딸이 있어, 데려올 테니, 좋을 대로 하세요. 단, 이들한테는 아무것도 하지 마세요. 그들은 내 지붕밑에서 쉬러 왔으니까요."

8 Behold, I have two daughters who have
not known any man. Let me bring them
out to you, and do to them as you please.
Only do nothing to these men, for they
have come under the shelter of my roof."

그러나 그들이, "물러서라!"며 말을 이었다. "그자들이 여기 와서 이곳 심판관이 될 것이다! 그들보다 너를 더 험하게 다뤄야겠다." 랕을 심하게 몰아붙이며, 그들은 문을 부술듯 달려들었다.

9 But they said, "Stand back!" And they said,
"This fellow came to sojourn, and he
has become the judge! Now we will deal
worse with you than with them." Then
they pressed hard against the man Lot,
and drew near to break the door down.

하지만 그 남자들이 손을 뻗어 랕을 집안으로 끌어당기고 문을 닫았다.

10 But the men reached out their hands and
brought Lot into the house with them and
shut the door.

다음 그들이 사람을 보지 못하게 치자, 집앞에 모였던 크고 작은 사람들이 눈이 멀어 문을 더듬거렸다.

11 And they struck with blindness the men
who were at the entrance of the house,
both small and great, so that they wore
themselves out groping for the door.

그때 남자들이 랕에게 말했다.

12 Then the men said to Lot, "Have you

"여기 당신 말고 누가 있죠? 사위나 아들딸들, 그외 도시 내 누구라도 있으면, 밖으로 데려가세요.

anyone else here? Sons-in-law, sons,
daughters, or anyone you have in the city,
bring them out of the place.

이곳을 파괴하려는 것은, 이들을 향한 항의가 **주님** 앞까지 너무나 커졌기 때문이죠. 그래서 **주님**이 파괴하려고 우리를 파견했어요."

13 For we are about to destroy this place,
because the outcry against its people has
become great before the LORD, and the
LORD has sent us to destroy it."

이에 롵이 가서 딸과 결혼한 사위들에게 말했다. "일어나, 여길 떠나자! 왜냐하면 **주님**이 이 도시를 파괴하려 한다." 하지만 사위들에게 그는 농담하는 사람 같아 보였다.

14 So Lot went out and said to his sons-in-
law, who were to marry his daughters, "Up!
Get out of this place, for the LORD is about
to destroy the city." But he seemed to his
sons-in-law to be jesting.

아침이 밝자, 사자천사들이 롵을 재촉했다. "얼른 일어나, 당신 아내와 두 딸을 데리고 나가야, 도성 처벌에 당신이 휩쓸리지 않아요."

15 As morning dawned, the angels urged Lot,
saying, "Up! take your wife and your two
daughters who are here, lest you be swept
away in the punishment of the city."

그래도 그가 머뭇거리자, 그들은 그와 그의 아내와 두 딸의 손을 끌며, **주님**이 배려하는 사랑으로 그를 도성밖으로 데려갔다.

16 But he lingered. So the men seized him
and his wife and his two daughters by the
hand, the LORD being merciful to him, and
they brought him out and set him outside
the city.

천사가 그들을 데려와서 말했다. "목숨을 구하기 위해, 뒤돌아보거나 골짜기 어디에도 멈추지 말고, 산언덕으로 달아나야, 당신이 휩쓸리지 않아요."

17 And as they brought them out, one said,
"Escape for your life. Do not look back or
stop anywhere in the valley. Escape to the
hills*mountain*, lest you be swept away."

롵이 말했다. "주인님들, 아니요.

18 And Lot said to them, "Oh, no, my lords.

보세요, 당신 종은 당신 눈의 호

19 Behold, your servant has found favor

의로 인해, 목숨을 구하라고 크게 보살펴주었지만, 재앙이 덮쳐 죽지 않도록 산까지 도망가지는 않겠어요.

in your sight, and you have shown me
great kindness in saving my life. But I
cannot escape to the hills, lest the disaster
overtake me and I die.

보니, 이 도성은 달아나도 될 정도로 가깝고도 작은데, 그곳으로 나를 피하게 해줘요. [그리 작지도 않잖아요?] 그러면 무사하겠죠!"

20 Behold, this city is near enough to flee to,
and it is a little one. Let me escape there—
is it not a little one?—and my life will be
saved!"

천사가 말했다. "보세요, 나는 그것까지 호의로 보장해서, 당신이 말하는 도시는 전복시키지 않겠어요.

21 He said to him, **"**Behold, I grant you this
favor also, that I will not overthrow the
city of which you have spoken.

서둘러 피하세요. 당신이 그리 갈때까지 내가 아무것도 못하니까," 그래서 그곳을 '조알작은 도시'이라 부르게 되었다.

22 Escape there quickly, for I can do nothing
till you arrive there.**"** Therefore the name
of the city was called Zoar*Hebrew: small*.

해가 땅에서 뜰 무렵 랕이 조알사해 근처 조든 동쪽에 닿았다.

23 The sun had risen on the earth when Lot
came to Zoar*East of Jordan, near the Dead Sea*.

그때 **주님**이 하늘에서 소듬과 거모라에 유황과 불의 비를 내리쏟았다.

24 Then the LORD rained on Sodom and
Gomorrah sulfur*brimstone* and fire from the
LORD out of heaven.

그는 두 도성과 계곡과 도성 주민과 땅에서 자란 모든 것을 쓰러뜨렸다.

25 And he overthrew those cities, and all the
valley, and all the inhabitants of the cities,
and what grew on the ground.

그런데 랕의 뒤에서 아내가 돌아보자, 소금기둥이 되어버렸다.

26 But Lot's wife, behind him, looked back,
and she became a pillar of salt.

애이브러햄은 아침 일찍 일어나, **주님** 앞에 섰던 곳에 갔다.

27 And Abraham went early in the morning
to the place where he had stood before
the LORD.

그리고 소듬과 거모라와 골짜기 쪽을 바라보니, 그땅에서 오르는 연기가 마치 화로연기 같았다.

28 And he looked down toward Sodom and
Gomorrah and toward all the land of the
valley, behold, the smoke of the land went
up like the smoke of a furnace.

그것은 바로, 그 계곡 도성들을 파괴할때, **하나님**이 애이브러햄을 기억해, 전복 가운데 그곳에 살던 랕을 밖으로 내보냈던 것이다.

29 So it was that, when God destroyed the
cities of the valley, God remembered
Abraham and sent Lot out of the midst
of the overthrow when he overthrew the
cities in which Lot had lived.

한편 랕이 조알성에서 나가, 두 딸과 산언덕에서 지낸 까닭은, 조알에서 살기가 무서워서 딸들과 굴속에서 살았던 것이다.

30 Now Lot went up out of Zoar*small city*, and
lived in the hills with his two daughters,
for he was afraid to live in Zoar. So he lived
in a cave with his two daughters.

첫째 딸이 둘째에게 말했다. "우리 아버지는 늙었고, 이곳 관습에 따라 우리에게 올 남자는 없다.

31 And the firstborn said to the younger, **"**Our
father is old, and there is not a man on
earth to come in to us after the manner of
all the earth.

그러니, 아버지를 술에 취하게 해서 같이 누워자면, 우리가 아버지 자손을 보존할 수 있을 것이다."

32 Come, let us make our father drink wine,
and we will lie with him, that we may
preserve offspring from our father.**"**

그날밤 딸들이 아버지에게 술을 마시게 하고, 첫딸이 아버지와 누웠다. 그는 그녀가 곁에 누워도 일어나도 알지 못했다.

33 So they made their father drink wine that
night. And the firstborn went in and lay
with her father. He did not know when
she lay down or when she arose.

다음날 첫째가 둘째에게 말했다. "보라, 어젯밤에 내가 아버지와 누워 잤으니, 오늘밤도 그를 취하게 한 다음 네가 들어가

34 The next day, the firstborn said to the
younger, **"**Behold, I lay last night with my
father. Let us make him drink wine tonight

자면, 우리가 아버지 자손을 보존할 수 있다."

also. Then you go in and lie with him,
that we may preserve offspring from our
father."

그래서 둘은 그날밤도 아버지를 술마시게 한뒤 둘째가 누웠는데, 그는 그녀가 눕거나 일어나도 몰랐다.

35 So they made their father drink wine that
night also. And the younger arose and lay
with him, and he did not know when she
lay down or when she arose.

그렇게 랕의 두 딸은 아버지에 의해 임신이 되었다.

36 Thus both the daughters of Lot became
pregnant by their father.

첫째는 아들을 낳아 모앱이라고 불렀다. 그가 오늘날 모앱인 조상이다.

37 The firstborn bore a son and called
his name Moab. He is the father of the
Moabites to this day.

둘째 역시 아들을 낳고 벤아미라고 불러, 그가 이날의 애먼자손 아버지가 되었다.

38 The younger also bore a son and called
his name Benammi. He is the father of the
Ammonites to this day.

● **가르침** ***Gospel*** 관습을 어기고 종족을 보존하다.

STORY BIBLE 08

기원 22 | 애이브러햄과 아이직

Genesis 22 | Abraham and Isaac

아이직으로 희생제사

The sacrifice of Isaac

그뒤 **하나님**이 애이브러햄을 시험하며 말했다. "애이브러햄!" 그가 대답했다. "네, 여기 있어요."

1 After these things God tested Abraham
and said to him, "Abraham! And he said,
"Here I am."

그가 말했다. "아들을 데려와라. 네가 사랑하는 외아들 아이직을, 모라야 땅에 데려가, 일러줄 산에서 번제로 태워 바쳐라."

2 He said, "Take your son, your only son
Isaac, whom you love, and go to the land
of Moriah, and offer him there as a burnt
offering on one of the mountains of which
I shall tell you."

그래서 애이브러햄은 아침 일찍 일어나 나귀에 안장을 올리고, 청년 둘과 아들 아이직을 데려가면서, 번제용 나무를 잘라, **하나님**이 말한 장소로 갔다.

3 So Abraham rose early in the morning,
saddled his donkey, and took two of
his young men with him, and his son
Isaac. And he cut the wood for the burnt
offering and arose and went to the place
of which God had told him.

셋째날 애이브러햄은 눈을 들어 떨어져 있는 그 장소를 알아보았다.

4 On the third day Abraham lifted up his
eyes and saw the place from afar.

그는 젊은이들에게 말했다. "너희가 나귀와 함께 여기 있으면, 나와 아이는 저쪽에서 제사하고

5 Then Abraham said to his young men,
"Stay here with the donkey; I and the

다시 오겠다."

boy*lad* will go over there and worship and
come again to you."

애이브러햄은 번제에 쓸 나무를 들어 아들 아이직에게 지우고, 자기 손에는 불과 칼을 들고 갔다.

6 And Abraham took the wood of the burnt
offering and laid it on Isaac his son. And
he took in his hand the fire and the knife.
So they went both of them together.

아이직이 아버지에게 물었다. "아버지!", "왜 그러냐, 아들아." 그가 말했다. "보세요, 불과 나무는 있는데 번제용 새끼양은 어딨죠?"

7 And Isaac said to his father Abraham,
"My father!" And he said, "Here I am, my
son." He said, "Behold, the fire and the
wood, but where is the lamb for a burnt
offering?"

애이브러햄이 말했다. "아들아, **하나님**이 번제에 쓸 어린양을 직접 준다." 그리고 둘이 함께 갔다.

8 Abraham said, "God will provide for
himself the lamb for a burnt offering, my
son." So they went both of them together.

그들이 **하나님**이 말한 곳에 오자, 애이브러햄은 제단을 만들어 나무를 가지런히 올려놓고, 아들 아이직을 묶어 나무위에 뉘었다.

9 When they came to the place of which
God had told him, Abraham built the
altar there and laid the wood in order and
bound Isaac his son and laid him on the
altar, on top of the wood.

다음 애이브러햄이 손을 뻗어 아들을 죽이려고 칼을 들었다.

10 Then Abraham reached out his hand and
took the knife to slaughter his son.

그때 **주님**의 사자가 하늘에서 불렀다. "애이브러햄, 애이브러햄!" 그가 대답했다. "네, 여기 있어요."

11 But the angel of the LORD called to
him from heaven and said, "Abraham,
Abraham!" And he said,
"Here I am."

그가 말했다. "아이에게 손을 대거나 어떤것도 하지 마라. 나는 네가 **하나님**을 두려워하는 것을

12 He said, "Do not lay your hand on the boy
or do anything to him, for now I know

알았고, 네 유일한 아들마저 아끼지 않는 것을 보았다."

that you fear God, seeing you have not
withheld your son, your only son, from
me."

애이브러햄이 눈을 들고 보니, 뿔이 덤불에 걸린 숫양을 보게 되었다. 그래서 애이브러햄이 가서 양을 붙잡아 아들 대신 번제에 올렸다.

13 And Abraham lifted up his eyes and
looked, and behold, behind him was a
ram, caught in a thicket by his horns. And
Abraham went and took the ram and
offered it up as a burnt offering instead of
his son.

그래서 애이브러햄이 그곳을 "**주님**이 준다제호바지레"고 불러, 오늘날까지 그대로, "**주님** 산에서는 보인다"고 전해지고 있다.

14 So Abraham called the name of that place,
"The LORD will provide*Jehovahjireh: will see*"; as it
is said to this day, "On the mount of the
LORD it will be provided."

주님의 사자천사가 하늘에서 두 번째로 애이브러햄을 부르며

15 And the angel of the LORD called to
Abraham a second time from heaven

말했다. "스스로 **주인** 이름으로 맹세한다. 네가 이렇게 유일한 아들조차 아끼지 않았으니,

16 and said, "By myself I have sworn, declares
the LORD, because you have done this and
have not withheld your son, your only
son,

나는 확실히 너를 축복하여, 네 후손을 하늘의 별처럼 해변의 모래알 같이 번성시킨다. 또 너의 후손이 적의 성문을 차지하고,

17 I will surely bless you, and I will surely
multiply your offspring as the stars of
heaven and as the sand that is on the sea
seashore. And your offspring shall possess
the gate of his enemies,

네 후손을 통해 땅의 민족 모두가 축복받게 하겠다. 네가 내 목소리에 복종했기 때문이다."

18 and in your offspring shall all the nations
of the earth be blessed, because you have
obeyed my voice."

다음 애이브러햄은 청년들에게 돌아온 다음, 비어쉬바남이즈리얼로 가서 살았다.

19 So Abraham returned to his young
men, and they arose and went together
to Beersheba. And Abraham lived at
Beersheba*southern Israel*.

그후 애이브러햄에게 소문이 들렸다. "보라, 밀카가 네 동생 내이홀에게 자녀를 낳아 주었는데,

20 Now after these things it was told
Abraham, "Behold, Milcah also has borne
children to your brother Nahor:

장남 후즈, 동생 버즈, 애램옛시리아의 아버지 케뮤얼,

21 Uz*Huz* his firstborn, Buz his brother, Kemuel
the father of Aram*ancient Syria*,

체세드, 해이조, 필대쉬, 짇래프, 베듀얼이다."

22 Chesed, Hazo, Pildash, Jidlaph, and
Bethuel."

[베듀얼은 리베카의 아버지가 되었다.] 밀카가 여덟 자식을 애이브러햄의 동생 내이홀에게 낳아 주었던 것이다.

23 [Bethuel fathered Rebekah.]
These eight Milcah bore to Nahor,
Abraham's brother.

게다가 내이홀의 첩 루마도 테바, 개이햄, 태해쉬, 매아카를 낳았다.

24 Moreover, his concubine, whose name
was Reumah bore Tebah, Gaham, Tahash,
and Maachah.

● **가르침** ***Gospel*** 무조건 따르자 하나님이 제물을 마련해주었다.

기원 24 | 아이직과 리베카

Genesis 24 | Isaac and Rebekah

아이직이 리베카를 맞이하다

Isaac takes Rebekah as a wife

애이브러햄이 나이가 들었어도, **주님**은 하는 일마다 그를 축복했다.

1 Now Abraham was old, well advanced in
years. And the LORD had blessed Abraham
in all things.

애이브러햄은 집안에서 나이 많고 총책임을 맡은 집사종에게 말했다. "네 손을 내 넓적다리 밑에 넣어라.

2 And Abraham said to his servant, the
oldest of his household, who had charge
of all that he had, "Put your hand under
my thigh,

내가 너를 하늘 땅의 **주인 하나님** 이름으로 서약시킨다. 너는 내 아들 아이직의 아내감으로 내가 사는 캐이넌의 딸을 데려오지 말고,

3 that I may make you swear by the LORD,
the God of heaven and God of the earth,
that you will not take a wife for my son
from the daughters of the Canaanites,
among whom I dwell,

내 고향 동족에게 가서 내 아들의 아내를 데려오너라."

4 but will go to my country and to my
kindred, and take a wife for my son Isaac."

집사가 물었다. "어쩌면 그녀가 나를 따라 여기 오려하지 않을지 몰라요. 그러면 내가 아들을 주인님 출신지역으로 데려가야 하나요?"

5 The servant said to him, "Perhaps the
woman may not be willing to follow me to
this land. Must I then take your son back
to the land from which you came?"

애이브러햄이 대답했다. "내 아들을 그곳에 데려가지 마라.

6 Abraham said to him, "See to it that you do not take my son back there.

하늘의 **주 하나님**이 나를 아버지 집 친족의 고향땅에서 데려와, 나에게 약속하며, '이 땅을 네 후손에게 줄 것'이라 했으니, 그가 네게 사자를 보낼거다. 너는 거기서 내 아들의 아내감을 데려와야 한다.

7 The LORD, the God of heaven, who took me from my father's house and from the land of my kindred, and who spoke to me and swore to me, 'To your offspring I will give this land,' he will send his angel before you, and you shall take a wife to my son from there.

그녀가 따라오려 하지 않으면, 너는 나와의 맹세에서 해제되니, 아들을 그곳에 데려가지는 마라."

8 But if the woman is not willing to follow you, then you will be free from this oath of mine; only you must not take my son back there."

그래서 집사는 주인 애이브러햄의 넓적다리 아래 손을 넣고, 그에게 이 일에 대해 맹세했다.

9 So the servant put his hand under the thigh of Abraham his master and swore to him concerning this matter.

그 집사는 주인 낙타 열 마리를 데리고, 주인이 골라준 온갖 선물을 가지고, 메소포태미아 내이홀의 도성으로 떠났다.

10 Then the servant took ten of his master's camels and departed, taking all sorts of choice gifts from his master; and he arose and went to Mesopotamia to the city of Nahor.

그는 성곽밖 우물옆에서 낙타의 무릎을 꿇렸는데, 저녁때 여자들이 물을 길러 올 무렵이었다.

11 And he made the camels kneel down outside the city by the well of water at the time of evening, the time when women go out to draw water.

그가 혼자 말했다. "나의 주인 애이브러햄의 **주 하나님**, 부디 오늘 일이 잘되게 해서, 나의 주

12 And he said, "O LORD, God of my master Abraham, please grant me success today

인에 대한 변함없는 사랑을 보여주세요.

and show steadfast love to my master
Abraham.

보다시피 내가 우물옆에 있으면, 도성의 딸들이 물을 길러 오겠죠.

13 Behold, I am standing by the spring*well* of
water, and the daughters of the men of
the city are coming out to draw water.

소녀에게 말을 걸어, '부디 물단지를 내려 물 좀 마시게 해주세요' 할때, '마셔요, 낙타에게도 마시게 하죠'라고 말하는 그녀가 바로 아이직을 위해 당신이 정한 여자가 되면, 나의 주인에 대한 당신의 사랑을 알아 보게 됩니다."

14 Let the young woman to whom I shall
say, 'Please let down your jar*pitcher* that I
may drink,' and who shall say, 'Drink, and
I will water your camels'—let her be the
one whom you have appointed for your
servant Isaac. By this I shall know that you
have shown steadfast love to my master."

그가 말을 마치기도 전에 보니, 애이브러햄 동생, 내이홀 아내, 밀카의 아들 베듀얼한테 태어난 리베카가 물단지를 메고 나왔다.

15 Before he had finished speaking, behold,
Rebekah, who was born to Bethuel,
the son of Milcah, the wife of Nahor,
Abraham's brother, came out with her
water jar on her shoulder.

그 소녀는 매우 예쁘고, 남자를 알지 못하는 처녀로, 우물로 내려가더니 항아리를 채워 올라왔다.

16 The young woman was very attractive in
appearance, a maiden*virgin* whom no man
had known. She went down to the spring
and filled her jar and came up.

그때 집사가 달려가 그녀에게 말했다. "부탁하는데, 당신 항아리 물을 조금 마시게 해주세요."

17 Then the servant ran to meet her and said,
"Please give me a little water to drink from
your jar."

그녀가 말했다. "마셔요, 주인님." 그러면서 손에서 단지를 내려 그가 마시도록 주었다.

18 She said, "Drink, my lord." And she quickly
let down her jar upon her hand and gave
him a drink.

그녀는 그가 물을 마시게 한뒤 말했다. "낙타도 실컷 마시도록 물을 더 길어 오죠."

19 When she had finished giving him a drink,
she said, "I will draw water for your camels
also, until they have finished drinking."

그녀는 급히 물단지를 여물통에 비우고, 우물로 가서 낙타가 마실 물을 길었다.

20 So she quickly emptied her jar into the
trough and ran again to the well to draw
water, and she drew for all his camels.

그는 잠자코 그녀를 응시하며 **주님**이 자기 여행을 순조롭게 하는지 아닌지 알고 싶었다.

21 The man gazed at her in silence to learn
whether the LORD had prospered his
journey or not.

낙타들이 물을 다 마시자, 그 남자는 그녀에게 반 쉐클약 5.7g의 금고리 하나와, 10쉐클약 114g 무게의 금팔찌 두 개를 주며,

22 When the camels had finished drinking,
the man took a gold ring*earing* weighing a
half shekel, and two bracelets for her arms
weighing ten gold shekels,

말했다. "당신이 누구의 딸인지 말해주세요. 당신 아버지 집에 우리가 밤에 묵을 방이 있나요?"

23 and said, "Please tell me whose daughter
you are. Is there room in your father's
house for us to spend the night?"

그녀가 말했다. "나는 밀카가 남편 내이홀에게 낳아 준 아들 베듀얼의 딸이에요."

24 She said to him, "I am the daughter of
Bethuel the son of Milcah, whom she bore
to Nahor."

또 덧붙였다. "우리는 짚과 사료도, 밤을 지낼 방도 충분해요."

25 She added, "We have plenty of both straw
and fodder, and room to spend the night."

그 사람이 머리 숙여 **주님**을 경배하며

26 The man bowed his head and worshiped
the LORD

말했다. "나의 주인 애이브러햄의 **주 하나님** 감사해요. 당신은 나의 주인에게 사랑과 믿음을 아끼지 않았고, 나에게는 내 주인의 형제 집으로 가는 길로 **주님**이 이끌어 주었어요."

27 and said, "Blessed be the LORD, the
God of my master Abraham, who has
not forsaken his steadfast love and his
faithfulness toward my master. As for

me, the LORD has led me in the way to the
house of my master's kinsmen."

그때 소녀가 뛰어가서 어머니 집안에 이 일을 전했다.

28 Then the young woman ran and told her
mother's household about these things.

리베카의 오빠 래이번은, 그 사람이 있는 우물까지 달려갔다.

29 Rebekah had a brother whose name was
Laban. Laban ran out toward the man, to
the spring*well*.

그가 여동생의 금고리와 팔찌를 보자마자, 또 "그가 내게 이렇게 말했어요"라는 리베카의 말을 듣고 왔는데 보니, 그가 우물에서 낙타 옆에 서있었다.

30 As soon as he saw the ring and the
bracelets on his sister's arms, and heard
the words of Rebekah his sister, "Thus
the man spoke to me," he went to the
man. And behold, he was standing by the
camels at the spring.

그가 말했다. "어서 오세요. **주님**의 복을 받은 사람님. 왜 밖에 있나요? 내가 집과 낙타들이 있을 자리를 마련했어요."

31 He said, "Come in, O blessed of the LORD.
Why do you stand outside? For I have
prepared the house and a place for the
camels."

그래서 그는 그 집으로 들어가 낙타짐을 푼뒤, 낙타에게 짚과 여물사료을 주었고, 그곳에 물도 있어 집사 및 함께 온 사람들은 발까지 씻었다.

32 So the man came to the house and
unharnessed the camels, and gave straw
and fodder to the camels, and there was
water to wash his feet and the feet of the
men who were with him.

다음 먹을 음식이 그 앞에 차려졌지만, 그는 말했다. "말을 다 할때까지 먹지 않겠어요." 오빠가 말했다. "이야기하세요."

33 Then food was set before him to eat.
But he said, "I will not eat until I have said
what I have to say." He said, "Speak on."

그가 말했다. "나는 애이브러햄의 집사입니다.

34 So he said,
"I am Abraham's servant.

주님이 나의 주인에게 큰복을 주어, 그는 훌륭한 사람이 되었어요. 그는 주인에게 양떼, 소떼, 금은, 남종여종, 낙타와 나귀들을 주었죠.

35 The LORD has greatly blessed my master, and he has become great. He has given him flocks and herds, silver and gold, male servants and female servants, camels and donkeys.

주인의 아내 새라가 나이가 들어, 아들 하나를 낳아주자, 그는 가진 모든 것을 아들에게 주었어요.

36 And Sarah my master's wife bore a son to my master when she was old, and to him he has given all that he has.

주인이 내게 맹세시키며 일렀죠. '너는 내 아들의 아내를 내가 사는 캐이넌땅 딸을 데려오면 안 되고,

37 My master made me swear, saying, 'You shall not take a wife for my son from the daughters of the Canaanites, in whose land I dwell,

대신 너는 내 아버지 집안 나의 친척에게 가서 며느리 감을 데려와라.'

38 but you shall go to my father's house and to my clan and take a wife for my son.'

내가 말했죠. '그녀가 나를 따라 오지 않을지도 몰라요.'

39 I said to my master, 'Perhaps the woman will not follow me.'

그러자 주인이 말했어요. '내가 걸어온 길앞의 **주님**이 사자를 보내 너의 길을 순탄하게 할 거다. 너는 내 아들의 아내를 내 친척 아버지 집안에서 데려와야 한다.

40 But he said to me, 'The LORD, before whom I have walked, will send his angel with you and prosper your way. You shall take a wife for my son from my clan and from my father's house.

네가 내 친척에게 가면, 나의 맹세의무를 다한 것이므로, 그들이 딸을 주지 않아도 너는 서약에서 자유롭게 풀린다'고 했어요.

41 Then you will be free from my oath, when you come to my clan. And if they will not give her to you, you will be free from my oath.'

오늘 우물에 와서 말했죠. '오 나의 주인 애이브러햄의 **주 하나님**! 당신이 내 길을 순조롭게 하

42 "I came today to the spring and said, 'O LORD, the God of my master Abraham, if

려면,

now you are prospering the way that I go,

보세요, 내가 우물가에 있는데, 물길러 오게 한 소녀에게 말을 걸어, "당신 단지물 좀 마시게 해주세요" 할 때,

43 behold, I am standing by the spring of
water. Let the virgin who comes out to
draw water, to whom I shall say, **"**Please
give me a little water from your jar to
drink,**"**

누군가, "마셔요, 당신 낙타 물도 길게요"라고 말하는 그녀가 바로 **주님**이 내 주인 아들에게 정한 사람이 되게 해주세요' 라고요.

44 and who will say to me, **"**Drink, and I will
draw for your camels also,**"** let her be the
woman whom the LORD has appointed for
my master's son.'

마음속 말을 마치기도 전에 보니, 리베카가 물단지를 어깨에 메고 나타나, 우물로 내려와 물을 길어서, 내가 '물 좀 마시게 해주세요' 부탁했고요.

45 **"**Before I had finished speaking in my
heart, behold, Rebekah came out with her
water jar on her shoulder, and she went
down to the spring and drew water. I said
to her, 'Please let me drink.'

그녀는 얼른 단지를 어깨에서 내리고, '마셔요. 당신의 낙타도 마시게 하죠'라고 말했죠. 그래서 내가 마시자, 낙타에게도 물을 줬어요.

46 She quickly let down her jar from her
shoulder and said, 'Drink, and I will give
your camels drink also.' So I drank, and she
gave the camels drink also.

내가 물었죠. '당신은 누구 딸입니까?' 그녀는, '밀카가 낳아준 내이홀의 아들 베듀얼의 딸'이라고 말해서, 내가 그녀 얼굴에 목거리와 손목에 팔찌를 걸어 주었어요.

47 Then I asked her, 'Whose daughter are
you?' She said, 'The daughter of Bethuel,
Nahor's son, whom Milcah bore to him.'
So I put the ring upon her nose, and the
bracelets upon her hands.

나는 머리 숙여 **주님**을 경배하며 나의 주인 애이브러햄의 **주하나님**에게 감사했어요. 그가 나를 바른길로 이끌어 그 아들

48 Then I bowed my head and worshiped
the LORD and blessed the LORD, the God of
my master Abraham, who had led me by

을 위한 친척 딸에게 데려갔던 것이죠.

the right way to take the daughter of my
master's kinsman for his son.

따라서 당신이 내 주인을 늘 사랑하고 신뢰하면 그렇다고 말해 주고, 아니라도 알려주면, 내가 좌든 우든 방향을 잡을 수 있어요."

49 Now then, if you are going to show
steadfast love and faithfulness to my
master, tell me; and if not, tell me, that I
may turn to the right hand or to the left."

그때 래이번과 베듀얼이 대답했다. "이 일은 **주님**이 하니, 우리가 나쁘다 좋다 말 못해요.

50 Then Laban and Bethuel answered and
said, "The thing has come from the LORD;
we cannot speak to you bad or good.

보세요, 리베카가 당신 앞에 있으니 데려가, **주님**이 말한대로 당신 주인 아들 아내가 되게 하세요."

51 Behold, Rebekah is before you; take her
and go, and let her be the wife of your
master's son, as the LORD has spoken."

애이브러햄의 집사종가 그 말에, **주님** 앞의 땅에 머리를 숙였다.

52 When Abraham's servant heard their
words, he bowed himself to the earth
before the LORD.

집사가 금보석 은보석 및 의복을 가져와 리베카에게 주고, 또 그녀 오빠와 어머니에게도 값진 장신구를 주었다.

53 And the servant brought out jewelry
of silver and gold, and garments, and
gave them to Rebekah. He also gave to
her brother and to her mother costly
ornaments.

그리고 집사 및 같이 온 모두가 먹고 마시고, 거기서 밤을 지냈다. 아침에 일어나자, 그가 말했다. "나를 주인에게 보내주세요."

54 And he and the men who were with him
ate and drank, and they spent the night
there. When they arose in the morning, he
said, "Send me away to my master."

그녀 오빠와 어머니가 말했다. "소녀를 며칠 적어도 열흘간 함께 있게 해준 다음 떠날 수 있겠죠."

55 Her brother and her mother said, "Let the
young woman remain with us a while, at
least ten days; after that she may go."

집사가 말했다. "늦추지 않게 해 주세요. **주님**이 내 길을 잘되게 했으니, 주인에게 보내주세요."

56 But he said to them, "Do not delay me,
since the LORD has prospered my way.
Send me away that I may go to my
master."

그들이 말했다. "소녀를 불러, 직접 물어봅시다."

57 They said, "Let us call the young woman
and ask her."

그들이 리베카를 불러 말했다. "너는 이 사람과 함께 갈거니?" 그녀가 말했다. "가겠어요."

58 And they called Rebekah and said to her,
"Will you go with this man?" She said, "I
will go."

그래서 그들은 여동생 리베카와 유모, 애이브러햄의 종과 사람들을 떠나보냈다.

59 So they sent away Rebekah their sister
and her nurse, and Abraham's servant and
his men.

그들은 리베카를 축복했다.

60 And they blessed Rebekah and said to her,

"우리의 자녀 너는, 수천만의 어머니가 되고, 네 후손은 자기들을 미워하는 자의 성문을 차지하게 될 거다!"

"Our sister, may you become
the mother of thousands of ten thousands,
and may your offspring possess
the gate of those who hate him!"

다음 리베카와 여종들이 일어나 낙타에 오른 다음 그 사람을 뒤따랐고, 그리고 집사종는 리베카를 데리고 길을 떠났다.

61 Then Rebekah and her young women
arose and rode on the camels and
followed the man. Thus the servant took
Rebekah and went his way.

한편 아이직은 비어라하이로이 우물길에서 주거지 남부이즈리얼 네게브 지방으로 돌아가는 길이었다.

62 Now Isaac had returned from the way of
the Beerlahai-roi*well Lahairoi* and was dwelling
in the south country*Israel Negeb*.

저녁무렵 아이직은 벌판에서 생

63 And Isaac went out to meditate in the field

각에 잠겨 있다가, 눈을 들어올려 보니, 낙타가 다가오고 있었다.

toward evening. And he lifted up his eyes
and saw, and behold, there were camels
coming.

그리고 리베카도 눈을 들어 아이직을 보더니, 낙타에서 뛰어 내리며,

64 And Rebekah lifted up her eyes, and when
she saw Isaac, she dismounted from the
camel

말했다. "벌판에서 우리를 만나러 걸어오는 사람이 누구죠?" 그가 말했다. "주인입니다." 그러자 그녀는 베일로 자신을 가렸다.

65 and said to the servant, "Who is that man,
walking in the field to meet us?" The
servant said, "It is my master." So she took
her vail and covered herself.

집사종는 아이직에게 자신이 겪은 모든 일을 전했다.

66 And the servant told Isaac all the things
that he had done.

아이직은 리베카를 어머니 새라의 천막에 데려간 다음, 아내로 맞이하여 사랑했고, 어머니가 죽은 뒤 그녀한테서 위안을 받았다.

67 Then Isaac brought her into the tent of
Sarah his mother and took Rebekah, and
she became his wife, and he loved her. So
Isaac was comforted after his mother's
death.

● **가르침** ***Gospel*** 고용인의 충직으로 가문이 서다.

기원 28 | 재이컵이 본 환상속 사다리

Genesis 28 | Jacob's Vision of a Ladder

그 장소를 베썰이라고 불렀다

Jacob called the name of that place Bethel

그때 아이직이 재이컵을 불러 축복하며 지시했다. "너는 캐이넌 여성을 아내로 맞이하지 마라.

1 Then Isaac called Jacob and blessed him
and directed him, "You must not take a
wife from the Canaanite women.

일어나, 패더내럼의 외할아버지 베듀얼의 집으로 가서, 외삼촌 래이번의 딸 중에 네 아내를 골라라.

2 Arise, go to Paddan-aram to the house of
Bethuel your mother's father, and take as
your wife from there one of the daughters
of Laban your mother's brother.

절대 하나님이 축복하여 네가 자손을 많이 낳게 하면, 너는 많은 무리의 민족을 이루게 된다.

3 God Almighty bless you and make you
fruitful and multiply you, that you may
become a company of peoples.

주님이 애이브러햄의 복을 너와 후손에게도 내리게 되면, 너의 여행지는 **하나님**이 애이브러햄에게 준 곳으로, 그땅을 네가 갖게 될거다."

4 May he give the blessing of Abraham
to you and to your offspring with you,
that you may take possession of the land
of your sojournings that God gave to
Abraham!"

아이직이 그를 떠나보내자, 재이컵은 패더내럼의 래이번, 시리아인 베듀얼의 아들이자 재이컵과 이소의 어머니 리베카의

5 Thus Isaac sent Jacob away. And he went
to Paddan-aram, to Laban, son of Bethuel
the Abramean*old Syrian*, the brother of

오빠인 그에게 갔다.

Rebekah, Jacob's and Esau's mother.

그런데 이소가 보니, 아이직이 재이컵을 보내며, 패더내럼 출신 아내를 맞이하도록 권하면서, "캐이넌 여자를 아내로 삼지 말라"고 지시하는 것이었다.

6 Now Esau saw that Isaac had blessed Jacob and sent him away to Paddan-aram to take a wife from there, and that as he blessed him he directed him, "You must not take a wife from the Canaanite women,"

재이컵은 아버지와 어머니에 순종하여 패더내럼으로 떠나갔다.

7 and that Jacob had obeyed his father and his mother and gone to Paddan-aram.

이소는 아버지 아이직이 캐이넌 여자를 안 좋아하는 것을 알고,

8 So when Esau saw that the Canaanite women did not please Isaac his father,

이쉬매얼로 가서, 여러 아내 이외, 애이브러햄 아들, 이쉬매얼의 딸이자 자기 아내 네바요쓰 여동생 매할래쓰를 또 맞이했다.

9 Esau went to Ishmael and took as his wife, besides the wives he had, Mahalath the daughter of Ishmael, Abraham's son, the sister of Nebaioth.

한편 재이컵은 비어쉬바를 떠나 해랜으로 갔다.

10 Jacob left Beersheba and went toward Haran.

그가 어느 곳에 왔는데, 해가 졌으므로 그날밤을 지내게 되었다. 그는 돌 하나를 집어 머리밑을 괸 다음 그자리에 누워 잠을 잤다.

11 And He came to a certain place and stayed there that night, because the sun had set. Taking one of the stones of the place, he put it under his head and lay down in that place to sleep.

그가 꿈에 보니, 사다리 하나가 땅에 세워져 끝이 하늘에 닿았고, 다시 보자, **하나님** 사자천사 들이 그것을 오르내리고 있는게 아닌가!

12 And he dreamed, and behold, there was a ladder set up on the earth, and the top of it reached to heaven. And behold, the angels of God were ascending and descending on it!

또 보니, **주님**이 위에서 말했다. "나는 네 조상 애이브러햄의 **주 하나님**이고, 아이직의 **하나님**이다. 내가 너와 네 후손에게 네가 누운 그 땅을 준다.

13 And behold, the LORD stood above it and said, "I am the LORD, the God of Abraham your father and the God of Isaac. The land on which you lie I will give to you and to your offspring.

네 후손은 땅위 흙먼지처럼 많아져, 서쪽 멀리 퍼지고, 동쪽, 북쪽, 남쪽까지 뻗으면, 너와 네 후손으로 인해 땅위 모든 집안이 축복을 받게 된다.

14 Your offspring shall be like the dust of the earth, and you shall spread abroad to the west and to the east and to the north and to the south, and in you and your offspring shall all the families of the earth be blessed.

보라, 나는 너와 함께 하며 네가 가는 곳마다 지켜준 다음, 이 땅에 다시 데려온다. 너와의 약속을 이룰 때까지 나는 너를 떠나지 않는다."

15 Behold, I am with you and will keep you wherever you go, and will bring you back to this land. For I will not leave you until I have done what I have promised you."

그때 재이컵이 잠에서 깨어나 말했다. "분명히 **주님**이 이곳에 있는데, 나는 그것을 알지 못했다."

16 Then Jacob awoke from his sleep and said, "Surely the LORD is in this place, and I did not know it."

그는 두려워져 말했다. "이곳이 얼마나 두려운 장소인가! 여기가 다름 아닌 **하나님**의 집이고, 바로 하늘의 문이다."

17 And he was afraid and said, "How awesome is this place! This is none other than the house of God, and this is the gate of heaven."

재이컵은 이른 아침에 머리밑에 베었던 돌을 가져와, 기둥으로 세운 뒤 그위에 기름을 부었다.

18 So early in the morning Jacob took the stone that he had put under his head and set it up for a pillar and poured oil on the top of it.

그는 그곳을 베썰**하나님**의 집이라

19 He called the name of that place Bethel,

고 불렀지만, 그 도시 본래 이름은 러스였다.		but the name of the city was called Luz at the first.
재이컵은 맹세했다. "**하나님**이 나와 함께 있으면서 내가 가는 길에서 나를 지켜주며, 먹을 빵과 입을 옷을 주고,	20	Then Jacob made a vow, saying, "If God will be with me and will keep me in this way that I go, and will give me bread to eat and clothing to wear,
내가 다시 아버지 집에 무사히 가면, **주님**은 나의 **하나님**이 되고,	21	so that I come again to my father's house in peace, then the LORD shall be my God,
기둥으로 세운 돌은 **하나님**의 집이 되며, 당신이 내게 준 모든 것 십분의 일을 봉헌하겠습니다."	22	and this stone, which I have set up for a pillar, shall be God's house. And of all that you give me I will give a full tenth to you."

● **가르침** *Gospel* 배썰은 하나님 집이라는 뜻이다.

기원 32 | 재이컵이 천사와 씨름

Genesis 32 | Jacob Wrestles with an Angel

씨름을 견뎌서 이즈리얼이 되다

Israel is by God strives

재이컵이 길을 가다, **하나님**의 사자천사군단을 만났다.

1 Jacob went on his way, and the angels of
God met him.

재이컵이 그들을 보고, "이것은 **하나님**의 군대다!"라며, 그곳을 '매해내임두 군단'이라고 불렀다.

2 And when Jacob saw them he said, **"**This
is God's camp!**"** So he called the name of
that place Mahanaim*two camps*.

재이컵은 먼저 전언자전령들을 시어땅 이덤지역 형 이소에게 보내며,

3 And Jacob sent messengers before him
to Esau his brother in the land of Seir, the
country of Edom,

그들에게 지시했다. "너희는 나의 주인님 이소에게 전해라. 당신의 종 재이컵 말에 의하면, '나는 지금까지 래이번과 함께 지냈다.

4 instructing them, **"**Thus you shall say
to my lord Esau: Thus says your servant
Jacob, 'I have sojourned with Laban and
stayed until now.

나는 황소, 나귀, 가축, 남녀종을 소유하므로, 나의 주인 형님에게 호의를 받기 위하여 전령메신저을 보내 말을 전한다'고 해라."

5 I have oxen, donkeys, flocks, male
servants, and female servants. I have sent
to tell my lord, in order that I may find
favor in your sight.'**"**

그뒤 메신저가 재이컵에게 돌아와서 말했다. "우리는 당신의 형 이소에게 갔고, 그도 400명과

6 And the messengers returned to Jacob,
saying, **"**We came to your brother Esau,

함께 당신을 만나러 오고 있어요."

and he is coming to meet you, and there
are four hundred men with him."

그러자 재이컵은 대단히 무섭고 불안했다. 그는 함께 있는 사람을 비롯하여, 양떼, 소떼, 낙타까지 두 무리로 나누고,

7 Then Jacob was greatly afraid and
distressed. He divided the people who
were with him, and the flocks and herds
and camels, into two camps,

생각했다. "만약 이소가 한 무리에게 나타나 공격하면, 남은 무리는 피해야겠다."

8 thinking, "If Esau comes to the one camp
and attacks it, then the camp that is left
will escape."

재이컵이 말했다. "오 나의 조상 애이브러햄의 **하나님**, 내 아버지 아이직의 **하나님**, **주님**은 나에게, '네 나라 동족에게 가면, 내가 너를 잘되게 할 것'이라고 말했어요.'

9 And Jacob said, "O God of my father
Abraham and God of my father Isaac,
O Lord who said to me, 'Return to your
country and to your kindred, that I may do
you good,'

나는, 당신이 종에게 보여준 변함없는 모든 사랑과 믿음을 조금도 받을 가치가 없고, 그저 지팡이 하나로 조든강을 건넜다, 이제 두 무리가 되었을 뿐이죠.

10 I am not worthy of the least of all the
deeds of steadfast love and all the
faithfulness that you have shown to your
servant, for with only my staff I crossed
this Jordan, and now I have become two
camps.

제발 나를 형 이소의 손에서 구해주세요. 나는 그가 와서 나와 자식 딸린 어머니들을 공격할까 두려우니까요.

11 Please deliver me from the hand of my
brother, from the hand of Esau, for I fear
him, that he may come and attack me, the
mothers with the children.

하지만 당신의 말은, '나는 반드시 네가 잘되게 하고, 네 자손을 바다의 모래처럼 만들어, 셀 수 없이 번성시킨다' 했죠."

12 But you said, 'I will surely do you good,
and make your offspring as the sand of
the sea, which cannot be numbered for

multitude.'"

그는 그날밤 그곳에서 지내며, 그가 가진것에서 형 이소를 위한 선물을 떼어 놓았는데,

13 So he stayed there that night, and from
what he had with him he took a present
for his brother Esau,

암염소 200마리, 숫염소 20마리, 암양 200마리, 숫양 20마리,

14 two hundred female goats and twenty
male goats, two hundred ewes and
twenty rams,

젖주는 어미와 새끼낙타 30마리, 암소 40마리, 수소 10마리, 암나귀 20마리, 새끼 수나귀 10마리였다.

15 thirty milking camels and their calves,
forty cows and ten bulls, twenty female
donkeys and ten male donkeys.

그는 종 각각에게 가축떼를 몰도록 건네며 말했다. "나보다 먼저 건너가고 무리와 무리 사이에 거리를 두어라."

16 These he handed over to his servants,
every drove by itself, and said to his
servants, "Pass on ahead of me and put a
space between drove and drove.

선두에게 지시했다. "형 이소가 너희를 만나면 물을 것이다. '너희는 누구 소속이냐? 어디로 가는 중이고? 앞에 있는 것은 누구 것이냐?'

17 He instructed the first, "When Esau my
brother meets you and asks you, 'To whom
do you belong? Where are you going?
And whose are these ahead of you?'

그때 대답해라. '이것은 재이컵의 것으로, 이소 주인님에게 보내는 선물이고, 그는 우리 뒤에 있다'고."

18 then you shall say, 'They belong to your
servant Jacob. They are a present sent to
my lord Esau. And moreover, he is behind
us.'"

그는 두번째, 세번째 및 뒤따르는 무리에게도 같은 지시를 내렸다. "너희도 이소를 만나면 똑같이 말하고,

19 He likewise instructed the second and
the third and all who followed the droves,
"You shall say the same thing to Esau
when you find him,

이어서, '또한 당신의 종 재이컵

20 and you shall say, 'Moreover, your servant

은 우리 뒤에 있다'고 해라." 그는, "먼저 선물을 보내어 마음을 달랜 뒤, 형의 얼굴을 보면, 나를 받아들일 것"이라 생각했던 것이다.

Jacob is behind us.'" For he thought, "I
may appease him with the present that
goes ahead of me, and afterward I shall
see his face. Perhaps he will accept me."

선물이 먼저 갔고, 자신은 그날 밤 캠프에 있었다.

21 So the present passed on ahead of him,
and he himself stayed that night in the
camp.

재이컵은 밤에 일어나, 두 아내와 두 여종, 열한 아들을 데려가 재복시내를 건너보냈다.

22 The same night he arose and took his two
wives, his two female servants, and his
eleven children, and crossed the ford of
the Jabbok.

그들이 시내를 건너갈 때, 그는 가진 모든 것을 보냈다.

23 He took them and sent them across the
stream, and everything else that he had.

재이컵은 홀로 남아, 어떤 사람과 날이 밝도록 씨름을 했다.

24 And Jacob was left alone. And a man
wrestled with him until the breaking of
the day.

그 사람이 재이컵을 상대로 이기지 못한다는 것을 알고, 그의 엉덩이 움푹한 곳을 치자, 재이컵은 씨름하던 중 대퇴부 관절을 삐었다.

25 When the man saw that he did not
prevail against Jacob, he touched his hip
socket*hollow of his thigh*, and Jacob's hip was
put out of joint as he wrestled with him.

그가 말했다. "나를 보내줘라. 날이 밝고 있다." 재이컵이 말했다. "나를 축복해줘야 보내준다."

26 Then he said, "Let me go, for the day has
broken." But Jacob said, "I will not let you
go unless you bless me."

그가 물었다. "이름이 뭐지?" "재이컵이다."

27 And he said to him, "What is your name?"
And he said, "Jacob."

그가 말했다. "네 이름은 더 이상 재이컵 아닌, 이즈리얼하나님과 씨름로 불린다. 너는, **하나님**과

28 Then he said, "Your name shall no longer
be called Jacob, but Israel*God strives*, for you

씨름하여 견뎌낸 인간이기 때문이다."

재이컵이 물었다. "당신 이름을 말해 달라." 그가, "왜 내 이름을 묻나?" 하면서 그를 축복했다.

재이컵이 그곳을 페뉴얼*하나님의 얼굴*이라 부른 것은, "**하나님** 얼굴을 보고도, 내 목숨이 구원받았기 때문"이라고 했다.

해가 떠서 페뉴얼을 지나가는데, 그는 엉덩이 때문에 절뚝거렸다.

그래서 이날까지 이즈리얼 사람은 넓적다리 힘줄을 먹지 않는데, 그가 재이컵 허벅지의 움푹한 힘줄을 건드렸기 때문이다.

have striven with God and with men, and
have prevailed."
29 Then Jacob asked him, "Please tell me
your name." But he said, "Why is it that
you ask my name?" And there he blessed
him.
30 So Jacob called the name of the place
Penuel*face of God*, "For I have seen God
face to face, and yet my life has been
delivered."
31 The sun rose upon him as he passed
Penuel, limping because of his hip.
32 Therefore to this day the people of Israel
do not eat the sinew of the thigh that is
on the hip socket, because he touched
the socket of Jacob's hip on the sinew of
the thigh.

● **가르침** ***Gospel*** 이즈리얼이란 주님과 싸워 이겨냈다는 뜻이다.

기원 37

Genesis 37

조셉과 형제

Joseph and his Brothers

조셉이 꿈을 꾸었다

Joseph dreamed dreams

재이컵은 아버지가 한때 머물던 캐이넌 땅에서 살았다.

1 Jacob lived in the land of his father's
sojournings*stay*, in the land of Canaan.

다음은 재이컵의 세대다. 열일곱 살 조셉은 형제와 양떼에게 풀을 먹였다. 그 소년은 아버지 아내 빌하래이철의 종 및 질파리아의 종의 자식과 같이 있으면서, 그들의 나쁜 짓을 아버지에게 알렸다.

2 These are the generations of Jacob.
Joseph, being seventeen years old, was
pasturing*feed* the flock with his brothers.
He was a boy with the sons of Bilhah and
Zilpah, his father's wives. And Joseph
brought a bad report of them to their
father.

이즈리얼재이컵이 누구보다 조셉을 더 사랑한 것은, 늙어서 얻었기 때문으로, 그에게 색색의 화려한 옷까지 만들어 입혔다.

3 Now Israel loved Joseph more than any
other of his sons, because he was the son
of his old age. And he made him a robe*coat*
of many colors.

하지만 형제는 아버지가 그를 더 사랑하는 것을 알고, 미워서 그에게 편히 말을 할 수가 없었다.

4 But when his brothers saw that their father
loved him more than all his brothers, they
hated him and could not speak peacefully
to him.

어느날 조셉이 형제에게 꿈을

5 Now Joseph had a dream, and when he

말하자, 그들이 더욱 미워했다.

told it to his brothers they hated him even more.

조셉이 형들에게 말했다. “내가 꾼 꿈이야기 좀 들어봐.

6 He said to them, “Hear this dream that I have dreamed:

보니까, 우리가 들에서 곡식단을 묶던 중, 내 다발이 바로 일어서자, 형 다발들이 주위에 둘러서서, 내 곡식단에게 고개를 숙이더라.”

7 Behold, we were binding sheaves in the field, and behold, my sheaf arose and stood upright. And behold, your sheaves gathered around it and bowed down to my sheaf.”

형제가 말했다. “정말로 네가 우리를 통치해? 아니면 진짜 우리를 지배한다고?” 형들은 꿈 때문에 그를 더욱 미워하게 되었다.

8 His brothers said to him, “Are you indeed to reign over us? Or are you indeed to rule over us?” So they hated him even more for his dreams and for his words.

조셉은 또 다른 꿈을 꾸고 형제에게 말했다. “이봐, 또 꿈을 꿨는데 보니까, 해와 달과 열한 개의 별이 나에게 정중히 절했어.”

9 Then he dreamed another dream and told it to his brothers and said, “Behold, I have dreamed another dream. Behold, the sun, the moon, and the eleven stars were bowing down to me.”

그러나 그가 아버지와 형제에게 꿈을 이야기하자, 아버지가 그를 나무라며 말했다. “네가 꾸었다는 꿈이 대체 무슨 말이냐? 나와 네 엄마나 형제가 정말로 네 앞에서 땅에 머리를 숙인다는 거냐?”

10 But when he told it to his father and to his brothers, his father rebuked him and said to him, “What is this dream that you have dreamed? Shall I and your mother and your brothers indeed come to bow ourselves to the ground before you?”

형제는 그를 질투해도, 아버지는 그 이야기를 마음속에 두었다.

11 And his brothers were jealous of him, but his father kept the saying in mind.

그러다 형제가 아버지 양떼에게

12 Now his brothers went to pasture*feed* their

풀을 먹이러 쉬컴 근처로 갔다.

father's flock near Shechem *West Bank*.

이즈리얼이 조셒에게 말했다. "형들이 양을 방목하러 쉬컴에 가지 않았니? 이제 너도 그들에게 보내마." 조셒이 대답했다. "네."

13 And Israel said to Joseph, "Are not your
brothers pasturing the flock at Shechem?
Come, I will send you to them." And he
said to him, "Here I am."

아버지가 말했다. "이제 가서, 형제와 양떼가 잘 있는지 지켜보고, 내게 전해라." 아버지는 히브런 계곡에서 조셒을 쉬컴으로 보냈다.

14 So he said to him, "Go now, see if it is well
with your brothers and with the flocks,
and bring me word." So he sent him from
the Valley of Hebron, and he came to
Shechem.

어떤 사람이, 벌판에서 헤매는 아이를 발견하고 물었다. "무얼 찾고 있지?"

15 And a man found a boy wandering in the
fields. And the man asked him, "What are
you seeking?"

"형제를 찾고 있어요." 그가 말했다. "사람들이 어디서 양떼를 방목하는지 알려주세요."

16 "I am seeking my brothers," he said. "Tell
me, please, where they are pasturing the
flock."

그가 말했다. "그들은 가버렸다. 내가 들으니, '도쓴에 가자' 하더라." 조셒이 뒤쫓아 도쓴에서 형제를 발견하게 되었다.

17 And the man said, "They have gone away,
for I heard them say, 'Let us go to Dothan.'"
So Joseph went after his brothers and
found them at Dothan.

형제가 멀리서 보더니, 조셒이 다가오기 전에 죽여버릴 음모를 꾸몄다.

18 They saw him from afar, and before he
came near to them they conspired against
him to kill him.

그들이 서로에게 말했다. "저기 그 꿈쟁이가 온다.

19 They said to one another, "Here comes
this dreamer.

자, 그를 죽여서 아무 구덩이에 던지자. 사나운 짐승이 그를 잡아먹었다고 말하고, 그 꿈이 어

20 Come now, let us kill him and throw him
into one of the pits. Then we will say that

떻게 되어가는지 두고보자."

a fierce animal has devoured him, and we
will see what will become of his dreams."

루번이 그 소리를 듣더니, 형제 손에서 그를 구하고자 했다. "그 아이 목숨을 빼앗지 말자."

21 But when Reuben heard it, he rescued
him out of their hands, saying, "Let us not
take his life."

루번이 또 말했다. "피 흘리지 말고, 허허벌판 구덩이속에 던지고, 그에게는 손대지 말자." 그는 형제손에서 그를 구해 아버지에게 보내주고 싶었던 것이다.

22 And Reuben said to them, "Shed no
blood; throw him into this pit here in
the wilderness, but do not lay a hand on
him"—that he might rescue him out of
their hand to restore him to his father.

조셉이 형제에게 오자, 그들은 동생이 입은 색색의 로브옷을 벗겨냈다.

23 So when Joseph came to his brothers,
they stripped him of his robe, the robe of
many colors that he wore.

형들이 그를 구덩이에 던졌는데, 텅 빈 그속에는 물도 없었다.

24 And they took him and threw him into a
pit. The pit was empty; there was no water
in it.

그들이 앉아 음식을 먹다 보니, 이쉬매얼 무리가 길리얻사해 서북 지역에서 오고 있었고, 검나무수지, 향신료, 방향연고 진통용 기름을 낙타에 실어 이집트로 가는 길이었다.

25 Then they sat down to eat. And looking up
they saw a caravan of Ishmaelites coming
from Gilead*western of the Jordan River*, with their
camels bearing gum, spicery and balm,
and myrrh, on their way to carry it down
to Egypt.

쥬다가 형제에게 말했다. "우리 형제를 죽이고 그 피를 숨겨서 좋을 게 뭐냐?

26 Then Judah said to his brothers, "What
profit is it if we kill our brother and
conceal his blood?

자, 조셒을 이쉬매얼 사람에게 팔고, 우리가 손대지 말자. 그는 우리 형제고 혈육이니까." 그래

27 Come, and let us sell him to the
Ishmaelites, and let not our hand be upon

서 형제가 그 말을 들었다.

him, for he is our brother, our own flesh."
And his brothers listened to him.

또다른 미디언 상인이 지나가다, 조셉을 구덩이밖으로 끌어올려, 은 20쉐클약230g에 이쉬매얼인한테 팔자, 그들이 이집트로 데려갔다.

28 Then Midianite traders passed by. And
they drew Joseph up and lifted him out of
the pit, and sold him to the Ishmaelites for
twenty shekels of silver. They took Joseph
to Egypt.

루번이 구덩이로 다시 가서 보니, 조셉이 그안에 없다는 것을 알고, 제 옷을 찢으며,

29 When Reuben returned to the pit and saw
that Joseph was not in the pit, he tore his
clothes,

형제에게 돌아가 말했다. "그 아이가 사라졌는데, 어떻하지?"

30 and returned to his brothers and said, "The
boy is gone, and I, where shall I go?"

그들은 조셉의 옷을 들고가 염소를 죽여 그 피속에 담갔다.

31 Then they took Joseph's robe and
slaughtered a goat and dipped the robe in
the blood.

형제는 색이 화려한 그 옷을 아버지에게 가져가서 말했다. "우리가 이것을 발견했는데, 아버지 아들 옷이 맞는지 확인해보세요."

32 And they sent the robe of many colors and
brought it to their father and said, "This
we have found; please identify whether it
is your son's robe or not."

그는 그것을 알아보고 말했다. "이건 내 아들 옷이다. 맹수에 먹혀 조셉이 찢긴게 의심할바 없구나!"

33 And he identified it and said, "It is my
son's robe. A fierce animal has devoured
him. Joseph is without doubt torn to
pieces."

재이컵은 자기 옷을 찢고 허리에 거친 삼베를 두른 뒤, 아들을 위해 오랫동안 슬퍼했다.

34 Then Jacob tore his garments and put
sackcloth on his loins and mourned for his
son many days.

그의 아들딸 모두 나서 그를 위

35 All his sons and all his daughters rose

로해도, 위안을 거부하며 말했다. "아니다, 나는 무덤히브리어: 쉬올속 내 아들한테 들어가야겠다." 그렇게 아버지는 조셉을 위해 울었다.

그 사이 미디언인들은 조셉을 이집트왕의 관리 팔어뤄 경호대장에게 팔아넘겼다.

up to comfort him, but he refused to
be comforted and said, "No, I shall go
down to the grave*Sheol of Hebrew* to my son,
mourning." Thus his father wept for him.
36 Meanwhile the Midianites had sold him in
Egypt to Potiphar, an officer of Pharaoh,
the captain of the guard.

● **가르침** *Gospel* 하나님이 정해놓은 계획대로 진행된다.

기원 41 | 조셉이 풰로우왕 꿈해설

Genesis 41 | Joseph Interprets Pharaoh's Dreams

조셉이 풰로우왕 꿈해설

Joseph Interprets Pharaoh's Dreams

조셉이 관직에 오르다

Joseph rises to power

그후 거의 2년이 지난 뒤, 왕이 꿈속에서 강나일옆에 서있었다.

1 After two whole years, Pharaoh dreamed
that he was standing by the river*Nile*,

보니, 보기 좋게 살찐 암소 일곱 마리가 나일강에서 올라와, 갈대밭 풀을 뜯고 있었다.

2 and behold, there came up out of the Nile
seven cows, attractive and plump, and
they fed in the reed grass*meadow*.

또 보니, 흉하게 마른 다른 암소 일곱 마리가, 뒤이어 올라와 나일강둑의 다른 암소 옆에 섰다.

3 And behold, seven other cows, ugly and
thin, came up out of the Nile after them,
and stood by the other cows on the bank
of the Nile.

흉하게 마른 암소가 보기 좋은 암소 일곱을 먹어치우자 왕이 깼다.

4 And the ugly, thin cows ate up the seven
attractive, plump cows. And Pharaoh
awoke.

다시 잠들어 두번째 꿈을 꾸며 보니, 알찬 보기 좋은 곡물 이삭 일곱이 한 줄기안에 자라고 있었다.

5 And he fell asleep and dreamed a second
time. And behold, seven ears of grain,
plump and good, were growing on one
stalk.

또 보니, 그뒤 싹이 돋은 일곱 이삭은 동풍에 병들어 말라 있었다.

6 And behold, after them sprouted seven
ears, thin and blighted by the east wind.

그러다 마른 이삭이 알찬 일곱 이삭을 삼켰는데, 왕이 깨어보니 꿈이었다.

7 And the thin ears swallowed up the seven plump, full ears. And Pharaoh awoke, and behold, it was a dream.

아침이 되자 정신이 혼란스러워, 퀘로우는 이집트 마술사와 현자를 모두 불러 이야기해도, 아무도 퀘로우왕에게 꿈을 해설해주지 못했다.

8 So in the morning his spirit was troubled, and he sent and called for all the magicians of Egypt and all its wise men. Pharaoh told them his dreams, but there was none who could interpret them to Pharaoh.

그때 주류관리장이 왕에게 말했다. "오늘 내 실수를 기억해요.

9 Then the chief cupbearer said to Pharaoh, "I remember my offenses today.

퀘로우께서 신하에게 화가 났을 때, 나와 제빵장을 경호대장 집에 가뒀던 적이 있었죠.

10 When Pharaoh was angry with his servants and put me and the chief baker in custody in the house of the captain of the guard,

우리는 같은 날 꿈을 꾸었는데, 그와 나의 꿈해몽이 각각 달랐죠.

11 we dreamed on the same night, he and I, each having a dream with its own interpretation.

어떤 히브리 출신 청년 하나가 경호대장 종인데 함께 있어서, 우리가 말하자, 그는 우리에게 꿈을 해설하며, 각자 꿈대로 풀이해주었어요.

12 A young Hebrew was there with us, a servant of the captain of the guard. When we told him, he interpreted our dreams to us, giving an interpretation to each man according to his dream.

그리고 그가 우리에게 풀이한대로 이루어져, 나는 복직되었고, 제빵장은 목이 매달렸어요."

13 And as he interpreted to us, so it came about. I was restored to my office, and the baker was hanged."

퀘로우왕이 사람을 보내 조셉

14 Then Pharaoh sent and called Joseph,

을 부르자, 사람들이 서둘러 그를 지하감옥에서 데려왔다. 그는 면도하고 옷을 갈아입은 다음 왕 앞에 나왔다.

and they quickly brought him out of the
dungeon*pit*. And when he had shaved
himself and changed his clothes, he came
in before Pharaoh.

왕이 조셉에게 말했다. "내가 꿈을 꾸어도, 풀이할 사람이 아무도 없는데, 네가 꿈을 들으면 해석할 수 있다는 이야기를 듣게 되었다."

15 And Pharaoh said to Joseph, **"**I have had
a dream, and there is no one who can
interpret it. I have heard it said of you that
when you hear a dream you can interpret
it.**"**

조셉이 대답했다. "내가 아니고, **하나님**이 왕에게 맞는 답을 주어요."

16 Joseph answered Pharaoh, **"**It is not in
me; God will give Pharaoh a favorable
answer.**"**

풰로우가 조셉에게 말했다. "들어봐라. 꿈에 나는 나일강둑에 서있었다.

17 Then Pharaoh said to Joseph, **"**Behold, in
my dream I was standing on the bank of
the Nile.

통통한 보기 좋은 일곱 암소가 강에서 나와 갈대밭 풀을 먹었다.

18 Seven cows, plump and attracted, came
up out of the river*Nile* and fed in the reed
grass.

다른 일곱 암소가 뒤이어 나왔는데, 흉하게 말라 빈약하기가 이집트땅에서 본적없는 것이었다.

19 Seven other cows came up after them,
poor and very ugly and thin, such as I had
never seen in all the land of Egypt.

다음 보기 흉한 마른 암소가 첫 번째 살찐 암소 일곱을 먹어치웠다.

20 And the thin, ugly cows ate up the first
seven plump cows,

먹어치웠는데도 그들은 살찐 소를 먹었는지 아무도 못알아볼 정도로, 여전히 처음처럼 보기 흉했는데, 내가 깨어났다.

21 but when they had eaten them no one
would have known that they had eaten
them, for they were still as ugly as at the
beginning. Then I awoke.

또 다른 꿈에 보니 일곱 이삭이 한 줄기에 자라며, 보기 좋게 찼다.

22 I also saw in my dream seven ears growing on one stalk, full and good.

또 보자, 시들고 마른 동풍에 병든 일곱 이삭이 뒤이어 싹이 돋아나더니,

23 And behold, Seven ears, withered, thin, and blighted by the east wind, sprouted after them,

마른 이삭이 알찬 일곱 이삭을 먹어치웠다. 그런데 마술사에게 말해봐도, 아무도 나에게 꿈설명을 못했다."

24 and the thin ears swallowed up the seven good ears. And I told it to the magicians, but there was no one who could explain it to me."

조셉이 풰로우에게 말했다. "왕의 꿈은 한가지로, **하나님**이 하려는 일을 왕에게 드러낸 거예요.

25 Then Joseph said to Pharaoh, "The dreams of Pharaoh are one; God has revealed to Pharaoh what he is about to do.

일곱 마리 좋은 암소는 7년, 일곱 개의 좋은 이삭도 7년이니, 그 꿈은 하나입니다.

26 The seven good cows are seven years, and the seven good ears are seven years; the dreams are one.

뒤이어 나타난 마르고 흉한 일곱 암소는 7년을 나타내고, 동풍에 병든 속빈 일곱 이삭은 역시 7년의 기근이 되는 거죠.

27 The seven lean and ugly cows that came up after them are seven years, and the seven empty ears blighted by the east wind are also seven years of famine.

내가 왕에게 말한대로, **하나님**이 하려는 일을 풰로우에게 보였어요.

28 It is as I told to Pharaoh; God has shown to Pharaoh what he is about to do.

앞으로 대단히 풍요로운 7년이 이집트 전 지역에 나타나지만,

29 There will come seven years of great plenty throughout all the land of Egypt,

뒤이어 7년 기근이 일어나게 되면, 이집트땅에서 풍요가 잊혀지고, 기근이 땅을 집어삼켜,

30 but after them there will arise seven years of famine, and all the plenty will be forgotten in the land of Egypt. The famine will consume the land,

이어지는 기근 탓에 땅은 풍요를 알지 못하게 되므로, 그것은 대단히 비참할 겁니다.

31 and the plenty will be unknown in the land by reason of that famine that will follow, for it will be very severe.

따라서 풰로우왕의 꿈중복은 **하나님**이 정해놓은 일을 뜻하며, 그는 그것을 곧 실행할 겁니다.

32 And the doubling of Pharaoh's dream means that the thing is fixed by God, and God will shortly bring it about.

그러므로 풰로우왕은 판단력이 있는 현명한 사람을 선발하여, 그에게 이집트땅을 감독하게 하세요.

33 Now therefore let Pharaoh select a discerning and wise man, and set him over the land of Egypt.

풰로우는 땅을 감독할 관리를 임명하고, 풍요로운 7년간 이집트 생산토지 1/5 부분을 차지하세요.

34 Let Pharaoh proceed to appoint overseers over the land and take one-fifth of the produce of the land of Egypt during the seven plentiful years.

그들에게 앞으로 올 풍년곡식을 전부 모아, 도성내 왕의 권한이 미치는 보관소에 식량으로 쌓게 한 다음, 사람들에게 지키게 하세요.

35 And let them gather all the food of these good years that are coming and store up grain under the authority of Pharaoh for food in the cities and let them keep it.

식량이 이땅에 비축되어야만, 이집트에 발생할 기근7년에 대비하여, 이곳이 기근에 죽지 않고 살아남을 수 있어요."

36 That food shall be a reserve for the land against the seven years of famine that are to occur in the land of Egypt, so that the land may not perish through the famine."

그 제안은 왕과 관리신하의 모든 마음을 흡족하게 했다.

37 This proposal pleased Pharaoh and all his servants.

풰로우가 신하에게 말했다. "우리가 이처럼 **하나님**의 영혼을 지닌 사람을 찾을 수 있을까?"

38 And Pharaoh said to his servants, "Can we find a man like this, in whom is the Spirit of God?"

왕이 조셒에게 말했다. "너에게

39 Then Pharaoh said to Joseph, "Since God

하나님이 모든 것을 알려 주었으니, 너만큼 분별력있는 현자가 없다.

has shown you all this, there is none so
discerning and wise as you are.

네가 내 집을 관리하고, 또 나의 백성 전체를 네가 명령하며 직접 지휘해라. 단지 이 왕좌에 관해서만 내가 너보다 높다."

40 You shall be over my house, and all my
people shall order themselves as you
command. Only as regards the throne will
I be greater than you."

풰로우왕이 조셒에게 말했다. "나는 이집트 전체를 네게 맡긴다."

41 And Pharaoh said to Joseph, "See, I have
set you over all the land of Egypt."

왕은 자기 인장반지를 빼내어 조셒의 손에 끼워 주고, 고급 면으로 만든 옷을 입히고, 그의 목에 금목걸이를 걸어주었다.

42 Then Pharaoh took his signet ring from
his hand and put it on Joseph's hand, and
clothed him in garments of fine linen and
put a gold chain about his neck.

또 왕의 2급 마차에 그를 오르게 하자, 신하가 그 앞에서, "무릎을 꿇고 절하라!"고 외쳤다. 그렇게 왕은 그에게 이집트땅을 맡겼다.

43 And he made him ride in his second
chariot. And they called out before him,
"Bow the knee!" Thus he set him over all
the land of Egypt.

게다가 왕이 조셒에게 말했다. "나는 왕이다. 전 이집트땅에서 너의 허락없이 손발을 드는 자는 아무도 없을 것이다."

44 Moreover, Pharaoh said to Joseph, "I am
Pharaoh, and without your consent no
one shall lift up hand or foot in all the land
of Egypt."

풰로우는 조셒을 '잽내쓰-패니아'라고 부르며, 온부족 제사장 포티풰라의 딸 애세내쓰를 아내로 맺어주었다. 그래서 조셒은 이집트 전역을 관리하게 되었다.

45 And Pharaoh called Joseph's name
Zaphenath-paneah. And he gave him
in marriage Asenath, the daughter of
Potiphera priest of On. So Joseph went
out over the land of Egypt.

조셒은 나이 30에 이집트왕 풰로우의 관리로 들어갔다. 그리고 조셒은 왕앞에서 물러나와

46 Joseph was thirty years old when he
entered the service of Pharaoh king of

이집트 전역을 두루다녔다.

Egypt. And Joseph went out from the presence of Pharaoh and went through all the land of Egypt.

풍요의 7년간 땅은 대단히 많은 농산물을 생산해냈고,

47 During the seven plentiful years the earth produced abundantly,

그는 이집트땅의 풍작 7년 동안 식량을 모두 모아, 도성내 저장했다. 그는 도시마다 주변 밭에서 나온 곡식을 쌓게 했던 것이다.

48 and he gathered up all the food of these seven years, which occurred in the land of Egypt, and put the food in the cities. He put in every city the food from the fields around it.

그래서 조셉은 곡식을 엄청나게 쌓게 되었는데, 바다의 모래처럼 수를 셀 수 없이 하도 많아, 내버려둘 정도였다.

49 And Joseph stored up grain in great abundance, like the sand of the sea, until he ceased to measure it, for it could not be measured.

기근이 오기 전, 조셉에게 온부족 제사장 포티풰라의 딸 애세내쓰가 두 아들을 낳아주었다.

50 Before the year of famine came, two sons were born to Joseph. Asenath, the daughter of Potipherah priest of On, bore them to him.

조셉은 장남을 머나서라고 부르며 말했다. "**하나님**이 내가 겪은 온갖 고생과 아버지 집일을 모두 잊게 했기 때문이다."

51 Joseph called the name of the firstborn Manasseh. "For," he said, "God has made me forget all my hardship and all my father's house."

둘째는 이프리엄이라고 불렀다. "**하나님**이 나의 불행 가운데 이 땅에서 열매를 맺게 해주었기 때문이다."

52 The name of the second he called Ephraim, "For God has made me fruitful in the land of my affliction."

이집트땅에서 풍작의 7년이 일어났다 끝이 나고,

53 The seven years of plenty that occurred in the land of Egypt came to an end,

기근의 7년이 시작하면서 조셉의 말대로 되었다. 도처에 기근이 있어도, 이집트땅만은 먹을 것이 있었다.

54 and the seven years of famine began
to come, as Joseph had said. There was
famine in all lands, but in all the land of
Egypt there was bread.

마침내 이집트땅도 굶게 되자, 사람들은 풰로우에게 빵을 달라 소리쳤고, 왕은 이집트인에게 말했다. "조셉에게 가서 시키는 대로 해라."

55 When all the land of Egypt was famished,
the people cried to Pharaoh for bread.
Pharaoh said to all the Egyptians, "Go to
Joseph. What he says to you, do."

기아가 전역에 퍼졌을 때, 조셉이 모든 창고를 열어 이집트인에게 팔았다. 이집트땅에 기근이 심했기 때문이었다.

56 So when the famine had spread over
all the land, Joseph opened all the
storehouses and sold to the Egyptians,
for the famine was severe in the land of
Egypt.

뿐만 아니라, 모든 나라가 이집트의 조셉에게 곡식을 사고자 했다. 기근이 곳곳에 극심했기 때문이다.

57 Moreover, all the earth came to Egypt to
Joseph to buy grain, because the famine
was severe over all the earth.

● **가르침** ***Gospel*** 중복은 실현을 강조한 것이다.

기원 41 | 아기 모지스

Genesis 41 | Baby Moses

하나님이 이즈리얼의 고통을 듣다

God hears Israel's groaning

리바이 집안의 한 남자가 리바이 부족출신 딸을 아내로 삼았다.

1 Now a man from the house of Levi went
and took as his wife a Levite woman.

그 여자가 임신하여 아들을 낳았는데, 잘생긴 아기를 보며 3개월 동안 숨겼다.

2 The woman conceived and bore a son,
and when she saw that he was a fine child,
she hid him three months.

그녀가 아들을 더 이상 숨길 수 없게 되자, 갈대바구니를 만들어 끈적한 검은 나무수지를 바른 다음, 아기를 그안에 넣어 나일강둑옆 갈대밭에 놓아두었다.

3 When she could hide him no longer, she
took for him a basket made of bulrushes
and daubed it with bitumen and pitch.
She put the child in it and placed it among
the reeds by the river bank.

아이의 누나가 멀리 서서, 그에게 일어날 일을 지켜보았다.

4 And his sister stood at a distance to know
what would be done to him.

한편 왕의 딸이 목욕하러 강으로 내려오면서, 여종들도 강옆을 따라 걸어왔다. 그녀가 갈대사이에서 바구니를 보더니, 여종을 보내 가져오게 했다.

5 Now the daughter of Pharaoh came down
to bathe at the river, while her young
women walked beside the river. She saw
the basket among the reeds and sent her
servant woman, and she took it.

그것을 열자, 아기가 울고 있는 모습을 보게 되었다. 그녀는 아기가 가여워져 말했다. “히브리 아기다.”

6 When she opened it, she saw the child,
and behold, the babe was crying. She
took pity on him and said, “This is one of
the Hebrews' children.”

그때 아기 누나가 왕의 딸에게 말했다. “내가, 당신을 위해 아기를 돌볼 히브리 유모를 불러올까요?”

7 Then his sister said to Pharaoh's daughter,
“Shall I go and call you a nurse from the
Hebrew women to nurse the child for
you?”

퀘로우 딸이 말했다. “그래라.” 소녀가 아이 엄마를 불러왔다.

8 And Pharaoh's daughter said to her, “Go.”
So the girl went and called the child's
mother.

왕의 딸이 그녀에게 말했다. “나를 위해 이 아이를 데려가 키우면, 너에게 급료를 주겠다.” 그래서 그녀는 아이를 데려가 키웠다.

9 And Pharaoh's daughter said to her, “Take
this child away and nurse him for me, and
I will give you your wages.” So the woman
took the child and nursed him.

아이는 자라서, 유모가 퀘로우 딸에게 데려간 다음, 왕의 딸의 아들이 되었다. 그녀는 그를 모지스건지다라고 불렀다. “내가 그를 물에서 건졌기 때문이다.”

10 When the child grew older, she brought
him to Pharaoh's daughter, and he
became her son. She named him Moses,
“Because,” she said, “I drew him out of
the water.”

모지스가 성장하고 어느날, 궁전밖에 나갔다가, 동족의 고생과 이집트인이 히브리인동족을 때리는 것을 보게 되었다.

11 One day, when Moses had grown up, he
went out to his people and looked on
their burdens, and he saw an Egyptian
beating a Hebrew, one of his people.

그는 좌우 주위를 살펴 아무도 없자, 그 이집트인을 쳐서 사막의 모래속에 숨겼다.

12 He looked this way and that, and seeing
no one, he struck down the Egyptian and
hid him in the sand.

다음날도 모지스가 나갔는데, 히브리인 두 사람이 싸우고 있었다. 그래서 잘못한 사람에게 말했다. "왜 너희 동포같은 민족를 때리나?"

13 When he went out the next day, behold,
two Hebrews were struggling together.
And he said to the man in the wrong, "Why
do you strike your companion?"

그가 대답했다. "너를 우리의 왕이나 재판관으로 삼았냐? 네가 이집트인을 죽이더니 나도 죽이려 하냐?" 순간 모지스는 두려웠다. "틀림없이 그 일이 탄로났다."

14 He answered, "Who made you a prince
and a judge over us? Do you mean to
kill me as you killed the Egyptian?" Then
Moses was afraid, and thought, "Surely
the thing is known."

풰로우왕이 그 사건을 전해듣고 죽이려고 찾았지만, 모지스는 미디언땅으로 도망쳐서, 어느 우물가에 앉아 있었다.

15 When Pharaoh heard of it, he sought to
kill Moses. But Moses fled from Pharaoh
and stayed in the land of Midian. And he
sat down by a well.

한편 미디언의 제사장은 딸이 일곱인데, 그들이 와서 물을 퍼서, 아버지 양떼에게 주려고 물통을 채웠다.

16 Now the priest of Midian had seven
daughters, and they came and drew
water, and filled the troughs to water their
father's flock.

그런데 목자들이 와서 내쫓자, 모지스가 일어나 그들을 구한 다음, 그들 양떼에게 물을 주었다.

17 The shepherds came and drove them
away, but Moses stood up and saved
them, and watered their flock.

딸들이 집에 돌아오자, 아버지 루엘이 말했다. "오늘은 이렇게 일찍 오다니, 왠 일이냐?"

18 When they came home to their father
Reuel, he said, "How is it that you have
come home so soon today?"

딸들이 말했다. "어떤 이집트인이 목자로부터 우리를 구한 뒤, 우리 대신 양떼에게 물도 주었어요."

19 They said, "An Egyptian delivered us out
of the hand of the shepherds and even
drew water for us and watered the flock."

그가 말했다. "그런데 그는 어딨

20 He said to his daughters, "Then where is

지? 왜 너희는 그를 그냥 두고 왔니? 그를 불러 음식을 대접하자."

he? Why have you left the man? Call him,
that he may eat bread."

그런 다음 모지스는 그와 사는 데 만족했고, 그는 모지스에게 딸 지포라를 주었다.

21 And Moses was content to dwell with the
man, and he gave Moses his daughter
Zipporah.

그녀가 아들을 낳자, 그는 아들을 거셤이라 불렀다. "내가 외국 땅 체류자가 되었다는 뜻이다."

22 She gave birth to a son, and he called his
name Gershom, for he said, "I have been a
sojourner in a foreign land."

세월이 흘러 이집트왕이 죽고, 이즈리얼인이 노예생활 탓에 괴로워 신음하며 도와달라고 소리쳤다. 그리고 고통에서 구해달라는 그들의 요청이 **하나님**에게 닿았다.

23 During those many days the king of Egypt
died, and the people of Israel groaned
because of their slavery and cried out
for help. Their cry for rescue from slavery
came up to God.

하나님이 그들의 신음소리를 듣고, 애이브러햄, 아이직, 재이컵과 맺은 약속계약을 기억했다.

24 And God heard their groaning, and God
remembered his covenant with Abraham,
with Isaac, and with Jacob.

하나님은 이즈리얼 자손을 보고서 비로소 알게 되었다.

25 God saw the people of Israel—and God
knew.

● **가르침** ***Gospel*** 호소가 약속을 일깨운다.

탈출 3 | 불타는 숲
Exodus 3 | The Burning Bush

하나님이 모지스를 부르다

God calls Moses

모지스는 미디언의 제사장이자 장인 제쓰로의 양떼를 먹이며 지내다, 양떼를 몰고 황야 서쪽 **하나님**의 산 호렙까지 오게 되었다.

1 Now Moses was keeping the flock of his father-in-law, Jethro, the priest of Midian, and he led his flock to the west side of the wilderness and came to Horeb, the mountain of God.

주님의 사자천사가 풀숲 가운데 불길속에서 모지스에게 나타났던 것이다. 그가 바라보니, 숲이 불에 타는데, 덤불이 타들어가지 않았다.

2 And the angel of the LORD appeared to him in a flame of fire out of the midst of a bush. He looked, and behold, the bush was burning, yet it was not consumed.

그가 말했다. "숲이 타지 않는 놀라운 광경을 옆에서 봐야겠다."

3 And Moses said, "I will turn aside to see this great sight, why the bush is not burned."

주님은 그가 보려고 옆으로 돌아가는 것을 알고, 덤불속에서 **하나님**이 불렀다. "모지스, 모지스야!" "네, 여기 있어요."

4 When the LORD saw that he turned aside to see, God called to him out of the bush, "Moses, Moses!" And he said, "Here I am."

그가 말했다. "가까이 오지 말고, 네 발에서 신을 벗어라. 네가 서있는 곳은 신성한 땅이다."

5 Then he said, "Do not come near; take your sandals off your feet, for the place on which you are standing is holy ground."

또 말했다. "나는 네 조상의, 애이브러햄의, 아이직의, 재이컵의 **하나님**이다." 모지스가 얼굴을 가린 까닭은, **하나님**을 보기가 두려웠던 것이다.

6 And he said, "I am the God of your father,
the God of Abraham, the God of Isaac, and
the God of Jacob." And Moses hid his face,
for he was afraid to look at God.

주님이 말했다. "나는 이집트에 있는 내 백성의 고통을 분명히 보았고, 감독 때문에 우는 소리도 들어서 그들 괴로움을 알게 됐으니,

7 Then the Lord said, "I have surely seen the
affliction of my people who are in Egypt
and have heard their cry because of their
taskmasters. I know their sufferings,

내가 내려가 그들을 이집트 손에서 구하여, 넓고 비옥하며, 젖과 꿀이 흐르는 땅, 바로 캐이넌족, 힡부족, 애머리족, 퍼리즈족, 하이브족, 제뷰스족이 사는 곳으로 데려가겠다.

8 and I have come down to deliver them
out of the hand of the Egyptians and to
bring them up out of that land to a good
and broad land, a land flowing with milk
and honey, to the place of the Canaanites,
the Hittites, the Amorites, the Perizzites,
the Hivites, and the Jebusites.

지금 이즈리얼 자손의 외침이 내게 들려서, 나도 그들을 억누르는 이집트의 탄압을 보게 되었다.

9 And now, behold, the cry of the people
of Israel has come to me, and I have also
seen the oppression with which the
Egyptians oppress them.

자, 내가 너를 풰로우에게 보내면, 네가 나의 백성 이즈리얼을 이집트밖으로 끌어낼 수 있다."

10 Come, I will send you to Pharaoh that
you may bring my people, the children of
Israel, out of Egypt."

모지스가 말했다. "내가 누군데 풰로우한테 가야하고, 이집트에서 이즈리얼인을 데리고 나가야 하죠?"

11 But Moses said to God, "Who am I that
I should go to Pharaoh and bring the
children of Israel out of Egypt?"

그가 말했다. "반드시 나는 너와 함께 한다. 내가 너를 파견하는 증거표시는, 네가 이집트에서

12 He said, "Certainly I will be with you, and
this shall be the sign for you, that I have

민족을 이끈 뒤, 이 산에서 **하나님**에게 제사하게 되는 일이다."

sent you: when you have brought the
people out of Egypt, you shall serve God
on this mountain."

모지스가 **하나님**에게 말했다. "내가 이즈리얼 민족에게 나타나, '조상의 **하나님**이 나를 너희에게 보냈다' 하면, '그의 이름이 뭐냐?'고 물을 텐데, 뭐라고 하죠?"

13 Then Moses said to God, "If I come to the
people of Israel and say to them, 'The God
of your fathers has sent me to you,' and
they ask me, 'What is his name?' what shall
I say to them?"

하나님이 말했다. "나는 바로 **나라는 존재**다." 이어 말했다. "이즈리얼 자손에게 전해라." '**나라는 존재**'가 나를 너희에게 보냈다고.

14 God said to Moses, **"I AM WHO I AM."** And
he said, "Say this to the people of Israel: '**I
AM** has sent me to you.'"

하나님이 또 말했다. "이즈리얼 자손에게 전해라. '[인간의] **주인**은, 너희 조상의, 애이브러햄의, 아이직의, 재이컵의 **하나님**으로, 그가 나를 너희에게 보냈다'고 해라. 이는 영원한 나의 이름이므로, 세대마다 모두 나를 그렇게 기억해야 한다.

15 God also said to Moses, "Say this to the
people of Israel: 'The LORD, the God of your
fathers, the God of Abraham, the God of
Isaac, and the God of Jacob, has sent me
to you.' This is my name forever, and thus
I am to be remembered throughout all
generations.

가서 이즈리얼 원로를 다 모아 전해라. '[인간의] **주인님**은, 너희 조상의, 애이브러햄의, 아이직의, 재이컵의 **하나님**으로, 그가 내게 나타나, "나는 너희가 이집트에서 무슨 일을 당했는지 살펴보았다.

16 Go and gather the elders of Israel together
and say to them, 'The LORD, the God of
your fathers, the God of Abraham, of Isaac,
and of Jacob, has appeared to me, saying,
"I have observed you and what has been
done to you in Egypt,

내가 약속하는데, 너희를 이집트 고통밖으로 이끌어, 캐이넌, 힡, 애머리, 퍼리즈, 하이브, 제뷰스부족이 사는 땅, 젖과 꿀이

17 and I promise that I will bring you up out
of the affliction of Egypt to the land of the
Canaanites, the Hittites, the Amorites, the

흐르는 곳으로 데려간다"고 해라.

Perizzites, the Hivites, and the Jebusites, a
land flowing with milk and honey."'

민족이 네 말을 듣거든, 너는 이즈리얼 원로와 이집트왕에게 가서, '우리가 히브리의 **주 하나님**을 만났는데, 우리를 내보내어 3일간 여행하여 황야로 가게 해주면, **주 하나님**에게 제사할 수 있다'고 전해라.

18 And they will listen to your voice, and you
and the elders of Israel shall go to the king
of Egypt and say to him, 'The LORD, the
God of the Hebrews, has met with us; and
now, please let us go a three days' journey
into the wilderness, that we may sacrifice
to the LORD our God.'

이집트왕은 절대힘없이, 너희를 보내지 않는다는 것을 내가 안다.

19 But I know that the king of Egypt will not let
you go unless compelled by a mighty hand.

따라서 내가 손을 뻗어, 앞으로 실현할 경이로 이집트를 치면, 그뒤 그가 너희를 보내게 된다.

20 So I will stretch out my hand and strike
Egypt with all the wonders that I will do in
it; after that he will let you go.

한편 나는 이집트인 눈에 이 민족에 대한 호감을 집어넣어, 떠날때 빈손이 되지 않게 하고,

21 And I will give this people favour in the
sight of the Egyptians; and when you go,
you shall not go empty,

대신 여자 각각은 이웃이나 함께 사는 집 여주인에게, 금은 보석과 옷을 달라고 요구해라. 그래서 아들딸에게 그옷을 입혀라. 너희가 그렇게 이집트를 약탈하게 하겠다."

22 but each woman shall ask of her neighbor,
and any woman who lives in her house, for
silver and gold jewelry, and for clothing.
You shall put them on your sons and on
your daughters. So you shall plunder the
Egyptians."

● **가르침** *Gospel* 나는 인간의 주인되는 존재다.

탈출 12 | 최초의 통과의식
Exodus 12 | The First Passover

통과 중 이즈리얼이 탈출하다

Israel exodus while Passover

주님이 이집트땅에서 모지스와 애런에게 일렀다.

1 The LORD said to Moses and Aaron in the
land of Egypt,

"이달은 너희에게 여러달 가운데 시작의 달이자, 한 해의 첫달이다.

2 "This month shall be for you the
beginning of months. It shall be the first
month of the year for you.

이즈리얼 전 공동체에게 다음을 전해라. 이번달 10일에 모두 조상 가계별로 새끼양 한마리를 잡되, 가족 당 한마리씩이다.

3 Tell all the congregation of Israel that
on the tenth day of this month every
man shall take a lamb according to their
fathers' houses, a lamb for a household.

만일 양 한마리에 가족수가 너무 적으면, 가장 가까운 이웃 사람수를 더해 잡아야 하고, 각자 먹을 수 있는 먹성에 따라 새끼양의 숫자를 계산해야 한다.

4 And if the household is too small for a
lamb, then he and his nearest neighbor
shall take according to the number of
persons; according to what each can eat
you shall make your count for the lamb.

새끼양은 흠없는 1년생 수컷이어야 하나, 다 자란성체 양이나 염소를 골라도 된다.

5 Your lamb shall be without blemish, a
male a year old. You may take it from the
sheep or from the goats,

너희는 그것을 그달 14일까지

6 and you shall keep it until the fourteenth

갖고 있다. 이즈리얼 공동체 전체가 모인 해지는 저녁무렵에 잡아야 한다.

day of this month, when the whole
assembly of the congregation of Israel
shall kill their lambs at twilight.

양의 피를 조금 받아 집마다 양쪽 문기둥에 바르고, 또 그것을 먹는 사람 집 문틀상단상인방에도 발라라.

7 "Then they shall take some of the blood
and put it on the two doorposts and the
lintel*upper doorpost* of the houses in which
they eat it.

밤에 살코기를 먹는데, 불에 구워 무효모빵과 쓴맛 채소와 함께 먹어야 한다.

8 They shall eat the flesh that night, roasted
on the fire; with unleavened bread and
bitter herbs they shall eat it.

그중 어떤 것도 날것이나 물에 삶아서 먹지 말고, 머리와 다리와 내장부위도 불에 구워 먹어라.

9 Do not eat any of it raw or boiled in water,
but roasted, its head with his legs and its
inner parts.

또 아침까지 남기지 않게 하되, 아침까지 남는 것은 불에 태워야 한다.

10 And you shall let none of it remain until
the morning; anything that remains until
the morning you shall burn.

다음은 너희가 먹는 방법이다. 허리띠를 당겨묶고, 발에 신을 신고, 손에 지팡이를 든 채, 음식을 급히 먹어라. 이것이 바로 **주님의 통과의식**이다. [무사히 지나가는 의미 '유월절逾越節'이다]

11 In this manner you shall eat it: with your
belt fastened, your sandals on your feet,
and your staff in your hand. And you shall
eat it in haste. It is the LORD's Passover.

나는 그날밤 이집트땅을 통과해 지나가면서, 이집트땅의 첫째는 사람 짐승 모두 해치고, 이집트 신을 모조리 처벌한다. 나는 [사람의] 주인이다.

12 For I will pass through the land of Egypt
that night, and I will strike all the firstborn
in the land of Egypt, both man and beast;
and on all the gods of Egypt I will execute
judgments: I am the LORD.

피는 너를 위한 증거로 집안에 네가 있다는 표시가 된다. 따라서 피를 보면 그냥 지나쳐 통과

13 The blood shall be a sign for you, on the
houses where you are. And when I see the

하여, 내가 이집트땅을 칠때, 재앙이 너희를 파괴하지 못하게 한다.

blood, I will pass over you, and no plague
will befall you to destroy you, when I strike
the land of Egypt.

그날을 너희 기념일로 정하여, 인간 주인에게 정성을 다한 음식으로 잔치하는, 규정축일로 세대마다 영원히 지켜나가야 한다.

14 "This day shall be for you a memorial day,
and you shall keep it as a feast to the LORD;
throughout your generations, as a statute
forever, you shall keep it as a feast.

너희는 칠일간 무효모식을 먹어야 하니, 첫날부터 네 집에서 효모를 없애야 하고, 누구라도 그날부터 7일간 효모음식을 먹는 자는 이즈리얼에서 제거당해야 한다.

15 Seven days you shall eat unleavened
bread. On the first day you shall remove
leaven out of your houses, for if anyone
eats what is leavened, from the first day
until the seventh day, that person shall be
cut off from Israel.

첫날 너희는 신성한 집회를 하고, 7일째 날에도 신성한 모임을 개최한다. 그기간에 어떤 일도 하면 안 되는 무노동일을 지키되, 먹을 음식이 필요하면 각자 준비한다.

16 On the first day you shall hold a holy
assembly, and on the seventh day a holy
assembly. No work shall be done on those
days. But what everyone needs to eat, that
alone may be prepared by you.

너희가 **무효모식 축일**을 지켜야 하는 이유는, 바로 그날 내가 너희 백성군단을 이집트땅에서 데리고 나오기 때문이다. 따라서 너희는 이날을 규정으로 정하여, 자손세대 영원히 지켜나가야 한다.

17 And you shall observe the Feast
Unleavened Bread, for on this very day I
brought your hosts*army* out of the land of
Egypt. Therefore you shall observe this
day, throughout your generations, as a
statute forever.

첫달 14일 저녁부터 너희가 무효모식을 먹으며, 그달 21일 저녁까지 지켜야 한다.

18 In the first month, from the fourteenth
day of the month at evening, you shall eat
unleavened bread until the twenty-first

day of the month at evening.

칠일간 너희 집안에 발효제누룩가 발견되지 않아야 한다. 누구나 발효음식을 먹으면 이즈리얼 공동체에서 제거하고, 체류자든 토박이든 마찬가지다.

19 For Seven days no leaven is to be found
in your houses. If anyone eats what is
leavened, that person will be cut off from
the congregation of Israel, whether he is a
sojourner or a native of the land.

너희는 발효되지 않은 음식을 섭취해야 하고, 거주하는 곳에서 비발효식을 먹어야 한다."

20 You shall eat nothing leavened; in all your
dwelling places you shall eat unleavened
bread."

그래서 모지스가 이즈리얼 원로를 모두 불러 전했다. "가서 집안단위로 새끼양을 골라 두었다, **통과일**에 희생시켜라.

21 Then Moses called all the elders of Israel
and said to them, "Go and select lambs
for yourselves according to your clans,
and kill the Passover lamb.

히숍풀부정방지용 한 단을 가져와, 그릇의 피속에 담궈다, 문틀상단상인방과 양쪽 문기둥문설주에 치면서 발라라. 너희는 아무도 아침까지 제집 문밖에 나가면 안 된다.

22 Take a bunch of hyssop and dip it in the
blood that is in the basin, and touch the
lintel and the two doorposts with the
blood that is in the basin. None of you
shall go out of the door of his house until
the morning.

이는 **주님**이 이집트인을 치면서 지나가는 통과의식 가운데, 상인방과 두 문설주의 피를 보면, 그곳을 그냥 통과하여, 너희집에 파괴자 진입을 막아 해치지 않게 하는 것이다.

23 For the LORD will pass through to strike the
Egyptians, and when he sees the blood on
the lintel and on the two doorposts,
the LORD will pass over the door and will
not allow the destroyer to enter your
houses to strike you.

너희는 통과의식을 규정으로 정하여 너와 자손이 항상 지켜라.

24 You shall observe this rite as a statute for
you and for your sons forever.

또 **인간주인**의 약속에 따라 부여하는 땅에 들어가도, 너희는 반드시 이 통과의식을 지켜라.

25 And when you come to the land that the
Lord will give you, as he has promised, you
shall keep this service.

너희 자손이, '이 의식은 무슨 의미죠?'라고 물으면,

26 And when your children say to you, 'What
do you mean by this service?'

'이는 **주님의 통과**를 기념하여 제물을 올리는 감사제사다. 그가 이집트에서 이즈리얼 집을 그냥 지나쳐 통과하여, 이집트를 치면서 우리들 집안을 구했다'고 답해줘라." 그러자 그들이 머리숙여 경배했다.

27 you shall say, 'It is the sacrifice of the Lord
's Passover, for he passed over the houses
of the people of Israel in Egypt, when
he struck the Egyptians but spared our
houses.'" And the people bowed their
heads and worshiped.

그뒤 이즈리얼 사람들이 가서, **주님**이 모지스와 애런에게 명령한 것을 그대로 실천했다.

28 Then the people of Israel went and did so;
as the Lord had commanded Moses and
Aaron, so they did.

밤중에 **주님**이 이집트땅에 있는 모든 첫째를 칠때, 왕좌에 앉은 풰로우의 장남부터 지하감옥 속 포로의 장남에 이르기까지, 가축의 첫배조차 모조리 내리쳤다.

29 At midnight the Lord struck down all the
firstborn in the land of Egypt, from the
firstborn of Pharaoh who sat on his throne
to the firstborn of the captive who was in
the dungeon, and all the firstborn of the
livestock.

그러자 한밤에 풰로우와 신하와 모든 이집트인이 벌떡 일어났다. 이집트에 있었던 큰 울부짖음은, 사람이 죽지 않은 집이 하나도 없었기 때문에 일어났다.

30 And Pharaoh rose up in the night, he and
all his servants and all the Egyptians. And
there was a great cry in Egypt, for there
was not a house where someone was not
dead.

풰로우가 모지스와 애런을 밤에 불렀다. "일어나, 나의 백성한테서 떠나라. 너와 이즈리얼 민족

31 Then he summoned Moses and Aaron by
night and said, "Up, go out from among

모두 가서, 네 말대로 **주님**을 섬겨라.

my people, both you and the people of Israel; and go, serve the LORD, as you have said.

네 말대로 너희 양떼 소떼도 데려 가고, 내게도 복을 빌어줘라."

32 Take your flocks and your herds, as you have said, and be gone, and bless me also!"

이집트인은 다급히 그 민족을 그곳 땅에서 내보내려 재촉하며 말했다. "우리는 다 죽게 되었다."

33 The Egyptians were urgent with the people to send them out of the land in haste. For they said, "We shall all be dead."

그래서 그 민족은 발효 전 반죽을 들고, 반죽통을 어깨위 망토겉옷 안쪽에 묶었다.

34 So the people took their dough before it was leavened, their kneading bowls being bound up in their cloaks on their shoulders.

또한 이즈리얼 사람이 모지스 말에 따라 실행한 일은, 이집트인에게 금은보석과 의복을 요구했던 것이다.

35 The people of Israel had also done as Moses told them, for they had asked the Egyptians for silver and gold jewelry and for clothing.

그리고 **주님**은 이집트인의 눈에 그 민족에 대한 호감을 갖고, 그들의 요구를 들어주게 하여, 결국 이집트인을 약탈해냈던 것이다.

36 And the LORD had given the people favor in the sight of the Egyptians, so that they let them have what they asked. Thus they plundered the Egyptians.

다음 이즈리얼 자손은 래머시스에서 수커쓰로 여행했는데, 여자와 아이를 제외한 보병만 약 600,000명이었다.

37 And the people of Israel journeyed from Rameses to Succoth, about six hundred thousand men on foot, besides women and children.

각양각색의 사람 다수와 함께

38 A mixed multitude also went up with

양떼 소떼의 엄청난 가축이 떠나갔다.

them, and very much livestock, both
flocks and herds.

그들은 무효모 과자를 구웠는데, 이집트에서 가지고 나온 반죽이 발효되지 않은 이유는, 이집트밖으로 지체할 수 없이 내몰려, 음식을 제대로 준비하지 못했기 때문이다.

39 And they baked unleavened cakes of
the dough that they had brought out of
Egypt, for it was not leavened, because
they were thrust out of Egypt and could
not wait, nor had they prepared any
provisions for themselves.

이즈리얼 자손이 이집트에서 살았던 기간은 430년이었다.

40 The time that the people of Israel lived in
Egypt was 430 years.

430년이 끝나던 바로 그날, **주님**의 무리군단 전체가 이집트땅에서 나왔던 것이다.

41 At the end of 430 years, on that very day,
all the hosts of the LORD went out from the
land of Egypt.

그밤에 **주님**은 유심히 그들을 지켜보며 이집트에서 데리고 나왔다. 그날밤 곁에서 지켜준 **주님**의 보살핌은 이즈리얼 전세대로 이어진다.

42 It was a night of watching by the LORD,
to bring them out of the land of Egypt;
so this same night is a night of watching
kept to the LORD by all the people of Israel
throughout their generations.

또 **주님**이 모지스와 애런에게 말했다. "다음은 통과의식 규정이다. 외국인은 그것을 먹으면 안 되고,

43 And the LORD said to Moses and Aaron,
"This is the statute of the Passover: no
foreigner shall eat of it,

돈을 주고 데려온 노예는 할례한 다음 먹게 한다.

44 but every slave that is bought for money
may eat of it after you have circumcised
him.

외국인이나 고용인은 안 된다.

45 No foreigner or hired worker may eat of it.

너희는 한 곳에서 먹어야 하고, 살코기를 집밖으로 가져가지 말며, 고기 뼈를 부러뜨려도 안 된다.

46 It shall be eaten in one house; you shall
not take any of the flesh outside the

house, and you shall not break any of its
bones.

전 공동체가 이를 지켜야 한다.

47 All the congregation of Israel shall keep it.

외국인이 너와 있으면 **주님**의 통과의식을 지킬 수 있도록, 남자를 할례받게 해야 한다. 그다음 그도 참여하여 내국인처럼 통과의례를 지킬 수 있지만, 할례되지 않은 자는 그 음식을 먹으면 안 된다.

48 If a stranger shall sojourn with you and
would keep the Passover to the LORD, let
all his males be circumcised. Then he may
come near and keep it; he shall be as a
native of the land. But no uncircumcised
person shall eat of it.

내국인 및 너희와 함께 있는 외국인에게 법은 동일해야 한다."

49 There shall be one law for the native and
for the stranger who sojourns among
you."

이즈리얼 모두 **주님**이 모지스와 애런에게 명령한 대로 실천했다.

50 Then All the people of Israel did just as the
LORD commanded Moses and Aaron.

바로 그날 **주님**이 이즈리얼 자손을 민족군단으로 이집트땅 밖으로 데리고 나왔던 것이다.

51 And on that very day the LORD brought the
people of Israel out of the land of Egypt
by their hosts.

● **가르침** ***Gospel*** 통과의식으로 하나님이 지나다가 피의 표시가 보이면, 파괴자의 침입을 막아주었다.

탈출 14 홍해바다 건너기

Exodus 14 Crossing of the Red Sea

이즈리얼인은 물을 건넜고, 이집트인은 빠졌다

Israel crossed over water, Egyptian drown

주님이 모지스에게 말했다.

1 Then the LORD said to Moses,

"이즈리얼 자손에게 전해라. 뒤로 돌아 파이하히로쓰 앞에서 진을 쳐라. 믹덜과 바다 사이 배이얼지펀 맞은편 바닷가에서 야영해야 한다.

2 "Tell the people of Israel to turn back and
encamp in front of Pi-hahiroth, between
Migdol and the sea, in front of Baal-
zephon; you shall encamp facing it by the
sea.

풰로우는 이즈리얼에 대해 말하겠지. '그들이 그곳을 헤매다, 광야황야에 갇혀버렸다'고.

3 For Pharaoh will say of the people of
Israel, 'They are wandering in the land; the
wilderness has shut them in.'

내가 풰로우 마음을 굳혀, 그가 그들을 추격하면, 나는 풰로우와 그의 군대위에서 빛을 발하게 되고, 이집트인은 내가 **주인**임을 알게 된다." 그래서 그들이 그대로 실천했다.

4 And I will harden Pharaoh's heart, and
he will pursue them, and I will get glory
over Pharaoh and all his host, and the
Egyptians shall know that I am the LORD."
And they did so.

이집트왕은 그 민족이 달아났다는 소리에, 풰로우와 관리신하의 마음이 그 민족에 대한 반감으로 변하여, 말했다. "우리가

5 When the king of Egypt was told that the
people had fled, the mind of Pharaoh
and his servants was changed toward the

어쩌다, 섬기던 이즈리얼을 보내버렸나?"

people, and they said, "What is this we
have done, that we have let Israel go from
serving us?"

그래서 왕은 전차를 준비하여 군대를 데리고 나섰는데,

6 So he made ready his chariot and took his
army with him,

선발전차 600대와, 이집트의 다른 전차 및 지휘관을 데려갔다.

7 and took six hundred chosen chariots and
all the other chariots of Egypt with officers
over all of them.

주님이 이집트왕의 마음을 굳혀, 이즈리얼을 추격하게 하는 사이, 그 민족은 의기양양하게 떠나가고 있었다.

8 And the LORD hardened the heart of
Pharaoh king of Egypt, and he pursued
the people of Israel while the people of
Israel were going out defiantly.

이집트인은 그들을 뒤쫓아서, 풰로우의 말과 전차 및 기병과 군대가 바닷가에서 야영하는 그들을 따라잡았는데, 배이얼지퓐 앞 파이하히로쓰 옆이었다.

9 The Egyptians pursued them, all Pharaoh's
horses and chariots and his horsemen and
his army, and overtook them encamped
at the sea, by Pi-hahiroth, in front of Baal-
zephon.

풰로우가 가까이 접근하자, 이즈리얼인이 눈을 들어, 자신들 뒤로 이집트인의 행진해오는 모습을 보더니 몹시 두려워져, 그 민족이 **주님**에게 소리쳤다.

10 When Pharaoh drew near, the people of
Israel lifted up their eyes, and behold, the
Egyptians were marching after them, and
they feared greatly. And the people of
Israel cried out to the LORD.

그들이 모지스에게 말했다. "이집트에는 무덤이 없어, 황야에서 죽이려고 우리를 끌어냈나요? 왜 우리를 이집트에서 데려왔나요?

11 They said to Moses, "Is it because there
are no graves in Egypt that you have taken
us away to die in the wilderness? What
have you done to us in bringing us out of
Egypt?

이집트에서 당신에게 말하지 않았나요? '우리를 내버려 두어 이집트인을 섬길 수 있게 해달라'고? 이집트인을 섬겼더라면 황야에서 죽기보다 나았을 텐데요."

12 Is not this what we said to you in Egypt:
'Leave us alone that we may serve the
Egyptians'? For it would have been better
for us to serve the Egyptians than to die in
the wilderness."

모지스가 사람들에게 말했다. "두려워 말고 굳건히 서서, **주님**이 너희를 위해 오늘 하게 될 구원을 지켜보자. 오늘 보는 이집트인은 결코 다시 보지 못할 것이다.

13 And Moses said to the people, "Fear not,
stand firm, and see the salvation of the
LORD, which he will work for you today. For
the Egyptians whom you see today, you
shall never see again.

주님이 너희를 위해 싸울 터이니, 가만히 있으면 된다."

14 The LORD will fight for you, and you have
only to be silent."

주님이 모지스에게 말했다. "왜 네가 나에게 소리치냐? 이즈리얼 후손에게 전진하라고 전해라.

15 The LORD said to Moses, "Why do you
cry to me? Tell the people of Israel to go
forward.

네 지팡이를 들은 손을 바다위로 뻗어 바다가 갈라지게 하면, 민족은 마른땅을 지나 바다를 통과할 수 있을 것이다.

16 Lift up your staff, and stretch out your
hand over the sea and divide it, that the
people of Israel may go through the sea
on dry ground.

내가 이집트인 마음을 굳혀, 이즈리얼을 뒤쫓게 하면, 나는 퀘로우와 그의 군대 및 전차와 기병 위에서 빛을 발하게 된다.

17 And I will harden the hearts of the
Egyptians so that they shall go in after
them, and I will get glory over Pharaoh
and all his host, his chariots, and his
horsemen.

이집트인이 내가 인간의 **주인**임을 알게 될 때, 나는 퀘로우와 그의 군대 및 기병 위에서 나의 빛을 찾는다."

18 And the Egyptians shall know that I am
the LORD, when I have gotten glory over
Pharaoh, his chariots, and his horsemen."

이즈리얼 군대 앞에 섰던 **하나님**의 사자가 그들 뒤로 이동하고, 구름기둥이 그들 앞쪽으로부터 움직여 뒤편에 서자,

19 Then the angel of God who was going
before the host of Israel moved and went
behind them, and the pillar of the cloud
moved from before them and stood
behind them,

이집트군과 이즈리얼군 사이에 구름과 어둠이 있게 되었다. 또 그것이 밤을 밝혀서 밤새 누구도 다른쪽에 가까이 가지 못하게 되었다.

20 coming between the host of Egypt and
the host of Israel. And there was the cloud
and the darkness. And it lit up the night
without one coming near the other all
night.

모지스가 손을 바다위로 뻗자, **주님**이 밤새도록 강한 동풍으로 물을 뒤로 물려 바다를 갈라지게 한 다음 마른 땅이 드러나게 했다.

21 Then Moses stretched out his hand over
the sea, and the LORD drove the sea back
by a strong east wind all night and made
the sea dry land, and the waters were
divided.

그래서 이즈리얼인은 바다 가운데 마른땅을 걸어갔고, 물은 그들의 오른쪽과 왼쪽에서 물벽이 되었다.

22 And the people of Israel went into the
midst of the sea on dry ground, the waters
being a wall to them on their right hand
and on their left.

이집트인은 그들을 뒤쫓아 바다 가운데로, 풰로우의 말과 전차 및 기병까지 전부 들어갔다.

23 The Egyptians pursued and went in
after them into the midst of the sea, all
Pharaoh's horses, his chariots, and his
horsemen.

아침에 **주님**이 불과 구름기둥 사이에서 살피며 이집트군대를 지켜보다, 군대에 말썽을 일으키자,

24 And in the morning watch the LORD in the
pillar of fire and of cloud looked down
on the Egyptians forces and threw the
Egyptian forces in trouble*panic*,

그들의 전차바퀴가 막혀 몰기 어려워졌다. 이집트 사람이 말했다. "이즈리얼 앞에서 달아나자. **주님**이 저들을 편들어 이집트인과 싸운다."

25 clogging their chariot wheels so that they
drove heavily. And the Egyptians said,
"Let us flee from before Israel, for the LORD
fights for them against the Egyptians."

주님이 모지스에게 말했다. "네 손을 바다위로 뻗으면, 바닷물이 이집트인 위로, 그들 전차와 기병 위로 되돌아오게 된다."

26 Then the LORD said to Moses, "Stretch out
your hand over the sea, that the water
may come back upon the Egyptians, upon
their chariots, and upon their horsemen."

모지스가 바다위로 손을 뻗자, 바다는 아침에 보였던 본래의 흐름으로 돌아왔다. 이집트인이 물에서 달아나려 하자, **주님**이 그들을 바다 가운데로 던졌다.

27 So Moses stretched out his hand over the
sea, and the sea returned to its normal
course when the morning appeared.
And as the Egyptians fled into it, the LORD
threw the Egyptians in the midst of the
sea.

바닷물이 돌아와 전차와 기병을 덮고, 그들 뒤를 따라 바다로 들어온 퐈로우군대를 모조리 덮치자, 남은 것이 하나도 없었다.

28 The waters returned and covered the
chariots and the horsemen; of all the host
of Pharaoh that had followed them into
the sea, not one of them remained.

하지만 이즈리얼 자손이 바다속 마른땅을 걷는 동안, 물은 그들의 좌우에서 물벽이 되어주었던 것이다.

29 But the people of Israel walked on dry
ground through the sea, the waters being
a wall to them on their right hand and on
their left.

주님이 그날 이즈리얼을 이집트 손에서 구하자, 그 민족은 해안가의 이집트인 죽음을 보게 되었다.

30 Thus the LORD saved Israel that day from
the hand of the Egyptians, and Israel saw
the Egyptians dead on the seashore.

이즈리얼은 **주님**이 이집트인에게 가한 위대한 힘을 보며, **주님**을 경외하고 믿었고 또 그의 종

31 Israel saw the great power that the LORD
used against the Egyptians, so the people

모지스를 믿었다.

feared the LORD, and they believed in the LORD and in his servant Moses.

● **가르침** ***Gospel*** 믿음이 물길을 만들어주었다.

탈출 16 매나와 메추리

Exodus 16 Manna and Quails

하늘에서 내려온 빵

Bread from Heaven

그들이 일럼을 떠나, 이즈리얼 전 공동체가 일럼과 사이나이 중간지역 신 황야에 온 것은, 이집트땅에서 나온지 두번째 달 15일이었다.

1 They set out from Elim, and all the
congregation of the people of Israel came
to the wilderness of Sin, which is between
Elim and Sinai, on the fifteenth day of the
second month after they had departed
from the land of Egypt.

이즈리얼 자손군중 전체가 모지스와 애런을 상대로 황야사막에서 불평하며 투덜거렸다.

2 And the whole congregation of the
people of Israel grumbled against Moses
and Aaron in the wilderness.

이즈리얼 자손이 말했다. "차라리 우리를 이집트땅에서 **주님** 손에 죽게 했더라면 나았을 것을, 그때는 고기단지 옆에 앉아 빵을 실컷 먹었는데, 당신들이 우리를 황야로 데려와 전체를 굶겨 죽이고 있다."

3 And the people of Israel said to them,
"Would that we had died by the hand of
the LORD in the land of Egypt, when we
sat by the meat pots and ate bread to the
full, for you have brought us out into this
wilderness to kill this whole assembly with
hunger."

주님이 모지스에게 말했다. "보라, 하늘에서 너희를 위한 빵의 비를 내리니, 사람은 밖에 나가

4 Then the LORD said to Moses, "Behold, I am
about to rain bread from heaven for you,

매일 1일 분량을 주워라. 그들이 내 말의 법에 따라 실행하는지 시험해보겠다.

and the people shall go out and gather
a day's portion every day, that I may test
them, whether they will walk in my law or
not.

여섯째 날 그들이 모을 음식은, 일일 분량의 두 배를 가져가야 한다."

5 On the sixth day, when they prepare what
they bring in, it will be twice as much as
they gather daily."

모지스와 애런이 전 이즈리얼 자손에게 말했다. "저녁때면 **주님**이 너희를 이집트땅에서 데려왔다는 것을 알 것이다.

6 So Moses and Aaron said to all the people
of Israel, "At evening you shall know that
it was the LORD who brought you out of
the land of Egypt,

또 아침에 **주님**의 경이를 보는 것은, 그가 **주님**을 향한 너희 불평을 들었기 때문이다. 우리가 뭐길래, 우리한테 투덜대나?"

7 and in the morning you shall see the glory
of the LORD, because he has heard your
grumbling against the LORD. For what are
we, that you grumble against us?"

모지스가 계속했다. "저녁 때는 **주님**이 너희에게 먹을 고기를 주고, 아침에는 빵으로 채우게 한다. 왜냐하면 그가 너희 불평을 들었기 때문이다. 우리가 뭐라고? 너희 불만은 우리 아닌 **주님**에게 대드는 거다."

8 And Moses said, "When the LORD gives you
in the evening meat*flesh* to eat and in the
morning bread to the full, because the
LORD has heard your grumbling that you
grumble against him— what are we? Your
grumbling is not against us but against
the LORD."

모지스가 애런에게 말했다. "이즈리얼 공동체에게 말해라. '**주님** 앞에 가까이 나와라, 그가 너희 불만을 들었다'라고."

9 Then Moses said to Aaron, "Say to the
whole congregation of the people of
Israel, 'Come near before the LORD, for he
has heard your grumbling.'"

애런이 모든 이즈리얼에게 말하

10 And as soon as Aaron spoke to the whole

고 있는데, 사람들이 광야사막 를 바라보니, **주님**의 찬란한 빛이 구름 사이에서 나타났다.

congregation of the people of Israel,
they looked toward the wilderness, and
behold, the glory of the LORD appeared in
the cloud.

주님이 모지스에게 말했다.

11 And the LORD said to Moses,

"나는 이즈리얼의 불평을 들었다. 그들에게 말해줘라. '너희가 저녁에 고기를 먹고, 아침에는 빵으로 배가 부르면, 내가 너희 **주인 하나님**임을 알게 된다'고."

12 "I have heard the grumbling of the people
of Israel. Say to them, 'At twilight you shall
eat meat, and in the morning you shall be
filled with bread. Then you shall know that
I am the LORD your God.'"

저녁때 메추라기가 나타나더니 진영캠프을 뒤덮었고, 아침에는 캠프주위에 이슬이 내려앉았다.

13 In the evening quail came up and covered
the camp, and in the morning dew lay
around the camp.

내린 이슬이 사라지자, 사막위에 작고 얇고 둥근 조각같은 것이 남았는데, 땅바닥 서리 같았다.

14 And when the dew had gone up, there
was on the face of the wilderness a
fine, flake-like thing, fine as frost on the
ground.

그 자손이 보더니 서로, "이게 뭐지히브리어: 매나?"라고 할뿐이었다. 그들은 그것이 무엇인지 몰랐다. 모지스가 말했다. "**주님**이 내리는 너희가 먹을 빵이다.

15 When the people of Israel saw it, they said
to one another, "What is it*manna*?" For they
did not know what it was. And Moses said
to them, "It is the bread that the LORD has
given you to eat.

다음은 **주님** 명령이다. '너희는 각자 먹을 양만큼 그것을 주워라. 1인당 1오마약2L씩, 자기 막사의 인원수대로 가져가야 한다."

16 This is what the LORD has commanded:
'Gather of it, each one of you, as much as
he can eat. You shall each take an omer,
according to the number of the persons
that each of you has in his tent.'"

이즈리얼 사람이 그대로 하며, 다소 많거나 더러 적게 모았다.

17 And the people of Israel did so. They gathered, some more, some less.

그들이 그것을 1오마 정도씩 재봐도, 많이 모은자도 남은 것이 없었고, 적게 주운 사람도 부족없이 각자 먹성만큼 모았던 것이다.

18 But when they measured it with an omer, whoever gathered much had nothing left over, and whoever gathered little had no lack. Each of them gathered as much as he could eat.

모지스가 말했다. "아무도 그것을 아침까지 남기지 마라."

19 And Moses said to them, "Let no one leave any of it over till the morning."

그들은 모지스 말을 듣지 않고, 일부가 아침까지 조금 남겨, 벌레와 악취가 나자, 모지스가 화를 냈다.

20 But they did not listen to Moses. Some left part of it till the morning, and it bred worms and stank. And Moses was angry with them.

아침마다 각자 먹을 만큼 그것을 주웠는데, 해가 나서 점차 더워지면 녹아 사라졌다.

21 Morning by morning they gathered it, each as much as he could eat; but when the sun grew hot, it melted.

여섯째 날에는 두 배만큼 각 2오마4.4L씩 주웠다고, 공동체 대표가 모두 모지스에게 보고하자,

22 On the sixth day they gathered twice as much bread, two omers each. And when all the leaders of the congregation came and told Moses,

그가 그들에게 말했다. "다음은 **주님**의 명령이다. '내일은 특별한 휴일, **주님**에게 신성한 사배쓰날이다. 너희는 구울 것은 굽고, 삶을 것은 삶고, 남는 것은 아침까지 보관해라.'"

23 he said to them, "This is what the LORD has commanded: 'Tomorrow is a day of solemn rest, a holy Sabbath to the LORD; bake what you will bake and boil what you will boil, and all that is left over lay aside to be kept till the morning.'"

사람들이 그것을 아침까지 두며,

24 So they laid it aside till the morning, as

모지스 명령을 따랐더니, 거기에 는 상한 냄새도 벌레도 없었다.

Moses commanded them, and it did not
stink, and there were no worms in it.

모지스가 말했다. "오늘은 남은 것을 먹자. **주님**의 사배쓰휴일에는 벌판에서 그것을 찾을 수 없다.

25 Moses said, "Eat it today, for today is a
Sabbath to the LORD; today you will not
find it in the field.

너희는 그것을 6일간 모을 수 있어도, 일곱번째 사배쓰휴일에는 아무것도 없을 것이다."

26 Six days you shall gather it, but on the
seventh day, which is a Sabbath, there will
be none."

그중 몇 사람이 칠일째 날 밖에 나가 주으려 했지만, 찾지 못했다.

27 On the seventh day some of the people
went out to gather, but they found none.

주님이 모지스에게 말했다. "너희는 얼마나 오랫동안 나의 명령과 나의 법 지키기를 거부하나?

28 And the LORD said to Moses, "How long will
you refuse to keep my commandments
and my laws?

보라! **주인**이 사배쓰휴일을 너희에게 지정해주었기 때문에, 6일째 날에는 이틀분 빵을 주는 거다. 각자 제자리에 있고, 아무도 7일째 날 밖에 나가지 않게 해라."

29 See! The LORD has given you the Sabbath;
therefore on the sixth day he gives you
bread for two days. Remain each of you in
his place; let no one go out of his place on
the seventh day."

사람들은 7일째 날 쉬었다.

30 So the people rested on the seventh day.

그리고 이즈리얼 집안은 그 이름을 매나이게 뭐지로 불렀다. 그것은 고수열매 같이 희고, 맛은 꿀로 만든 웨이퍼 과자 같았다.

31 Now the house of Israel called its name
Manna. It was like coriander seed, white,
and the taste of it was like wafers made
with honey.

모지스가 말했다. "**주님**의 명령이다. '매나 1오마약 2L를 세대마다 보관하여, **주인**이 황야에서 너희를 먹였던 빵임을 사람들이 알게 해라. 당시 내가 너희를 이집트에서 데왔던 것이다.'"

32 Moses said, "This is what the LORD has
commanded: 'Let an omer of it be kept
throughout your generations, so that they
may see the bread with which I fed you in

the wilderness, when I brought you out of
the land of Egypt.'"

모지스가 애런에게 말했다. "항아리를 가져와, 그안에 매나 1오마약 2L를 채워, **주님** 앞에 놓고, 세대마다 지키게 해라."

33 And Moses said to Aaron, "Take a jar, and
put an omer of manna in it, and place it
before the LORD to be kept throughout
your generations."

주님이 모지스에게 명령한 대로, 애런이 그것을 증언대앞에 두었다.

34 As the LORD commanded Moses, so Aaron
placed it before the testimony to be kept.

이즈리얼 자손은 40년간 매나를 먹으며, 사람이 거주하는 지역까지 왔다. 그들은 캐이넌땅 경계지에 오기까지 매나를 먹었던 것이다.

35 The people of Israel ate the manna forty
years, till they came to a habitable land.
They ate the manna till they came to the
border of the land of Canaan.

[1오마는 1/10약 2L 이퐈다.]

36 [An omer is the tenth part of an ephah.]

● **가르침** ***Gospel*** 하나님이 내려준 알수 없는 빵이 매나다.

STORY BIBLE 19

탈출 20 | 십계명

Exodus 20 | The Ten Commandments

나는 인간의 주인 하나님이다

I am the Lord your God

하나님이 이 모든 말을 했다.

1 And God spoke all these words, saying,

"나는 너희 **주인 하나님**으로서, 이집트땅 노예의 집에서 너희를 데리고 나왔다.

2 "I am the Lord your God, who brought you
out of the land of Egypt, out of the house
of slavery.

너희는 나 이외 다른 신을 믿으면 안 된다.

3 "You shall have no other gods before*beside*
me.

어떤 조각상도 만들지 말고, 하늘위나, 땅밑이나, 땅아래 물속에 있는 어떤 것의 유사물도 만들면 안 된다.

4 "You shall not make for yourself a carved
image, or any likeness of anything that
is in heaven above, or that is in the earth
beneath, or that is in the water under the
earth.

그것에 머리를 숙이거나 섬기지 마라. 나는 인간 **주인**으로 질투가 많은 **하나님**이므로, 조상의 잘못에 대한 책임을 물으러, 나를 싫어하는 그의 3대 4대 자손까지 방문한다.

5 You shall not bow down to them or serve
them, for I the Lord your God am a jealous
God, visiting the iniquity of the fathers
on the children to the third and fourth
generation of those who hate me,

대신 변함없는 사랑은, 나를 사랑하며 내 명령을 지키는 수천 세대 후손에까지 보여줄 거다.

6 but showing steadfast love to thousands
of those who love me and keep my

commandments.

너희 **주인 하나님**의 이름을 함부로 부르지 마라. 그 이름을 가벼이 여기지 자는 죄가 없지 않다.

7 “You shall not take the name of the LORD your God in vain, for the LORD will not hold him guiltless who takes his name in vain.

사배쓰휴일을 기억하고 신성하게 지켜라.

8 “Remember the Sabbath day, to keep it holy.

사람은 6일간 일하며, 자기의 책임을 다해라.

9 Six days you shall labor, and do all your work,

하지만 7일째 날은 인간 **주인 하나님**이 휴식한 날이다. 그날 사람은 어떤 일도 해서는 안 되고, 너나 아들딸, 남종여종이나, 가축도 안 되며, 네 집안에 있는 체류자도 일하게 하지 마라.

10 but the seventh day is a Sabbath to the LORD your God. On it you shall not do any work, you, or your son, or your daughter, your male servant, or your female servant, or your livestock, or the sojourner who is within your gates.

왜냐하면 [사람의] **주인**은 6일간 하늘, 땅, 바다와 그안에 속하는 전체를 만들고, 7일째에 쉬었기 때문이다. **주인**은 사배쓰휴일을 축복하며 그날을 신성하게 정했던 것이다.

11 For in six days the LORD made heaven and earth, the sea, and all that is in them, and rested on the seventh day. Therefore the LORD blessed the Sabbath day and made it holy.

아버지와 어머니를 존중해라. 그러면 사람의 생애가 **주인 하나님**이 너희에게 준 땅에서 오래 지속될 수 있을 것이다.

12 “Honor your father and your mother, that your days may be long in the land that the LORD your God is giving you.

살인하면 안 된다.

13 “You shall not murder.

부정한 성관계를 맺지 마라.

14 “You shall not commit adultery.

훔쳐서는 안 된다.

15 “You shall not steal.

너희는 이웃에 대해 절대 허위 증언을 하지 마라.

16 “You shall not bear false witness against your neighbor.

이웃집을 부러워하지 말고, 이웃 아내도, 그의 남종여종도 안 되며, 그의 황소 나귀는 물론, 이웃의 어느 것도 탐내면 안 된다."

17 "You shall not covet your neighbor's
house; you shall not covet your neighbor's
wife, or his male servant, or his female
servant, or his ox, or his donkey, or
anything that is your neighbor's."

한편 사람 모두가 천둥소리와, 번개의 섬광과, 트럼펕소리와, 산에서 피어오르는 연기를 보자, 두려움에 떨며, 멀리 떨어져 선 채,

18 Now when all the people saw the thunder
and the flashes of lightning and the
sound of the trumpet and the mountain
smoking, the people were afraid and
trembled, and they stood far off,

모지스에게 말했다. "당신이 말하면 들어도, 우리가 죽지 않게 **하나님**이 직접 말하지 않게 해줘요."

19 and said to Moses, "You speak to us, and
we will listen; but do not let God speak to
us, lest we die."

모지스가 말했다. "두려워 마라. **하나님**은 시험하러 왔는데, 너희가 두려워하면 죄를 짓지 않게 된다."

20 Moses said to the people, "Do not fear, for
God has come to test you, that the fear of
him may be before you, that you may not
sin."

사람들이 멀리 떨어져 서있는 동안, 모지스는 **하나님**이 있는 짙은 어둠으로 가까이 다가갔다.

21 The people stood far off, while Moses
drew near to the thick darkness
where God was.

주님이 모지스에게 말했다. "너는 이즈리얼 자손에게 전해라. '내가 하늘에서 너와 대화하는 모습을 너희가 직접 보았다.

22 And the LORD said to Moses, "Thus you
shall say to the people of Israel: 'You have
seen for yourselves that I have talked with
you from heaven.

나를 본뜬 은제 신을 만들지 말고, 스스로 신처럼 자신의 금형상을 제작해서도 안 된다.

23 You shall not make gods of silver to be
with me, nor shall you make for yourselves
gods of gold.

너희는 나를 위해 흙제단을 만들어, 거기에 불로 굽는 번제제물 및 평화제물은 양과 소로 희생제사를 지내라. 그러면 내 이름을 기억하는 장소마다 나타나 너희를 축복하게 된다.

24 An altar of earth you shall make for me
and sacrifice on it your burnt offerings
and your peace offerings, your sheep and
your oxen. In every place where I cause
my name to be remembered I will come
to you and bless you.

나에게 돌제단을 만들어준다면, 자른 돌로 짓지 마라. 도구를 휘두르면, 오염신성모독 된다.

25 If you make me an altar of stone, you
shall not build it of hewn stones, for if you
wield your tool on it you pollute*profane* it.

또 나의 제단을 밟고 올라가지 않아야, 너의 맨몸이 드러나지 않을 것이다."'

26 And you shall not go up by steps to my
altar, that your nakedness be not exposed
on it.'"

● **가르침** ***Gospel*** 금은으로 신을 만들지 마라.

약속의 땅 6 | 제리코 전투

Joshua 6 | **Battle of Jericho**

주님을 믿고 제리코 함락

Trusting in the LORD, they took Jericho

이제 제리코성은 이즈리얼 자손 때문에 안팎으로 차단되어, 아무도 드나들지 못하게 되었다.

1 Now Jericho was shut up inside and
outside because of the people of Israel.
None went out, and none came in.

주님이 자슈아에게 말했다. "보라, 나는 네 손에 제리코를 그곳 왕 및 용맹한 힘센자와 함께 넘긴다.

2 And the LORD said to Joshua, "See, I have
given Jericho into your hand, with its king
and mighty men of valor.

너와 전사 모두 도성주위를 에워싸고 돌며 한바퀴 행진하기를 6일간 해야 한다.

3 You shall march around the city, all the
men of war going around the city once.
Thus shall you do for six days.

7제사장은 약속의 상자 앞에서 7개 숫양뿔 트럼핕을 들어라. 7일째 날에는 7번 도성을 행진하며 제사장은 트럼핕을 불어라.

4 Seven priests shall bear seven trumpets of
rams' horns before the ark. On the seventh
day you shall march around the city seven
times, and the priests shall blow the
trumpets.

숫양뿔을 길게 불어, 트럼핕 소리가 들리면, 모두 크게 소리쳐 성벽이 무너져 내리게 한 다음, 저마다 곧바로 앞으로 나아가 전체가 올라가야 한다."

5 And when they make a long blast with
the ram's horn, when you hear the sound
of the trumpet, then all the people shall
shout with a great shout, and the wall of

the city will fall down flat, and the people shall go up, everyone straight before him."

그래서 눈의 아들 자슈아가 제사장을 불렀다. "약속의 상자를 지고 가는 동안, 일곱 숫양뿔 트럼필을 든 일곱 제사장은 **주님**의 약속의 상자 앞에서 전진하게 해라."

6 So Joshua the son of Nun called the priests and said to them, "Take up the ark of the covenant and let seven priests bear seven trumpets of rams' horns before the ark of the LORD."

사람들에게도 말했다. "앞으로 나가, 성주위를 행진해라. 무장군을 **주님**의 상자 앞에 보내라."

7 And he said to the people, "Go forward. March around the city and let the armed men pass on before the ark of the LORD."

자슈아가 명령하자, 숫양뿔 트럼필 일곱을 각각 든 일곱 제사장이 **주님** 앞으로 나가 트럼필을 불었고, **주님**의 약속의 상자가 그뒤를 따라갔다.

8 And just as Joshua had commanded the people, the seven priests bearing the seven trumpets of rams' horns before the LORD went forward, blowing the trumpets, with the ark of the covenant of the LORD following them.

무장군인은 트럼필을 부는 제사장 앞에서 걸어갔고, 후방군인은 상자 뒤를 따라 걷는 동안 트럼필은 계속 불었다.

9 The armed men were walking before the priests who were blowing the trumpets, and the rear guard was walking after the ark, while the trumpets blew continually.

자슈아가 그들에게 명령했다. "너희는 소리지르지 말고, 목소리가 들리게 하지 말며, 입으로 아무 소리도 내지 말아라. 그리고 내가 고함치라고 하는 날 소리쳐야 한다."

10 But Joshua commanded the people, "You shall not shout or make your voice heard, neither shall any word go out of your mouth, until the day I tell you to shout. Then you shall shout."

그렇게 그는 **주님**의 상자가 도성을 한차례 돌게 한 뒤, 모두 캠프로 가서 밤을 보냈다.

11 So he caused the ark of the LORD to circle the city, going about it once. And they

came into the camp and spent the night
in the camp.

자슈아는 아침 일찍 일어났고, 제사장은 **주님**의 상자를 들었다.

12 Then Joshua rose early in the morning,
and the priests took up the ark of the LORD.

제사장 일곱은 숫양뿔 트럼핕 일곱을 들고 **주님**의 상자 앞에서 걸으며 트럼핕을 계속 불었다. 무장군은 그들 앞에서 걸었고, 후진은 맨뒤에서 **주님**의 상자 뒤를 따라 걸어가는 동안, 제사장은 계속 트럼핕을 불며 갔다.

13 And the seven priests bearing the seven
trumpets of rams' horns before the ark
of the LORD walked on, and they blew the
trumpets continually. And the armed men
were walking before them, and the rear
guard was walking after the ark of the
LORD, while the trumpets blew continually.

둘째날 그들은 행진하며 도성을 한 차례 돌아 진영에 왔고, 6일간 그렇게 했다.

14 And the second day they marched around
the city once, and returned into the camp.
So they did for six days.

7일째 날이 되자, 그들은 일찍 새벽에 일어나, 도성주위 행진을 똑같은 식으로 7바퀴 돌았다. 그날만 7차례 돌며 행진했던 것이다.

15 On the seventh day they rose early, at the
dawn of day, and marched around the
city in the same manner seven times. It
was only on that day that they marched
around the city seven times.

일곱번째 행진때 제사장들이 트럼핕을 불자, 자슈아가 말했다. "소리쳐라, **주님**이 이 도성을 너희에게 주었다.

16 And at the seventh time, when the priests
had blown the trumpets, Joshua said to
the people, "Shout, for the LORD has given
you the city.

도성과 그 안에 있는 것은 모두 파괴하여 **주님**에게 봉헌해야 한다. 단, 매춘부 래이햅과 그녀 집안을 모두 살리는 이유는, 우리가 보낸 전령을 그녀가 숨겨주었기 때문이다.

17 And the city and all that is within it shall
be devoted to the LORD for destruction.
Only Rahab the prostitute and all who are
with her in her house shall live, because

she hid the messengers whom we sent.

너희는 파괴하여 바칠 저주물로부터 자신을 지켜라. 봉헌물을 파괴하지 않고 챙기면, 저주가 이즈리얼 진영도 파괴하여 괴로움을 겪게 될 것이다.

18 But you, keep yourselves from the thing,
devoted to destruction, lest when you
have devoted them you take any of the
devoted thing and make the camp of
Israel a thing for destruction and bring
trouble upon it.

은과 금 및 동과 철로 만든 모든 그릇은 **주님**에게 신성하므로 **주님**의 보물창고에 들어간다."

19 But all silver and gold, and every vessel of
bronze and iron, are holy to the LORD; they
shall go into the treasury of the LORD."

트럼핕이 울리자, 사람이 고함쳤다. 트럼핕 소리에, 그들이 크게 소리치자, 성벽이 무너졌다. 그래서 저마다 곧장 앞으로 들어가, 도성을 차지했다.

20 So the people shouted, and the trumpets
were blown. As soon as the people heard
the sound of the trumpet, the people
shouted a great shout, and the wall fell
down flat, so that the people went up into
the city, every man straight before him,
and they captured the city.

그들은 도성안 모든 것을 철저히 파괴했다. 남자와 여자, 청년과 노인, 소 양 당나귀까지 칼끝으로 모조리 봉헌했다.

21 Then they devoted all in the city to
destruction, both men and women, young
and old, oxen, sheep, and donkeys, with
the edge of the sword.

하지만 자슈아는 그땅을 정탐했던 두 남자에게 말했다. "그 매춘부의 집으로 가서 그녀와 딸린 사람들을 모두 데려와, 너희가 맹세한대로 실행해라."

22 But to the two men who had spied out the
land, Joshua said, "Go into the prostitute's
house and bring out from there the
woman and all who belong to her, as you
swore to her."

그래서 정탐하러 갔던 두 청년이 래이햅과 그녀 아버지 어머니와 형제 및 그녀에게 속하는 사람 전부를 데려왔고, 또 그녀의 친척까지 데려와, 이즈리얼 진영밖에 두었다.

23 So the young men who had been spies
went in and brought out Rahab and her
father and mother and brothers and all
who belonged to her. And they brought
all her relatives and put them outside the
camp of Israel.

그들은 도성에 불을 놓아 그 안에 있는 전체를 태웠다. 오직 금, 은, 동, 철로 된 그릇만은 **주님**의 재물보관소에 집어넣었다.

24 And they burned the city with fire, and
everything in it. Only the silver and gold,
and the vessels of bronze and of iron, they
put into the treasury of the house of the
LORD.

매춘부 래이햅과 그녀 아버지 가족 및 딸린 식구에 대해서만은, 자슈아가 목숨을 살려주었다. 그녀가 이날까지 이즈리얼 안에서 사는 이유는, 자슈아가 제리코로 보낸 스파이를 숨겨준 덕택이었다.

25 But Rahab the prostitute and her father's
household and all who belonged to her,
Joshua saved alive. And she has lived in Israel
to this day, because she hid the messengers
whom Joshua sent to spy out Jericho.

그때 자슈아가 선언했다. "**주님** 앞에서 저주받을 자는 제리코성을 다시 일으켜 세우는 사람이다. 그는 첫아들을 희생하여 토대를 놓고, 막내 아들을 대가로 성문을 세우게 되는 셈이다."

26 Joshua laid an oath on them at that time,
saying, "Cursed before the LORD be the
man who rises up and rebuilds this city,
Jericho. At the cost of his firstborn shall he
lay its foundation, and at the cost of his
youngest son shall he set up its gates."

주님이 자슈아와 함께 있어서, 그의 명성은 땅 곳곳으로 퍼졌다.

27 So the LORD was with Joshua, and his fame
was in all the land.

● **가르침** ***Gospel*** 제리코성을 주님에게 봉헌하다.

약속의 땅 10 | 자슈아의 긴 하루

Joshua 10 | Joshua's Long Day

주님이 인간요청을 들어주다

The LORD grants the wish of man

저루살럼 왕 애도니지덱이 소문을 들었는데, 어떻게 자슈아가 애이아이동베썰를 점령하여 파괴하며, 제리코와 그 왕에게 한 대로 그곳과 그곳 왕에게 했는지, 또 기비언북저루살럼 사람은 어떻게 이즈리얼과 평화를 맺었는지 듣자마자,

1 As soon as Adoni-zedek, king of Jerusalem,
heard how Joshua had captured Ai*East Bethel*
and had devoted it to destruction,
doing to Ai and its king as he had done
to Jericho and its king, and how the
inhabitants of Gibeon*Palestine* had made
peace with Israel and were among them,

그가 몹시 두려웠던 것은, 대도시 기비언은 국왕도성 중 하나 정도로, 애이아이보다 훨씬 컸고, 그곳 사람 모두 용맹한 전사였기 때문이었다.

2 he feared greatly, because Gibeon was a
great city, like one of the royal cities, and
because it was greater than Ai, and all its
men were warriors.

그래서 저루살럼왕 애도니지덱은 사람을 보내, 히브런왕 호앰, 자무쓰왕 피램, 래키쉬왕 재퓌아, 이글런왕 드비어에게 전했다.

3 So Adoni-zedek king of Jerusalem sent to
Hoham king of Hebron, to Piram king of
Jarmuth, to Japhia king of Lachish, and to
Debir king of Eglon, saying,

"어서 와서 나를 도와, 함께 무찌릅시다. 기비언이 자슈아 및 이즈리얼과 평화를 맺었으니까요."

4 "Come up to me and help me, and let us
strike Gibeon. For it has made peace with
Joshua and with the people of Israel."

애머리지역 다섯왕, 저루살럼 왕, 히브런왕, 자무쓰왕, 래키쉬 왕, 이글런왕이 군대를 소집하고 가서, 기비언을 상대로 맞은편에 야영하며 전쟁을 일으켰다.

5 Then the five kings of the Amorites, the
king of Jerusalem, the king of Hebron,
the king of Jarmuth, the king of Lachish,
the king of Eglon, gathered their forces
and went up with all their armies and
encamped against Gibeon and made war
against it.

이에 기비언 사람은 길갤진영의 자슈아에게 말을 전했다. "당신의 종 우리한테 도움의 손을 놓으면 안 돼요. 급히 와서 도와 우리를 구해주세요. 높은 지대에 사는 애머리왕 모두가 우리에게 덤비려고 몰려왔어요."

6 And the men of Gibeon sent to Joshua at
the camp in Gilgal, saying, "Do not relax
your hand from your servants. Come up
to us quickly and save us and help us, for
all the kings of the Amorites who dwell in
the hill country are gathered against us."

이에 자슈아가 길갤에서 가면서, 함께 있던 전쟁용사와, 용감하고 힘센 사람들이 모두 같이 갔다.

7 So Joshua went up from Gilgal, he and all
the people of war with him, and all the
mighty men of valor.

주님이 자슈아에게 말했다. "두려워 마라. 내가 그들을 네 손에 넘겼으니, 네 앞에 아무도 나서지 못한다."

8 And the Lord said to Joshua, "Do not fear
them, for I have given them into your
hand. Not a man of them shall stand
before you."

자슈아는 길갤로부터 밤새 걸어서 갑자기 그들에게 나타났다.

9 So Joshua came upon them suddenly,
having marched up all night from Gilgal.

그리고 **주님**은 그들을 공포에 빠뜨렸으므로, 기비언에 온 이즈리얼은 맹렬한 기세로 적을 쳤는데, 베쓰호른으로 오르는 길까지 추격하여, 멀리는 아제카와 마케다까지 물리치게 되었다.

10 And the Lord threw them into a panic
before Israel, who struck them with a
great blow at Gibeon and chased them
by the way of the ascent of Beth-horon
and struck them as far as Azekah and

Makkedah.

그들은 이즈리얼 앞에서 도망쳐, 베쓰호른의 오르막길을 가고 있었는데, **주님**이 하늘에서 큰돌을 던지자 멀리 아제카에 있던 적까지 죽었다. 그래서 돌우박 때문에 죽은자가 이즈리얼 자손이 칼로 죽인자보다 더 많았던 것이다.

11 And as they fled before Israel, while they
were going down the ascent of Beth-
horon, the LORD threw down large stones
from heaven on them as far as Azekah,
and they died. There were more who died
because of the hailstones than the sons of
Israel killed with the sword.

자슈아의 간청은, **주님**이 애머리를 이즈리얼에게 넘겨주던 바로 그날, 이즈리얼이 보는 앞에서 다음과 같이 말했다.

12 At that time Joshua spoke to the LORD in
the day when the LORD gave the Amorites
over to the sons of Israel, and he said in
the sight of Israel,

"태양은 기비언에 서있고, 달은 애절런 계곡에 멈춰있게 해주세요!"

"Sun, stand still at Gibeon;
and Moon, in the valley of Aijalon."

그러자 태양은 서고, 달도 멈췄는데, 그 민족이 적에게 보복을 다할 때까지 그랬다.

13 *And the sun stood still,*
and the moon stopped,
until the nation took vengeance
on their enemies.

이 일은 재셔올바른 정의의 책에도 적혀 있지 않나? 태양이 하늘 가운데서 멈추더니, 온종일 저물기를 서두르지 않았다.

Is this not written in the book of Jasher? The sun stopped in the midst of heaven and did not hurry to set for about a whole day.

전에도 이후도 그런 날이 없듯, **주님**이 사람 음성에 주의한 까닭은, 그가 이즈리얼 편에서 싸웠기 때문이었다.

14 There has been no day like it before or
since, when the LORD heeded the voice of
a man, for the LORD fought for Israel.

다음 자슈아는 이즈리얼과 함께 길갤의 캠프진영에 돌아왔다.

15 So Joshua returned, and all Israel with
him, to the camp to Gilgal.

한편 달아난 다섯왕은 마케다에 있는 어느 동굴에 숨었다.

16 These five kings fled and hid themselves
in a cave at Makkedah.

자슈아는 이런 보고를 받았다. "마케다 동굴에 숨은 다섯왕을 찾았어요."

17 And it was told Joshua, "The five kings
have been found, hidden in the cave at
Makkedah."

자슈아가 말했다. "큰바위를 굴려 동굴입구를 막고, 그옆에 그들을 지키도록 사람을 세워라.

18 And Joshua said, "Roll large stones against
the mouth of the cave and set men by it
to guard them,

너희는 거기 있지 말고, 적을 추적하여, 후방군대까지 공격해라. 그들을 성안에 들여보내지 마라. **주 하나님**이 적을 너희 손에 넘겼다."

19 but do not stay there yourselves. Pursue
your enemies; attack their rear guard. Do
not let them enter their cities, for the LORD
your God has given them into your hand."

자슈아와 이즈리얼 자손이 엄청난 기세로 섬멸할 때까지 휩쓸어버렸더니, 남은 일부만 그들의 요새도성으로 들어갔다.

20 When Joshua and the sons of Israel had
finished striking them with a great blow
until they were wiped out, and when
the remnant that remained of them had
entered into the fortified cities,

그제서야 그 민족이 자슈아의 마케다진영에 무사히 돌아왔는데, 누구도 이즈리얼에게 제 혀를 놀리지 못했다.

21 then all the people returned safe to
Joshua in the camp at Makkedah. Not a
man moved his tongue against any of the
people of Israel.

다음 자슈아가 말했다. "동굴입구를 열고 다섯왕을 내 앞에 데려와라."

22 Then Joshua said, "Open the mouth of the
cave and bring those five kings out to me
from the cave."

사람들이 동굴에서 다섯, 저루

23 And they did so, and brought those five

살럼왕, 히브런왕, 자무쓰왕, 래
키쉬왕, 그리고 이글런왕을 그
에게 데려왔다.

kings out to him from the cave, the king of
Jerusalem, the king of Hebron, the king of
Jarmuth, the king of Lachish, and the king
of Eglon.

왕들을 데려오자, 자슈아는 이
즈리얼 사람을 모두 소집한 다
음, 함께 갔던 전투 지휘관들에
게 말했다. "가까이 와서, 너희
는 왕의 목을 발로 밟아라." 그
래서 그들이 가까이 가서 발을
왕들의 목 위에 올렸다.

24 And when they brought those kings out
to Joshua, Joshua summoned all the men
of Israel and said to the chiefs of the men
of war who had gone with him, "Come
near; put your feet on the necks of these
kings." Then they came near and put their
feet on their necks.

자슈아가 말했다. "두려워하거
나 실망하지 말고, 강한 용기를
내라. 이것은 **주님**이 바로 너희
가 싸우는 적에게 하는 일이기
때문이다."

25 And Joshua said to them, "Do not
be afraid or dismayed; be strong and
courageous. For thus the LORD will do to all
your enemies against whom you fight."

다음 자슈아는 그들을 죽여 다
섯나무에 매달아, 저녁까지 두
었다.

26 And afterward Joshua struck them and
put them to death, and he hanged them
on five trees. And they hung on the trees
until evening.

해가 저물자, 자슈아가 명령하
여 시신을 나무에서 내리게 하
고, 왕들이 숨었던 동굴에 던져
넣게 했다. 그들이 동굴입구를
막은 큰바위는 오늘날까지 남아
있다.

27 But at the time of the going down of
the sun, Joshua commanded, and they
took them down from the trees and
threw them into the cave where they had
hidden themselves, and they set large
stones against the mouth of the cave,
which remain to this very day.

마케다도 마찬가지로 자슈아가

28 As for Makkedah, Joshua captured it on

그날 그지역과 왕을 칼끝으로 쳐서 빼앗고, 성안 사람 모두 철저히 파멸시켜 아무도 남기지 않았다. 또 그는 제리코왕에게 한 그대로 마케다왕에게도 똑같이 했다.

that day and struck it, and its king, with the edge of the sword. He devoted to destruction every person in it; he left none remaining. And he did to the king of Makkedah just as he had done to the king of Jericho.

다음 자슈아는 같이 있는 이즈리얼과 함께 마케다에서 립나로 가서 립나를 상대로 싸웠다.

29 Then Joshua and all Israel with him passed on from Makkedah to Libnah and fought against Libnah.

주님이 그곳과 그곳 왕 역시 이즈리얼 손에 넘겨 주었다. 그는 성안 사람 모두 칼끝으로 쳐서, 한 사람도 남기지 않았고, 그곳 왕에게도 제리코왕과 똑같이 했다.

30 And the LORD gave it also and its king into the hand of Israel. And he struck it with the edge of the sword, and every person in it; he left none remaining in it. And he did to its king as he had done to the king of Jericho.

다음 자슈아는 모든 이즈리얼과 함께 립나에서 래키쉬로 가서 그곳을 포위한 다음 싸웠다.

31 Then Joshua and all Israel with him passed on from Libnah to Lachish and laid siege to it and fought against it.

주님이 래키쉬도 이즈리얼 손에 넘겨주어, 자슈아는 둘째날 그곳을 빼앗고, 립나와 똑같이 칼끝으로 도성 사람을 모조리 쓰러뜨렸다.

32 And the LORD gave Lachish into the hand of Israel, and he captured it on the second day and struck it with the edge of the sword, and every person in it, as he had done to Libnah.

그때 기저의 호램왕이 래키쉬를 도우러 왔고, 자슈아는 그 및 그의 사람까지 남김없이 쓰러뜨렸다.

33 Then Horam king of Gezer came up to help Lachish. And Joshua struck him and his people, until he left none remaining.

다음 자슈아는 이즈리얼 모두와

34 Then Joshua and all Israel with him passed

함께 래키쉬에서 이글런으로 가
서, 그곳을 포위하고 싸웠다.

on from Lachish to Eglon. And they laid
siege to it and fought against it.

그들은 그날 그곳을 점령하고
칼끝으로 치며, 당시 성안에 있
던 사람을 철저히 파멸시켜, 래
키쉬에서 했던 그대로 했다.

35 And they captured it on that day, and
struck it with the edge of the sword.
And he devoted every person in it to
destruction that day, as he had done to
Lachish.

다음 자슈아는 같이 있는 이즈
리얼과 이글런에서 히브런로 가
서 싸워

36 Then Joshua and all Israel with him went
up from Eglon to Hebron. And they fought
against it

그곳을 빼앗고 칼끝으로 그곳
왕과 마을과 사람을 쳤다. 그는
이글런에서 한 그대로 남김없이
그곳 모두를 철저히 파멸시켰
다.

37 and captured it and struck it with the
edge of the sword, and its king and its
towns, and every person in it. He left
none remaining, as he had done to Eglon,
and devoted it to destruction and every
person in it.

다음 자슈아는 모든 이즈리얼과
드비어로 돌아가 공격하여

38 Then Joshua and all Israel with him turned
back to Debir and fought against it

그곳도 왕과 마을 전부를 점령
하고 칼로 쳐서, 도성 사람을 모
조리 남김없이 쓰러뜨렸다. 바
로 히브런과 립나와 그곳 왕들
처럼 드비어와 그 왕에게 그렇
게 했다.

39 and he captured it with its king and all
its towns. And they struck them with
the edge of the sword and devoted to
destruction every person in it; he left none
remaining. Just as he had done to Hebron
and to Libnah and its king, so he did to
Debir and to its king.

그렇게 자슈아는 온 땅을 쳤고,
언덕지역과, 남쪽 네게브와, 골
짜기와 구릉지 및 그곳 왕도 전

40 So Joshua struck the whole land, the
hill country and of the Negeb*south* and

부 무찌르며, 숨쉬는 모든 것을 철저히 파괴했고, 이즈리얼에게 **주 하나님**이 명령한 바를 실행했다.

the lowland*vale* and the slopes, and all
their kings. He left none remaining, but
devoted to destruction all that breathed,
just as the LORD God of Israel commanded.

자슈아가 공격한 곳은 커데쉬바니아부터 멀리 가자, 고션지역, 더 멀리 기비언까지였다.

41 And Joshua struck them from Kadesh-
barnea as far as Gaza, and all the country
of Goshen, as far as Gibeon.

자슈아가 그곳 왕과 땅을 단번에 빼앗은 이유는, **주 하나님**이 이즈리얼편에서 싸웠기 때문이었다.

42 And Joshua captured all these kings and
their land at one time, because the LORD
God of Israel fought for Israel.

그다음 자슈아는 이즈리얼 모두와 길갤의 진영으로 돌아왔다.

43 Then Joshua returned, and all Israel with
him, to the camp at Gilgal.

● **가르침** ***Gospel*** 그날 낮이 길었던 것은 인간의 바람을 들어준 증거다.

판관 7 | 기드언 300명

Judges 7 | Gideon's Three Hundred Men

주님이 기드언 300을 고르다

그때 제럽배이얼 곧 기드언 및 그와 함께 한 사람들 모두가 아침 일찍 일어나, 해롣우물 옆에 진영을 펼쳤고, 미디언군대는 기드언의 북쪽 모레언덕 옆 계곡에 있었다.

The Lord chooses 300

1 Then Jerubbaal, [that is, Gideon] and
all the people who were with him rose
early and encamped beside the spring of
Harod. And the camp of Midian was north
of them, by the hill of Moreh, in the valley.

주님이 기드언에게 말했다. "내가 미디언족을 그들 손에 넘겨주자니, 너와 있는 사람이 너무 많다. 이즈리얼이 내게 뽐내며, '우리 손으로 스스로 구했다' 할 테니.

2 The Lord said to Gideon, **"**The people
with you are too many for me to give the
Midianites into their hand, lest Israel boast
over me, saying, 'My own hand has saved me.'

그들 귀에 들리도록 선포해라. '누구든지 두렵거나 겁이나 떨리면, 길리얻산에서 집으로 돌려보내라.'" 그래서 22,000명이 돌아가고, 10,000명이 남았다.

3 Now therefore proclaim in the ears of
the people, saying, 'Whoever is fearful
and trembling, let him return home and
hurry away from Mount Gilead.'**"** Then
22,000 of the people returned, and 10,000
remained.

주님이 기드언에게 말했다. "사람 수가 여전히 많다. 그들을 물가로 데려가면, 내가 너를 위해 시험하여, 그들중 '이들이 너와

4 Then the Lord said to Gideon, **"**The people
are still too many. Take them down to the
water, and I will test them for you there,

함께 간다'고 하는 무리는 가고, '함께 못간다'고 하는 쪽은 너와 가지 말아야 한다."

and anyone of whom I say to you, 'This
one shall go with you,' shall go with you,
and anyone of whom I say to you, 'This
one shall not go with you,' shall not go."

그래서 기드언이 사람들을 물로 데려가자, **주님**이 말했다. "개가 핥듯 제 혀로 물을 핥는자를 따로 두고, 무릎 꿇고 마시는 사람도 별도로 세워라."

5 So he brought the people down to the
water. And the LORD said to Gideon, "Every
one who laps the water with his tongue,
as a dog laps, you shall set by himself.
Likewise, every one who kneels down to
drink."

손을 입에 대고 물을 핥는자가 300명이었고, 나머지 사람은 무릎을 아래로 꿇고 마셨다.

6 And the number of those who lapped,
putting their hands to their mouth, was
300 men, but all the rest of the people
knelt down to drink water.

주님이 기드언에게 말했다. "나는 물을 핥은 300명 손에 미디언족을 넘기니, 다른 사람은 모두 자기 집에 가게 해라."

7 And the LORD said to Gideon, "With the
300 men who lapped I will save you and
give the Midianites into your hand, and let
all the others go every man to his home."

그는 사람마다 손에 식량과 트럼핕을 들게 한 다음, 이즈리얼 나머지는 모두 자기 막사천막로 보냈고, 선발된 300명은 남겼다. 미디언 캠프는 아래 계곡에 있었다.

8 So the people took provisions*victuals* in their
hands, and their trumpets. And he sent all
the rest Israel every man to his tent, but
retained the 300 men. And the camp of
Midian was below him in the valley.

그날밤 **주님**이 기드언에게 말했다. "일어나, 캠프를 향해 내려 가라. 내가 그곳을 네 손에 주었다.

9 That same night the LORD said to him,
"Arise, go down against the camp, for I
have given it into your hand.

내려가기 두려우면, 너의 종 퓨

10 But if you are afraid to go down, go down

라와 미디언 군대에게 가라.

to the camp with Purah your servant.

네가 그들 이야기를 들으면, 손에 힘이 생겨 그 군대를 공격할 수 있을 것이다." 그래서 그는 종 퓨라와 함께 그들 캠프 내 무장군 전초기지로 갔다.

11 And you shall hear what they say,
and afterward your hands shall be
strengthened to go down against the
camp." Then he went down with Purah his
servant to the outposts of the armed men
who were in the camp.

미디언족과 애멀렉족과 동쪽 사람 전부 계곡을 따라 늘어선 모습이 메뚜기떼 같이 엄청났고, 그들 낙타도 바다가 모래처럼 수를 셀 수 없이 대단했다.

12 And the Midianites and the Amalekites
and all the people of the East lay along the
valley like locusts in abundance, and their
camels were without number, as the sand
that is on the seashore in abundance.

기드언이 와보니, 어떤 사람이 자기 꿈을 동료에게 말하는 중이었다. "이봐, 내가 꿈에 보니까, 보리빵 한덩이가 굴러 미디언군대 안 어느 막사에 들어가더니, 그것이 텐트를 부수고 뒤집어 쓰러뜨리더라."

13 When Gideon came, behold, a man was
telling a dream to his comrade*fellow*. And
he said, "Behold, I dreamed a dream, and
behold, a cake of barley bread tumbled
into the camp of Midian and came to the
tent and struck it so that it fell and turned
it upside down, so that the tent lay flat."

동료가 대답했다. "이는 이즈리얼 사람, 불조애쉬의 아들, 기드언의 칼 이외 다른 것은 없다. **하나님**이 그 손에 미디언 군대를 넘긴 것이다."

14 And his comrade answered, "This is no
other than the sword of Gideon the son
of Joash*fire*, a man of Israel; God has given
into his hand Midian and all the camp."

기드언이 꿈해설 이야기를 듣고 경배한 다음, 이즈리얼 군진영으로 돌아와 말했다. "일어나라. 왜냐하면 **주님**이 너희 손에 미디언군대를 넘겨주었기 때문이다."

15 As soon as Gideon heard the telling of
the dream and its interpretation, he
worshiped. And he returned to the camp
of Israel and said, "Arise, for the LORD has

given the host of Midian into your hand."

다음 그는 삼백명을 세 무리로 나누고, 그들 손에 트럼핕을 들게 하고, 빈 단지안에 횃불을 넣어서 주었다.

16 And he divided the three hundred men
into three companies and put trumpets
into the hands of all of them and empty
jars*pitchers*, with torches inside the jars.

그가 말했다. "나를 보고 똑같이 해라. 내가 적진영 바깥쪽에 이르러, 하는 그대로 따라해라.

17 And he said to them, "Look at me, and do
likewise. When I come to the outskirts of
the camp, do as I do.

내가 트럼핕을 불거든, 나와 있는 모두 그 진영 곳곳에서 트럼핕을 불며 외쳐라. '**주님**을 위하여, 기드언을 위하여'라고."

18 When I blow the trumpet, I and all who
are with me, then blow the trumpets also
on every side of all the camp and shout,
'For the LORD and for Gideon.'"

그런 다음 기드언 및 함께 있던 수백명이 적캠프 바깥쪽 중간초소 시작지점까지 왔는데, 막 보초교대가 있었다. 그리고 그들은 트럼핕을 불며 손에 든 단지를 박살냈다.

19 So Gideon and the hundred men who
were with him came to the outskirts of
the camp at the beginning of the middle
watch, when they had just set the watch.
And they blew the trumpets and smashed
the jars that were in their hands.

세 무리가 트럼핕을 불며 단지를 깨뜨린 다음, 왼손에 횃불을 들고 오른손에 트럼핕을 불며, 소리쳤다. "**주님**과 기드언을 위한 칼이다!"

20 Then the three companies blew the
trumpets and broke the jars. They held in
their left hands the torches, and in their
right hands the trumpets to blow. And
they cried out, "A sword for the LORD and
for Gideon!"

각자 진영을 에워싸고 제자리에 섰는데, 적군은 뛰었다. 저들이 아우성치며 달아났던 것이다.

21 Every man stood in his place around the
camp, and all the army ran. They cried out
and fled.

그들이 300 트럼펱을 불어 소리내자, **주님**은 사람의 칼이 제 동료와 군대를 향하게 했다. 그러자 적군은 멀리 달아나 제러래쓰의 벳쉬타까지, 또 아벨메홀라 국경지역 태배쓰까지 도망갔다.

22 When they blew the 300 trumpets, the LORD set every man's sword against his comrade and against all the army. And the army fled as far as Beth-shittah toward Zererath, as far as the border of Abel-meholah, by Tabbath.

이즈리얼 사람들이 냎털라이, 애셜, 머나서로부터 몰려와, 미디언의 뒤를 추격했다.

23 And the men of Israel were called out from Naphtali and from Asher and from all Manasseh, and they pursued after Midian.

기드언은 전령을 이프리엄 산언덕 전역으로 보내며 말했다. "어서 와서 미디언을 공격하여, 그들 맞은편 물을 점령하고, 멀리 베쓰바라와 조든도 빼앗자." 그렇게 이프리엄 사람까지 모두 소집한 다음, 베쓰바라와 조든도 빼앗았다.

24 Gideon sent messengers throughout all the hill country of Ephraim, saying, "Come down against the Midianites and capture the waters against them, as far as Beth-barah, and also the Jordan." So all the men of Ephraim were called out, and they captured the waters as far as Beth-barah, and also the Jordan.

그들은 미디언왕 두 사람 오렙과 지브를 사로잡아, 오렙은 오렙바위에서, 지브는 지브의 와인압착지대에서 죽이고, 미디언을 추격한 다음, 오렙과 지브의 머리를 조든강을 넘어 기드언으로 가져왔다.

25 They captured the two princes of Midian, Oreb and Zeeb. They killed Oreb at the rock Oreb, and Zeeb they killed at the winepress of Zeeb. Then they pursued Midian, and they brought the heads of Oreb and Zeeb to Gideon across the Jordan.

● **가르침** ***Gospel*** 손을 도구로 사용한 자를 선택했다.

STORY BIBLE 23

판관 15 | 샘슨이 필리스틴 타도

Judges 15 | Samson Defeats the Philistines

나는 나귀턱뼈로 물리쳤다

I struck with a donkey's jawbone

얼마 지나 밀 수확철이 되자, 샘슨이 새끼염소 한 마리를 데리고 아내를 찾아가서 말했다. "내 아내 방으로 들어가겠어요." 그러나 장인이 그를 들여보내지 않았다.

1 After some days, at the time of wheat
harvest, Samson went to visit his wife with
a young goat. And he said, "I will go in to
my wife in the chamber." But her father
would not allow him to go in.

장인이 말했다. "자네가 정말로 딸을 아주 미워한다고 생각해, 자네 들러리에게 주었네. 여동생이 더 예쁘지 않나? 딸 대신 데려가게."

2 And her father said, "I really thought that
you utterly hated her, so I gave her to
your companion. Is not her younger sister
more beautiful than she? Please take her
instead."

샘슨이 말했다. "앞으로 내가 필리스틴을 해친다해도, 내탓이 아니예요."

3 And Samson said to them, "This time
I shall be innocent in regard to the
Philistines, when I do them harm.

샘슨이 나가더니 여우 3백 마리를 잡은 뒤, 횃불봉을 들고 돌아다니며 꼬리 한쌍마다 사이에 횃불봉을 [묶어]두었다.

4 So Samson went and caught 300 foxes
and took torches. And he turned them tail
to tail and put a torch between each pair
of tails.

그는 횃불봉에 불을 붙이고, 세

5 And when he had set fire to the torches,

워놓은 필리스틴 농작물로 여우를 몰아, 쌓은 곡식단에 불을 붙인 다음, 올리브 과수원까지 그렇게 했다.

he let the foxes go into the standing grain of the Philistines and set fire to the stacked grain and the standing grain, as well as the olive orchards.

그때 필리스틴이 말했다. "누구 짓이냐?" 사람들이 대답했다. "팀나의 사위 샘슨이, 장인이 자기 아내를 들러리에게 주었기 때문이다." 그러자 필리스틴인이 그녀와 장인을 불태웠다.

6 Then the Philistines said, "Who has done this?" And they said, "Samson, the son-in-law of the Timnite, because he has taken his wife and given her to his companion." And the Philistines came up and burnt her and her father with fire.

샘슨이 말했다. "당신들이 그렇게 했어도, 맹세하는데, 당신들한테 복수해야 내가 진정될 거다."

7 And Samson said to them, "If this is what you do, I swear I will be avenged on you, and after that I will quit."

샘슨은 무서운 기세로 그들을 잔인하게 살해하고, 아래쪽 이탬 바위틈에서 지냈다.

8 And he struck them hip and thigh with a great blow, and he went down and stayed in the cleft of the rock Etam.

그뒤 필리스틴이 와서 쥬다지역에 야영하며, 리하이를 습격했다.

9 The Philistines came up and encamped in Judah and made a raid on Lehi.

쥬다 사람이 말했다. "왜 여기 와, 우리를 습격하나?" 그들이 대답했다. "그 이유는 샘슨을 묶어, 우리에게 한 대로 해주려는 것이다."

10 And the men of Judah said, "Why have you come up against us?" They said, "We have come up to bind Samson, to do to him as he did to us."

쥬다인 3천명이 이탬 바위에 와서 샘슨에게 말했다. "필리스틴이 우리를 지배하는 걸 모르나? 대체 우리에게 왜 이러는 거냐?" 샘슨이 대답했다. "그들이 내게 한 대로 똑같이 내가 그들에게 했다."

11 Then 3,000 men of Judah went down to the cleft of the rock of Etam, and said to Samson, "Do you not know that the Philistines are rulers over us? What then is this that you have done to us?" And he

said to them, "As they did to me, so have I
done to them."

그들이 말했다. "우리가 온 것은 너를 묶어, 필리스틴 손에 넘기려는 거다." 샘슨이 말했다. "너희가 직접 나를 공격하지 않겠다고 맹세해라."

12 And they said to him, "We have come
down to bind you, that we may give you
into the hands of the Philistines." And
Samson said to them, "Swear to me that
you will not attack me yourselves."

그들이 샘슨에게 말했다. "안 하겠다. 다만 너를 묶어 그들에게 넘길뿐이다. 절대 너를 죽이지 않는다." 그들은 새밧줄 두 줄로 샘슨을 묶어 바위에서 끌고 갔다.

13 They said to him, "No; we will only bind
you and give you into their hands. We will
surely not kill you." So they bound him
with two new ropes and brought him up
from the rock.

샘슨이 리하이에 나타나자, 필리스틴이 보고 소리쳤다. 순간 **주님**의 영혼이 내려오자, 그의 팔뚝위 밧줄은 불에 닿은 아마 포인듯, 결박을 풀었다.

14 When he came to Lehi, the Philistines
came shouting to meet him. Then the
Spirit of the Lord rushed upon him, and
the ropes that were on his arms became
as flax that has caught with fire, and his
bonds melted off his hands.

샘슨은 싱싱한 당나귀 턱뼈 하나를 발견하고 손을 뻗어 잡자, 그것으로 천명을 찔렀다.

15 And he found a fresh jawbone of a
donkey, and put out his hand and took it,
and with it he struck 1,000 men.

샘슨이 말했다.

16 And Samson said,

"한마리 당나귀로 더미를 쌓고 당나귀턱뼈 하나로 내가 천명을 찔렀다."

"With the jawbone of a donkey,
heaps upon heaps,
with the jawbone of a donkey
have I struck down a thousand men."

그가 말을 마치고, 손에서 나귀 턱뼈를 던져서, 그 장소를 래머스리하이턱뼈 언덕라 불렀다.

17 As soon as he had finished speaking, he threw away the jawbone out of his hand. And that place was called Ramath-lehi*the hill of the jawbone*.

그런 다음 몹시 목이 마르자, **주님**을 불렀다. "당신은 이런 엄청난 구원을 당신 종의 손에 허락하면서, 내가 목이 말라, 할례도 안한 저들 손에 쓰러지게 합니까?"

18 And he was very thirsy, and he called upon the LORD and said, "You have granted this great salvation by the hand of your servant, and shall I now die of thirst and fall into the hands of the uncircumcised?"

하나님이 리하이에 있는 턱형태의 움푹한 곳을 치자, 물이 쏟아져 나왔다. 그가 물을 마시고 영혼이 활기를 되찾았기 때문에, 그곳을 엔해코어그가 불러낸 우물라고 불러서, 이날까지 리하이에 남아 있다.

19 And God split open the hollow place that is at Lehi*jawbone*, and water came out from it. And when he drank, his spirit returned, and he revived. Therefore the name of it was called En-hakkore*the spring of him who called*; it is at Lehi to this day.

샘슨은 필리스틴 시대 20년간 이즈리얼을 재판했다.

20 And he judged Israel in the days of the Philistines twenty years.

● **가르침** ***Gospel*** 할례도 안 한 야만인에게 쓰러질 수 없다.

STORY BIBLE 24

판관 16 샘슨과 들라일라

Judges 16 Samson and Delilah

필리스틴인과 죽게 해주세요

Let me die with the Philistines

샘슨이 가자지역에 갔는데, 그곳 매춘부를 만나 그녀에게 들어갔다.

1 Samson went to Gaza, and there he saw a
prostitute, and he went in to her.

가자 사람이 소문을 들었다. "샘슨이 여기 와있다." 그들은 그곳을 포위해 매복하며, 성문에서 밤새 기다렸고, 잠자코 밤을 지키며 말했다. "날이 밝기를 기다려, 그를 죽여버리자."

2 The Gazites were told, "Samson has come
here." And they surrounded the place
and set an ambush for him all night at the
gate of the city. They kept quiet all night,
saying, "Let us wait till the light of the
morning; then we will kill him."

샘슨은 밤이 깊어지기를 기다려 한밤에 일어나더니, 도성의 여러 문 및 두 기둥을 잡아뽑고, 빗장까지 모조리 뜯어낸 다음, 전부 어깨에 지고 날라, 히브런 앞 언덕정상으로 옮겼다.

3 But Samson lay till midnight, and at
midnight he arose and took hold of the
doors of the gate of the city and the two
posts, and pulled them up, bar and all,
and put them on his shoulders and carried
them to the top of the hill that is in front
of Hebron.

그뒤 샘슨은 소렉계곡의 여자 들라일라를 사랑하게 되었다.

4 After this he loved a woman in the Valley
of Sorek, whose name was Delilah.

필리스틴 영주들이 그녀에게 와

5 And the lords of the Philistines came up to

서 말했다. "샘슨을 꾀내어 강한 힘이 어디에서 나오는지 알아내면, 우리가 제압할 수 있으니, 그를 묶어 굴복시킨 다음, 너에게 각자 1인당 은조각 1,100약 13Kg 씩 주겠다."

her and said to her, **"**Seduce*entice* him, and
see where his great strength lies, and by
what means we may overpower*prevail* him,
that we may bind him to humble him.
And we will each give you eleven hundred
pieces of silver.**"**

들라일라가 샘슨에게 말했다. "말해보세요. 당신의 강한 힘이 어디에서 나오고, 또 어떻게 당신을 꼼짝 못하게 묶을 수 있죠?"

6 So Delilah said to Samson, **"**Please tell
me where your great strength lies, and
how you might be bound, that one could
subdue you.**"**

샘슨이 그녀에게 말했다. "마르지 않은 활시위 7줄로 묶으면, 내가 약해져 다른 사람 같이 되지."

7 Samson said to her, **"**If they bind me with
seven fresh bowstrings that have not
been dried, then I shall become weak and
be like any other man.**"**

필리스틴 영주들이 마르지 않은 활시위 7줄을 갖다주자, 그녀가 그것으로 샘슨을 묶었다.

8 Then the lords of the Philistines brought
up to her seven fresh bowstrings that had
not been dried, and she bound him with
them.

한편 그녀 방에는 숨어 기다리는 자가 있었다. 그녀가 말했다. "샘슨! 필리스틴 사람이 당신한테 나타났어요." 순간 실다발이 불에 닿은듯 그가 활시위를 끊어버려서, 그 힘의 비밀은 알 수 없었다.

9 Now she had men lying in ambush in an
inner chamber. And she said to him, **"**The
Philistines are upon you, Samson!**"** But he
snapped the bowstrings, as a thread of
flax snaps when it touches the fire. So the
secret of his strength was not known.

그녀가 말했다. "보세요, 당신은 거짓말로 나를 놀리는데, 말해줘요. 어떻게 당신을 묶을 수 있는지."

10 Then Delilah said to Samson, **"**Behold, you
have mocked me and told me lies. Please
tell me how you might be bound.**"**

샘슨이 말했다. "사용한 적 없는 새밧줄로 나를 묶으면, 내 힘이 약해져 다른 사람처럼 되지."

11 He said to her, "If they bind me with new
ropes that have not been used, then I shall
become weak and be like any other man."

그녀가 새밧줄로 그를 묶고 말했다. "필리스틴인이 당신한테 닥쳤어요. 샘슨!" 숨어 기다리는 자가 방안에 있었지만 그는 팔 위 밧줄을 실 한오라기처럼 끊었다.

12 So Delilah took new ropes and bound
him with them and said to him, "The
Philistines are upon you, Samson!" And
the men lying in ambush were in an inner
chamber. But he snapped the ropes off his
arms like a thread.

들라일라가 샘슨에게 말했다. "당신은 이제껏 나를 놀리고 거짓말만 하는데, 어떻게 당신을 묶을 수 있는지 말해줘요." 그가 말했다. "그물로 내 머리를 일곱 가닥으로 짜서 핀으로 고정하면, 내 힘이 빠져 다른 사람과 같아진다."

13 Then Delilah said to Samson, "Until now
you have mocked me and told me lies.
Tell me how you might be bound." And
he said to her, "If you weave the seven
locks of my head with the web and fasten
it tight with the pin, then I shall become
weak and be like any other man."

그가 잠든 사이, 그녀는 그의 머리를 7다발로 갈라 그물로 짠 다음, 핀으로 단단히 고정하고 말했다. "필리스틴인이 당신한테 왔어요. 샘슨!" 그는 자다 깨어 핀, 직기편물기, 그물을 뽑아버렸다.

14 So while he slept, Delilah took the seven
locks of his head and wove them into the
web. And she made them tight with the
pin and said to him, "The Philistines are
upon you, Samson!" But he awoke from
his sleep and pulled away the pin, the
loom, and the web.

그녀가 말했다. "어떻게 당신이 '나를 사랑한다' 말하죠, 내게 마음도 없으면서? 나를 세번이나 놀리지만, 당신의 큰힘이 어디에 있는지 말하지 않아요."

15 And she said to him, "How can you say, 'I
love you,' when your heart is not with me?
You have mocked me these three times,
and you have not told me where your

great strength lies."

그녀가 심하게 그를 조르며 이렇게 매일 독촉하자, 샘슨은 마음이 괴로워 죽을 지경이었다.

16 And when she pressed him hard with her
words day after day, and urged him, his
soul was vexed*distress* to death.

드디어 그녀에게 자기 내면의 모든 것을 털어놓았다. "내 머리에 면도칼을 대어본 적이 없는 이유는, 어머니 자궁에서부터 나는 **하나님**에게 봉헌된 내저린 사람으로, 내 머리털이 깍이면 힘이 빠져나가, 약해져 여느 사람과 똑같아진다."

17 And he told her all his heart, and said to
her, "A razor has never come upon my
head, for I have been a Nazarite to God
from my mother's womb. If my head
shaved, then my strength will leave me,
and I shall become weak and be like any
other man."

들라일라가 보니, 그가 마음을 이야기했음을 알고, 이를 필리스틴 영주에게 전했다. "어서 다시 오세요. 샘슨이 마음을 털어놓았어요." 필리스틴 영주들은 오면서 저마다 손에 돈을 가져왔다.

18 When Delilah saw that he had told her all
his heart, she sent and called the lords of
the Philistines, saying, "Come up again,
for he has told me all his heart." Then the
lords of the Philistines came up to her and
brought the money in their hands.

그녀는 샘슨을 제 무릎 위에서 잠들게 하고, 한 사람을 불러 7다발의 샘슨 머리를 밀게 한 다음, 고통을 주었더니, 그의 힘은 사라졌다.

19 She made him sleep on her knees. And
she called a man and had him shave off
the seven locks of his head. Then she
began to torment him, and his strength
left him.

그녀가 말했다. "필리스틴이 당신에게 들이닥쳤어요. 샘슨!" 그가 깨어나 말했다. "저번처럼 뒤흔들어 스스로 풀려나겠다." 그는 **주님**이 자기를 떠났음을 몰랐다.

20 And she said, "The Philistines are upon
you, Samson!" And he awoke from his
sleep and said, "I will go out as at other
times and shake myself free." But he did
not know that the LORD had left him.

필리스틴이 그를 붙잡아 두 눈을 도려내고, 가자로 끌고가 청동족쇄를 채웠다. 이제 그는 감옥에서 방아를 찧게 되었다.

21 The Philistines seized him and gouged out
his eyes and brought him down to Gaza
and bound him with bronze shackles. And
he ground at the mill in the prison.

하지만 그의 잘린 머리카락이 다시 자라기 시작했던 것이다.

22 But the hair of his head began to grow
again after it had been shaved.

한편 필리스틴 영주들은 모두 모여, 그들의 대건신에게 성대한 제사를 올리며 기뻐했다. "우리 신이 적 샘슨을 우리에게 넘겼다."

23 Now the lords of the Philistines gathered
to offer a great sacrifice to Dagon their
god and to rejoice, and they said, "Our
god has given Samson our enemy into our
hand."

사람들이 샘슨을 보고, 그들 신을 찬양했다. "우리 신이 적을 우리에게 넘겨주었다. 우리를 많이 죽인 그는 우리나라의 약탈자다."

24 And when the people saw him, they
praised their god. For they said, "Our god
has given our enemy into our hand, the
ravager of our country, who has killed
many of us."

그들 마음이 흥겨워 들떴다. "샘슨을 불러라. 재롱 좀 보자." 그들이 샘슨을 감옥에서 불러내, 재주를 구경하고자, 기둥 가운데 세웠다.

25 And when their hearts were merry, they
said, "Call Samson, that he may entertain
us." So they called Samson out of the
prison, and he entertained them. They
made him stand between the pillars.

샘슨은 자기 손을 잡아주는 청년에게 말했다. "건물을 떠받치는 기둥이 만져지게 해주면, 내가 거기에 기댈 수 있다."

26 And Samson said to the young man who
held him by the hand, "Let me feel the
pillars on which the house rests,
that I may lean against them."

당시 건물안은 수많은 남자와 여자로 가득 차있었다. 필리스틴 모든 영주가 있었고, 옥상에

27 Now the house was full of men and
women. All the lords of the Philistines

는 약 삼천명의 남녀가 묘기를 보일 샘슨을 지켜보고 있었다.

were there, and on the roof there were
about 3,000 men and women, who looked
on while Samson entertained.

샘슨이 **주님**을 불렀다. "오 **주 하나님**, 부디 나를 기억해주세요. 내게 다시 한번 힘을 주세요. 오 **하나님**, 그러면 필리스틴에게 내 두 눈에 대한 복수를 할 수 있어요."

28 Then Samson called to the LORD and said,
"O LORD GOD, please remember me and
please strengthen me only this once,
O God, that I may be avenged on the
Philistines for my two eyes."

그리고 샘슨은 건물을 받치고 있는 중앙 두 기둥을 꽉 잡고, 힘을 그곳에 기울여, 오른손은 한 기둥에 왼손은 다른 쪽에 얹었다.

29 And Samson grasped the two middle
pillars on which the house rested, and he
leaned his weight against them, his right
hand on the one and his left on the other.

샘슨이 말했다. "나를 필리스틴과 함께 죽게 해주세요." 그가 자기 온힘을 다해 몸을 구부리자, 건물이 영주와, 그 안에 있던 모든 사람위로 무너져내렸다. 자기 죽음으로 죽인 사람수가, 일생동안 죽인 숫자보다 더 많았다.

30 And Samson said, "Let me die with the
Philistines." Then he bowed with all his
strength, and the house fell upon the
lords and upon all the people who were in
it. So the dead whom he killed at his death
were more than those whom he had killed
during his life.

그뒤 형제와 가족이 와서 그를 옮겨 묻은 곳은, 조라와 에쉬태올 중간 그 아버지 매노아의 무덤이다. 샘슨은 20년간 이즈리얼을 재판하며 다스렸다.

31 Then his brothers and all his family came
down and took him and brought him
up and buried him between Zorah and
Eshtaol in the tomb of Manoah his father.
He had judged Israel twenty years.

● **가르침** ***Gospel*** 다시 한번 기회를 주다.

STORY BIBLE 25

루쓰 1 | 루쓰와 내이오미
Ruth 1 | Ruth and Naomi

루쓰가 베썰레헴에 왔다

Ruth came to Bethlehem

판관이 지배하던 시절에 그 땅에 기근이 있어, 쥬다땅 베썰레헴의 어떤 사람이 아내와 두 아들과 함께 모앱나라에 가서 살았다.

1 In the days when the judges ruled there
was a famine in the land, and a man of
Bethlehem in Judah went to sojourn in
the country of Moab, he and his wife and
his two sons.

그의 이름은 일리멀렉이고 아내는 내이오미였으며, 두 아들 이름은 말런과 췰리언이었다. 이들은 쥬다 베썰레헴의 이프래쓰 사람들로, 모앱나라에 계속 살게 되었다.

2 The name of the man was Elimelech
and the name of his wife Naomi, and
the names of his two sons were Mahlon
and Chilion. They were Ephrathites from
Bethlehem in Judah. They went into the
country of Moab and remained there.

그런데 내이오미 남편 일리멀렉이 죽어, 그녀에게 두 아들만 남겨졌다.

3 But Elimelech, the husband of Naomi,
died, and she was left with her two sons.

아들들이 맞이한 모앱 아내는, 한 사람은 올파, 다른 이의 이름은 루쓰였고, 약 10년간 살았는데,

4 These took Moabite wives; the name of
the one was Orpah and the name of the
other Ruth. They lived there about ten
years,

말런과 췰리언 역시 둘 다 죽어,

5 and both Mahlon and Chilion died, so that

그녀는 두 아들도 남편도 없이 홀로 남게 되었다.

the woman was left without her two sons and her husband.

그래서 그녀는 두 며느리와 모앱에서 고향으로 돌아가고자 했다. 모앱 들판의 소문에 의하면, **주님**이 그 백성을 찾아와 먹을 것을 주었다고 했던 것이다.

6 Then she arose with her daughters-in-law to return from the country of Moab, for she had heard in the fields of Moab that the LORD had visited his people and given them food.

그래서 그녀는 두 며느리와 함께 살던 곳을 떠나, 쥬다땅으로 갈 작정이었다.

7 So she set out from the place where she was with her two daughters-in-law, and they went on the way to return to the land of Judah.

하지만 내이오미가 말했다. "각자 친정어머니 집에 돌아가라. **주님**이 너희에게 인정을 베풀거다. 죽은 사람들과 내게 잘 대해 주었으니까.

8 But Naomi said to her two daughters-in-law, "Go, return each to you to her mother's house. May the LORD deal kindly with you, as you have dealt with the dead and with me.

주님은 너희가 편히 쉴 안식처 남편을 저마다 찾아줄거다." 그리고 그녀는 그들에게 입을 맞추고, 함께 소리 높여 울었다.

9 The LORD grant that you may find rest, each of you in the house of her husband!" Then she kissed them, and they lifted up their voices and wept.

그들이 말했다. "아니요, 우리는 함께 당신 민족한테 가겠어요."

10 And they said to her, "No, we will return with you to your people."

그녀가 말했다. "돌아가거라, 딸들아, 왜 나와 같이 가겠니? 내 배에서 아들이 또 나와, 너희 남편이 되겠니?

11 But Naomi said, "Turn back, my daughters; why will you go with me? Have I yet sons in my womb that they may become your husbands?

가거라, 딸들아, 너희 길을 가라.

12 Turn back, my daughters; go your way, for

내 나이는 남편을 맞기에 너무 많다. 내게 희망이 있어, 밤에 잘 남편을 얻으면, 아들도 갖게 되겠지만,

I am too old to have a husband. If I should
say I have hope, even if I should have a
husband this night and should bear sons,

그렇다해도 걔들이 성장할 때까지 기다릴 거냐? 재혼도 안 하고? 아니다. 나의 딸들아. 그건 너희를 위하는 내게 너무나 괴롭다. **주님**의 손길은 이미 나한테서 떠났다."

13 would you therefore wait till they were
grown? Would you therefore refrain from
marrying? No, my daughters, for it is
exceedingly bitter to me for your sake that
the hand of the LORD has gone out against
me."

그들은 목소리 높여 다시 울며, 올파는 시어머니에게 키스했지만, 루쓰는 매달렸다.

14 Then they lifted up their voices and wept
again. And Orpah kissed her mother-in-
law, but Ruth clung to her.

내이오미가 말했다. "봐라, 언니는 자기 민족과 신에게 돌아가니, 너도 따라 가거라"

15 And she said, "See, your sister-in-law has
gone back to her people and to her gods;
return after your sister-in-law."

루쓰가 말했다. "떠나거나 시어머니를 따르지 말라 강요하지 마세요. 당신이 가는 곳을 내가 가고, 당신이 묵을 곳에 내가 머물겠어요. 당신 민족이 내 민족이고, 당신 **하나님**이 나의 **하나님**이에요.

16 But Ruth said, "Do not urge me to leave
you or to return from following you. For
where you go I will go, and where you
lodge I will lodge. Your people shall be my
people, and your God my God.

당신이 죽는 곳에 내가 죽고, 또 묻힐 거예요. **주님**이 내게 그렇게 시키고, 그 이상도 하게 하니, 죽음만이 당신과 나를 갈라놓을 수 있어요."

17 Where you die I will die, and there will I
be buried. May the LORD do so to me and
more also if anything but death parts me
from you."

내이오미는, 루쓰의 결심을 알고, 더 이상 말을 하지 못했다.

18 And when Naomi saw that she was
determined to go with her, she said no
more.

그래서 둘은 베썰레헴까지 함께 오게 되었다. 그들이 그곳에 나타나자, 온마을이 그들로 인해 떠들썩했다. 여자들이 말했다. "내이오미 아냐?"

19 So the two of them went on until they
came to Bethlehem. And when they came
to Bethlehem, the whole town was stirred
because of them. And the women said,
"Is this Naomi?"

그녀가 말했다. "내이오미기쁨가 아니라, 마라괴로움라고 불러주세요. 절대자는 내게 가혹했어요.

20 She said to them, "Do not call me
Naomi*pleasant*; call me Mara*bitter*, for the
Almighty has dealt very bitterly with me.

최선을 다해도, **주님**이 빈손으로 돌아오게 하는데, 왜 내가 기쁨이죠? **주님**은 시험하며 외면하고, 절대자는 내게 불행을 주는데요?"

21 I went away full, and the LORD has brought
me back empty. Why call me Naomi*pleasant*,
when the LORD has testified against me
and the Almighty has brought calamity
upon me?"

그렇게 내이오미가 귀향하면서, 모앱사람 며느리 루쓰도 함께 모앱을 떠나왔다. 그들이 베썰레헴에 왔을 때, 보리추수가 시작되었다.

22 So Naomi returned, and Ruth the
Moabitess her daughter-in-law with her,
who returned from the country of Moab.
And they came to Bethlehem at the
beginning of barley harvest.

● **가르침** ***Gospel*** 당신 하나님이 나의 주님이므로 내가 그를 따른다.

루쓰 2 | 루쓰가 밭에서 이삭을 줍다

Ruth 2 | Ruth Gleans in the Field

루쓰가 보애즈를 만나다

Ruth meets Boaz

내이오미에게 남편의 친척 일리멀렉 집안가문에 보애즈라는 부자 한 사람이 있었다.

1 Now Naomi had a relative of her
husband's, a worthy man of the clan of
Elimelech, whose name was Boaz.

모앱출신 루쓰가 내이오미에게 말했다. "나를 밭에 나가게 해주면, 호의를 베푸는 사람뒤를 따라 곡식이삭을 주워모을 수 있어요." 그녀가 말했다. "가거라, 나의 딸아."

2 And Ruth the Moabite said to Naomi, "Let
me go to the field and glean among the
ears of grain after him in whose sight I
shall find favor." And she said to her,
"Go, my daughter."

루쓰가 나가 추수꾼 뒤에서 밭의 이삭을 줍다가, 우연히 일리멀렉의 친척 보애즈 소유부지 밭까지 이르게 되었다.

3 So she set out and went and gleaned
in the field after the reapers, and she
happened to come to the part of the field
belonging to Boaz, who was of the clan of
Elimelech.

그무렵 그는 베썰레헴에서 돌아와, 일꾼에게 말했다. "**주님**은 여러분과 함께 있다!" 수확꾼이 대답했다. "**주님**은 당신을 축복합니다."

4 And behold, Boaz came from Bethlehem.
And he said to the reapers, "The LORD be
with you!" And they answered, "The LORD
bless you."

그때 보애즈가 추수꾼을 감독하

5 Then Boaz said to his young man who was

는 젊은이에게 물었다. "이 젊은 여자는 누구지?"

in charge of the reapers, "Whose young
woman is this?"

추수꾼 감독을 맡은 종이 대답했다. "그녀는 모앱출신으로, 내 이오미가 모앱에서 고향으로 돌아올 때 함께 왔어요.

6 And the servant who was in charge of
the reapers answered, "She is the young
Moabite woman, who came back with
Naomi from the country of Moab.

그녀가 말했어요. '추수꾼을 따라 곡식단 사이에서 이삭을 줍게 해주세요.' 그래서 이른 아침부터 지금까지 잠시 쉴뿐 줄곧 일하고 있어요."

7 She said, 'Please let me glean and gather
among the sheaves after the reapers.' So
she came, and she has continued from
early morning until now, except for a short
rest."

보애즈가 루쓰에게 말했다. "들어보라, 나의 딸아, 다른 밭에서 이삭을 줍거나 여길 떠나지 마라. 오직 내 여종 곁에 바짝 붙어있거라.

8 Then Boaz said to Ruth, "Now, listen, my
daughter, do not go to glean in another
field or leave this one, but keep close to
my young women.

네 눈을 밭의 수확꾼에 두고 따라다녀라. 내가, 젊은이한테 네게 손대지 못하게 하면 되지 않겠니? 또 네가 목이 마르거든, 단지로 가서 청년이 길어온 물을 마셔라."

9 Let your eyes be on the field that they
are reaping, and go after them. Have I
not charged the young men not to touch
you? And when you are thirsty, go to the
vessels and drink what the young men
have drawn."

루쓰가 머리숙여 땅에 절하며 말했다. "어떻게 내가 당신 눈에서 호의를 받을 수 있나요? 내가 외국인임을 알아봤을 텐데요?"

10 Then she fell on her face, bowing to the
ground, and said to him, "Why have I
found favor in your eyes, that you should
take notice of me, since I am a foreigner?"

보애즈가 그녀에게 대답했다. "네가 남편 사망후 시어머니에게 한 일을 내가 전부 들었고,

11 But Boaz answered her, "All that you have
done for your mother-in-law since the

어떻게 네 아버지 어머니와 모국땅을 떠나서, 전에 모르던 낯선 사람들에게 오게 되었는지 알게 되었다.

death of your husband has been fully told
to me, and how you left your father and
your mother and your native land and
came to a people that you did not know
before.

주님은 네가 한 일의 대가를 준다. 이즈리얼의 **주 하나님**은 충분한 보상을 주니, 그 날개 품안에 있는 너는 보호받게 된다."

12 The LORD repay you for what you have
done, and a full reward be given you by
the LORD, the God of Israel, under whose
wings you have come to take refuge!"

루쓰가 말했다. "나의 주인님, 당신은 호의를 베풀어 내게 편하고 친절하게 말해주네요. 비록 내가 당신 여종이 아닌데도 말이죠."

13 Then she said, "I have found favour in your
eyes, my lord, for you have comforted me
and spoken friendly*kindly* to your servant,
though I am not one of your servants."

식사시간에, 보애즈가 그녀에게 말했다. "여기 와 빵을 먹고, 네 빵조각을 와인식초에도 찍거라." 그래서 루쓰가 추수꾼 옆에 앉자, 보애즈는 볶은콩을 건넸는데, 그녀가 만족할 때까지 먹고도 남았다.

14 And at mealtime Boaz said to her, "Come
here and eat some bread and dip your
morsel in the wine*vinegar*." So she sat beside
the reapers, and he passed to her roasted
grain. And she ate until she was satisfied,
and she had some left over.

루쓰가 이삭줍기하러 일어나자, 그가 젊은이에게 지시했다. "그녀를 곡식단 가운데서 줍게 하고, 나무라지도 마라.

15 When she rose to glean, Boaz instructed
his young men, saying, "Let her glean
even among the sheaves, and do not
reproach her.

또 그녀를 위해 곡식다발에서 몇 움큼씩 떨궈 그녀가 줍도록 남기고, 꾸짖지 마라."

16 And also pull out some from the bundles
for her and leave it for her to glean, and
do not rebuke her."

그녀가 밭에게 저녁까지 이삭을

17 So she gleaned in the field until evening.

모은 것을 타작했더니, 보리 한 에파약 22L 정도였다.

Then she beat out what she had gleaned,
and it was about an ephah*about 22 liters* of
barley.

그녀는 그것을 들고 마을로 돌아갔고, 시어머니는 주운 이삭을 보았다. 루쓰는 배불리 먹고 남은 것까지 그녀에게 갖다 주었다.

18 And she took it up and went into the city.
Her mother-in-law saw what she had
gleaned. She also brought out and gave
her what food she had left over after
being satisfied.

시어머니가 말했다. "오늘은 어디서 이삭줍기했니? 너를 돌봐준 그는 복을 받을 거다." 그녀는 일감을 준 사람에 관해 전했다. "오늘 낮에 일하게 해준 사람 이름이 보애즈라 했어요."

19 And her mother-in-law said to her, "Where
did you glean today? And where have
you work? Blessed be the man who took
notice of you." So she told her mother-in-
law with whom she had worked and said,
"The man's name with whom I worked
today is Boaz."

내이오미가 며느리에게 말했다. "그는 **주님**의 축복을 받을 것이다. 산자 죽은자 모두에게 친절을 아끼지 않으니." 이어 말했다. "그는 가까운 친척 대리인 중 하나다."

20 And Naomi said to her daughter-in-law,
"May he be blessed by the LORD, whose
kindness has not forsaken the living or
the dead!" Naomi also said to her, "The
man is a close relative of ours, one of our
redeemers."

모앱사람 루쓰가 말했다. "또 그가 말하며, '나의 젊은 일꾼 옆에 바짝 붙어, 내 추수를 다 마칠 때까지 있으라'고 했어요."

21 And Ruth the Moabite said, "Besides, he
said to me, 'You shall keep close by my
young men until they have finished all my
harvest.'"

내이오미가 루쓰에게 말했다. "나의 딸아, 그의 여종과 다니는 게 좋은 것은, 네가 다른 밭에서

22 And Naomi said to Ruth, her daughter-in-
law, "It is good, my daughter, that you go

해코지를 당하지 않게 된다."

out with his young women, lest in another
field you be assaulted."

그래서 루쓰는 보애즈의 여종 근처에서, 보리 밀수확이 끝날 때까지 이삭을 주우며, 시어머니와 함께 살았다.

23 So she kept close to the young women of
Boaz, gleaning until the end of the barley
and wheat harvests. And she lived with
her mother-in-law.

● **가르침** ***Gospel*** 주님은 행동한대로 대가를 준다.

STORY BIBLE 27

새뮤얼1권 3 | 새뮤얼과 일라이 제사장

1 Samuel 3 | Samuel and the Priest Eli

주인님이 새뮤얼을 불렀다

The LORD called Samuel

소년 새뮤얼은 일라이 앞에서 **주님**에게 올리는 제사를 관리했다. 그즈음 **주님**의 말은 드물었고, 눈에 뜨이는 출현도 별로 없었다.

1 Now the boy Samuel was ministering to
the LORD in the presence of Eli. And the
word of the LORD was rare in those days;
there was no frequent vision.

그때 일라이는 눈이 침침해져 잘 볼 수 없었으므로, 자기 거처에서 누워 지내고 있었다.

2 At that time Eli, whose eyesight had
begun to grow dim so that he could not
see, was lying down in his own place.

하나님의 등불이 꺼지지 않도록, 새뮤얼은 **하나님**의 상자가 있는 **주님** 성전안에 누워있던 중이었다.

3 The lamp of God had not gone out, and
Samuel was lying down in the temple of
the LORD, where the ark of God was.

그때 **주님**이 새뮤얼을 부르자, 그가 말했다. "저 여기 있어요!"

4 Then the LORD called Samuel, and he said,
"Here I am!"

그가 일라이에게 달려갔다. "당신이 저를 불렀는데, 여기 있어요." "부르지 않았으니, 다시 가서 자거라." 그가 가서 누웠다.

5 and ran to Eli and said, "Here I am, for you
called me." But he said, "I did not call; lie
down again." So he went and lay
down.

주님이 또, "새뮤얼!"을 부르자, 새뮤얼이 일라이에게 갔다. "저를 불렀죠, 여기 있어요." "부르지

6 And the LORD called again, "Samuel!" and
Samuel arose and went to Eli and said,

않았다. 나의 아들아, 다시 자라."

"Here I am, for you called me." But he said,
"I did not call, my son; lie down again."

새뮤얼은 아직 **주님**을 몰랐고, 또 지금까지 **주님**의 말이 그에게 나타났던 적도 없었다.

7 Now Samuel did not yet know the LORD,
and the word of the LORD had not yet been
revealed to him.

주님이 세번째 다시 불러서, 그가 일라이에게 가서 말했다. "당신이 불러서 여기 왔어요." 그제서야 그는 **주님**이 아이를 부른 것을 감지했다.

8 And the LORD called Samuel again the third
time. And he arose and went to Eli and
said, "Here I am, for you called me." Then
Eli perceived that the LORD was calling the
boy.

일라이가 새뮤엘에게 말했다. "가서 자다, 그가 부르면, '말하세요, **주님**, 당신 종이 듣고 있어요.' 라고 대답해라." 새뮤얼이 다시 가서 누웠다.

9 Therefore Eli said to Samuel, "Go, lie
down, and if he calls you, you shall say,
'Speak, LORD, for your servant hears.'" So
Samuel went and lay down in his place.

주님이 나타나 지난번처럼 불렀다. "새뮤얼! 새뮤얼!" "말해주세요, 당신 종이 듣고 있어요."

10 And the LORD came and stood, and calling
as at other times, "Samuel! Samuel!" and
Samuel said, "Speak, for your servant
hears."

주님이 말했다. "들어봐라, 내가 이즈리얼에 하려는 일은, 두 귀를 가진 사람이 들으면 뜨끔할 일이다.

11 Then the LORD said to Samuel, "Behold, I
am about to do a thing in Israel at which
the two ears of everyone who hears it will
tingle.

그날 나는 일라이에게 내가 그 집안에 관하여 말해 왔던 일을 처음부터 끝까지 실행하게 된다.

12 On that day I will fulfill against Eli all that
I have spoken concerning his house, from
beginning to end.

그 집안을 영원히 처벌한다고 그에게 선언한다. 일라이도 아는 죄로, 아들들이 **하나님**을 모독해

13 And I declare to him that I am about to
punish his house forever, for the iniquity

도, 자제시키지 않은 탓이다.

that he knew, because his sons were blaspheming God, and he did not restrain them.

따라서 나는 일라이 집안에 대해 맹세한다. 그 죄는 제사나 제물을 바쳐도 영원히 용서되지 않는다."

14 Therefore I swear to the house of Eli that the iniquity of Eli's house shall not be atoned for by sacrifice or offering forever."

새뮤얼은 아침까지 누웠다, **주님**성전 문을 열었다. 그는 환상에 관하여 일라이에게 말하기가 무서웠다.

15 Samuel lay until the morning; then he opened the doors of the house of the Lord. And Samuel was afraid to tell the vision to Eli.

일라이가 새뮤얼을 불렀다. "새뮤얼, 내 아들아." "네."

16 But Eli called Samuel and said, "Samuel, my son." And he said, "Here I am."

일라이가 말했다. "너에게 무슨 말을 했지? 숨기지 마라. **하나님**은 네게 말한 것이나 그 이상도 하고, 네가 들은 것을 나한테 숨겨도 실행한다."

17 And Eli said, "What was it that he told you? Do not hide it from me. May God do so to you and more also if you hide anything from me of all that he told you."

새뮤얼이 숨김없이 말하자, 일라이가 말했다. "그것이 바로 **주님**이다. 그에게 바르게 보이는 일을 실행하게 하자."

18 So Samuel told him everything and hid nothing from him. And he said, "It is the Lord. Let him do what seems good to him."

새뮤얼이 성장하도록 **주님**은 함께 있었고, 자기 말이 이루어지지 않은 것이 하나도 없게끔 실행했다.

19 And Samuel grew, and the Lord was with him and let none of his words fall to the ground.

댄에서 비어쉬바까지 이즈리얼 모두 새뮤얼이 **주님**의 예언자로 인정된 것을 알게 되었다.

20 And all Israel from Dan to Beersheba knew that Samuel was established as a prophet of the Lord.

다시 **주님**이 샤일로에 나타난 이유는, **주님**이 새뮤얼에게 직접 나타난다고 했던 말의 실행이었다.

21 And the LORD appeared again at Shiloh,
for the LORD revealed himself to Samuel at
Shiloh by the word of the LORD.

● **가르침** ***Gospel*** 하나님은 모독에 대한 벌을 실행한다.

STORY BIBLE 28

새뮤얼1권 17 | 대이빋과 걸라이어쓰

1 Samuel 17 | David and Goliath

대이빋이 돌 하나로 이겼다

David won with a stone

필리스티이 전투군대를 모아, 쥬다땅 셔코우에 집결한 다음, 셔코우와 애저커 사이 이피스대밈 지역에 진영을 펼쳤다.

1 Now the Philistines gathered their armies
for battle. And they were gathered at
Socoh, which belongs to Judah, and
encamped between Socoh and Azekah, in
Ephes-dammim.

이에 솔과 이즈리얼인도 집결하여 일라계곡에서 야영하며, 전열을 갖추고 필리스틴과 대치했다.

2 And Saul and the men of Israel were
gathered, and encamped in the Valley of
Elah, and drew up in line of battle against
the Philistines.

필리스틴 사람은 산 이쪽에 주둔했고, 이즈리얼은 산의 다른 편에 자리를 잡아서, 계곡을 양쪽 가운데 두게 되었다.

3 And the Philistines stood on the mountain
on the one side, and Israel stood on the
mountain on the other side, with a valley
between them.

필리스틴 군에는 투사가 있었는데, 이름은 걸라이어쓰로, 개쓰 출신이었고, 키는 6큐빝 한 뼘총약 3m이나 되었다.

4 And there came out from a camp of the
Philistines a champion named Goliath of
Gath, whose height was six cubits and a
span*about 3m*.

머리에는 황동제 투구를 썼고, 금

5 He had a helmet of bronze on his head,

속링 무게가 황동 5천 쉐클약 58Kg 이나 되는 갑옷으로 무장했다.

and he was armed with a coat of mail*metal armor*, and the weight of the coat was five thousand shekels of bronze.

다리에도 황동제 정강이보호대 경갑을 채우고, 양 어깨 가운데 황동제 투창소형을 늘어뜨렸다.

6 And he had bronze armor on his legs, and a javelin*light spear* of bronze slung between his shoulders.

그의 대형 창자루는 마치 베틀의 가로막대 같았고, 창머리는 쇠붙이 600쉐클약 60kg이나 되었다. 그의 창 운반담당관은 그의 앞에서 갔다.

7 The shaft of his spear*heavy one* was like a weaver's beam, and his spear's head weighted six hundred shekels of iron. And his shield-bearer went before him.

그가 이즈리얼 사병에게 소리쳤다. "왜 너희가 전투전열을 맞춰 나온 거냐? 나는 필리스틴인이 아닌가, 너희는 솔의 종이고? 너희 중 하나를 골라, 내게 덤비게 해라.

8 He stood and shouted to the ranks of Israel, "Why have you come out to drew up for battle? Am I not a Philistine, and are you not servants of Saul? Choose a man for yourselves, and let him come down to me.

그가 나와 싸워 나를 죽이면, 우리가 너희 종이 될 것이나, 내가 이겨 그를 죽이면, 너희가 종이 되어 우리를 섬겨야 한다."

9 If he is able to fight with me and kill me, then we will be your servants. But if I prevail against him and kill him, then you shall be our servants and serve us."

필리스틴인이 또 말했다. "나는 오늘 이즈리얼 일반사병은 거절한다. 서로 겨뤄보게 한 사람만 보내라."

10 And the Philistine said, "I defy the ranks of Israel this day. Give me a man, that we may fight together."

솔과 이즈리얼이 필리스틴인의 이 말을 듣더니, 모두 기가 꺾여 대단히 무서웠다.

11 When Saul and all Israel heard those words of the Philistine, they were dismayed and greatly afraid.

당시 대이빋은 쥬다의 베썰레혬

12 Now David was the son of Ephrathite of

지역 이프랫 자손 제시의 아들이었고, 아들 여덟의 아버지는 솔 시대에 이미 출세한 원로였다.

Bethlehem in Judah, named Jesse, who
had eight sons. In the days of Saul the
man was already old and advanced in
years.

제시의 세 아들은 솔을 따라 전쟁터로 갔다. 싸우러 나간 세 아들 가운데 첫째 이름은 일리앱, 둘째는 애비내댑, 세째는 샤마였다.

13 The three oldest sons of Jesse had
followed Saul to the battle. And the
names of his three sons who went to the
battle were Eliab the firstborn, and next to
him Abinadab, and the third Shammah.

데이빋은 막내였으므로, 위로 세 형만 솔의 뒤를 따랐다.

14 David was the youngest. The three eldest
followed Saul,

대이빋은 솔한테서 되돌아와 베썰레헴에서 아버지 양을 먹였다.

15 but David went back and forth from Saul
to feed his father's sheep at Bethlehem.

필리스틴은 40일동안 밤낮없이 제모습을 드러내고 있었다.

16 The Philistine drew near morning and
evening, and presented himself for forty
days.

제시가 아들 대이빋에게 말했다. "형들한테 볶은콩곡물 1 에퐈약 2kg와 빵 열덩이를 갖다줘라. 어서 형들이 야영하는 캠프로 가거라.

17 And Jesse said to David his son, "Take
for your brothers an ephah of this
parched grain, and these ten loaves, and
carry them quickly to the camp to your
brothers.

또 치즈 10개는 천명지휘관에게 갖다주어라. 네 형들이 잘 있는지 보고, 그 돌아와 이야기를 전해라."

18 Also take these ten cheeses to the
commander of their thousand. See if your
brothers are well, and bring some token
from them."

그때 솔과 형들과 이즈리얼은 모두 일라계곡에 있으면서, 필리스틴 사람과 싸우는 중이었다.

19 Now Saul and they and all the men of
Israel were in the Valley of Elah, fighting

with the Philistines.

대이빋은 아침 일찍 일어나 양을 양지기에게 맡기고, 제시가 명령한 대로 식량을 들고 떠났다. 그가 주둔지에 오자, 군대가 전선으로 나가며 전투승리의 함성을 지르고 있었다.

20 And David rose early in the morning and
left the sheep with a keeper and took
the provisions and went, as Jesse had
commanded him. And he came to the
encampment as the host was going out to
the battle line, shouting the war cry.

이즈리얼군과 필리스틴군은 전투대열을 갖춰 서로 대치했다.

21 And Israel and the Philistines drew up for
battle, army against army.

대이빋은 꾸러미를 짐꾼에게 맡기고 군대사병에게 뛰어가 자기 형들에게 인사했다.

22 And David left the things in charge of
the keeper of the baggage and ran to the
ranks and went and greeted his brothers.

그가 형들과 이야기하는 도중, 개쓰의 필리스틴 투사 걸라이어쓰가 필리스틴 군대에서 나와 그런 말을 했으므로, 데이빋도 그의 말을 듣게 되었다.

23 As he talked with them, behold, the
champion, the Philistine of Gath, Goliath
by name, came up out of the ranks of the
Philistines and spoke the same words as
before. And David heard him.

이즈리얼 모두가 그를 보더니, 너무 무서워 달아나버렸다.

24 All the men of Israel, when they saw the
man, fled from him and were much afraid.

이즈리얼이 말했다. "방금 나온 그런 사람 본적 있어? 확실하게 이즈리얼을 치러 나왔다. 왕은 그를 죽이는 자에게 큰재물로 부자가 되게 하고, 딸도 주며, 조상가문을 이즈리얼에서 자유롭게 한다 했다."

25 And the men of Israel said, "Have you seen
this man who has come up? Surely he has
come up to defy Israel. And the king will
enrich the man who kills him with great
riches and will give him his daughter and
make his father's house free in Israel."

데이빋이 옆 사람에게 말했다. "그런 자에게 뭘 줘요? 필리스틴을 죽이고 이즈리얼의 모욕을

26 And David said to the men who stood
by him, "What shall be done for the man

값는 자에게 뭘 준다고요? 저런 할례도 안 한 필리스틴이, 살아있는 **하나님** 군대를 무시하다니요?"

who kills this Philistine and takes away
the reproach from Israel? For who is this
uncircumcised Philistine, that he should
defy the armies of the living God?"

그러자 사람들이 그에게 대답해주었다. "그것은 그를 죽이는 자한테 이루어질거다."

27 And the people answered him in the same
way, "So shall it be done to the man who
kills him."

큰형 일리앱은 데이빋이 사람들에게 하는 말을 들었다. 그는 대이빋에게 화를 냈다. "네가 왜 여기 왔지? 게다가 벌판에 양을 내버려두지 말아야 하는데, 누구한테 맡겼지? 네가 건방지다는 것을 잘 알고 있는데, 허세탓에 전쟁을 구경하러 온 것이다."

28 Now Eliab his eldest brother heard when
he spoke to the men. And Eliab's anger
was kindled against David, and he said,
"Why have you come down? And with
whom have you left those few sheep in
the wilderness? I know your presumption
and the evil of your heart, for you have
come down to see the battle."

데이빋이 말했다. "내가 뭘 어쨌다고? 말 한마디밖에 더 했어?"

29 And David said, "What have I done now?
Was it not but a word?"

그는 다른 사람에게 방향을 돌리며 같은 말로 묻자, 사람들도 그에게 그렇다고 대답해주었다.

30 And he turned away from him toward
another, and spoke in the same way, and
the people answered him again as before.

대이빋의 이야기가 전해져, 사람들이 솔왕 앞에서 그의 말을 되풀이하자, 솔이 대이빋을 불렀다.

31 When the words that David spoke were
heard, they repeated them before Saul,
and he sent for him.

그래서 대이빋이 솔에게 말했다. "그로 인해 낙담하지 않도록, 당신 종이 필리스틴과 싸우게 해주세요."

32 And David said to Saul, "Let no man's
heart fail because of him. Your servant will
go and fight with this Philistine."

솔이 말했다. "그 필리스틴인과

33 And Saul said to David, "You are not able

싸우면 네가 이길 수 없다. 너는 아이이고, 그는 젊은 시절부터 전쟁용사였기 때문이다."

to go against this Philistine to fight with
him, for you are but a youth, and he has
been a man of war from his youth."

대이빋이 말했다. "당신 종 나는 아버지 양을 관리했어요. 사자나 곰이 나타날 때면, 짐승무리로부터 어린양을 지켰죠.

34 But David said to Saul, "Your servant used
to keep sheep for his father. And when
there came a lion, or a bear, and took a
lamb from the flock,

짐승 뒤를 쫓아가 죽여, 그놈 입에서 새끼를 구했어요. 또 짐승이 일어나 덤비면, 나는 그 수염을 붙잡고 쓰러뜨려 죽였어요.

35 I went after him and struck him and
delivered it out of his mouth. And if he
arose against me, I caught him by his
beard and struck him and killed him.

당신 종은 사자 곰 모두 죽였고, 할례도 안 한 그 필리스틴인은 그중 하나일뿐인데, 게다가 그는 살아 있는 **하나님** 군대를 비웃기까지 했어요.

36 Your servant has struck down both
lions and bears, and this uncircumcised
Philistine shall be like one of them, for he
has defied the armies of the living God."

대이빋이 또 말했다. "**주님**이 나를 사자나 곰의 발톱에서 구해냈으니, 이번에도 필리스틴 손에서 구해줄 거예요." 솔이 말했다. "나가라. **주님**이 함께 있을 거다!"

37 And David said, "The LORD who delivered
me from the paw of the lion and from the
paw of the bear will deliver me from the
hand of this Philistine." And Saul said to
David, "Go, and the LORD be with you!"

솔왕은 자기 무기로 대이빋을 무장시켜, 황동헬멧을 그의 머리에 씌우고 갑옷금속링을 입혔으며,

38 Then Saul clothed David with his armor.
He put a helmet of bronze on his head
and clothed him with a coat of mail,

데이빋 갑옷위에 자기 칼을 차게 했다. 그가 걸으려 해도 그렇게 한 적이 없어 무리였다. 대이빋이 말했다. "이러고 못가요. 해본 적이 없으니까요." 그러면서 그것을 벗어버렸다.

39 and David strapped his sword over his
armor. And he tried in vain to go, for he
had not tested them. Then David said to
Saul, "I cannot go with these, for I have

not tested them." So David put them off.

그는 손에 지팡이를 잡고, 시내에서 매끈한 돌 다섯개를 골라 자기 목동주머니에 집어넣고, 투석끈을 들고, 그 필리스틴인에게 다가갔다.

40 Then he took his staff in his hand and chose five smooth stones from the brook and put them in his shepherd's pouch. His sling was in his hand, and he approached the Philistine.

그가 앞으로 나와 대이빋에게 다가갔는데, 그 앞에 방패 운반병이 함께 있었다.

41 And the Philistine moved forward and came near to David, with his shield-bearer in front of him.

그가 대이빋을 살피다 기가 막혔던 것은, 어리고 안색이 발그레한 잘생긴 아이 때문이었다.

42 And when the Philistine looked and saw David, he disdained him, for he was but a youth, ruddy and handsome in appearance.

그가 말했다. "내가 개냐? 막대기를 들고 오다니?" 대이빋에게 그는 자기 신의 이름으로 욕을 하며,

43 And the Philistine said to David, "Am I a dog, that you come to me with sticks?" And the Philistine cursed David by his gods.

말했다. "야, 너 이리와. 네 살을 공중의 새와 들짐승에게 던져주마."

44 The Philistine said to David, "Come to me, and I will give your flesh to the birds of the air and to the beasts of the field."

대이빋이 말했다. "너는 칼에 대형창과 소형투창까지 들고 덤벼도, 나는 만인의 **주님** 이름으로 너에게 나왔다. 이즈리얼 군단의 **하나님**을 네가 모욕했다.

45 Then David said to the Philistine, "You come to me with a sword and with a spear and with a javelin, but I come to you in the name of the LORD of hosts, the God of the armies of Israel, whom you have defied.

오늘 **주님**이 너를 내 손에 넘기면, 내가 쓰러뜨려 네 목을 베겠다. 또 필리스틴군 시체를 이날 공중의 새에게, 땅위 들짐승에

46 This day the LORD will deliver you into my hand, and I will strike you down and cut off your head. And I will give the dead

게 주겠다. 그러면 땅위 모두가 이즈리얼에 **하나님**이 있다는 것을 알게 되며,

bodies of the host of the Philistines this
day to the birds of the air and to the wild
beasts of the earth, that all the earth may
know that there is a God in Israel,

여기 모인 모두는 **주님**이 칼과 창으로 구원하지 않는다는 것도 알게 된다. 전쟁은 **주님**의 일이니, 그가 너희를 우리 손에 넘긴다."

47 and that all this assembly may know that
the LORD saves not with sword and spear.
For the battle is the LORD's, and he will give
you into our hands."

그가 가까이 다가오자, 대이빋은 재빨리 뛰어 대응하러 전투선으로 향했다.

48 When the Philistine arose and came
and drew near to meet David, David ran
quickly toward the battle line to meet the
Philistine.

대이빋이 손을 주머니에 넣어 돌 하나를 꺼내 던져 필리스틴인의 앞 이마를 때렸다. 돌이 그의 이마에 깊이 박히자, 그는 얼굴을 땅에 대고 쓰러져버렸다.

49 And David put his hand in his bag and
took out a stone and slung it and struck
the Philistine on his forehead. The stone
sank into his forehead, and he fell on his
face to the ground.

그렇게 대이빋은 돌 하나를 던져 이겼고, 그 필리스틴 사람을 쳐서 죽였지만, 대이빋 손에는 칼이 없었다.

50 So David prevailed over the Philistine with
a sling and with a stone, and struck the
Philistine and killed him. There was no
sword in the hand of David.

대이빋이 달려가 그 필리스틴인 위에 서서, 그의 칼을 칼집에서 빼내어 죽인 다음 목을 벴다. 그때 필리스틴 군대가 자기네 투사가 죽는 모습을 보더니, 달아났다.

51 Then David ran and stood over the
Philistine and took his sword and drew it
out of its sheath and killed him and cut off
his head with it. When the Philistines saw
that their champion was dead, they fled.

이즈리얼과 쥬다 사람이 소리쳐

52 And the men of Israel and Judah rose with

일어나 필리스틴을 추격하여 멀리 개쓰와 이크런 성문까지 갔으므로, 필리스틴 부상자가 샤라임, 개쓰, 이크런까지 길을 따라 쓰러졌다.

a shout and pursued the Philistines as far
as Gath and the gates of Ekron, so that the
wounded Philistines fell on the way from
Shaaraim as far as Gath and Ekron.

이즈리얼 자손은 필리스틴 추격에서 돌아와, 적군 야영지를 약탈했다.

53 And the people of Israel came back
from chasing the Philistines, and they
plundered their camp.

대이빋은 그 필리스틴인 머리를 저루살럼으로 가져가면서, 무기는 자기 막사안에 두었다.

54 And David took the head of the Philistine
and brought it to Jerusalem, but he put
his armor in his tent.

솔은 대이빋이 필리스틴인과 대결하러 나가는 것을 보더니, 군지휘관 애브너에게 말했다. "이 청년이 뉘집 아들이지?" "왕, 당신 영혼이 살아 있듯, 전혀 몰라요."

55 As soon as Saul saw David go out against
the Philistine, he said to Abner, the
commander of the army, "Abner, whose
son is this youth?" And Abner said, "As
your soul lives, O king, I do not know."

왕이 말했다. "저 애송이가 누구 아들인지 물어봐라."

56 And the king said, "Inquire whose son the
boy*stripling* is."

대이빋이 필리스틴을 무찌르고 돌아오자, 애버너가 그를 솔 앞에 데려갔고, 그의 손에는 필리스틴 투사의 머리가 들려 있었다.

57 And as soon as David returned from the
striking down of the Philistine, Abner took
him, and brought him before Saul with
the head of the Philistine in his hand.

솔이 말했다. "너는 누구 아들이지, 젊은이?" "나는 당신의 종 베썰레헴 제시의 아들입니다."

58 And Saul said to him, "Whose son are
you, young man?" And David answered,
"I am the son of your servant Jesse the
Bethlehemite."

● **가르침** ***Gospel*** 승리한 대이빋 손에는 칼이 없었다.

STORY BIBLE 29

새뮤얼1권 19 | 대이빋과 조너썬

1 Samuel 19 | David and Jonathan

솔이 대이빋을 죽이려 하다

Saul tries to kill David

솔이 아들 조너썬과 신하들에게 대이빋을 죽여야 한다고 말했다.

1 And Saul spoke to Jonathan his son and to
all his servants, that they should kill David.

하지만 솔의 아들 조너썬은 대이빋을 무척 좋아했으므로 그에게 말했다. "나의 아버지 솔이 너를 죽이려 하니, 아침까지 몸 조심하며 비밀 장소에 숨어 있도록 해.

2 But Jonathan, Saul's son, delighted much
in David. And Jonathan told David, "Saul
my father seeks to kill you. Therefore be
on your guard in the morning. Stay in a
secret place and hide yourself.

네가 숨은 벌판에 나가게 되면, 거기서 아버지에게 너에 관해 말해본 다음, 무언가 알게 되면, 너에게 말해줄게."

3 And I will go out and stand beside my
father in the field where you are, and I
will speak to my father about you. And if I
learn anything I will tell you."

조너썬은 아버지 솔에게 대이빋을 좋게 이야기했다. "왕은 자기 종 대이빋에게 죄를 지으면 안 돼요. 그는 아버지에게 잘못이 없고, 오히려 좋은 일을 했으니까요.

4 And Jonathan spoke well of David to
Saul his father and said to him, "Let not
the king sin against his servant David,
because he has not sinned against you,
and because his deeds have brought
good to you.

그가 목숨을 걸고, 필리스틴인

5 For he took his life in his hand and he

을 때려눕히자, **주님**은 이즈리얼을 크게 구제해 주었어요. 그래서 아버지도 기뻤으면서, 왜 이유없이 그를 죽여 순수한 피에 죄를 지으려 하죠?"

struck down the Philistine, and the LORD worked a great salvation for all Israel. You saw it, and rejoiced. Why then will you sin against innocent blood by killing David without cause?"

솔은 아들 조너썬의 말을 듣고 맹세했다. "**주님**이 살아 있듯, 그가 죽는 일은 없을 것이다."

6 And Saul listened to the voice of Jonathan. Saul swore, "As the LORD lives, he shall not be put to death."

조너썬은 대이빋을 불러, 이 말을 전한 다음, 솔에게 데려와, 예전처럼 그앞에 있게 해주었다.

7 And Jonathan called David, and Jonathan reported to him all these things. And Jonathan brought David to Saul, and he was in his presence as before.

다시 전쟁이 있어, 대이빋이 출전하고 싸워, 필리스틴을 엄청난 기세로 물리치자, 필리스틴이 달아나버렸다.

8 And there was war again. And David went out and fought with the Philistines and struck them with a great blow, so that they fled before him.

주님의 악령이 또 솔에게 내려왔다. 그는 집에서 손에 창을 쥐고 앉아 있었고, 대이빋은 손으로 현악기 수금을 연주하는 중이었다.

9 Then a harmful spirit from the LORD came upon Saul, as he sat in his house with his spear in his hand. And David was playing the lyre*string*.

순간 솔이 창으로 대이빋을 찔러 벽에 박으려는 순간, 그가 솔앞에서 빠져나가자, 창만 벽에 꽂혔다. 대이빋은 달아나 밤사이 도망쳤다.

10 And Saul sought to pin David to the wall with the spear, but he eluded Saul, so that he struck the spear into the wall. And David fled and escaped that night.

솔은 전령을 보내, 그의 집을 감시하면서, 아침이 되면 대이빋을 죽이라고 했다. 하지만 아내 마이클이 그에게 말했다. "오늘

11 Saul sent messengers to David's house to watch him, that he might kill him in the morning. But Michal, David's wife, told

밤에 목숨을 구하지 않으면, 내일 당신은 죽게 될 거에요."

him, "If you do not escape with your life
tonight, tomorrow you will be killed."

그리고 마이클이 대이빋을 창문을 통해 아래로 내려주어, 그가 피해서 도망갔다.

12 So Michal let David down through the
window, and he fled away and escaped.

마이클은 신상을 가져와 침대에 놓고, 염소털로 베개를 만들어 시트로 덮었다.

13 And Michal took an image and laid it on
the bed and put a pillow of goats' hair at
its head and covered it with the clothes.

솔이 대이빋을 잡으려 하자, 마이클은 "그가 아프다"고 말했다.

14 And when Saul sent messengers to take
David, she said, "He is sick."

솔은 대이빋을 살피는 전령을 보내며 말했다. "그를 침대에서 끌고 오면, 내가 죽여버리겠다."

15 Then Saul sent the messengers to see
David, saying, "Bring him up to me in the
bed, that I may kill him."

전령이 와서 살펴보니, 침대속 모습은 머리쪽에 둔 염소털 베개뿐이었다.

16 And when the messengers came in,
behold, the image was in the bed, with
the pillow of goats' hair at its head.

솔이 딸 마이클에게 말했다. "어째서 나를 속이고, 적을 보내 피신시켰냐?" 마이클이 대답했다. "대이빋이, '나를 보내라. 왜 내가 당신을 죽여야 하겠니?'라고 말했어요."

17 Saul said to Michal, "Why have you
deceived me thus and let my enemy go,
so that he has escaped?" And Michal
answered Saul, "He said to me, 'Let me go.
Why should I kill you?'"

한편 대이빋은 달아나, 래마의 새뮤얼한테 가서, 솔이 자신에게 한 일을 전부 말했다. 그리고 그와 새뮤얼은 함께 내이오쓰에 가서 지냈다.

18 Now David fled and escaped, and he came
to Samuel at Ramah and told him all that
Saul had done to him. And he and Samuel
went and lived in Naioth.

솔에게 소문이 들렸다. "대이빋이 래마의 내이오쓰에 있다."

19 And it was told Saul, "Behold, David is at
Naioth in Ramah*near Gibeon*."

솔이 대이빋을 잡을 전령을 보

20 Then Saul sent messengers to take David,

냈다. 그들이 예언을 말하는 예언자 무리와 및 앞장선 새뮤얼을 보는 사이, **하나님**의 영혼이 솔의 전령에게 내리더니, 그들 역시 예언을 중얼거리게 되었던 것이다.

and when they saw the company of
the prophets prophesying, and Samuel
standing as head over them, the Spirit of
God came upon the messengers of Saul,
and they also prophesied.

솔이 그 사건을 전해 듣고, 다른 전령을 보냈는데, 그들도 예언을 말했고, 다시 세번째 전령을 보내도, 그들 역시 예언을 말하고 있었다.

21 When it was told Saul, he sent other
messengers, and they prophesied. And
Saul sent messengers again the third time,
and they also prophesied.

마침내 솔이 직접 래마로 가서 세쿠의 큰우물까지 와서 물었다. "새뮤얼과 대이빋이 어디 있지?" 어떤 사람이 말했다. "그들은 래마의 내이오쓰에 있어요."

22 Then he himself went to Ramah and came
to the great well that is in Secu. And he
asked, "Where are Samuel and David?"
And one said, "Behold, they are at Naioth
in Ramah."

그래서 그가 래마의 내이오쓰로 갔는데, **하나님**의 영혼이 그에게도 내리자, 그 역시 래마의 내이오쓰에 도착할 때까지 줄곳 예언을 중얼거리게 되었다.

23 And he went there to Naioth in Ramah.
And the Spirit of God came upon him also,
and as he went he prophesied until he
came to Naioth in Ramah.

또 옷을 자꾸 벗어나며, 새뮤얼 앞에서도 지나치게 예언을 하다 보니, 낮부터 밤까지 맨몸을 드러낸 채 있었다. 그래서 "솔도 예언하나?"라는 말까지 듣게 되었다.

24 And he too stripped off his clothes, and
he too prophesied before Samuel and
lay naked all that day and all that night.
Thus it is said, "Is Saul also among the
prophets?"

● **가르침** ***Gospel*** 솔이 주님의 지명자 대이빋을 제거하려 몰두하다.

STORY BIBLE 30

새뮤얼1권 28

1 Samuel 28

솔과 엔돌의 마녀

Saul and Witch of Endor

솔이 중재자에게 상담하다

Saul Consults the Medium of Endor

그때 필리스틴이 전투군대를 모아 이즈리얼과 싸울 준비를 하고 있었다. 지휘관 애키쉬가 대이빋에게 말했다. "너는 네 부하를 이끌고 내 군대와 함께 출전한다는 것을 알고 있어라."

1 In those days the Philistines gathered
their forces for war, to fight against Israel.
And Achish said to David, "Understand
that you and your men are to go out with
me in the army."

대이빋이 말했다. "잘 알고 있어요. 당신은 당신 종이 무엇을 할 수 있는지 보게 됩니다." 애키쉬가 말했다. "좋아. 너를 나의 경호대원으로 삼겠다."

2 David said to Achish, "Very well, you shall
know what your servant can do." And
Achish said to David, "Very well, I will
make you my bodyguard for life."

이제 새뮤얼이 죽었다. 이즈리얼 모두가 애도하며, 그의 도성 래마에 묻어주었다. 당시 솔은 중재자악령과 대화하는 주술사와 마법사악령의 힘을 부리는 점쟁이를 그곳에서 모두 내쫓았다.

3 Now Samuel had died, and all Israel
had mourned for him and buried him in
Ramah, his own city. And Saul had put the
mediums*necromancer* and the wizards*magician,*
sorcerer out of the land.

한편 필리스틴은 집결하여 슈넴에 진을 쳤고, 솔은 이즈리얼을 모두 모아 길보아에서 진영을 펼쳤다.

4 The Philistines assembled and came and
encamped at Shunem. And Saul gathered
all Israel, and they encamped at
Gilboa.

솔은 필리스틴 군대를 보더니 두려운 마음에 몹시 떨렸다.

5 When Saul saw the army of the Philistines, he was afraid, and his heart trembled greatly.

솔이 **주님**에게 물어도 답이 없고, 꿈에도, 유림의 빛으로도, 예언자를 통해서도 대답이 없었다.

6 And when Saul enquired of the LORD, the LORD did not answer him, either by dreams, or by Urim*light*, or by prophets.

솔이 신하에게 말했다. "여자 중재자를 찾으면, 그녀에게 가서 묻겠다." 신하들이 말했다. "보세요, 엔돌에 주술하는 중재자가 하나 있어요."

7 Then Saul said to his servants, "Seek out for me a woman who is a medium, that I may go to her and inquire of her." And his servants said to him, "Behold, there is a medium at En-dor."

솔은 위장하고 다른 옷을 입고, 두 사람과 함께 밤에 그녀에게 가서, 말했다. "영혼을 불러, 호명하는 사람에게 나를 데려가 달라."

8 So Saul disguised himself and put on other garment and went, he and two men with him. And they came to the woman by night. And he said, "Divine for me by a sprit and bring up for me whomever I shall name to you."

그녀가 솔에게 말했다. "당신은 솔이 한 일을 잘 알 거예요. 그가 중재자 주술사 마법사를 이 땅에서 어떻게 없앴는지. 어째서 당신은 덫을 놓아 나를 죽이려 하죠?"

9 The woman said to him, "Surely you know what Saul has done, how he has cut off the mediums and the necromancer from the land. Why then are you laying a trap for my life to bring about my death?"

솔이 **주님** 이름으로 그녀에게 맹세했다. "**주님**이 살아 있듯, 이 일로 당신이 처벌되지 않는다."

10 But Saul swore to her by the LORD, "As the LORD lives, no punishment shall come upon you for this thing."

그녀가 말했다. "당신에게 누구를 데려오죠?" 그가 말했다. "새뮤얼을 내게 데려와 달라."

11 Then the woman said, "Whom shall I bring up for you?" He said, "Bring up Samuel for

me."

그녀는 새뮤얼임을 알고, 크게 비명을 지르며 솔에게 말했다. "왜 나를 속였죠? 당신이 바로 솔이죠."

12 And when the woman saw Samuel, she
cried out with a loud voice. And the
woman said to Saul, "Why have you
deceived me? You are Saul."

솔왕이 말했다. "네가 본 사람 때문에 두려워 마라. 뭐가 보이지?" 그녀가 말했다. "땅에서 나오는 신을 보는 중이에요."

13 The king said to her, "Do not be afraid.
What do you see?" And the woman said
to Saul, "I saw a god coming up out of the
earth."

솔이 물었다. "어떤 모습이지?" 그녀가 말했다. "올라오는 노인은 로브옷으로 감쌌어요." 솔은 새뮤얼이라 직감하고 땅에 얼굴을 대고 몸을 굽혀 경의를 표했다.

14 He said to her, "What is his appearance?"
And she said, "An old man is coming up,
and he is wrapped in a robe." And Saul
knew that it was Samuel, and he bowed
with his face to the ground and paid
homage.

새뮤얼이 솔에게 말했다. "왜 당신은 나를 귀찮게 불러내죠?" 솔이 대답했다. "몹시 괴로운 까닭은, 필리스틴이 쳐들어오는데, **하나님**은 등을 돌려 더 이상 내게 답이 없고, 예언자나 꿈을 통해서도 그러니, 당신을 소환해서 내가 어떻게 해야할지 듣고 싶어요."

15 Then Samuel said to Saul, "Why have
you disturbed me by bringing me up?"
Saul answered, "I am in great distress, for
the Philistines are warring against me,
and God has turned away from me and
answers me no more, either by prophets
or by dreams. Therefore I have summoned
you to tell me what I shall do."

새뮤얼이 말했다. "왜 내게 물어요, **주님**이 등을 돌려 당신의 적이 된 이유를?"

16 And Samuel said, "Why then do you ask
me, since the LORD has turned from you
and become your enemy?

주님이 내게 말한 대로 솔에게

17 The LORD has done to you as he spoke by

하지요. **주님**은 당신 손에서 왕국을 떼내어, 당신 이웃 대이빋에게 주어버렸어요.

me, for the LORD has torn the kingdom
out of your hand and given it to your
neighbor, David.

왜냐하면 당신은 **주님** 목소리를 따르지 않고, 애멀렉에 대한 그의 분노도 실행하지 않아서, **주님**이 이날 당신에게 이렇게 하고 있어요.

18 Because you did not obey the voice of the
LORD and did not carry out his fierce wrath
against Amalek, therefore the LORD has
done this thing to you this day.

게다가, **주님**이 당신의 이즈리얼 역시 필리스틴 손에 넘기면, 내일 당신과 당신 아들들도 나와 같이 있게 되죠. **주님**은 또 이즈리얼 군대도 필리스틴 손에 줍니다."

19 Moreover, the LORD will give Israel also
with you into the hand of the Philistines,
and tomorrow you and your sons shall
be with me. The LORD will give the army of
Israel also into the hand of the Philistines."

순간 솔이 쓰러져 땅에 뻗었다. 새뮤얼 말 때문에 두려움이 차올라 기운을 잃고, 낮에도 밤이 되어도 아무것도 먹지 못했다.

20 Then Saul fell at once full length on
the ground, filled with fear because of
the words of Samuel. And there was no
strength in him, for he had eaten nothing
all day and all night.

그녀가 솔에게 가보니, 그가 공포에 질린 것을 알고 위로했다. "보세요, 당신 여종은 당신 말에 복종했어요. 목숨을 내 손에 걸고, 당신의 부탁을 들었죠.

21 And the woman came to Saul, and when
she saw that he was terrified, she said to
him, "Behold, your servant has obeyed
you. I have taken my life in my hand and
have listened to what you have said to
me.

그러니 이제 당신 역시 종의 말에 복종해주세요. 내가 당신 앞에 빵을 조금 차릴 테니, 먹고 힘을 내면 당신 길을 갈 수 있을 거예요."

22 Now therefore, you also obey your
servant. Let me set a morsel of bread
before you; and eat, that you may have
strength when you go on your way."

솔이 거절했다. "나는 먹지 않겠다." 신하도 그녀와 함께 권하자, 솔이 그들 말을 듣고, 땅에서 일어나 침대에 앉았다.

23 He refused and said, "I will not eat." But
his servants, together with the woman,
urged him, and he listened to their words.
So he arose from the earth and sat on the
bed.

그녀는 집에 있는 살찐 송아지 한 마리를 얼른 잡고, 밀가루를 가져와 반죽하여 무효모빵을 구운 다음,

24 Now the woman had a fattened calf in
the house, and she quickly killed it, and
took flour and kneaded it and baked
unleavened bread of it,

그녀가 그것을 솔과 신하 앞에 차렸다. 그들은 먹고난 뒤 일어나 밤에 떠났다.

25 and she put it before Saul and his
servants, and they ate. Then they rose and
went away that night.

● **가르침** ***Gospel*** 솔은 두려움에 기력을 잃었다.

새무얼2권 22 | 대이빋의 감사시가

2 Samuel 22 | David's Psalm of Thanksgiving

동굴에서 대이빋이 감사하다

David thanks at the cave of Adullam

대이빋이 **주님**에게 노래한 것은, **주님**이 자신을 적과 솔의 손으로부터 구한 날이었다.

1 And David spoke to the LORD the words
of this song on the day when the LORD
delivered him from the hand of all his
enemies, and from the hand of Saul.

대이빋이 말했다. "**주님**은 나의 바위요, 나의 요새요, 나의 구원자요,

2 He said,

"The LORD is my rock and my fortress
and my deliverer,

나의 **하나님**이요, 나의 바위이므로, 내가 그를 도피처로 삼고, 또 나의 방패, 구원의 뿔, 요새와 보호소 및 구원자로 삼았더니, 공격에서 당신이 나를 구해주네요.

3 *my God, my rock, in whom*
I take refuge, my shield,
and the horn of my salvation,
my stronghold and my refuge, my savior;
you save me from violence.

찬양해 맞이할 **주님**을 불렀더니, 적으로부터 내가 무사해요.

4 *I call upon the LORD, who is worthy to be*
praised, and I am saved from my enemies.

"죽음의 파도가 나를 휘감고, 파멸의 급류가 나를 공격하고,

5 *"For the waves of death encompassed me,*
the torrents of destruction assailed me;

6 쉬올지옥의 밧줄이 나를 얽어매며, 죽음의 덫이 나에게 닥쳤죠.

the cords of Sheol entangled me;
the snares of death confronted me.

7 "고통 속에서 **주님**을 부르며, 나의 **하나님**에게 소리치자, 그가 성전에서 내 음성을 들었고, 나의 외침이 그의 귀에 닿았어요.

"In my distress I called upon the LORD;
to my God I called.
From his temple he heard my voice,
and my cry came to his ears.

8 "순간 땅이 뒤틀려 흔들리고, 하늘 기반이 떨며 요동친 것은, 그가 화가 났기 때문이에요.

"Then the earth reeled and rocked;
the foundations of heavens trembled and quaked, because he was angry.

9 연기는 콧구멍에서, 집어삼킬 듯한 불은 입에서 내뿜으며, 붉은 석탄으로 불꽃을 타오르게 했죠.

Smoke went up from his nostrils, and devouring fire from his mouth;
glowing coals flamed forth from him.

10 그는 하늘을 구부려 아래로 내리고, 짙은 어둠은 그의 발밑에 두었어요.

He bowed the heavens and came down;
thick darkness was under his feet.

11 그가 체럽천사에 올라타 날아오르자, 바람의 날개위에서 모습이 보였어요.

He rode on a cherub and flew;
he was seen on the wings of the wind.

12 그는 주변 어두움으로 지붕덮개를, 물을 모아 먹구름을 만들었죠.

He made darkness around him his canopy,
thick clouds, a gathering of water.

13 그 앞의 찬란함 속에서 타는 석탄은 불꽃을 내며 타올랐고요.

Out of the brightness before him
coals of fire flamed forth.

14 **주님**은 하늘에서 천둥을 치며, 가장 높은 존재의 목소리를 높였죠.

The LORD thundered from heaven,
and the Most High uttered his voice.

15 또 그는 화살을 쏘아 번개를 어지럽게 흩뿌렸지요.

And he sent out arrows and scattered them; lightning, and routed them.

16 그때 바다 물길이 보였고, 세상 기반이 속내를 드러냈는데, 이는 **주님**의 꾸짖음에서 비롯된, 그 콧구멍 숨결의 폭발이었어요.

Then the channels of the sea were seen;
the foundations of the world were laid bare,
at the rebuke of the LORD,
at the blast of the breath of his nostrils.

17 "높은 곳에서 나를 붙잡아, 많은 물 가운데에서 나를 건져내었죠.

"He sent from on high, he took me;
he drew me out of many waters.

18 나를 강적한테서 구하고, 싫어하는 자로부터 구해낸 까닭은, 그들이 내게 너무 강했으니까요.

He rescued me from my strong enemy,
from those who hated me,
for they were too mighty for me.

19 저들이 그날 나를 불행에 빠뜨렸어도, **주님**이 나의 버팀목이 되어주었어요.

They confronted me in the day of my calamity,
but the LORD was my support.

20 넓은 장소로 이끌며 나를 구제한 것은, 그가 나를 기꺼이 받아들였던 때문이었죠.

He brought me out into a broad place;
he rescued me,
because he delighted in me.

21 "**주님**은 나의 바른행동에 따라 나를 대하고, 내 손이 깨끗한 만큼 보상해주었어요.

"The LORD dealt with me according to my righteousness;
according to the cleanness of my hands has he rewarded me.

22 내가 **주님** 길을 따랐고, 또 **하나님**을 부정하게 이탈하지 않았으니까요.

For I have kept the ways of the
LORD
and have not wickedly departed
from my God.

23 그의 원칙이 모두 내 앞에 있어, 나는 그 규정에서 벗어나지 않았죠.

For all his rules were before me,
and from his statutes I did not
turn aside.

24 나는 그 앞에서 잘못하지 않고, 죄를 짓지 않도록 자신을 지켰고요.

I was blameless before him, and
I kept myself from guilt.

25 그래서 **주님**이 나에게 준 보답은, 나의 정의만큼, 또 그의 눈에 비친 나의 청결만큼이었지요.

And the LORD has rewarded me according
to my righteousness,
according to my cleanness in his
sight.

26 "당신은 변함없이 사랑하는 자에게 관대함을 보이고, 흠없는 자에게 당신의 무결점을 보이며,

"With the merciful you show yourself
merciful;
with the blameless man you show yourself
blameless;

27 순수한 자에게는 순수하게, 굽은자에게 스스로 휘어서 보여주죠.

with the purified you deal purely,
and with the crooked you make
yourself seem tortuous.

28 당신은 겸손한 자를 구원해도, 당신 눈은 거만한 자를 주시하며 아래로 끌어내려요.

You save a humble people, but
your eyes are on the haughty
to bring them down.

29 오 **주님**은 나의 등불이어서, **하나님**이 나의 어둠을 비춰주어요.

For you are my lamp, O LORD,
and my God lightens my darkness.

30 당신 옆이라면 나는 적에게 달

For by you I can run against a troop,

려 들고, **하나님** 곁이면 성벽도 넘어요.

And by my God I can leap over a wall.

31 이와 같은 **하나님**의 길은 완벽하고, **주님**의 말은 진리이므로, 자기를 믿는 모든 이를 위한 쉼터가 되어주네요.

This God—his way is perfect;
the word of the Lord proves true;
he is a shield for all those who take refuge in him.

32 “인간주인님 이외 누가 하늘의 신인가? **하나님** 말고 누가 바위인가?

“For who is God, but the Lord?
And who is a rock, except our God?

33 이런 **하나님**이 나의 든든한 쉼터가 되어, 나의 길을 당당하게 지켜주었죠.

This God is my strong refuge
and has made my way blameless.

34 그는 내 발을 사슴발인듯 나를 안전하게 높은 곳에 세우고요.

He made my feet like the feet of a deer
and set me secure on the heights.

35 내 손을 전쟁 속에 단련시키면, 나의 팔은 동화살도 꺾을 수 있어요.

He trains my hands for war,
so that my arms can bend a bow of bronze.

36 당신이 나에게 준 방패는 바로 당신의 구원이었고, 당신의 온화함은 나를 크게 키워주어요.

You have given me the shield of your salvation,
and your gentleness made me great.

37 당신이 나의 발걸음을 넓혀주니, 나의 발은 헛딛지 않으며,

You gave a wide place for my steps under me,
and my feet did not slip;

38 내가 적을 뒤쫓아 무찌르면, 섬멸할 때까지 그들은 반격도 못하죠.

I pursued my enemies and destroyed them,

and did not turn back
until they were consumed.

39 내가 찔러 모조리 쓰러뜨렸더니, 그들은 다시 일어서지 못하고, 내 발밑에 쓰러졌어요.

I consumed them; I thrust them
through, so that they did not rise;
they fell under my feet.

40 당신이 전투에 강한 힘을 내게 채워주고, 맞서 일어나는 저들을 내 아래 굴복시켜준 덕택이에요.

For you equipped me with strength
for the battle; you made those who rise
against me sink under me.

41 당신이 적의 등을 돌려 후퇴하게 만들어주어서, 내가 나를 미워하는 저들을 파멸시킬 수 있었어요.

You made my enemies turn their
backs to me,
those who hated me, and
I destroyed them.

42 그들은, 살펴봐도 구해주는 이 없었고, 호소해봐도 **주님**이 그들에게 대답하지 않았죠.

They looked, but there was none to save;
they cried to the LORD,
but he did not answer them.

43 나는 땅위 먼지처럼 그들을 잘게 치고, 길거리 진흙인듯 짓밟아 으스러뜨렸어요.

I beat them fine as the dust of the earth;
I crushed them and stamped them
down like the mire of the streets.

44 "당신은 나를 동족갈등에서 구하여, 여러 이민족의 수장이 되도록 지켜주었고, 모르는 사람들이 나를 섬기게 해주었지요.

"You delivered me from the strife with
my people;
you kept me as the head of the nations;
people whom I had not known
served me.

45 외국인이 내게 매달리게 했으므로, 그들이 내 말을 듣더니 복종했고요.

Foreigners came cringing cower to me;
as soon as they heard of me,
they obeyed me.

이민족은 정신을 잃고, 그들의 요새밖으로 떨며 왔던 거예요.

46 *Foreigners lost heart and*
came trembling out of their fortresses.

“**주님**이 살아있으니, 나의 바위로 받들어지고, 나의 **하나님**이자 구원의 바위로 드높여져야 하지요.

47 *“The LORD lives, and blessed be my rock,*
and exalted be my God, the rock
of my salvation,

하나님이 복수하게 해주니, 내가 저들을 내 아래 굴복시켰고,

48 *the God who gave me vengeance and*
brought down peoples under me,

나를 적으로부터 이끌어서, 내게 들고일어난 그들 위에 나를 올려놓아 결국, 공격자로부터 살려 내었죠.

49 *who brought me out from my enemies;*
you exalted me above those who
rose against me;
you delivered me from man of violence.

“따라서 오 **주님**, 민족 가운데서 당신을 찬양하며, 그 이름을 칭송하는 감사의 노래를 부르고 있어요.

50 *“For this I will praise you, O LORD,*
among the nations,
and sing praises to your name.

그것은 바로 그의 왕에게 실행하는 위대한 구원이고, 그가 기름바른 대이빋 및 후손에게 보이는 변함없는 사랑입니다.”

51 *Great salvation he brings to his king,*
and shows steadfast love to his anointed,
to David and to his offspring
forever.”

● **가르침** ***Gospel*** 주님은 나의 바위며 요새며 구원자다.

STORY BIBLE 32

국왕1권 3 | 솔로먼의 지혜

1 Kings 3 | Solomon's Wisdom

솔로먼이 지혜를 바라다

Solomon prays for wisdom

솔로먼은 결혼으로 이집트왕과 동맹을 맺은 뒤, 풰로우 딸을 대이빋도성에 데려다 놓고, 궁전과 **주님**성전의 건축 및 저루살럼 주변 성벽을 쌓을 때까지 머물게 했다.

1 Solomon made a marriage alliance with
Pharaoh king of Egypt. He took Pharaoh's
daughter and brought her into the city of
David until he had finished building his
own house and the house of the LORD and
the wall around Jerusalem.

사람들이 높은 장소에서 희생물 제사를 지냈던 까닭은, 아직 **주님** 이름의 집을 짓지 않았기 때문이다.

2 The people were sacrificing at the high
places, however, because no house had
yet been built for the name of the LORD.

솔로먼은 **주님**을 사랑했고, 아버지 대이빋의 규정대로 살았지만, 그조차 높은곳에서 제사할 뿐이었다.

3 Solomon loved the LORD, walking in
the statutes of David his father, only he
sacrificed and made offerings at the high
places.

왕이 기비언에 가서 제사하는 것도, 그곳이 대단히 넓고 높은 장소였기 때문이었다. 솔로먼은 천여 번제물을 제단에 올리곤 했던 것이다.

4 And the king went to Gibeon to sacrifice
there, for that was the great high place.
Solomon used to offer a thousand burnt
offerings on that altar.

기비언에서 밤에 솔로먼의 꿈에

5 At Gibeon the LORD appeared to Solomon

하나님이 나타났다. "내가 네게 무엇을 줄지 요구해보아라."

in a dream by night, and God said, "Ask
what I shall give you."

솔로먼이 말했다. "당신은 크고 변함없는 사랑을 당신 종 나의 아버지 대이빋에게 보여 주었는데, 이는 그가 당신 앞에서 진심을 다해 정직하고 바른 마음으로 당신을 향했기 때문이지요. 그래서 지금까지 그에게 큰사랑을 주며, 그의 왕위에 아들을 앉혀주었죠.

6 And Solomon said, "You have shown great
and steadfast love to your servant David
my father, because he walked before you
in truthfulness, in righteousness, and in
uprightness of heart toward you. And you
have kept for him this great and steadfast
love and have given him a son to sit on his
throne this day.

이제, 오 **주 하나님** 당신은, 당신 종을 아버지 대이빋 대신, 아이에 불과한 나를 왕으로 삼았으나, 어떻게 나가고 들어오는지 조차 알지 못해요.

7 And now, O Lord my God, you have made
your servant king in place of David my
father, although I am but a little child. I do
not know how to go out or come in.

당신 종은 당신이 선택한 민족 가운데 있는데, 그들은 숫자가 너무 많아 헤아려 계산할 수 없을 정도로 크지요.

8 And your servant is in the midst of your
people whom you have chosen, a great
people, too many to be numbered or
counted for multitude.

그러니 당신 종에게 사람을 다스릴 이해력을 주면, 내가 선악을 구별하게 되어, 이토록 많은 당신의 사람을 통치할 수 있지 않을까요?"

9 Give your servant therefore an
understanding mind to govern your
people, that I may discern between good
and evil, for who is able to govern this
your great people?"

주님은 솔로먼의 바로 이 요구에 기뻐했다.

10 It pleased the Lord that Solomon had
asked this.

하나님이 말했다. "너의 요구가, 자신이 오래 살거나, 재물이나, 적의 목숨을 원한게 아니라, 단

11 And God said to him, "Because you
have asked this, and have not asked for

지 바른것을 분간할 이해력을 요청했으니,

yourself long life or riches or the life of your enemies, but have asked for yourself understanding to discern what is right,

보라, 나는 네 말에 따라, 너에게 지혜와 분별력을 준다. 그러면 전에도 너 같은 자는 없고, 후에도 너와 비슷한 자가 없을 것이다.

12 behold, I now do according to your word. Behold, I give you a wise and discerning mind, so that none like you has been before you and none like you shall arise after you.

네가 요구하지 않은, 부도 명예도 모두 주어, 어떤 다른 왕도 너의 시대와 비교도 못하게 하겠다.

13 I give you also what you have not asked, both riches and honor, so that no other king shall compare with you, all your days.

만약 네가 나의 길을 따르고, 나의 규정과 명령을 지키며, 네 아버지 대이빋과 같은 인생을 걸으면, 네 생애를 길게 늘여줄 것이다."

14 And if you will walk in my ways, keeping my statutes and my commandments, as your father David walked, then I will lengthen your days."

솔로먼이 깨어 보니 꿈이었다. 그래서 그는 저루살럼으로 와서 **주님** 약속의 상자 앞에 서서, 번제제물과 평화제물을 올리고, 신하 모두에게 축제를 베풀었다.

15 And Solomon awoke, and behold, it was a dream. Then he came to Jerusalem and stood before the ark of the covenant of the LORD, and offered up burnt offerings and peace offerings, and made a feast for all his servants.

어느날 매춘부 두 사람이 와서 왕 앞에 섰다.

16 Then two prostitutes came to the king and stood before him.

한 여자가 말했다. "오 주인님, 이 여자와 나는 같은 집에서 사는데, 내가 아기를 낳을때, 그녀는 집에 있었어요.

17 The one woman said, "Oh, my lord, this woman and I live in the same house, and I gave birth to a child while she was in the house.

내가 아기를 낳고 3일만에, 이 여자도 아기를 낳았죠. 우리는 각자 혼자고, 집에는 우리 말고 아무도 없이 둘만 있었어요.

18 Then on the third day after I gave birth,
this woman also gave birth. And we were
alone. There was no one else with us in
the house; only we two were in the house.

그녀 아들이 밤에 죽은 것은, 이 여자가 아기를 누른 탓이었어요.

19 And this woman's son died in the night,
because she lay on him.

그녀가 밤에 일어나 내곁의 아들을 당신 여종이 잠든 사이 데려가, 자기 품에 뉘어놓고, 그녀의 죽은 아들을 내 가슴에 갖다 두었어요.

20 And she arose at midnight and took my
son from beside me, while your handmaid
slept, and laid him at her breast, and laid
her dead son at my breast.

아침에 내가 일어나 아기에게 젖을 주려고 보니, 죽어 있었어요. 하지만 세심하게 살펴 보니, 그는 내가 낳은 아이가 아니었어요."

21 When I rose in the morning to nurse my
child, behold, he was dead. But when
I looked at him closely in the morning,
behold, he was not the child that I had
borne."

다른 여자가 말했다. "아니야. 살아 있는 애는 내 아들이고, 죽은 것이 네 아들이야." "아니야. 죽은 애가 네것이고, 산 아이가 내것이야." 그들이 왕앞에서 이렇게 말했다.

22 But the other woman said, "No, the living
child is mine, and the dead child is yours."
The first said, "No, the dead child is yours,
and the living child is mine." Thus they
spoke before the king.

그때 왕이 말했다. "한쪽은, '산 것이 내 아들이고, 네것은 죽었다' 하고, 다른 쪽은, '아니다, 죽은것이 네것이고, 내 아들은 살았다' 한다."

23 Then the king said, "The one says, 'This is
my son that is alive, and your son is dead';
and the other says, 'No; but your son is
dead, and my son is the living one.'"

왕이 말했다. "칼을 가져와라." 그래서 칼이 왕앞에 놓이게 되었다.

24 And the king said, "Bring me a sword." So
a sword was brought before the king.

왕이 말했다. "살아 있는 아이를

25 And the king said, "Divide the living child

둘로 잘라, 절반은 한 사람에게 절반은 다른 이에게 주어라."

in two, and give half to the one and half to
the other."

산 아들을 가진 여자는, 아들에 대한 연민이 북받쳐올라, 왕에게 말했다. "오, 나의 주인님, 산 아이를 그녀에게 주고, 절대 죽이지 마세요." 다른 여자가 말했다. "아이는 내것도 네것도 아니니, 나눠주세요."

26 Then the woman whose son was alive said
to the king, because her heart yearned for
her son, **"**Oh, my lord, give her the living
child, and by no means put him to death."
But the other said, **"**He shall be neither
mine nor yours; divide him."

왕이 대답했다. "산 아이를 첫 번째 여자에게 주어라. 절대 아이를 죽이지 말라는 여자가 아이 엄마다."

27 Then the king answered and said, **"**Give
the living child to the first woman, and
by no means put him to death; she is his
mother."

이즈리얼 모두가 왕이 주제한 판결을 듣더니, 경외하는 마음으로 왕앞에 섰다. 그들은 **하나님**의 지혜가 그의 내면 안에서 공정하게 판결한다는 것을 느낀 때문이었다.

28 And all Israel heard of the judgment that
the king had rendered, and they stood in
awe of the king, because they perceived
that the wisdom of God was in him to do
justice.

● **가르침** ***Gospel*** 지혜는 정의를 구별한다.

국왕1권 6 | 솔로먼이 성전건축

1 Kings 6 | Solomon Builds the Temple

성전은 7년에 걸쳐 완성되었다

The Temple was built over 7 years

이즈리얼 자손이 이집트땅에서 나온지 480년 되던, 솔로먼의 이즈리얼 통치 4년째, 히브리력 일년 중 두 번째 지브월[태양력 4월 중순]에, 그가 **주님**의 성전을 짓기 시작했다.

1 In the four hundred and eightieth year
after the people of Israel came out of
the land of Egypt, in the fourth year of
Solomon's reign over Israel, in the month
of Ziv, which is the second month, he
began to build the house of the LORD.

주님을 위해 지은 성전은, 길이 60큐빝약 27m, 넓이 20큐빝약 9m, 높이 30큐빝약 13.5m이었다.

2 The house that king Solomon built for the
LORD was sixty cubits long, twenty cubits
wide, and thirty cubits high.

성전템플 내부신도석 진입 현관홀은 집건물 넓이와 같은 20큐빝약 9m이고, 깊이는 건물앞에서 10큐빝약 4.5 m 들어가 있다.

3 The vestibule*entranceway* in front of the nave
of the house*temple* was twenty cubits long,
equal to the width of the house, and ten
cubits deep in front of the house.

그는 집의 창틀을 [벽에서] 약간 움푹 들어간 구조로 만들었다.

4 And he made for the house windows with
recessed frames.

집구조의 틀을 담으로 세우고, 돌아가며 벽을 쌓고, 내부 중앙신도석과 안쪽 최고성소 및 딸린 곁방을 만들었다.

5 He also built a structure against the wall
of the house, running around the walls of
the house, both the nave and the inner

sanctuary. And he made side chambers all around.

아래층 넓이는 5큐빝약 2.25m, 중간층은 6큐빝약 2.7m, 3층은 7큐빝약 3.15m이었다. 건물 바깥쪽은 주위를 돌아가며 단차를 둔 외벽을 만들어, 지주기둥이 건물 벽안에 삽입되지 않게 했다.

6 The lowest story was five cubits broad, the middle one was six cubits broad, and the third was seven cubits broad. For around the outside of the house he made offsets on the wall in order that the supporting beams should not be inserted into the walls of the house.

성전건설은, 채석장에서 미리 다듬은 돌로 지어서, 망치도 도끼도 철제도구조차 건축중 성전 안에서 소리가 들리지 않았다.

7 When the house was built, it was built with stone prepared at the quarry, so that neither hammer nor axe nor any tool of iron was heard in the house while it was being built.

아래층 입구는 건물 남쪽에 두고, 사람은 계단을 통해서 2층으로 가고, 중간층에서 3층으로 올라간다.

8 The entrance for the lowest story was on the south side of the house, and one went up by stairs to the middle story, and from the middle story to the third.

이렇게 건물을 세우고 나서, 천장은 긴막대 서까래와 시더나무 널판으로 마무리했다.

9 So he built the house and finished it, and he made the ceiling of the house of beams and planks of cedar.

건물전체 구조에서, 5큐빝약 2.25m 높이에 시더나무 목재를 끼워 맞추었다.

10 He built the structure against the whole house, five cubits high, and it was joined to the house with timber of cedar.

주님의 말이 솔로먼에게 들려왔다.

11 Now the word of the LORD came to Solomon,

"건설중인 이집을 생각하여, 만

12 "Concerning this house that you are

약 네가 나의 규정을 따르고, 내 판결에 복종하며, 내 명령을 모두 지키면, 네 아버지 대이빋에게 내가 말한 약속을 네가 이루도록 실행하겠다.

building, if you will walk in my statutes
and obey my rules and keep all my
commandments and walk in them, then
I will establish my word with you, which I
spoke to David your father.

또 나는 이즈리얼 가운데 살며, 나의 이즈리얼 백성을 버리지 않겠다."

13 And I will dwell among the children of
Israel and will not forsake my people
Israel."

그리고 솔로먼이 성전건설을 마무리했다.

14 So Solomon built the house and finished
it.

그는 시더나무 널판으로 집 안쪽벽을 바닥부터 천정까지 내부를 나무로 덮었고, 건물바닥은 두꺼운 사이프러스전나무 널판을 깔았다.

15 He lined the walls of the house on the
inside with boards of cedar. From the floor
of the house to the walls of the ceiling, he
covered them on the inside with wood,
and he covered the floor of the house
with boards of cypress.

건물뒤 안쪽에 사방 20큐빝약 9m 공간을 만들어 바닥부터 벽을 시더널판으로 덮고, 이곳에 최고 신성한 장소인 내부성소를 만들었다.

16 He built twenty cubits of the rear of the
house with boards of cedar from the floor
to the walls, and he built this within as
an inner sanctuary*oracle*, as the Most Holy
Place.

내부성소 앞 중앙신도석은 사방 길이가 40큐빝약 18m씩이었다.

17 The house, that is, the nave*temple* in front of
the inner sanctuary, was forty cubits long.

내부 시더나무에 몽우리형태와 활짝 핀 꽃을 조각했는데, 전부 나무였고, 돌은 보이지 않았다.

18 The cedar within the house was carved in
the form of gourds*knops* and open flowers.
All was cedar; no stone was seen.

건물내부 가장 안쪽에 성소오라

19 The inner sanctuary he prepared in the

클를 마련하여, 거기에 **주님** 약속의 상자를 두었다.

innermost part of the house, to set there
the ark of the covenant of the LORD.

성소는 길이 넓이 높이가 각각 20큐빝약 9m, 크기의 [정육면체] 형태이고, 그는 이곳과 시더나무 제단을 순금으로 도색했다.

20 The inner sanctuary was twenty cubits
long, twenty cubits wide, and twenty
cubits high, and he overlaid it with pure
gold. He also overlaid an altar of cedar.

솔로먼은 성소내부에 순금을 칠한 다음, 성소오라클 앞쪽에 사슬줄을 쳐놓았는데, 그것도 금을 입혔다.

21 And Solomon overlaid the inside of
the house with pure gold, and he drew
chains of gold across, in front of the inner
sanctuary, and overlaid it with gold.

그는 성전을 완공할 때까지 건물전체를 금으로 칠하고, 내부 성소에 딸린 제단도 전부 도금했던 것이다.

22 And he overlaid the whole house with
gold, until all the house was finished. Also
the whole altar that belonged to the inner
sanctuary he overlaid with gold.

성소에 10큐빝약 4.5m 높이 체럽 둘을 올리브나무로 만들었다.

23 And the inner sanctuary*oracle* he made two
cherubim of olivewood, each ten cubits
high.

체럽의 한쪽 날개 길이는 5큐빝약 2.25m, 다른 날개도 5큐빝약 2.25m이었고, 날개 끝에서 끝까지는 10큐빝약 4.5m이었다.

24 Five cubits was the length of one wing of
the cherub, and five cubits the length of
the other wing of the cherub; it was ten
cubits from the tip of one wing to the tip
of the other.

다른 체럽도 총길이 10큐빝약 4.5m으로, 두 체럽 모두 치수와 형태가 동일했다.

25 The other cherub also measured ten
cubits; both cherubim had the same
measure and same form.

체럽의 높이는 10큐빝약 4.5m이고, 다른 천사의 키도 그랬다.

26 The height of one cherub was ten cubits,
and so was that of the other cherub.

체럽 둘을 집 깊숙한 안쪽에 두고, 양 날개를 펼쳐서, 한 천사 날개는 이쪽 벽에, 다른 체럽의 저쪽 날개는 맞은편 벽에 닿게 하고, 각각의 다른 날개는 건물 중앙에서 서로 닿게 했다.

27 He put the cherubim in the innermost
part of the house. And the wings of the
cherubim were spread out so that a wing
of one touched the one wall, and a wing
of the other cherub touched the other
wall; their other wings touched each other
in the middle of the house.

두 천사도 금으로 씌웠다.

28 And he overlaid the cherubim with gold.

집을 두른 벽은 체럽 모습과 야자나무와 활짝핀 꽃모양을 조각하여 새겨넣고, 방안팎에도 조각해 넜었다.

29 Around all the walls of the house he
carved engraved figures of cherubim and
palm trees and open flowers, in the inner
and outer rooms.

방 안쪽과 바깥쪽의 모든 바닥에도 금도금을 했다.

30 The floor of the house he overlaid with
gold in the inner and outer rooms.

그는 내부 성소오라클 입구에 올리브로 나무문을 만들었는데, 상인방과 문설주는 5면체였다.

31 For the entrance to the inner sanctuary he
made doors of olivewood; the lintel and
the doorposts were five-sided.

두 올리브나무 출입문에 체럽, 야자나무, 활짝핀 꽃모양을 새겨 역시 금으로 칠하고, 천사와 야자나무에도 금을 뿌려 입혔다.

32 He covered the two doors of olivewood
with carvings of cherubim, palm trees,
and open flowers. He overlaid them with
gold and spread gold on the cherubim
and on the palm trees.

중앙홀의 출입문 기둥은 올리브나무로 정사각형태로 만들고,

33 So also he made for the entrance to the
nave doorposts of olivewood, in the form
of a square,

두 문짝은 전나무사이프러스나무로, 한쪽을 접을 수 있는 2장으로 만들고, 다른 문도 겹으로 접

34 and two doors of cypress wood. The two
leaves of the one door were folding, and

히게 만들었다.

the two leaves of the other door were
folding.

문 위에도 천사와 야자나무와 활짝핀 꽃을 조각으로 새기고, 금을 균일하게 펴서 입혔다.

35 On them he carved cherubim and palm
trees and open flowers, and he overlaid
them with gold evenly applied on the
carved work.

내부정원에는 다듬은 돌길을 세 곳에, 시더나무길을 한곳에 만들었다.

36 He built the inner court with three courses
of cut stone and one course of cedar
beams.

집권 4년 지브월히브리력 두 번째, 태양력 4월 중순에 **주님** 성전의 토대가 시작되었다.

37 In the fourth year was the foundation
of the house of the LORD was laid, in the
month of Ziv.

그리고 솔로먼 집권 11년 8번째 불월태양력 10월에 집전체가 설계에 따른 각부분이 완공되었다. 그는 **하나님** 집 건설에 7년이 걸렸다.

38 And in the eleventh year, in the month
Bul, which is the eighth month, the house
was finished in all its parts, and according
to all its specifications. He was seven years
in building it.

● **가르침** ***Gospel*** 성전은 주님 지시대로 지었다.

국왕1권 10 | 쉬바국 여왕
1 Kings 10 | The Queen of Sheba

쉬바나라 여왕이 솔로먼을 방문하다

The queen of Sheba visits Solomon

쉬바왕국 여왕이 **주님** 이름과 관련된 솔로먼왕의 명성을 듣고, 어려운 질문을 가지고 그를 시험하러 왔다.

1 Now when the queen of Sheba heard
of the fame of Solomon concerning the
name of the LORD, she came to test him
with hard questions.

그녀는 거대한 수행사절단을 이끌고 저루살럼에 오면서, 낙타에 향료와, 엄청난 금과, 값진 보석을 싣고 솔로먼에게 온 다음, 마음속에 있는 것을 전부 말했다.

2 She came to Jerusalem with a very great
retinue, with camels bearing spices and
very much gold and precious stones. And
when she came to Solomon, she told him
all that was on her mind.

솔로먼은 그녀가 궁금해하는 모든 것을 대답했고, 꺼리고 설명하지 못하는 것은 하나도 없었다.

3 And Solomon answered all her questions;
there was nothing hidden from the king
that he could not explain to her.

그래서 쉬바국 여왕은 솔로먼의 지혜를 알게 되었고, 그가 지은 성전도 보고,

4 And when the queen of Sheba had seen
all the wisdom of Solomon, the house that
he had built,

식탁에 놓인 음식, 관리가 앉아 있는 모습, 신하의 수행과 복장, 주류담당관 및 **주님** 성전에서

5 the food of his table, the seating of
his officials, and the attendance of his

그가 제사하는 번제물까지 보자, 그녀는 더 이상 숨을 쉴 수 없었다.

servants, their clothing, his cupbearers,
and his burnt offerings that he offered at
the house of the LORD, there was no more
breath in her.

그녀가 왕에게 말했다. "소문은 사실이었어요. 내가 내 나라에서 당신의 말과 지혜에 관해 들어도,

6 And she said to the king, "The report was
true that I heard in my own land of your
words and of your wisdom,

와서 눈으로 직접 보기 전까지 그 이야기를 믿지 않았는데, 소문은 절반도 말해주지 못했어요. 당신의 지혜와 부는 명성을 능가해요.

7 but I did not believe the reports until I
came and my own eyes had seen it. And
behold, the half was not told me. Your
wisdom and prosperity surpass the report
that I heard.

당신 나라 사람과 관리는 행복하겠어요! 당신 앞에서 당신의 지혜를 계속 들으니까요!

8 Happy are your men! Happy are your
servants, who continually stand before
you and hear your wisdom!

당신의 **주 하나님**은 당신을 기꺼이 받아들여, 이즈리얼 왕위에 앉혔군요! **주님**은 이즈리얼을 늘 사랑하니, 당신을 왕으로 삼아, 공정과 정의를 실천하게 하네요."

9 Blessed be the LORD your God, who
has delighted in you and set you on
the throne of Israel! Because the LORD
loved Israel forever, he has made you
king, that you may execute justice and
righteousness."

그녀는 솔로먼에게 황금 120탤런트약 4.1톤와, 엄청난 양의 향료와 값비싼 보석을 주었다. 쉬바국 여왕이 준 그런 어마어마한 양의 향료는 결코 다시 없었다.

10 Then she gave the king 120 talents of
gold, and a very great quantity of spices
and precious stones. Never again came
such an abundance of spices as these that
the queen of Sheba gave to king Solomon.

게다가 하이럼타이러왕의 함대는

11 Moreover, the fleet of Hiram, which

오피어에서 금을 실어왔고, 거대한 양의 앨먹나무와 값비싼 원석도 그곳에서 가져왔다.

brought gold from Ophir, brought from
Ophir very great amount of almug wood
and precious stones.

솔로먼은 앨먹나무로 **주님**의 집과 왕의 집 기둥을 만들고, 가수를 위한 라이어고대현악기 설터리와 하프도 만들었다. 그 앨먹나무는 이날까지 눈에 띄거나 나타난적이 없다.

12 And the king made of the almug wood
supports for the house of the LORD and
for the king's house, also lyres*psalteries* and
harps for the singers. No such almug
wood has come or been seen to this day.

솔로먼왕은 쉬바국 여왕이 원하는 것을 모두 주었고, 바라는 것 이외 왕의 하사품까지 주었다. 그리고 그녀는 수행신하와 함께 자기 나라에 돌아갔다.

13 And king Solomon gave to the queen of
Sheba all that she desired, whatever she
asked besides what was given her by the
bounty of King Solomon. So she turned
and went back to her own land with her
servants.

솔로먼에게 1년간 들어온 금은 무게로 666탤런트약 22.8톤였다.

14 Now the weight of gold that came to
Solomon in one year was 666 talents of
gold,

그 이외 탐험가와 무역상인한테서도 금이 들어왔고, 서부지역어래이비아의 여러 왕 및 통치자도 가져왔다.

15 besides that which came from the
explorers and from the business of the
merchants, and from all the kings of all the
kings of west*Arabia* and from the governors
of the land.

솔로먼왕은 금을 두드려 큰방패 200개를 만들었는데, 각 방패마다 600쉐클약 6.8Kg씩 들었다.

16 King Solomon made 200 large shields of
beaten gold; 600 shekels of gold went
into each shield.

또 금을 가지고 타공기법으로 소형방패 300개를 각각 금 3마이나약 1.8kg씩 써서 만들었다. 왕

17 And he made 300 shields of beaten gold;
three minas*1.8Kg* of gold went into each

은 그것을 레바넌의 숲속집에 두었다.

shield. And the king put them in the House of the Forest of Lebanon.

또한 왕은 대형 상아의자를 만들어, 최고급 금으로 도금했다.

18 The king also made a great ivory throne and overlaid it with the finest gold.

왕좌옥좌는 여섯 계단 위에 놓였는데, 등받이는 둥글며, 팔걸이는 자리 양쪽에 달렸고, 사자 두 마리가 그옆에 각각 서있었다.

19 The throne had six steps, and the throne had a round top, and on each side on the seat were armrests and two lions standing beside the armrests,

또 다른 사자 12마리는 6계단 층층마다 양끝에 하나씩 두었는데, 그런 것은 어느 왕국에도 전혀 없었다.

20 while twelve lions stood there, one on each end of a step on the six steps. The like of it was never made in any kingdom.

솔로먼왕의 주류용기는 일체 금제였고, 레바넌 숲속집에 보관한 그릇도 전부 순금제였다. 은그릇이 없는 것은, 솔로먼 시대에 은은 하찮게 여겨졌기 때문이었다.

21 All king Solomon's drinking vessels were of gold, and all the vessels of the House of the Forest of Lebanon were of pure gold. None were of silver; silver was not considered as anything in the days of Solomon.

왕은 바다에 하이럼의 함대와 더불어 탈쉬시의 함선 하나를 갖고서, 3년에 한 번씩 그 배로 금, 은, 상아, 애이프원숭이, 공작을 실어오곤 했다.

22 For the king had a fleet of ships of Tharshish at sea with the fleet of Hiram. Once every three years the fleet of ships of Tharshish used to come bringing gold, silver, ivory, apes, and peacocks.

솔로먼왕은 땅위 어떤 왕보다 재물과 지혜가 훨씬 탁월했다.

23 Thus king Solomon excelled all the kings of the earth in riches and in wisdom.

온세상이 솔로먼 앞으로 찾아와서 그의 지혜를 듣고자 했는데, 이는 **하나님**이 그에게 넣어준 것이었다.

24 And the whole earth sought the presence of Solomon to hear his wisdom, which God had put into his mind.

그들은 누구나 각자 예물로, 은제 금제 그릇, 의복, 갑옷, 향료, 말, 노새를 매년 많이 가져왔다.

25 Every one of them brought his present,
articles*vessel* of silver and gold, garments,
armour, spices, horses, and mules, so
much year by year.

솔로먼이 전차와 기병을 한데 모았더니, 전차 1,400대, 기병 12,000명이었다. 그는 이것을 전차 도시와 저루살럼 왕에게 주둔시켰다.

26 And Solomon gathered together chariots
and horsemen. He had 1,400 chariots and
12,000 horsemen, whom he stationed
in the chariot cities and with the king in
Jerusalem.

왕은 저루살럼 안에서 은을 흔한 돌처럼, 시더나무를 쉬펠라저지대의 시커모아나무처럼 풍부하게 널리도록 취급했던 것이다.

27 And the king made silver as common
in Jerusalem as stone, and he made
cedar as plentiful as the sycamore of the
Shephelah*lowland in Israel*.

솔로먼 시대의 말은 이집트와 쿠터키남부에서 수입했고, 왕실 구매담당은 쿠지역 리넨아마실을 정가에 사들였다.

28 And Solomon's import of horses was from
Egypt and Kue, and the king's traders
received linen yarn from Kue*southern Turkey* at
a price.

전차는 이집트 수입품 한 대에은 600쉐클약 6.84Kg에, 말은 한 필에 150쉐클약 1.7Kg에 값이 나가자, 왕의 무역관은 이를 이용해 힡부족 및 시리아 왕에게 수출했다.

29 A chariot could be imported from Egypt
for 600 shekels of silver and a horse for
150, and so through the king's traders
they were exported to all the kings of the
Hittites and the kings of Syria.

● **가르침** ***Gospel*** 솔로먼은 지혜로 부를 보상받은 증인이다.

STORY BIBLE 35

국왕1권 18 | 예언자 일라이자

1 Kings 18 | The Prophet Elijah

일라이자가 배이얼신 예언자와 불로 대결하다

Elijah was in a fiery battle against the prophets of Baal

한참 지나 **주님** 말이 일라이자에게 들린 것은 3년만이었다. "네가 직접 애이햅에게 가서, '내가 이 땅에 비를 내린다'고 전해라."

1 After many days the word of the LORD
came to Elijah, in the third year, saying,
"Go, show yourself to Ahab, and I will
send rain upon the earth."

일라이자가 애이햅에게 갔는데, 당시 스매리아에 기근이 극심했다.

2 So Elijah went to show himself to Ahab.
Now the famine was severe in Samaria.

애이햅왕이 궁전감독관 오버다야를 불렀다. [오버다야는 **주님**을 대단히 경외하는 사람으로,

3 And Ahab called Obadiah, who was over
the household. [Now Obadiah feared the
LORD greatly,

제저벨 왕비가 **주님**의 예언자를 제거할 때, 오버다야는 예언자 백명을 데려다, 한 동굴에 50명씩 숨기고 빵과 물을 먹였었다.]

4 and when Jezebel cut off the prophets
of the LORD, Obadiah took a hundred
prophets and hid them by fifties in a cave
and fed them with bread and water.]

애이햅왕이 오버다야에게 말했다. "국토를 돌며 우물과 계곡마다 가봐라. 혹시 풀을 찾으면 말과 노새를 살려, 가축을 다소 잃

5 And Ahab said to Obadiah, "Go through
the land to all the springs of water and to
all the valleys. Perhaps we may find grass

지 않을 수 있다."

and save the horses and mules alive, and
not lose some of the animals."

돌아볼 땅을 둘로 나눈 다음, 애이햅왕은 한쪽 길로, 오버다야는 다른 방향으로 떠났다.

6 So they divided the land between them
to pass through it. Ahab went in one
direction by himself, and Obadiah went in
another direction by himself.

오버다야가 길을 가다 일라이자를 만나게 되었다. 오버다야가 그를 알아보고 머리 숙여 인사했다. "당신은, 나의 주인님 일라이자이지요?"

7 And as Obadiah was on the way, behold,
Elijah met him. And Obadiah recognized
him and fell on his face and said, "Is it you,
my lord Elijah?"

그가 대답했다. "맞다. 가서 당신 주인에게, '일라이자가 여기 있다'고 전해라."

8 And he answered him, "It is I. Go, tell your
lord, 'Behold, Elijah is here.'"

그러자 오버다야가 말했다. "내가 죄를 지었는데, 어떻게 당신은 애이햅 손에 당신 종 나를 넘겨 죽이려하죠?

9 And [Obadiah] he said, "How have I
sinned, that you would give your servant
into the hand of Ahab, to kill me?

당신의 **주 하나님**이 살아 있듯, 나의 주인 왕이 나라 곳곳에 당신을 찾아내라고 안 보낸 곳이 없었죠. '그가 여기에 없다'고 말하는 왕국이나 민족한테는 못 봤다는 맹세까지 시켰죠.

10 As the LORD your God lives, there is no
nation or kingdom where my lord has not
sent to seek you. And when they would
say, 'He is not here,' he would take an oath
of the kingdom or nation, that they had
not found you.

이제와 당신은, '왕에게 "일라이자가 여기 있다" 전하라고요.'

11 And now you say, 'Go, tell your lord,
"Behold, Elijah is here."'

또 당신과 헤어지자마자, **주님** 영혼이 내가 모르는 곳으로 당신을 데려가겠죠. 애이햅에게 전해도, 당신을 못 찾으면, 내가 어릴 적부터 **주님**을 두려워했다 해도, 그가 나를 죽여요.

12 And as soon as I have gone from you, the
Spirit of the LORD will carry you I know not
where. And so, when I come and tell Ahab
and he cannot find you, he will kill me,

although I your servant have feared the
LORD from my youth.

당신은 소문도 듣지 못했나요, 제저벨 왕비가 **주님** 예언자를 모조리 죽일 때, 내가 어떻게 **주님** 예언자 백명을 동굴 하나에 50명씩 숨겨, 빵과 물을 먹였는지요?

13 Has it not been told my lord what I did
when Jezebel killed the prophets of the
LORD, how I hid a hundred men of the
LORD's prophets by fifties in a cave and fed
them with bread and water?

당신이, '네 주인에게 "일라이자가 여기 있다" 전하라'면, 그가 나를 죽이겠지요."

14 And now you say, 'Go, tell your lord,
"Behold, Elijah is here"'; and he will kill
me."

일라이자가 말했다. "살아 있는 만인의 **주님** 앞에서 말하는데, 나는 반드시 오늘 그에게 내 모습을 보일거다."

15 And Elijah said, "As the LORD of hosts lives,
before whom I stand, I will surely show
myself to him today."

오버다야가 그 말을 전하자, 애이햅왕이 일라이자를 만나러 왔다.

16 So Obadiah went to meet Ahab, and told
him. And Ahab went to meet Elijah.

애이햅이 일라이자를 보고 말했다. "당신은 이즈리얼의 골칫거리죠?"

17 When Ahab saw Elijah, Ahab said to him,
"Is it you, you troubler of Israel?"

일라이자가 대답했다. "내가 이즈리얼의 골칫거리가 아니고, 오히려 당신과 당신 집안이죠. **주님** 명령을 내던지고 배이얼신을 따르니까요.

18 And he answered, "I have not troubled
Israel, but you have, and your father's
house, because you have abandoned the
commandments of the LORD and followed
the Baals.

그러니 이제, 이즈리얼 모두를 카멀산의 나한테 소집하되, 제저벨 왕비 식탁에서 함께 밥먹는 배이얼 예언자 450명, 애슈라수풀신 예언자 400명도 모이게 하세요."

19 Now therefore send and gather all Israel
to me at mount Carmel, and the 450
prophets of Baal and the 400 prophets of
Asherah*grove*, who eat at Jezebel's table."

그래서 애이햅왕이 사람을 보내

20 So Ahab sent to all the people of Israel

이즈리얼 사람을 예언자와 함께 카멀산에 모이게 했다.

and gathered the prophets together at
Mount Carmel.

일라이자가 다가가 말했다. "당신들은 두 의견 사이에서 얼마나 더 오래 갈피를 못잡을 거죠? **주님**이 **하나님**이면 따르고, 반대로 배이얼이 신이면 그를 따르세요." 사람들은 한마디도 대꾸하지 못했다.

21 And Elijah came near to all the people
and said, "How long will you go limping
between two different opinions? If the
LORD is God, follow him; but if Baal, then
follow him." And the people did not
answer him a word.

일라이자가 말했다. "나는, 오직 나만 **주님** 예언자로 남아 있고, 배이얼 예언자는 450명이에요.

22 Then Elijah said to the people, "I, even I
only, am left a prophet of the LORD, but
Baal's prophets are 450 men.

우리 앞에 수소 두 마리를 놓고, 저들이 하나를 선택하여 토막내서, 나무위에 올리되, 불을 지피지 않게 합시다. 나도 나머지를 손질하여 장작에 불을 붙이지 않고 올리죠.

23 Let two bulls be given to us, and let them
choose one bull for themselves and cut it
in pieces and lay it on the wood, but put
no fire to it. And I will prepare the other
bull and lay it on the wood and put no fire
to it.

저마다 자기네 신을 부르면, 나는 **주님** 이름을 부르죠. 불로 대답하는 신이 **하나님**이에요." 모두 대답했다. "참 좋은 생각이에요."

24 And you call upon the name of your god,
and I will call upon the name of the LORD,
and the God who answers by fire, he is
God." And all the people answered, "It is
well spoken."

일라이자가 배이얼 예언자에게 말했다. "너희 사람수가 많으니, 먼저 수소 하나를 골라 손질하고, 불을 지피지 말고 너희 신을 불러라."

25 Then Elijah said to the prophets of Baal,
"Choose for yourselves one bull and
prepare it first, for you are many, and call
upon the name of your god, but put no
fire to it."

그들은 고른 수소를 잡아 손질

하여, 아침부터 정오까지 배이얼을 불렀다. "오 배이얼님, 대답해주세요!" 아무 소리나 대답도 없자, 그들은 만들어 놓은 제단 주위를 돌며 갈팡질팡했다.

26 And they took the bull that was given
them, and they prepared it and called
upon the name of Baal from morning until
noon, saying, "O Baal, answer us!" But
there was no voice, and no one answered.
And they limped around the altar that
they had made.

낮이 되어, 일라이자가 놀렸다. "크게 외쳐봐라. 그가 신이라면, 생각 중이거나, 휴식이나 여행 중일 수도 있고, 혹시 잠이 들었다면 깨워야지."

27 And at noon Elijah mocked them, saying,
"Cry aloud, for he is a god. Either he is
musing, or he is relieving himself, or he is
on a journey, or perhaps he is asleep and
must be awaked."

그들은 더 크게 외치며, 관습에 따라 칼과 긴창 랜스무사용로 피가 뿜어져 나오도록 자해까지 했다.

28 And they cried aloud and cut themselves
after their custom with swords and
lances*for cavalry*, until the blood gushed out
upon them.

낮이 지나, 오후 봉헌시간이 되도록 미친듯 그들이 악을 써봐도, 어떤 대답도 없고, 아무도 주의를 기울이지 않았다.

29 And as midday passed, they raved on until
the time of the offering of the oblation,
but there was no voice. No one answered;
no one paid attention.

일라이자가 모두에게 말했다. "내게 가까이 와주세요." 사람들이 다가오자, 그는 부서진 **주님**의 제단을 다시 고쳐 세웠다.

30 Then Elijah said to all the people, "Come
near to me." And all the people came near
to him. And he repaired the altar of the
LORD that had been thrown down.

일라이자는 재이컵 아들부족 수대로 12돌을 가져왔다. "이즈리얼이 네 이름이 된다"고 **주님**이 재이컵에게 한 말을 따르며,

31 Elijah took twelve stones, according to the
number of the tribes of the sons of Jacob,
to whom the word of the LORD came,

saying, "Israel shall be your name,"

그는 12돌로 **주님** 이름의 제단을 만든 뒤, 제단 주위에 도랑을 팠는데, 크기는 씨앗 두 말약15.2L가량 수용할 정도였다.

32 and with the stones he built an altar in the
name of the LORD. And he made a trench
about the altar, as great as would contain
two seahs*a seah is about 7.3L* of seed.

나무를 가지런히 놓은 위에 수소를 토막내어 올리고 말했다. "항아리 4개에 물을 가득 채워서, 그것을 번제물과 나무위에 부어라."

33 And he put the wood in order and cut the
bull in pieces and laid it on the wood. And
he said, "Fill four jars with water and pour
it on the burnt offering and on the wood."

이어 말했다. "두 번째로 부어라." 그들이 하자, 그가 또 말했다. "세 번째도 해라." 그래서 세 번째도 똑같이 했다.

34 And he said, "Do it a second time." And
they did it a second time. And he said,
"Do it a third time." And they did it a third
time.

그러자 물이 제단 주위를 흘러 넘쳐 도랑을 채웠다.

35 And the water ran round the altar and
filled the trench also with water.

봉헌물을 올릴 시간에, 예언자 일라이자가 가까이 와서 말했다. "오 **주인님**, 애이브러햄과, 아이직과, 이즈리얼의 **하나님**, 이날 이즈리얼의 **하나님**이 당신임을 알게 해주세요. 당신 종 나는 당신의 말대로 이와 같이 다 했어요.

36 And at the time of the offering of the
oblation, Elijah the prophet came near
and said, "O LORD, God of Abraham, Isaac,
and Israel, let it be known this day that
you are God in Israel, and that I am your
servant, and that I have done all these
things at your word.

오 **주님**, 내게 대답하여, 당신이 바로 **주 하나님**이라는 것을 알도록 사람의 마음을 돌려주세요."

37 Answer me, O LORD, answer me, that this
people may know that you, O LORD, are
God, and that you have turned their
hearts back."

순간 **주님**의 불이 떨어져 번제

38 Then the fire of the LORD fell and

제물을 태우고, 나무와 돌과 먼지까지 태워버리더니, 도랑에 있던 물마저 핥았다.

consumed the burnt offering and the
wood and the stones and the dust, and
licked up the water that was in the trench.

모두가 그것을 보자, 머리를 숙이며 말했다. "**주인님**, 그가 신이고, **주님**이 바로 **하나님**이다."

39 And when all the people saw it, they fell
on their faces and said, "The LORD, he is
God; the LORD, he is God."

그때 일라이자가 말했다. "배이얼 예언자를 붙잡아, 어느 하나도 도망가지 못하게 해라." 사람들이 붙잡자, 일라이자가 그들을 키션시내로 끌고가 죽였다.

40 And Elijah said to them, "Seize the
prophets of Baal; let not one of them
escape." And they seized them. And Elijah
brought them down to the brook Kishon
and slaughtered them there.

그리고 일라이자가 애이햅 왕에게 말했다. "가서 먹고 마셔요. 소낙비 소리가 들릴 테니까요."

41 And Elijah said to Ahab, "Go up, eat and
drink, for there is a sound of the rushing
of rain."

그래서 애이햅이 가서 먹고 마셨고, 일라이자는 카멀산 정상에 올라, 땅에 몸을 굽히고 무릎 사이에 얼굴을 묻었다.

42 So Ahab went up to eat and to drink. And
Elijah went up to the top of Mount Carmel.
And he bowed himself down on the earth
and put his face between his knees.

일라이자가 자기 종에게 말했다. "올라가서 바다쪽을 바라봐라." 그가 가보고 말했다. "아무것도 없어요." 그가 7번 "가라"고 말했다.

43 And he said to his servant, "Go up now,
look toward the sea." And he went up and
looked and said, "There is nothing." And
he said, "Go again," seven times.

일곱 번째에 그가 말했다. "보라, 사람 손바닥 같은 작은 구름이 바다에 일어나고 있다." 또 그가 말했다. "애이햅에게 가서, '전차로 내려가면, 비가 당신 길을 막지 않는다'고 전해라."

44 And at the seventh time he said, "Behold,
a little cloud like a man's hand is rising
from the sea." And he said, "Go up, say to
Ahab, 'Prepare your chariot and go down,
lest the rain stop you.'"

잠시후 하늘이 구름과 바람으로 점차 검어지더니, 큰비가 내렸다. 그리고 애이햅은 전차로 제즈리얼로 떠나갔다.

45 And in a little while the heavens grew
black with clouds and wind, and there was
a great rain. And Ahab rode and went to
Jezreel.

주님의 손이 일라이자에게 닿자, 그는 옷을 잡고, 애이햅이 제즈리얼에 닿기 전에 급히 달렸다.

46 And the hand of the LORD was on Elijah,
and he gathered up his garment and ran
before Ahab to the entrance of Jezreel.

● **가르침** ***Gospel*** 주님은 응답한다.

조브의 시험 42 | # 조브의 재산복구

Job 42 | # Job's Prosperity Restored

조브가 고백하며 반성하다

Job confesses and repents by himself

그때 조브가 **주님**에게 대답했다.

1 Then Job answered the LORD and said:

"나는, 당신이 무엇이든 할 수 있고, 또 그 의도는 어긋남이 없다는 것도 알아요.

2 *"I know that you can do all things,*
and that no purpose of yours can
be thwarted.

'지식도 없으면서, 잠자코 있지도 못하는 자가 대체 누구냐?' 제대로 알지 못한 채 불평하는 내게 그것은 너무나 훌륭한 것 들이었어요.

3 *'Who is this that hides counsel without*
knowledge?' Therefore
I have uttered what I did not understand,
things too wonderful for me,
which I did not know.

'듣거라, 내가 말을 하거든, 그리고 내가 질문하면, 너는 나를 알게 된다.'

4 *'Hear, and I will speak; I will question you,*
and you make it known to me.'

나는 귀에 울리는 당신 말을 들었었는데, 이제는 내 눈이 당신을 알아봅니다.

5 *I had heard of you by the hearing*
of the ear,
but now my eye sees you;

그러자 자신이 경멸스러워져, 흙과 재로 후회하고 있어요."

6 *therefore I despise myself, and repent*
in dust and ashes."

주님이 조브에게 그렇게 말한 다음, 테먼 사람 일리풰즈에게 말했다. "분노가 너와 두 친구에게 일어난 것은, 나의 종 조브가 하듯, 너희가 내게 바른 말을 하지 못했기 때문이다.

7 After the Lord had spoken these words to
Job, the Lord said to Eliphaz the Temanite:
"My anger burns against you and against
your two friends, for you have not spoken
of me what is right, as my servant Job has.

이제 수소 7마리, 숫양 7마리를 나의 종 조브에게 데려가, 자신을 위한 번제를 지내라. 조브가 너희를 위해, 어리석어 저지른 잘못을 벌하지 말라고 기도하면, 내가 받아들이겠다. 이는 너희가 나의 종 조브처럼, 옳은 말을 못한 탓이다."

8 Now therefore take seven bulls and seven
rams and go to my servant Job and offer
up a burnt offering for yourselves. And
my servant Job shall pray for you, for I
will accept his prayer not to deal with you
according to your folly. For you have not
spoken of me what is right, as my servant
Job has."

테먼 사람 일리풰즈와 슈흐 사람 빌댇, 내머쓰 사람 조퐈가, **주님**이 말한 것을 그대로 따르자, **주님**은 조브의 기도를 받아들였다.

9 So Eliphaz the Temanite and Bildad the
Shuhite and Zophar the Naamathite went
and did what the Lord had told them,
and the Lord accepted Job's prayer.

그리고 **주님**은 조브가 친구를 위해 기도하는 동안, 그의 재산을 되돌려주며, 전에 소유한 만큼의 두 배를 내려주었다.

10 And the Lord restored the fortunes of Job,
when he had prayed for his friends. And
the Lord gave Job twice as much as he
had before.

그의 형제자매도 모두 조브에게 나타났고, 전에 알던 지인까지 모두 와서, 그의 집에서 함께 빵을 먹었다. 그들은 그에게 연민을 보이고, **주님**이 내린 불행에 대해 조브를 위로하며, 저마다 돈 얼마와 금반지 하나씩을 주었다.

11 Then came to him all his brothers and
sisters and all who had known him before,
and ate bread with him in his house.
And they showed him sympathy and
comforted him for all the evil that the Lord
had brought upon him. And each of them

gave him a piece of money and a ring of
gold.

주님은 조브에게 처음보다 나중에 복을 더 많이 주었다. 그래서 그는 양 14,000마리, 낙타 6,000마리, 소 1,000쌍, 암나귀 1,000마리를 갖게 되었다.

12 And the LORD blessed the latter days of
Job more than his beginning. And he had
14,000 sheep, 6,000 camels, 1,000 yoke of
oxen, and 1,000 female donkeys.

또 그는 아들 7에 딸 3을 두게 되었다.

13 He had also seven sons and three
daughters.

그는 첫째 딸 이름을 재미마라고 부르고, 둘째는 케자야, 세째는 캐런하퍼크라라고 불렀다.

14 And he called the name of the first
daughter, Jemima, and the name of the
second Keziah, and the name of the third,
Keren-happuch.

그곳 어디에도 조브 딸만큼 예쁜 여자는 없었다. 그들 아버지는 형제 가운데 딸들한테도 유산을 주었다.

15 And in all the land there were no women
so beautiful as Job's daughters. And their
father gave them inheritance among their
brothers.

그뒤 조브는 140년을 더 살며, 아들, 아들의 아들, 심지어 4대 손까지 보았다.

16 And after this Job lived 140 years, and
saw his sons, and his sons' sons, four
generations.

조브는 늙어 수명이 다해 죽었다.

17 And Job died, an old man, and full of days.

● **가르침** ***Gospel*** 알지 못하면 잠자코 있자.

시가기도 23 | 목자시가

Psalms 23 | The Shepherd Psalm

대이빋왕의 시가기도

A Psalm of David.

주님이 목자니, 나는 바랄게 없다.

1 *The LORD is my shepherd;*
I shall not want.

그는 나를 푸른 초원에 뉘거나, 조용한 물가로 데려가 쉬게 한다.

2 *He makes me lie down in green pastures.*
He leads me beside still waters.

그는 내 영혼을 일깨워, 그의 이름을 위한 바른길정의로 이끈다.

3 *He restores my soul.*
He leads me in paths of righteousness
for his name's sake.

비록 내가 죽음의 그림자 계곡을 걸어도, 악이 두렵지 않다. 당신이 나와 같이 있으니, 당신의 막대와 지팡이가 나를 안심시킨다.

4 *Even though I walk through the valley of the shadow of death,*
I will fear no evil,
for you are with me;
your rod and your staff,
they comfort me.

당신은 적이 있어도 내 앞에 식

5 *You prepare a table before me*

탁을 마련하여, 내 머리에 기름을 발라주고, 또 넘치도록 내 술잔을 채워준다.

in the presence of my enemies;
you anoint my head with oil;
my cup overflows.

6 나는 확실한 선행과 관대한 사랑이 내 일생을 따르도록 노력하며, 영원히 **주님**집에서 살아갈 것이다.

Surely goodness and mercy shall
follow me
all the days of my life,
and I shall dwell in the house
of the Lord
forever.

● **가르침** ***Gospel*** 주님이 나의 목자니 바랄게 없다.

격언 8 | 지혜의 축복
Proverbs 8 | The Blessings of Wisdom

지혜는 보상이 덤이다

Wisdom gives her rewards

지혜가 부르지 않나? 이해가 제 목소리를 돋우지 않나?

1 *Doth not wisdom call?*
Does not understanding raise her voice?

교차로 옆 높은 곳에 그녀가 자리를 잡고,

2 *On the heights beside the way,*
at the crossroads she takes her stand;

도시입구 정문옆 출입문에서 그녀가 큰소리로 외친다.

3 *beside the gates in front of the town,*
at the entrance of the portals
she cries aloud:

"오 사람아, 내가 소리내어, 나의 외침을 인간자손에게 전한다.

4 *"To you, O men, I call, and my cry is*
to the children of man.

오 단순한 자, 현명한 분별력을 키우고, 어리석어도 논리를 익혀라.

5 *O simple ones, learn prudence;*
O fools, learn sense.

들어보라, 내가 높은 가치를 말하면, 내 입술은 정의를 드러낸다.

6 *Hear, for I will speak noble things, and from*
my lips will come what is right,

나의 입은 진실을 말하므로, 지혜의 입술은 악을 질색하며 꺼린다.

7 *for my mouth will utter truth; wickedness is*
an abomination to my lips.

내 입에서 나오는 말은 바른 정의뿐, 삐뚤어진 뒤틀림은 없다.

8 *All the words of my mouth are righteous;*
there is nothing twisted or
crooked in them.

9 그것은 이해하는 자에게 올곧고, 지식을 찾는 사람에게 바른 것이다.

They are all straight to him who
understands, and
right to those who find knowledge.

10 지혜의 가르침을 은 대신 택하고, 지식을 금 대신 받아들여라.

Take my instruction instead of silver,
and knowledge rather than
choice gold,

11 지혜는 보석보다 좋아, 네 희망 전체와 그녀를 비교할 수 없다.

for wisdom is better than jewels,
and all that you may desire cannot
compare with her.

12 "나 지혜는 현명과 같이 살며, 지식과 옳은 판단을 찾아낸다.

"I, wisdom, dwell with prudence,
and I find knowledge and discretion.

13 **주님**을 두려워하면 악의 증오를 받지만, 자만과 오만과 악행과 뒤틀린 말은 내가 싫어한다.

The fear of the LORD is hatred of evil.
Pride and arrogance and the way of evil
and perverted speech I hate.

14 충고할 조언과, 건전한 지혜와, 깊은 이해가 있어, 나는 강하다.

I have counsel and sound wisdom;
I have insight; I have strength.

15 왕은 이런 지혜로 다스리고, 통치자는 공정하게 선포한다.

By me kings reign,
and rulers decree what is just;

16 지도자는 지혜로 판결하고, 모든 귀족은 정당하게 지배한다.

by me princes rule, and nobles,
all who govern justly.

17 나 지혜는, 나를 사랑하는 자와, 지혜를 찾으려 노력하는 자를 사랑한다.

I love those who love me,
and those who seek me diligently
find me.

18 재물과 명예는 나 지혜와 함께 있어, 부와 정의를 이어준다.

Riches and Honor are with me,
enduring wealth and righteousness.

19 지혜의 열매는 금보다 순금보다

My fruit is better than gold,

좋고, 그 결과는 은을 얻는 이상
이다.

even fine gold,
and my yield than choice silver.

20 나 지혜는 정의의 길을 공정한
방법으로 걸어가므로,

I walk in the way of righteousness,
in the paths of justice,

21 지혜를 사랑하는 자에게 유산이
가서, 그 보물창고가 채워진다.

granting an inheritance to those
who love me, and filling their treasures.

22 "**주님**이 나 지혜를 소유한 것은,
옛날 최초 그의 작업 시작부터
였다.

"The LORD possessed me at the
beginning of his work,
the first of his acts of old.

23 오래전 나 지혜가 마련된 때는,
최초 땅이 존재하기 전이었다.

Ages ago I was set up, at the first, before the
beginning of the earth.

24 당시 깊은 바다가 없을 때, 나
지혜가 생겼는데, 그때는 물이
넘쳐흐르는 샘도 없었다.

When there were no depths I was brought
forth, when there were no springs
abounding with water.

25 산이 형성되기 전, 언덕이 있기
전에 나 지혜가 생겨났고,

Before the mountains had been shaped,
before the hills,
I was brought forth,

26 그가 아직 땅과 벌판을 만들기
전이라, 세상에 최초 흙먼지조
차 없었다.

before he had made the earth
with its fields,
or the first of the dust of the world.

27 그가 하늘을 구축할 때, 나 지혜
가 거기 있었는데, 그때 그는 바
다표면에 둥글게 선을 긋고,

When he established the heavens,
I was there; when he drew
a circle on the face of the deep,

28 공중위에 하늘을 고정하고, 깊
은 바다 밑바닥을 다졌으며,

when he made firm the skies above,
when he established the fountains
of the deep,

29 바다에 경계를 나누어 정하고, 물이 그 명령을 침범할 수 없게 했으며, 땅의 기반영역을 표시했는데,

when he assigned to the sea its limit, so
that the waters might not
transgress his command,
when he marked out the foundations
of the earth,

30 그때 나 지혜는 곁에서 기능장처럼 있으면서, 날마다 그의 즐거움이 되고, 항상 기쁨이 되며,

then I was beside him, like a
master workman,
and I was daily his delight,
rejoicing before him always,

31 살아있는 세상의 기쁨 및 인간 자손의 즐거움이 되어주었다.

rejoicing in his inhabited world and
delighting in the children of man.

32 "오 자손들아, 이제, 나 지혜를 듣고, 내 길을 따르면 축복받는다.

"And now, O sons, listen to me:
blessed are those who keep my ways.

33 가르침을 듣고 현명해져야 하며, 지혜를 하찮게 여기면 안 된다.

Hear instruction and be wise,
and do not neglect it.

34 축복받는 사람은, 나 지혜를 듣고, 날마다 지혜의 문을 살피며, 지혜의 문옆에서 기다리는 사람이다.

Blessed is the one who listens to me,
watching daily at my gates,
waiting beside my doors.

35 지혜를 찾는 사람은 누구나 생명도 **주님**의 호의도 얻지만,

For whoever finds me finds life
and obtains favor from the LORD,

36 나를 찾지 않으면 자신을 헤치게 되므로, 나를 싫어하는 자는 모두 죽음을 사랑하는 것이다."

but he who fails to find me injures
himself;
all who hate me love death."

● **가르침** *Gospel* 지혜가 가장 좋다.

격언 15 | 부드러운 응답

Proverbs 15 | The Soft Answer

우아하고 올바르게 대답하자 | *Answer with grace and upright*

1 대답이 부드러우면 분노를 달래고, 찌르는 말은 화를 돋운다.

A soft answer turns away wrath,
but a harsh word stirs up anger.

2 현명한 혀는 지식을 바르게 사용해도, 바보의 입은 어리석음만 쏟아낸다.

The tongue of the wise commends
knowledge, but
the mouth of fools pours out folly.

3 **주님**의 눈은 어디나 있어, 선과 악을 지켜본다.

The eyes of the LORD are in every place,
keeping watch on the evil and the good.

4 건전한 혀는 생명의 나무가 되고, 그것이 비틀리면 영혼이 무너진다.

A gentle tongue is a tree of life,
but perverseness in it is breaks
the spirit.

5 어리석어 아버지 훈계를 무시하나, 비난을 되새기면 현명해진다.

A fool despises his father's instruction,
but whoever heeds reproof is prudent.

6 정직한 집안에는 보물이 가득하고, 악한 수입은 보잘것없어 곤란한 상황에 처한다.

In the house of the righteous there is much
treasure, but trouble befalls
the income of the wicked.

7 슬기로운 입술은 지식을 전파해도, 어리석으면 그렇지 못하다.

The lips of the wise spread knowledge;
not so the hearts of fools.

8 악의적 제사는 **주님**이 거부하는

The sacrifice of the wicked is an abomination

모욕이지만, 올바른 기도는 그가 받아들인다.

to the LORD,
but the prayer of the upright is
acceptable to him.

악한의 길은 **주님**이 싫어한다. 하지만 정의를 따르는 사람은 사랑해준다.

9 The way of the wicked is an abomination to
the LORD,
but he loves him who pursues
righteousness.

징계는 바른 길을 외면한 자에게 가혹하고, 책망과 비난을 거부하면 누구에게나 죽음뿐이다.

10 There is severe discipline for him
who forsakes the way;
whoever hates reproof will die.

지옥과 파멸도 **주님** 앞에서는 훤히 다 드러나는데, 인간자손의 마음이야 얼마나 더 잘 알까!

11 Hell Sheol and destruction Abaddon lie open
before the LORD; how much more the hearts
of the children of men!

남을 비웃는 사람일수록 질책도 싫고, 지혜도 찾지 않는다.

12 A scoffer does not like to be reproved;
he will not go to the wise.

기쁜 마음은 안색에 생기를 주고, 슬픈 마음은 영혼을 짓누른다.

13 A glad heart makes a cheerful face,
but by sorrow of heart the spirit is
crushed.

이해하는 마음을 가지면 점점 잘 알게 되지만, 바보의 입을 가진 사람은 어리석음만 채운다.

14 The heart of him who has understanding
seeks knowledge,
but the mouths of fools feed on folly.

온종일 고통으로 괴로워도, 마음이 즐거우면 축제의 연속이다.

15 All the days of the afflicted are evil,
but the cheerful of heart has a
continual feast.

주님에 대한 두려움이 적다면, 큰재물로 괴로운 것보다 좋다.

16 Better is a little with the fear of the LORD than
great treasure and trouble with it.

사랑담긴 나물음식이 미움받는

17 Better is a dinner of herbs where love is than

기름진 소고기보다 좋다.

a fattened ox and hatred with it.

18 불같이 급한 성질은 불화를 일으키고, 화를 참으면 싸움을 달랜다.

A hot-tempered man stirs up strife,
but he who is slow to anger quiets contention.

19 태만한 자의 앞길은 가시울타리 길이고, 정의 바른 사람의 앞길은 평평한 평원길이다.

The way of a sluggard is like a hedge of thorns, but
the path of the upright is a level highway.

20 슬기로운 아들은 아버지를 기쁘게 하고, 어리석으면 어머니를 무시한다.

A wise son makes a glad father,
but a foolish man despises his mother.

21 현명하지 못하면 바보짓이 즐겁고, 이해를 하면 곧은길을 간다.

Folly is a joy to him who lacks sense,
but a man of understanding walks straight ahead.

22 의논없는 계획은 실패해도, 조언이 많으면 일이 성공한다.

Without counsel plans fail,
but with many advisers they succeed.

23 마땅한 답을 해야 만족하는데, 제때에 하는 말은 얼마나 더 좋은가!

To make an apt answer is a joy to a man,
and a word in season,
how good it is!

24 생명의 길은 현명한 사람을 위로 이끌어, 지옥바닥조차 탈출할 수 있게 한다.

The path of life leads upward for the prudent, that he may turn away from Sheol hell beneath.

25 **주님**은 오만한 집안을 파괴하고, 과부의 울타리는 지켜준다.

The LORD tears down the house of the proud, but maintains the widow's boundaries.

26 악의적 생각은 **주님**도 혐오하고, 품위있는 우아한 말은 사람을 정화한다.

The thoughts of the wicked are an abomination to the LORD, but gracious words are pure.

부당이익이 욕심나면 제집안이 어려워지고, 뇌물을 싫어하면 잘 살게 된다.

27 *Whoever is greedy for unjust gain troubles*
his own household,
but he who hates bribes will live.

정직한 마음은 어떤 대답을 하면 좋을지 신중하게 생각하지만, 좋지 못한 입은 악담만 쏟아낸다.

28 *The heart of the righteous ponders*
how to answer,
but the mouth of the wicked
pours out evil things.

주님은 악한을 멀리해도, 정직한 자의 기도는 들어준다.

29 *The LORD is far from the wicked,*
but he hears the prayer of the righteous.

눈빛은 마음을 밝혀 즐겁게 하고, 좋은 소식은 뼈조차 재생시킨다.

30 *The light of the eyes rejoices the heart, and*
good news refreshes the bones.

생명을 주는 꾸지람을 듣는 귀는 현명한 사람 가운데서 살아간다.

31 *The ear that listens to life-giving reproof will*
dwell among the wise.

가르침을 무시하는 자는 제 자신을 가벼이 여기는 것이고, 꾸지람을 듣는 자는 지성을 얻는다.

32 *Whoever ignores instruction despises*
himself, but he who listens to reproof
gains intelligence.

주님을 두려워하는 것이 지혜의 가르침이고, 겸손은 명예에 앞선다.

33 *The fear of the LORD is instruction in wisdom,*
and humility comes before honor.

● **가르침** ***Gospel*** 비난을 되새기면 현명해진다.

격언 22 | 명성이 재물보다 좋다

Proverbs 22 | A Good Name is Better than Riches

주님을 믿고 의지한다

Your trust may be in the Lord

명성을 큰재물 이상으로 선택하고, 사랑받는 존중은 금이나 은보다 훨씬 더 좋다.

1 *A good name is to be chosen*
rather than great riches,
and favor is better
than silver or
gold.

부자와 가난한 사람빈자의 공통점은, 둘 다 **주님**이 창조주다.

2 *The rich and the poor meet together;*
the Lord is the Maker of them all.

현명하면 위험을 보고 자신을 조심해도, 단순하면 지나쳐 당한다.

3 *The prudent sees danger and hides*
himself,
but the simple go on
and suffer
for it.

겸손하며 **주님**을 두려워하면 재물과 명예와 생명으로 보상받는다.

4 *The reward for humility and fear*
of the Lord
is riches and honor and life.

가시와 덫은 바르지 못한 길에 있으므로, 자신의 영혼을 지키는 자는 그것을 멀리한다.

5 *Thorns and snares are in the way*
of the crooked;
whoever guards his soul will keep

far from them.

아이를 마땅히 갈길로 교육하면, 나이들어도 그 길을 떠나지 않는다.

6 Train up a child in the way he
should go;
even when he is old he will not
depart from it.

부는 가난을 지배하고, 빌리는 자는 빌려주는 자의 종이 된다.

7 The rich rules over the poor,
and the borrower is the slave of
the lender.

불공평은 재앙을 거둬들이고, 그 분노의 지팡이는 꺾인다.

8 Whoever sows injustice will reap
calamity,
and the rod of his fury will fail.

관대한 눈이 축복받는 이유는, 제 음식을 가난한자와 나누기 때문이다.

9 Whoever has a bountiful eye will
be blessed,
for he shares his bread with the poor.

비웃는자를 내쫓으면 갈등이 사라져, 싸움과 경멸도 멈춘다.

10 Drive out a scoffer, and strife will go out,
and quarreling and abuse will cease.

맑은 마음을 사랑하며 말이 우아한 사람은, 왕조차 친구가 되어준다.

11 He who loves purity of heart, and whose
speech is gracious,
will have the king as his friend.

주님의 눈은 올바른 지식을 지켜주지만, 배반자의 말따위는 꺾어버린다.

12 The eyes of the LORD keep watch over
knowledge, but he overthrows the
words of the traitor.

게으른 자는, "밖에 사자가 있으니, 거리로 나가면 죽는다!"고 말한다.

13 The sluggard says, "There is a lion
outside!
I shall be killed in the streets!"

금지명령을 받은 여자의 입은 깊은 구덩인데, **주님**의 분노를 받은 자가 그속에 빠져든다.

14 The mouth of forbidden women is
a deep pit;

he with whom the LORD is angry
will fall into it.

어리석음이란 어린 마음안에 갇힌 상태이므로, 교정의 방망이가 그것을 몰아낸다.

15 *Folly is bound up in the heart of a child,*
but the rod of discipline drives it far from him.

약자를 핍박하여 재산을 불리거나, 부자에게 자신을 바치는 자는, 반드시 궁핍해지고 만다.

16 *Whoever oppresses the poor to increase his own wealth,*
or gives to the rich, will only come to poverty.

귀를 기울여 지혜의 말을 듣고, 네 마음에 나의 지식을 적용해라.

17 *Incline your ear, and hear the words of the wise,*
and apply your heart to my knowledge,

가슴안에 간직하고서 즐거우면, 네 입술이 지혜를 말할 준비가 되었기 때문이다.

18 *for it will be pleasant if you keep them within you,*
if all of them are ready on your lips.

인간의 **주인**에게 믿음을 두고 의지하면, 내가 오늘 너희가 그것을 깨닫게 하겠다.

19 *That your trust may be in the LORD,*
I have made them known to you today, even to you.

내가 써놓지 않았나, 너를 위한 30가지 조언 및 지식의 말을,

20 *Have I not written for you thirty sayings of counsel and knowledge,*

그래서 네가 정의와 진리를 알면, 너도 자신을 찾는 사람에게 참된 대답을 해줄 수 있지 않을까?

21 *to make you know what is right and true, that you may give a true answer to those who sent you?*

가난한자를 강탈하지도, 성문에 서 괴로워하는 자를 핍박하지도 마라.

22 *Do not rob the poor, because he is poor,*
or crush the afflicted at the gate,

주님이 그들 사정을 변호하여, 약자를 터는자의 생명을 빼앗는다.

23 *for the LORD will plead their cause*
and rob of life those who rob them.

화를 쉽게 내면 친하지 말고, 분노를 내뿜으면 함께 있지 마라.

24 *Make no friendship with a man given to anger,*
nor go with a wrathful man,

그런 행동을 배우지 않아야, 네 자신도 덫에 걸리지 않는다.

25 *lest you learn his ways*
and entangle yourself in a snare.

서약하거나 빚 보증을 서는 무리 중 하나가 되지 말아라.

26 *Be not one of those who give pledges,*
who put up surety for debts.

어쩌다 네게 갚을 것이 없어질 때, 왜 네가 눕는 침대까지 빼앗겨야 하겠니?

27 *If you have nothing with which to pay,*
why should your bed be taken
from under you?

너희 선조가 세운 옛 기념표지를 옮기지 마라.

28 *Do not move the ancient landmark that*
your fathers have set.

제 일에 최선의 능력을 다하는 사람을 아는가? 그는 왕 앞에 서지, 무명인 앞에 서지 않는다.

29 *Do you see a man skillful in his work?*
He will stand before kings; he will not stand before obscure men.

● **가르침** ***Gospel*** 이것이 너를 위한 조언과 지식이다.

아이재아 9 | 평화의 왕자

Isaiah 9 | The Prince of Peace

그가 영원한 평화를 준다

고통으로 시달리던 땅에 앞으로 시련은 없을 것이다. 전에는 **주님**이 제뷸런땅과 냎털라이땅을 신경쓰지 않다가, 나중에는 물가에 있는 조든강 건너 갤릴리 땅에 있는 사람에게 찬란한 빛을 만들어 주었던 것이다.

암흑속을 걷던 사람은 밝은 빛을 보고, 또 암울함이 깊은 땅에 살던 사람 위에 볕이 들게 된다.

그 민족을 번성시켜 당신 자신의 즐거움이 커지자, 그들도 당신 앞에서 기뻐하는데, 마치 수확기나 전리품을 나누는 만족의 기쁨이다.

사람 등에 진 멍에와, 어깨를 고정한 막대와, 압제자의 회초리를, 당신이 부러뜨리는 일은 미디언에서 [적을 치던] 날과 같다.
전투 혼란속에 터벅대던 용사의

He makes peace to us forever

1 But there will be no gloom for her who
was in anguish. In the former time he
brought into contempt the land of
Zebulun and the land of Naphtali, but
in the latter time he has made glorious
the way of the sea, the land beyond the
Jordan, Galilee of the nations.

2 *The people who walked in darkness*
have seen a great light;
those who dwelt in a land of deep darkness,
on them has light shone.
3 *You have multiplied the nation; you have*
increased its joy; they rejoice before you
as with joy at the harvest, as they are glad
when they divide the spoil.
4 *For the yoke of his burden, and the staff for*
his shoulder, the rod of his oppressor, you
have broken as on the day of Midian.

군화와 피묻은 군복은 불쏘시개 가 되어 태워진다.

5 *For every boot of the tramping warrior*
in battle tumult
and every garment rolled in blood
will be burned as fuel for the fire.

한 아이가 태어나, 우리에게 아들이 생기고, 통치가 그 어깨위에 [임무로] 맡겨지게 되는데, 그 이름은 **위대한 조언자, 절대 하나님, 영원한 아버지, 평화의 왕자**로 불린다.

6 *For to us a child is born, to us a son is*
given; and the government shall be
upon his shoulder, and his name shall be
called Wonderful Counselor, Mighty God,
Everlasting Father, Prince of Peace.

그의 통치가 늘수록 평화가 끝없이 이어져, 대이빋 왕좌와 그 왕국 위에서 평화가 구축되면, 앞으로 공정과 정의가 영원히 자리잡는다. 만인의 **주님**의 열망이 이 일을 한다.

7 *Of the increase of his government*
and of peace
there will be no end,
on the throne of David and over his
kingdom,
to establish it and to uphold it with justice
and with righteousness from this time forth
and forevermore.
The zeal of the LORD of hosts will do this.

주님이 재이컵을 향해 보낸 한 마디 말이, 이즈리얼에 내리면,

8 *The LORD has sent a word against Jacob, and*
it will fall on Israel;

사람 모두 알게 될거다. 이프리엄과 스매리아 주민이 고집스럽고 오만한 마음으로 다음과 같이 말하는 것을.

9 *and all the people will know, Ephraim and*
the inhabitants of Samaria, who say in pride
and in arrogance of heart:

"벽돌이 무너지면, 그대신 우리가 돌을 다듬어 세우고, 무화과 나무가 잘리면, 거기에 시더나무로 대체하겠다."

10 *"The bricks have fallen, but we will build*
with dressed stones;
the sycamores have been cut down,

but we will put cedars in their place."

그러나 **주님**은 레진의 적을 일으켜 그들에 맞서게 하고, 다른 적도 일으킨다.

11 *But the Lord raises the adversaries of Rezin*
against him, and stirs up his enemies.

동쪽 시리안과 서쪽 필리스틴이 입을 벌려 이즈리얼을 삼킨다. 그는 이것으로 분노가 가시지 않아, 여전히 손을 뻗는다.

12 *The Syrians on the east and the Philistines*
on the west devour Israel with open mouth.
For all this his anger has not turned away,
and his hand is stretched out still.

적들이 그 민족을 쳐도 사람들은 그에게 돌아오지 않고, 만인의 **주님**을 찾지도 않는다.

13 *The people did not turn to him who*
struct them,
nor inquire of the Lord of hosts.

주님은 이즈리얼의 머리, 꼬리, 야자가지, 갈대조차 하루만에 쳐버릴 텐데,

14 *So the Lord cut off from Israel head and tail,*
palm branch and reed in one day—

원로와 귀족은 머리요, 거짓을 가르치는 예언자는 꼬리다.

15 *the elder and honored man is the head,*
and the prophet who teaches lies
is the tail;

이는 민족을 안내한 자가 정도를 벗어나도록 이끈 탓에, 그들에게 안내된 사람이 파멸하기 때문이다.

16 *for those who guide this people have*
been leading them astray,
and those who are guided by them
are swallowed up.

따라서 **주님**은 아이한테도 기쁨이 없고, 고아와 과부에게도 가여운 마음이 없다. 모두가 위선에 악행만 있고, 입을 벌리기만 하면 어리석은 말뿐이다. 그로 인해 분노가 가라앉지 않아서, 그는 손을 뻗은 채 그대로 있다.

17 *Therefore the Lord does not rejoice over*
their young men, and has no compassion
on their fatherless and widows;
for everyone is godless and an evildoer,
and every mouth speaks folly.
For all this his anger has not turned away,
and his hand is stretched out still.

18 부정이 불처럼 타올라, 들장미 와 가시나무를 삼켜, 깊은 숲에 옮겨붙으면, 그들은 연기기둥에 말려 솟아오른다.

For wickedness burns like a fire;
it consumes briers and thorns;
it kindles the thickets of the forest, and
they roll upward in a column of smoke.

19 만인의 **주님**의 분노로 인하여 땅이 타들어 가면, 인간은 불의 연료가 되니, 누구도 남을 구하지 못한다.

Through the wrath of the LORD of hosts the
land is scorched,
and the people are like fuel for the fire;
no man spares another.

20 그들은 오른쪽 살점을 잘라먹어도 배가 고프고, 왼쪽을 먹어치워도 만족이 안돼, 각자 제팔을 고기삼아 뜯는다.

They slice meat on the right,
but are still hungry,
and they devours on the left,
but are not satisfied;
each devours the flesh of his own arm,

21 머나서는 이프리엄을, 이프리엄은 머나서를 삼키고, 함께 쥬다를 향한다. 그래도 그의 분노가 풀리지 않아, 여전히 손을 뻗고 있다.

Manasseh devours Ephraim, and Ephraim
devours Manasseh;
together they are against Judah.
For all this his anger has not
turned away, and
his hand is stretched out still.

● **가르침** *Gospel* 주님이 분노를 삭이려고 평화의 빛을 보낸다.

예언자 이지키얼 10

이지키얼이 본 체럽천사와 바퀴

Ezekiel 10

Ezekiel's Vision of Cherubim and Wheels

주님의 빛이 성전을 떠나다

The glory of the Lord leaves the temple

그때 내가 바라보니, 체럽천사 머리 위 공중창공에, 새퐈이어하늘색 원석 같은 것이 나타났는데, 왕의 의자 같았다.

1 Then I looked, and behold, on the expanse
that was over the heads of the cherubim
there appeared above them something
like a sapphire, in appearance like a
throne.

그가 리넨옷을 입은 사람에게 말했다. "체럽 밑에서 도는 바퀴로 가서, 그 사이에서 불타는 석탄 한 움큼을 손에 쥐고, 도성 위에 뿌려라." 그래서 그가 내 앞에서 갔다.

2 And he said to the man clothed in linen,
"Go in among the whirling wheels
underneath the cherubim. Fill your hands
with burning coals from between the
cherubim, and scatter them over the city."
And he went in before my eyes.

한편 체럽 여럿이 성전 남쪽에 서있었고, 그가 안으로 들어서자, 구름이 안뜰을 가득 메웠다.

3 Now the cherubim were standing on the
south side of the house, when the man
went in, and a cloud filled the inner court.

그리고 **주님**의 찬란한 빛이 체럽으로부터 나가 문턱에 닿자, 성전이 구름으로 가득 차고, 정원은 **주님**의 밝은 빛으로 채워졌다.

4 And the glory of the Lord went up from
the cherub to the threshold of the
house, and the house was filled with the
cloud, and the court was filled with the

brightness of the glory of the LORD.

다음 체럽의 날개소리가 정원밖 멀리까지 들렸는데, 이는 절대 존재 **하나님**이 말을 하는 목소리 같았다.

5 And the sound of the wings of the
cherubim was heard as far as the outer
court, like the voice of God Almighty
when he speaks.

그가 리넨옷을 입은 자에게 명령했다. "바퀴와 체럽 사이에서 불을 가져와라." 그래서 그가 가서 바퀴 옆에 섰다.

6 And when he had commanded the man
clothed in linen, "Take fire from between
the whirling wheels, from between the
cherubim," he went in and stood beside a
wheel.

체럽 가운데 한 천사가 손을 내밀어, 체럽천사 사이에 있는 불을 잡아, 리넨옷을 입은 사람 손 위에 놓자, 그가 가져갔다.

7 And a cherub stretched out his hand from
between the cherubim to the fire that was
between the cherubim, and took some of
it and put it into the hands of clothed in
linen, who took it and went out.

또 체럽 가운데 날개 밑에 사람 손형태가 달린 천사가 나타났다.

8 The cherubim appeared to have the form
of a human hand under their wings.

내가 체럽 옆 바퀴 넷을 바라보니, 바퀴마다 체럽이 곁에 있었고, 바퀴는 청록색 베럴원석 같았다.

9 And I looked, and behold, there were four
wheels beside the cherubim, one beside
each cherub, and the appearance of the
wheels was like sparkling beryl*stone*.

네 개가 동일 모양이어서, 마치 한 바퀴가 한 바퀴 안에 들어 있는 듯했다.

10 And as for their appearance, the four
had the same likeness, as if a wheel were
within a wheel.

그들이 움직일 때면, 방향전환 없이 사방으로 갔고, 주바퀴가 바라보며 향하여 장소로 나머지도 방향을 돌리지 않고 따라갔다.

11 When they went, they went in any of their
four directions without turning as they
went, but in whatever direction the front

wheel faced, the others followed without
turning as they went.

바퀴의 몸체가 되는 바퀴태, 바퀴살, 바퀴날개 위에는 네 바퀴 모두 온통 눈으로 가득찼다.

12 And their whole body, their rims*backs*, and
their spokes*hands*, their wings, and the
wheels were full of eyes all around—the
wheels that the four of them had.

내가 들어보니, 바퀴를, "회전하는 바퀴야!" 라고 불렀다.

13 As for the wheels, they were called in my
hearing, **"**the whirling wheels**"**.

각자의 얼굴은 네 가지로, 첫째는 체럽모습, 둘째는 인간모습, 셋째는 사자모습, 넷째는 독수리 모습이었다.

14 And every one had four faces: the first
face was the face of the cherub, and the
second face was a human face, and the
third the face of a lion, and the fourth the
face of an eagle.

체럽천사는 위로 오르기도 했는데, 이는 내가 커바강 옆에서 보았던 바로 그 생물 모습이었다.

15 And the cherubim mounted up. These
were the living creatures that I saw by the
Chebar canal.

체럽이 가면 바퀴가 옆에서 가고, 체럽이 날개를 들어올려 땅 위로 오르면, 바퀴도 그 옆에서 방향을 바꾸지 않으면서 똑같이 했다.

16 And when the cherubim went, the
wheels went beside them. And when the
cherubim lifted up their wings to mount
up from the earth, the wheels did not turn
from beside them.

체럽이 서면 바퀴도 서고, 그들이 올라가면 바퀴도 자신을 들어올렸다. 이는 바퀴 안에 그 생물의 영혼이 있기 때문이었다.

17 When they stood still, these stood still,
and when they mounted up, these
mounted up with them, for the spirit of
the living creatures was in them.

그때 **하나님**의 찬란한 빛이 퍼지더니, 체럽이 서있는 성전문턱까지 닿았다.

18 Then the glory of the LORD went out from
the threshold of the house, and stood

over the cherubim.

여러 체럽이 날개를 들어올려, 내 눈앞에서, 땅에서 위로 올랐고, 바퀴도 그 옆을 따랐다. 그리고 모두가 **주님**성전의 동쪽 대문에 서자, 이즈리얼 **하나님**의 찬란한 빛이 그들 위로 퍼졌다.

19 And the cherubim lifted up their wings
and mounted up from the earth before
my eyes as they went out, with the wheels
beside them. And they stood at the
entrance of the east gate of the house of
the LORD, and the glory of the God of Israel
was over them.

이것이 커바강에서 보았던, 이즈리얼의 **하나님** 아래쪽에 있던 생물로, 체럽천사였음을 깨달았다.

20 These were the living creatures that I
saw underneath the God of Israel by the
Chebar canal; and I knew that they were
cherubim.

모두는 네 가지 얼굴모습이고, 날개가 네 개씩 있고, 날개 밑에 사람 손 같은 모양이 달려 있었다.

21 Each had four faces, and each four wings,
and underneath their wings the likeness
of human hands.

그들의 얼굴은 내가 커바강가에서 본 것과 같았고, 모두 정면을 향하여 똑바로 나가고 있었다.

22 And as for the likeness of their faces, they
were the same faces whose appearance I
had seen by the Chebar canal. Each one of
them went straight forward.

● **가르침** *Gospel* 예언자 아이재야가 본 환상속 미래 모습

예언자 이지키얼 37 | 마른뼈 계곡

Ezekiel 37 | The Valley of Dry Bones

나는 그들 하나님이고, 그들은 나의 백성이 된다

I will be their GOD; They shall be my people

주님의 손힘이 나에게 미치더니, 그의 영혼속에서 나를 뼈가 가득한 계곡에 데려갔다.

1 The hand of the LORD was upon me, and he brought me out in the spirit of the LORD and set me down in the middle of the valley; it was full of bones.

그가 나를 뼈 주위로 이끌어, 내가 보니, 너무나 많은 뼈가 계곡에 널린 채, 모두 바싹 말라 있었다.

2 And he led me around among them, and behold, there were very many on the surface of the valley, and behold, they were very dry.

그가 물었다. "사람의 아들아, 이 뼈들이 다시 살아날까?" 내가 대답했다. "오 **주 하나님**, 당신이 알지요."

3 And he said to me, "Son of man, can these bones live?" And I answered, "O LORD GOD, you know."

내게 또 말했다. "이 뼈에게 예언해주어라. '오 마른 뼈, 너희는 **주님** 말을 들어라.

4 Then he said to me, "Prophesy over these bones, and say to them, 'O dry bones, hear the word of the LORD.

주 하나님이 뼈에게 다음을 말한다. 보라, 내가 너희를 호흡하게 하여, 너희가 살아 나게 한다.

5 Thus says the LORD GOD to these bones: Behold, I will cause breath to enter you, and you shall live.

너희에게 힘줄을 넣어 살이 돋게 하고, 피부로 덮고 숨결을 불어넣으면, 살아나게 된다. 그래서 너희가, 내가 [인간]주인임을 알게 하겠다'라고 말해줘라."

6 And I will lay sinews upon you, and will
cause flesh to come upon you, and cover
you with skin, and put breath in you, and
you shall live, and you shall know that I
am the LORD.'"

그래서 내가 명령대로 예언하는 도중에, 소리가 나서 보니, 달가닥거리며 뼈에 뼈가 모여들고 있었다.

7 So I prophesied as I was commanded. And
as I prophesied, there was a sound, and
behold, a rattling, and the bones came
together, bone to its bone.

또 보니, 뼈위에 힘줄과 살이 돋고, 그 위로 피부가 덮였지만, 아직 숨결은 없었다.

8 And I looked, and behold, there were
sinews on them, and flesh had come upon
them, and skin had covered them. But
there was no breath in them.

그가 말했다. "숨결에게 예언해라. 사람의 아들아, 숨쉬라 말해라. **주 하나님** 말이, '오 숨결아, 사방의 바람으로부터 나와서, 죽은 이들의 숨결이 되어라. 그러면 살아난다'라고 말해줘라."

9 Then he said to me, "Prophesy to the
breath; prophesy, son of man, and say to
the breath, Thus says the LORD GOD:
'Come from the four winds, O breath, and
breathe on these slain, that they may
live.'"

명령받은 대로 내가 예언하자, 숨결이 그들에게 들어간 다음, 그들이 살아나 제 발로 일어서는데, 엄청나게 큰군대였다.

10 So I prophesied as he commanded me,
and the breath came into them, and
they lived and stood on their feet, an
exceedingly great army.

그가 말했다. "사람의 아들아, 이 뼈는 이즈리얼 집안가문 전체다. 그들이, '우리는 뼈가 말라 희망이 사라져, 정말로 제거되었다'고 말한다.

11 Then he said to me, "Son of man, these
bones are the whole house of Israel.
Behold, they say, 'Our bones are dried up,
and our hope is lost; we are indeed cut off.'

그들에게 예언해주어라. **주 하나님** 말에 의하면, '보라, 오 나의 백성아, 무덤을 열고 나오게 한 다음, 내가 너희를 이즈리얼 땅에 데려간다.

12 Therefore prophesy, and say to them, Thus
says the LORD GOD: 'Behold, I will open your
graves and raise you from your graves, O
my people. And I will bring you into the
land of Israel.

내가 **주인**임을 알게 되는 시기는, 내가 무덤을 열고 너희를 무덤에서 일으키는 순간이다. 오 나의 백성아!

13 And you shall know that I am the LORD,
when I open your graves, and raise you
from your graves, O my people.

다음 내 영혼을 집어넣어, 살아나게 하여, 너희 자신의 땅에 데려다 놓을 때, 내가 주인임을 알게 하겠다. 나는 말한 것을 실천한다'고 선포해라."

14 And I will put my Spirit within you, and
you shall live, and I will place you in your
own land. Then you shall know that I am
the LORD; I have spoken, and I will do it,
declares the LORD.'"

주님의 말이 다시 나에게 들렸다.

15 The word of the LORD came to me:

"사람의 아들아, 막대 하나를 가져와 거기 적어라. '쥬다 및 이즈리얼 관련인'이라고. 다른 막대에, '조셒 곧 이프리엄 가계 및 이즈리얼 관련 집안'이라고 써라.

16 "Son of man, take a stick and write on
it, 'For Judah, and the people of Israel
associated with him'; then take another
stick and write on it, 'For Joseph [the stick
of Ephraim] and all the house of Israel
associated with him.'

다음 두 막대를 한데 합치면, 너의 손 안에서 하나가 될 것이다.

17 And join them one to another into one
stick, that they may become one in your
hand.

너희 자손이, '이것은 무슨 의미일까요?' 말해 달라 하면,

18 And when your people say to you, 'Will
you not tell us what you mean by these?'

그들에게 이야기하며, **주 하나님** 말에 의하면, '보라, 나는 조셒 [곧 이프리엄 자손] 및 이즈

19 say to them, Thus says the LORD GOD:
Behold, I am about to take the stick of

리얼 관련인의 막대를 잡고, 쥬다의 막대를 합쳐 하나로 만들면, 그들은 내 손안에서 하나가 된다'는 뜻이라고 전해줘라.

Joseph [that is in the hand of Ephraim]
and the tribes of Israel associated with
him. And I will join with it the stick of
Judah, and make them one stick, that they
may be one in my hand.

그들 눈앞에서 네 손안에 네가 글쓴 두 막대가 있을 때,

20 When the sticks on which you write are in
your hand before their eyes,

그들에게 말해줘라. **주 하나님**의 말에 따르면, '보라, 나는 여러 나라에 흩어진 이즈리얼 자손을 데려오고, 온세상 사방에서 그들을 모아, 제 자신의 땅으로 데려온다.

21 then say to them, Thus says the LORD GOD:
Behold, I will take the people of Israel
from the nations, among which they
have gone, and will gather them from all
around, and bring them to their own land.

다음 나는 그들을 이즈리얼 산언덕땅에서 한 나라로 만들고, 모두에게 단일 왕을 세워주면, 그들은 더 이상 두 나라가 아니고, 두 왕국으로 나뉘지도 않게 된다.

22 And I will make them one nation in the
land, on the mountains of Israel. And one
king shall be king over them all, and they
shall be no longer two nations, and no
longer divided into two kingdoms.

그들은 더 이상 스스로 우상에 오염되면 안 되고, 혐오물을 갖지 말며, 어떤 것도 위반하지 말아야 한다. 그리고 내가, 죄로 되돌아가는 사람을 구제하고 정화시키면, 그들은 나의 백성이 되고, 나는 그들의 **하나님**이 된다.

23 They shall not defile themselves anymore
with their idols and their detestable things,
or with any of their transgressions. But I
will save them from all the backslidings in
which they have sinned, and will cleanse
them; and they shall be my people, and I
will be their GOD.

"나의 종 대이빋이 왕이 되어 다스리게 하겠다. 그러면 그들은 한 목자를 갖게 되므로, 나의 규정에 복종하며 나의 법도 안에

24 "My servant David shall be king over
them, and they shall all have one
shepherd. They shall walk in my rules and

서 걸어가게 하는 것이다.

be careful to obey my statutes.

그들은, 내가 나의 종 재이컵에게 부여해 주어, 그 조상이 살았던 땅에서, 살게 된다. 그들과 자손과 자손의 자식까지 영원히 살게 하면, 나의 종 대이빋은 영원히 그들의 왕이 된다.

25 They shall dwell in the land that I gave
to my servant Jacob, where your fathers
lived. They and their children and their
children's children shall dwell there
forever, and David my servant shall be
their prince forever.

나는 그들과 평화계약을 맺겠다. 이는 그들과 맺는 영원한 약속이다. 나는 그들을 자기 땅에 정착시켜, 번성하게 한 다음, 그들 가운데 영원한 나의 성지를 세울 것이다.

26 I will make a covenant of peace with them.
It shall be an everlasting covenant with
them. And I will set them in their land and
multiply them, and will set my sanctuary
in their midst forevermore.

내가 사는 성전에 그들도 함께 있게 되면, 나는 그들 **하나님**이 되고, 그들은 나의 백성이 되는 것이다.

27 My dwelling place shall be with them, and
I will be their God, and they shall be my
people.

또한 나라마다 내가 이즈리얼을 정화한 **주인**임을 알게 될때, 나의 성소는 영원히 그들 가운데 존재하게 된다."

28 Then the nations will know that I am
the Lord who sanctifies Israel, when my
sanctuary is in their midst forevermore."

● **가르침** ***Gospel*** 나 주인은 사람 가운데 존재한다.

예언자 대니얼 3 | 불타는 화로

Daniel 3 | The Fiery Furnace

우리는 다른 신을 섬기지 않는다

We will not serve other gods

네부캔네절왕이 황금신상을 만들더니, 높이 60큐빝27m, 넓이 6큐빝2.7m인 그것을 배블런의 두라평원에 세웠다.

1 King Nebuchadnezzar made an image of
gold, whose height was sixty cubits and
its breadth six cubits. He set it up on the
plain of Dura, in the province of Babylon.

왕은 총리, 지사, 총독, 자문관, 재무관, 재판관, 치안관 및 지역행정관을 불러모아, 그가 세운 신상 봉헌식에 참석하게 했다.

2 Then King Nebuchadnezzar sent to gather
the satraps*princes*, the prefects and the
governors, the counselors, the treasurers,
the justices, the magistrates and all the
officials of the provinces to come to
the dedication of the image that King
Nebuchadnezzar had set up.

총리, 지사, 총독, 자문관, 재무관, 재판관, 치안관 및 지역행정관이, 네부캔네절왕이 만든 신상봉헌식에 참석하려고 모여들어, 왕이 세운 신상 앞에 섰다.

3 Then the satraps, the prefects and the
governors, the counselors, the treasurers,
the justices, the magistrates and all
the officials of the provinces gathered
for the dedication of the image that
King Nebuchadnezzar had set up.
And they stood before the image that

Nebuchadnezzar had set up.

그때 큰소리로 알림이 선포되었다. "너희 나라별, 언어별 모든 사람은 이 명령을 받아라.

4 And the herald proclaimed aloud, "You are commanded, O peoples, nations, and languages,

너희가 관악기 혼뿔피리, 파이프, 현악기 라이어수금, 하프 및 백파이프와 각종 악기소리를 듣거든, 엎드려 네부캔내절왕이 세운 황금신상에 경배해라.

5 that when you hear the sound of the horn, pipe, lyre, trigon, harp, bagpipe, and every kind of music, you are to fall down and worship the golden image that King Nebuchadnezzar has set up.

누구든지 엎드려 경배하지 않는 자는, 즉시 불타는 화로속에 던져진다."

6 And whoever does not fall down and worship shall immediately be cast into a burning fiery furnace."

그래서 모두 관악기 혼, 파이프, 현악기 라이어, 하프 및 백파이프와 각종 악기소리를 듣자, 나라별, 언어별 모든 사람이 엎드려 황금상에게 경배했다.

7 Therefore, as soon as all the peoples heard the sound of the horn, pipe, lyre, trigon, harp, bagpipe, and every kind of music, all the peoples, nations, and languages fell down worshiped the golden image that King Nebuchadnezzar had set up.

그때 몇몇 캘디언전이라크 사람이 가까이 오더니, 쥬다인을 비난했다.

8 Therefore at that time certain Chaldeans came forward and maliciously accused the Jews.

그들이 네부캔네절왕에게 와서 말했다. "오 제왕님, 영원하세요!

9 They declared to the King Nebuchadnezzar, "O king, live forever!

당신은 왕명을 선포하여, 모두가 관악기 혼, 파이프, 현악기 라이어, 하프 및 백파이프와 각종 악기소리를 들으면, 엎드려 황금신상에 경배하라고 했어요.

10 You, O king, have made a decree, that every man who hears the sound of the horn, pipe, lyre, trigon, harp, bagpipe, and every kind of music, shall fall down and

worship the golden image.

그리고 누구든지 엎드려 경배하지 않는 자는, 불타는 화로속에 던져진다고 했지요.

11 And whoever does not fall down and
worship shall be cast into a burning fiery
furnace.

그런데 일부 쥬다인, 당신이 배블런 지역업무를 맡긴 쉐드랔, 메샤크, 애벧네고는, 왕을 개의치 않고, 당신의 신에게 제사하지 않고, 당신이 세운 신상에도 경배하지 않았어요."

12 There are certain Jews whom you have
appointed over the affairs of the province
of Babylon: Shadrach, Meshach, and
Abednego. These men, O king, pay no
attention to you; they do not serve your
gods or worship the golden image that
you have set up."

네부캔네절이 화가 나고 괘씸해서, 쉐드랔과 메샤크와 애벧네고를 데려오라고 명령했다. 그래서 이들을 왕 앞에 데려왔다.

13 Then Nebuchadnezzar in furious rage
commanded that Shadrach, Meshach, and
Abednego be brought. So they brought
these men before the king.

왕이 그들에게 물었다. "그게 사실인가? 쉐드랔, 메샤크, 애벧네고, 너희가 나의 신을 섬기지 않고, 내가 세운 황금신상에 경배도 하지 않았나?

14 Nebuchadnezzar answered and said to
them, "Is it true, O Shadrach, Meshach,
and Abednego, that you do not serve my
gods or worship the golden image that I
have set up?

너희가 준비하고, 혼, 파이프, 라이어, 하프 및 백파이프와 각종 악기소리를 들으면 엎드려, 내가 만든 신상에 경배했으면 다행이지만, 경배하지 않았다면, 너희는 즉각 불타는 화로속에 던져진다. 그가 신이면, 그가 내 손에서 너희를 구하겠지?"

15 Now if you are ready when you hear the
sound of the horn, pipe, lyre, trigon, harp,
bagpipe, and every kind of music, to fall
down and worship the image that I have
made, well and good. But if you do not
worship, you shall immediately be cast
into a burning fiery furnace. And who is

the god who will deliver you out of my
hands?"

쉐드락과, 메샤크와, 애벧네고가 대답했다. "오, 네부캔네절 제왕님! 우리는 이 문제에 관해 당신에게 대답할 필요도 없어요.

16 Shadrach, Meshach, and Abednego
answered and said to the king, "O
Nebuchadnezzar, we have no need to
answer you in this matter.

그래야 한다면, 우리가 섬기는 **하나님**이 불타는 화로에서 우리를 구하고, 또 왕 당신의 손에서도 구할 거예요.

17 If this be so, our God whom we serve is
able to deliver us from the burning fiery
furnace, and he will deliver out of your
hand, O king.

그렇지 않다해도, 제왕님도 이미 아는바, 우리는 당신 신을 섬기거나, 황금신상에 경배하지 않아요."

18 But if not, be it known to you, O king, that
we will not serve your gods or worship the
golden image that you have set up."

순간 네부캔네절이 화가 치솟자, 쉐드락, 메샤크, 애벧네고를 향한 그의 얼굴이 일그러진 채 명령하며, 화로열을 7배 이상 달구라고 했다.

19 Then Nebuchadnezzar was filled with
fury, and the expression of his face was
changed against Shadrach, Meshach, and
Abednego. He ordered the furnace heated
seven times more than it was usually
heated.

또 최고 힘센 무사에게 쉐드락, 메샤크, 애벧네고를 묶어, 불타는 화로에 던질 것을 명령했다.

20 And he ordered some of the mighty men
of his army to bind Shadrach, Meshach,
and Abednego, and to cast them into the
burning fiery furnace.

이들은 묶여져, 겉옷망토에, 튜닉옷, 모자 및 여러 속옷까지 입은 채 불타는 화로속으로 내던져졌다.

21 Then these men were bound in their
cloaks, their tunics, their hats, and their
other garments, and they were thrown
into the burning fiery furnace.

왕의 명령은 엄하게 단호했고 화로는 지나치게 과열된 나머지, 화염속 불길이 쉐드락, 메샤크, 애벤네고를 데려간 사람까지 태웠다.

22 Because the king's order was urgent
and the furnace overheated, the flame
of the fire killed those men who took up
Shadrach, Meshach, and Abednego.

세 사람 쉐드락, 메샤크, 애벤네고는 묶인 채, 뜨겁게 타오르는 화로속으로 떨어졌다.

23 And these three men, Shadrach, Meshach,
and Abednego, fell bound into the
burning fiery furnace.

그때 네부캗네절왕은 너무 놀라, 급히 일어나 자문관에게 말했다. "우리가 세 사람을 묶어 불속에 던지지 않았나?" 그들이 왕에게 답했다. "맞아요. 오, 제왕님."

24 Then King Nebuchadnezzar was
astonished and rose up in haste. He
declared to his counselors, "Did we not
cast three men bound into the fire?" They
answered and said to the king, "True, O
king."

그가 말했다. "그런데 내가 보니 네 사람이 풀린 채, 불 속에서 걷는데, 다치지도 않았고, 네 번째는 **하나님**의 아들 모습 같다."

25 He answered and said, "But I see four men
unbound, walking in the midst of the fire,
and they are not hurt; and the appearance
of the fourth is like a son of gods."

네부캗네절은 불타는 화로문에 다가가서 말했다. "쉐드락, 메샤크, 애벤네고, 가장 높은 **하나님**의 종 너희는 어서 이리 나와라." 그러자 세 사람이 화염 가운데서 나왔다.

26 Then Nebuchadnezzar came near to
the door of the burning fiery furnace;
he declared, "Shadrach, Meshach, and
Abednego, servants of the Most High
God, come out, and come here!" Then
Shadrach, Meshach, and Abednego, came
out from the fire.

또한 총리, 총독, 지사 및 왕의 자문관들이 모여 지켜보았는데, 그들 신체에 어떤 불의 흔적도 없었고, 머리카락 한 올조차 그

27 And the satraps the prefects and the
governors, and the king's counselors
gathered together and saw that the fire

슬림없이, 옷 손상도 없고, 타는 냄새조차 스미지 않았다.

had not had any power over the bodies of
those men. The hair of their heads was not
singed, their cloaks were not harmed, and
no smell of fire had come upon them.

네부캔네절왕이 말했다. "쉐드락, 메샤크, 애벤네고는 **하나님**의 축복을 받았다. 그는 천사를 보내, 자기를 믿는 종들을 구했다. 그들은 왕명을 어기고, 그들 **하나님**이 아닌 다른 신을 섬기고 경배하기보다 자기신체를 굴복시켰던 것이다.

28 Nebuchadnezzar answered and said,
"Blessed be the God of Shadrach,
Meshach, and Abednego, who has sent
his angel and delivered his servants, who
trusted in him, and set aside the king's
command and yielded up their bodies
rather than serve and worship any god
except their own God.

나는 선포한다. 어떤 나라든 언어든, 쉐드락, 메샤크, 애벤네고의 **하나님**을 모욕하는 사람은, 사지가 찢기고, 그들 가옥은 폐허가 될 것이다. 이처럼 구할 수 있는 신은 **하나님** 이외 없기 때문이다."

29 Therefore I make a decree: Any people,
nation, or language that speaks anything
against the God of Shadrach, Meshach,
and Abednego shall be torn limb from
limb, and their houses laid in ruins, for
there is no other God who is able to
rescue in this way."

당시 왕은 쉐드락, 메샤크, 애벤네고를 배블런 지역에서 높은 자리에 승진시켜주었다.

30 Then the king promoted Shadrach,
Meshach, and Abednego in the province
of Babylon.

● **가르침** ***Gospel*** 다른 신을 섬기느니 제몸을 포기한, 자기 종을 구해준다.

예언자 대니얼 5 | 성벽 위 손글씨

Daniel 5 | The Writing on the Wall

대니얼이 손글을 해설하다

벨샤자왕은 제후 천여명에게 성대한 축제를 베풀고, 그 앞에서 술을 마시고 있었다.

벨샤자가 와인을 음미하다, 아버지 네부캔네절이 저루살럼 성전에서 빼앗은 금은그릇을 가져오라고 명령하여, 왕과 제후와 아내와 첩들이 그것으로 술을 마시고자 했다.

그래서 그들은 저루살럼 **주님**성전에서 빼앗은 황금잔을 가져와서, 왕과 제후와 왕의 아내와 첩들이 그것으로 술을 마셨다.

그들은 와인을 마시며, 금 은 동 쇠 나무와 돌로 만든 신을 찬양했다.

Daniel interprets the handwriting

1 King Belshazzar made a great feast for a
thousand of his lords and drank wine in
front of the thousand.
2 Belshazzar, when he tasted the wine,
commanded that the vessels of gold and
of silver that Nebuchadnezzar his father
had taken out of the temple in Jerusalem
be brought, that the king and his lords,
his wives, and his concubines might drink
from them.
3 Then they brought in the golden vessels
that had been taken out of the temple,
the house of God in Jerusalem, and the
king and his lords, his wives, and his
concubines drank from them.
4 They drank wine and praised the gods of
gold and silver, bronze, iron, wood, and
stone.

바로 그때 사람손의 손가락들이 나타나, 촛불 맞은편 궁전벽 회칠플래이스터위에 글을 쓰자, 왕이 글을 쓰는 손모습을 보았다.

5 Immediately the fingers of a human hand
appeared and wrote on the plaster of the
wall of the king's palace, opposite the
lampstand. And the king saw the hand as
it wrote.

순간 왕의 얼굴빛이 달라지며 불안한 생각이 들더니, 그의 허리 관절이 풀리고, 양 무릎이 부딪힐 정도로 후들거렸다.

6 Then the king's color changed, and his
thoughts alarmed him; so that the joints
of his limbs gave way, and his knees
knocked together.

왕은 크게 소리질러, 마법사, 캘디언전이라크, 점성술사들을 데려오게 한 다음, 배블런의 여러 현자에게 선포했다. "누구든 이 글을 읽고 의미를 풀이하는 사람은, 주홍옷을 입히고, 목에 금줄을 걸어주며, 왕국의 서열 3위 통치자가 되게 한다."

7 The king called loudly to bring in the
enchanters, the Chaldeans, and the
astrologers. The king declared to the wise
men of Babylon, "Whoever reads this
writing, and shew me its interpretation,
shall be clothed with purple and have a
chain of gold around his neck and shall be
the third ruler in the kingdom."

그래서 왕의 현자가 들어왔지만, 모두 글을 읽을 수 없어, 왕에게 해설해주지 못했다.

8 Then all the king's wise men came in, but
they could not read the writing or make
known to the king the interpretation.

벨샤자왕은 몹시 두려워 얼굴색이 변했고, 그의 제후들도 크게 당황하게 되었다.

9 Then King Belshazzar was greatly alarmed,
and his color changed, and his lords were
perplexed.

한편 왕비가 왕과 제후의 상황을 전해 듣고, 연회장에 와서 말했다. "오 제왕님, 영원하세요! 그 걱정 탓에 자신을 괴롭히지 말고, 안색도 잃지 마세요.

10 The queen, because of the words of
the king and his lords, came into the
banqueting hall, and the queen declared,
"O king, live forever! Let not your thoughts

alarm you or your color change.

당신 왕국에는 어떤 사람이 있는데, 그는 신성한 신들의 영혼을 가지고 있어, 당신 아버지 시대에 밝은 이해력 및 신과 같은 지혜를 발휘했어요. 네부캔네절 왕 당신 아버지는 그를, 요술사, 마법사, 캘디언 및 점성술사 가운데 대표로 임명했죠.

11 There is a man in your kingdom in whom
is the spirit of the holy gods. In the days of
your father, light and understanding and
wisdom like the wisdom of the gods were
found in him, and King Nebuchadnezzar,
your father— your father the king—made
him chief of the magicians, enchanters,
Chaldeans, and astrologers,

탁월한 정신과 지식은 물론, 꿈을 설명하고, 수수께끼를 풀이하며, 어려운 문제를 이해하는 대니얼의 능력을 알았기 때문에, 선왕은 그를 벨터샤자라 불렀죠. 대니얼을 부르면, 그가 해석해줄 거예요."

12 because an excellent spirit, knowledge,
and understanding to interpret dreams,
explain riddles, and solve problems
were found in this Daniel, whom the
king named Belteshazzar. Now let
Daniel be called, and he will show the
interpretation."

대니얼이 앞으로 불려오자, 왕이 말했다. "너는 쥬다자손 포로 대니얼로, 내 아버지가 쥬다민족 가운데서 데려온 자인가?

13 Then Daniel was brought in before the
king. the king answered and said to
Daniel, "You are that Daniel, one of the
exiles of Judah, whom the king my father
brought from Judah.

내가 들으니, 너는 신들의 영혼이 있어, 밝은 이해력과 탁월한 지혜를 지녔다 한다.

14 I have heard of you that the spirit of
the gods is in you, and that light and
understanding and excellent wisdom are
found in you.

지금까지 현자와 점성술사를 내 앞에 불러, 이 글을 읽고 뜻을 알려 달라 했는데, 그들은 그것

15 Now the wise men, the enchanters,
have been brought in before me to read

을 풀이하지 못한다.

this writing and make known to me its
interpretation, but they could not show
the interpretation of the matter.

나는, 네가 해석하고 의문을 풀 수 있다고 들었다. 만약 네가 그 글을 읽을 수 있어, 내게 뜻을 알려주면, 네게 주홍옷을 입히고, 목에 금줄을 걸어, 이 왕국의 통치자 서열 제3인자가 되게 하겠다."

16 But I have heard that you can give
interpretations and solve problems. Now
if you can read the writing and make
known to me its interpretation, you shall
be clothed with purple and have a chain
of gold around your neck and shall be the
third ruler in the kingdom."

대니얼이 왕에게 대답했다. "선물은 당신이 갖고, 포상은 다른 사람에게 주세요. 단지, 나는 글을 읽고 왕에게 해설을 하지요.

17 Then Daniel answered and said before
the king, "Let your gifts be for yourself,
and give your rewards to another.
Nevertheless, I will read the writing to
the king and make known to him the
interpretation.

오 제왕님, 가장 높은 **하나님**은 당신 아버지 네부캔네절에게 왕국과 왕권과 빛과 명예를 주었어요.

18 O king, the Most High God gave
Nebuchadnezzar your father kingship and
greatness and glory and majesty.

그에게 준 위대한 권한으로, 민족, 나라, 각자 언어를 사용하는 모두가, 그 앞에서 두려워 떨었어요. **주님**은 그를 죽이거나 살릴 수도, 일으켜 세우거나 제거할 수도 있기 때문이지요.

19 And because of the greatness that he gave
him, all people, nations, and languages
trembled and feared before him. Whom
he would, he killed, and whom he would,
he kept alive; whom he would, he raise up,
and whom he would, he humbled.

그런데 왕의 마음이 우쭐해지고, 자만심이 강해졌기 때문에, **주님**이 왕위에서 끌어내려 그의

20 But when his heart was lifted up and
his spirit was hardened so that he dealt

빛을 빼앗았어요.

proudly, he was brought down from his
kingly throne, and his glory was taken
from him.

그는 사람의 자손한테도 쫓겨나, 정신마저 짐승이 되어, 야생에서 나귀와 살며, 소처럼 풀을 뜯어먹고, 몸은 하늘에서 내리는 이슬에 적시다가 깨닫게 되었어요. 가장 높은 **하나님**이 인류왕국을 지배하여, 그가 의도한 자에게 통치를 맡긴다는 것을.

21 He was driven from among the children
of mankind, and his mind was made like
that of a beast, and his dwelling was with
the wild donkeys. He was fed grass like an
ox, and his body was wet with the dew of
heaven, until he knew that the Most High
God rules the kingdom of mankind and
sets over it whom he will.

그의 아들, 오 벨샤자 제왕님은, 이것을 알면서도 겸손하지 못하고,

22 And you his son, Belshazzar, have not
humbled your heart, though you knew all
this,

하늘의 **주인님**에 맞서 자신을 높였죠. 성전의 그릇을 당신 앞에 가져오게 하여, 당신과 제후 및 아내와 첩들까지 거기에 와인을 마셨어요. 또 은금동철 및 나무와 돌로 만든 신들을 찬양했는데, 그들은 보지도 듣지도 인지도 아무것도 못하죠. **하나님** 손안에 당신의 숨결과 미래가 있지, 당신이 명예를 갖고 있지 않아요.

23 but you have lifted up yourself against
the Lord of heaven. And the vessels of his
house have been brought in before you,
and you and your lords, your wives, and
your concubines have drunk wine from
them. And you have praised the gods of
silver and gold, of bronze, iron, wood, and
stone, which do not see or hear or know,
but the God in whose hand is your breath,
and whose are all your ways, you have not
honored.

"그때 **절대 존재**가 보낸 손이 이 글을 썼어요.

24 "Then from his presence the hand was
sent, and this writing was inscribed.

여기 이렇게 쓰여 있어요. '**메네, 메네, 테켈, 펄신**.'

25 And this is the writing that was inscribed:
MENE, MENE, TEKEL, and **PARSIN**.

이 글의 해석은 다음과 같아요. **메네**는, **하나님**이 네 왕국의 수명을 헤아려 끝을 낸다.

26 This is the interpretation of the matter:
MENE, God has numbered the days of your
kingdom and brought it to an end.

테켈은, 너를 저울에 달아보니, 함량미달이 드러났다.

27 **TEKEL**, you have been weighed in the
balances and found wanting.

펄스는, 네 왕국이 분열되어, 미드와 펄션페르시아인에게 주어진다."

28 **PERES**, your kingdom is divided and given
to the Medes and Persians."

그때 벨샤자가 명령하여, 대니얼에게 주홍옷을 입히고, 그의 목에 금목걸이를 건 다음, 그가 왕국 서열 3위 통치자라고 선포했다.

29 Then Belshazzar gave the command,
and Daniel was clothed with purple, and
a chain of gold was put around his neck,
and a proclamation was made about him,
that he should be the third ruler in the
kingdom.

바로 그날밤, 벨샤자는 캘디언 왕에게 살해되었다.

30 That very night Belshazzar the Chaldean
king was killed.

그리고 미디안 출신 드라이어스가 62세에 왕국을 물려받았다.

31 And Darius the Mede received the
kingdom, being about sixty-two years old.

● **가르침** ***Gospel*** 함량미달이면 제역할이 안 된다.

예언자 대니얼 6 | 사자동굴 속 대니얼

Daniel 6 | Daniel in the Lion's Den

다치지 않았으니 나는 결백하다

드라이어스는 총독 120명이 왕국 전체를 관리하는데 만족하고 있었다.

이들을 관리하는 선임총리 세 사람 중 수석은 대니얼이었다. 그는 총독들에게 회계를 보고하게 하여, 왕에게 손해가 없도록 했다.

당시 대니얼이 다른 선임총리나 총독보다 차이가 두드러졌던 이유는, 그에게 탁월한 영혼정신이 있었기 때문이었다. 그래서 왕은 그에게 왕국 전체관리를 맡기려고 계획했다.

다른 총리와 총독은 국정에 관해 대니얼에 대한 불평거리를 찾으려 해도, 불평할 근거나 잘못을 찾을 수 없었다. 그는 충실했으므로 실수도 결점도 발견되지 않았다.

I am innocent with no harm

1 It pleased Darius to set over the kingdom
120 satraps, to be throughout the whole
kingdom;
2 and over them three high officials, of
whom Daniel was one, to whom these
satraps should give account, so that the
king might suffer no loss.
3 Then this Daniel became distinguished
above all the other high officials and
satraps, because an excellent spirit was in
him. And the king planned to set him over
the whole kingdom.
4 Then the high officials and satraps sought
to find a ground for complaint against
Daniel with regard to the kingdom, but
they could find no ground for complaint
or any fault, because he was faithful, and
no error fault was found in him.

그들이 말했다. "우리는 대니얼에 대해 트집을 찾을 수 없으니, 차라리 그의 **하나님** 법에서 실마리를 찾아보자."

5 Then these men said, "We shall not find
any ground for complaint against this
Daniel unless we find it in connection with
the law of his God."

다른 총리와 총독이 함께 왕에게 말했다. "드라이어스 제왕님, 영원하세요!

6 Then these high officials and satraps came
by agreement to the king and said to him,
"O King Darius, live forever!

왕국행정의 모든 고위관리, 총리, 총독, 자문관, 지사가 왕국이 법령과 시행령을 구축하는데 동의하는 내용은, 특정 **하나님**이나 사람에게 호소하는 자는 누구든지, 왕을 제외하고, 30일간 사자동굴에 던져져야 한다는 겁니다.

7 All the high officials of the kingdom, the
prefects and the satraps, the counselors
and the governors are agreed that the
king should establish an ordinance and
enforce an injunction, that whoever
makes petition to any god or man for
thirty days, except to you, O king, shall be
cast into the den of lions.

국왕이 시행령을 정하고 성문[법]에 서명하면, 미드현 쿠르드법과 펄션페르시아: 현 이란법에 따라, 개정도 폐지도 할 수 없어요."

8 Now, O king, establish the injunction
and sign the document, so that it cannot
be changed, according to the law of the
Medes and Persians, which cannot be
revoked.

그래서 드라이어스왕은 그 성문과 시행령에 서명했다.

9 Therefore King Darius signed the
document and injunction.

한편 대니얼은 성문법이 서명되었음을 알았지만, 집에 들어가서, 위층방 중 저루살럼 방향의 창문을 열고, 하루에 세번 무릎을 꿇고, 하던 그대로 그의 **하나님**에게 기도하며 감사했다.

10 When Daniel knew that the document
had been signed, he went to his house
where he had windows in his upper
chamber open toward Jerusalem. He got
down on his knees three times a day and

prayed and gave thanks before his God, as
he had done previously.

그들은 한마음으로 모여들었는데, 대니얼이 그 **하나님** 앞에서 청원을 호소하고 있다는 것을 발견했던 것이다.

11 Then these men came by agreement and
found Daniel making petition and plea
before his God.

그들은 왕 앞에 나와 시행명령에 관하여 말했다. "오 제왕님! 당신은 시행령에 서명하지 않았나요, 누구든 어떤 신이나 사람에게 청원하는 사람은, 왕 당신만 제하고, 30일간 사자동굴에 던져진다고요?" 왕이 대답했다. "그것은 미드법과 펄션법이 고정하듯, 변경불가다."

12 Then they came near and said before
the king, concerning the injunction, "O
king! Did you not sign an injunction, that
anyone who makes petition to any god or
man within thirty days except to you, O
king, shall be cast into the den of lions?"
The king answered and said, "The thing
stands fast, according to the law of the
Medes and Persians, which cannot be
revoked."

그들이 왕에게 대답했다. "대니얼은 쥬다의 유배자포로 중 하나로, 당신에게 유의하지 않고, 왕이 서명한 시행령도 개의치 않으면서, 일일 세번씩 기원하고 있어요."

13 Then they answered and said before the
king, "Daniel, who is one of the exiles
from Judah, pays no attention to you, O
king, or the injunction you have signed,
but makes his petition three times a day."

왕이 이 말을 듣고 몹시 마음이 불편해지자, 대니얼을 구제하기로 작정하고, 해가 질 때까지 그를 구할 방법을 궁리했다.

14 Then the king, when he heard these
words, was much distressed and set his
mind to deliver Daniel. And he labored till
the sun went down to rescue him.

그들이 모여 합의하고, 다시 왕에게 말했다. "제왕님은 미드법과 펄션법을 기억하세요. 왕이 세운 시행령이나 명령은 바꿀

15 Then these men came by agreement to
the king and said to the king, "Know, O
king, that it is a law of the Medes and

수 없어요."

Persians that no injunction or ordinance
that the king establishes can be changed."

그래서 왕이 명령하여, 대니얼을 데려가 사자동굴에 던져버리게 되었다. 왕은 대니얼에게 말했다. "네가 늘 섬기는 **하나님**이 너를 구하겠지!"

16 Then the king commanded, and Daniel
was brought and cast into the den of
lions. The king declared to Daniel, "May
your God, whom you serve continually,
deliver you!"

큰바위 하나를 가져와 굴입구를 막고, 왕은 자기 인장으로 봉인하고, 제후의 인장도 함께 찍어, 대니얼에 대해 아무것도 바꿀 수 없게 되었다.

17 And a stone was brought and laid on the
mouth of the den, and the king sealed it
with his own signet and with the signet of
his lords, that nothing might be changed
concerning Daniel.

왕은 궁으로 돌아가, 그날 저녁을 거르고, 기분전환용 음악도 마다했는데, 잠마저 달아나버렸다.

18 Then the king went to his palace and
spent the night fasting; no music for
diversions were brought to him, and sleep
fled from him.

날이 밝자, 왕이 일어나 급히 사자동굴로 갔다.

19 Then, at break of day, the king arose and
went in haste to the den of lions.

그는 대니얼이 있는 동굴에 다가와 괴로운 목소리로 말했다. "오 대니얼, 살아있는 **하나님**의 종, 네가 끊임없이 섬기는 **하나님**이 사자로부터 너를 구할 수 있을까?"

20 As he came near to the den where Daniel
was, he cried out in a tone of anguish. The
king declared to Daniel, "O Daniel, servant
of the living God, has your God, whom
you serve continually, been able to deliver
you from the lions?"

그때 대니얼이 왕에게 말했다. "오 제왕님, 영원하세요!

21 Then Daniel said to the king, "O king, live
forever!

나의 **하나님**이 천사를 보내 입

22 My God sent his angel and shut the lions'

을 다물게 하여, 사자가 나를 헤치지 않았으므로, 나의 결백이 밝혀졌고, 왕 당신 앞에서도 나는 나쁜 일을 하지 않았어요."

mouths, and they have not harmed me,
because I was found blameless before
him; and also before you, O king, I have
done no harm."

왕은 몹시 기뻐서 대니얼을 굴 밖으로 데려오라고 명령했다. 대니얼을 굴에서 데려왔지만, 다친 곳이 없었던 이유는, 그가 자기 **하나님**을 믿었기 때문이었다.

23 Then the king was exceeding glad, and
commanded that Daniel be taken up out
of the den. So Daniel was taken up out of
the den, and no kind of harm was found
on him, because he had trusted in his
God.

왕의 명령으로, 대니얼을 악의적으로 고소한 그들이 사자동굴에 던져졌을 뿐아니라, 자녀와 아내까지 던져지자, 그들이 동굴바닥에 닿기도 전에, 사자가 능숙하게 해치워, 그들 뼈를 조각내버렸다.

24 And the king commanded, and those men
who had maliciously accused Daniel were
brought and cast into the den of lions—
they, their children, and their wives. And
before they reached the bottom of the
den, the lions overpowered them and
broke all their bones in pieces.

그리고 드라이어스왕은 나라별, 언어별 그땅에 사는 모두에게 보내는 글을 썼다. "여러분에게 평화가 번성하기를 바란다.

25 Then king Darius wrote to all the peoples,
nations, and languages that dwell in all
the earth: "Peace be multiplied to you.

나는 선언한다. 나의 왕위가 미치는 지역사람은 모두 대니얼의 **하나님** 앞에 떨며 두려워해야 한다.

26 I make a decree, that in all my royal
dominion people are to tremble and fear
before the God of Daniel,

그는 살아있는 **하나님**이므로, 영원하고, 그 왕국은 무너지지 않으며, 그 지배는 끝까지 이른다.

for he is the living God,
enduring forever;
his kingdom shall never be destroyed,

and his dominion shall be to the
end.

그는 구원하고 구제하며, 하늘과 땅위에 경이와 기적을 만든다. 그가 사자의 힘에서 대니얼을 구했다."

27 *He delivers and rescues;*
he works signs and wonders
in heaven and on earth,
he who has saved Daniel
from the power of the lions."

대니얼은 펄션현 이란의 드라이어스와 사이러스 시대에 잘 살았다.

28 So this Daniel prospered during the
reign of Darius and the reign of Cyrus the
Persian.

● **가르침** ***Gospel*** 하나님은 곤경에 빠진 자기 종을 구제하며 기적을 보여주었다.

예언자 조나 1

Jonah 1

조나와 큰물고기

Jonah and the Big Fish

나는 주님이 두려워 달아난다

I am on runaway from the fear of the Lord

주님의 말이 애머타이 아들 조나에게 다음과 같이 들려왔다.

1 Now the word of the Lord came to Jonah
the son of Amittai, saying,

"일어나, 큰도성 니네버로 가서, 그들 악행이 내 앞까지 차올랐다고 전해라."

2 "Arise, go to Nineveh, that great city, and
call out against it, for their evil has come
up before me."

그러나 조나는 일어나, **주님** 앞에서 탈쉬시로 달아려고, 조파로 가서, 탈쉬시행 배를 발견했다. 그가 요금을 내고 배안으로 들어간 것은, 사람들과 함께 탈쉬시로 **주님** 앞에서 멀리 달아나려는 의도였다.

3 But Jonah rose to flee to Tarshish from the
presence of the Lord. He went down to
Joppa and found a ship going to Tarshish.
So he paid the fare and went down into
it, to go with them to Tarshish, away from
the presence of the Lord.

하지만 **주님**이 바다 위로 큰바람을 던져보내자, 바다에 엄청난 폭풍이 몰아쳐서, 배가 난파할 것 같았다.

4 But the Lord hurled a great wind upon
the sea, and there was a mighty tempest
on the sea, so that the ship threatened to
break up.

선원들은 두려워서, 각자 신에게 호소하며, 선박화물을 바다로 던져 배를 가볍게 하려고 애썼다. 그러나 조나는 배안 깊숙

5 Then the mariners were afraid, and each
cried out to his god. And they hurled the
cargo that was in the ship into the sea to

이 내려가 누워 잠들어버렸다.

lighten it for them. But Jonah had gone
down into the inner part of the ship and
had lain down and was fast asleep.

선장이 조나에게 와서 말했다. "뭐하는 거야, 너 잠보아냐? 일어나 네 신을 불러봐라! 혹시 너의 신이 우리를 생각해주면, 안 죽을지도 모르니까."

6 So the captain came and said to him,
"What do you mean, you sleeper? Arise,
call out to your god! Perhaps the god will
give a thought to us, that we may not
perish."

사람들이 말했다. "자, 제비를 뽑아보면, 누구 탓에 우리가 재난을 당하게 되었는지 알지 모른다." 그리고 제비를 뽑자 조나한테 떨어졌다.

7 And they said one another, "Come, let
us cast lots, that we may know on whose
account this evil has come upon us." So
they cast lots, and the lot fell on Jonah.

그들이 그에게 말했다. "어서 말해봐라. 이 재난이 무엇 때문에 우리한테 닥쳤는지. 너는 무슨 일을 하며, 어디서 왔고, 어느 나라, 어느 민족 출신이지?"

8 Then they said to him, "Tell us on whose
account this evil has come upon us. What
is your occupation? And where do you
come from? What is your country? And of
what people are you?"

조나가 대답했다. "나는 히브리 쥬다 출신인데, 하늘에 존재하며 바다와 육지를 만든 **주인 하나님**을 두려워 한다."

9 And he said to them, "I am a Hebrew, and
I fear the LORD, the God of heaven, who
made the sea and the dry land."

사람들이 대단히 무서워져 말했다. "대체 왜 그랬지?" 사람들이 조나한테 이야기를 듣고 나서, 그가 **하나님**한테서 달아난 까닭을 알았던 것이다.

10 Then the men were exceedingly afraid
and said to him, "What is this that you
have done!" For the men knew that he
was fleeing from the presence of the LORD,
because he had told them.

그들이 말했다. "우리가 어떻게 해야 바다를 진정시킬 수 있지?"바다는 점점 더 거세어져

11 Then they said to him, "What shall we
do to you, that the sea may quiet down

갔던 것이다.

for us?" For the sea grew more and more
tempestuous.

그가 말했다. "나를 붙잡아 바다에 던지면, 가라앉을 것이다. 너희에게 닥친 폭풍은 나 때문이라는 것을 내가 잘 알고 있다."

12 He said to them, "Pick me up and hurl me
into the sea; then the sea will quiet down
for you, for I know it is because of me that
this great tempest has come upon you."

그럼에도 불구하고 뱃사람들이 육지에 닿으려고 열심히 노를 저었지만, 더욱 거세지는 폭풍에 제대로 되지 않았다.

13 Nevertheless, the men rowed hard to get
back to dry land, but they could not, for
the sea grew more and more tempestuous
against them.

그들이 **주님**에게 소리쳤다. "오 **주님**, 우리가 이 사람 목숨을 빼앗지 않게, 순수한 피를 뿌리지 않게 해주세요. 오 **주님**, 당신은 마음대로 할 수 있으니까요."

14 Therefore they called out to the LORD, "O
LORD, let us not perish for this man's life,
and lay not on us innocent blood, for you,
O LORD, have done as it pleased you."

그런 다음 그들이 조나를 붙잡아 바다로 던지자, 맹렬한 기세가 멈췄다.

15 So they picked up Jonah and hurled him
into the sea, and the sea ceased from its
raging.

사람들은 **주님**이 대단히 두려워져, **주님**에게 제사하며 맹세했다.

16 Then the men feared the LORD exceedingly,
and they offered a sacrifice to the LORD
and made vows.

한편 **주님**은 큰물고기에게 조나를 삼키게 하자, 조나는 3일 낮과 밤을 물고기 배속에 있게 되었다.

17 And the LORD appointed a great fish to
swallow up Jonah. And Jonah was in the
belly of the fish three days and three
nights.

● **가르침** ***Gospel*** 주님은 바라는 대로 조나를 이끌었다.

제자 맵쓔 4:1-11

Matthew 4:1-11

지저스 시험

The Temptation of Jesus

주인만을 섬겨야 한다

지저스가 성령신성한영혼에 이끌려 사막에 갔는데 악마악의 전령의 유혹을 받게 되었다.

그는 40일 낮과 40일 밤을 굶은 뒤, 배가 고팠다.

그때 유혹이 말했다. "네가 **하나님**의 아들이라면, 바위에게 명령해 빵이 되게 해봐라."

지저스가 대답했다.

"기록에 의하면, '사람은 빵만으로 사는게 아니고, **하나님** 입에서 나오는 말을 따르며 살아야 한다'고 했다."

또 악마가 그를 신성한 도성의 성전옥상으로 데려간 다음,

그에게 말했다. "네가 **하나님**의 아들이면 스스로 뛰어내려봐라. 기록대로 라면,

One should serve only the LORD

1 Then Jesus was led up by the Spirit into
the wilderness to be tempted by the devil.
2 And after fasting forty days and forty
nights, he was hungry.
3 And the tempter came and said to him, "If
you are the Son of God, command these
stones to become loaves of bread."
4 But he answered, "It is written,

"'Man shall not live by bread alone,
but by every word that comes
from the mouth of God.'"

5 Then the devil took him to the holy city
and set him on the pinnacle of the temple,
6 and said to him, "If you are the Son of
God, throw yourself down, for it is written,

'그는 자기 천사에게 너를 돌보라고 명령한다.'

'He will command his angels
concerning you,'

그러면

and

"'그들 손으로 너를 떠받쳐 네 발이 바위에 부딪히지 않게 한다' 고 했다."

"*'On their hands they will bear you up,*
*lest you strike your foot against a stone.'***"**

지저스가 말했다. "또한 적혀있다. '너의 **주인 하나님**을 시험하지 마라.'"

7 Jesus said to him, **"**Again it is written, 'You
shall not put the LORD your God to the
test.'**"**

다시 악마가 그를 대단히 높은 산으로 데려가, 세상의 모든 왕국과 그들의 찬란함을 보여주며,

8 Again, the devil took him to the very
high mountain and showed him all the
kingdoms of the world and their glory.

말했다. "이것을 전부 네게 준다. 만약 네가 엎드려 나를 받들면."

9 And he said to him, **"**All these I will give
you, if you will fall down and worship me.**"**

지저스가 그에게 말했다. "꺼져라, 새이튼악의 영혼! 기록된 대로,

10 Then Jesus said to him, **"**Be gone, Satan!
For it is written,

'너는 마땅히 너의 **주인 하나님**을 경배하고, 오직 그만을 섬겨야 한다.'"

"*'You shall worship the LORD your God*
*and him only shall you serve.'***"**

악마가 떠난 뒤에 보니, 여러 천사가 와서 그를 보살피고 있었다.

11 Then the devil left him, and behold,
angels came and were ministering to him.
(1-11/25)

● **가르침** ***Gospel*** 너희 **주인 하나님**을 시험하지 마라.

제자 맬쓔 4:12-25 지저스가 임무를 시작하다

Matthew 4:12-25 Jesus begins his ministry

어둠속 사람이 큰빛을 보다

The people in darkness see a great light

한편 지저스는 체포되었다는 존의 소식을 듣고, 갤럴리로 갔다.

12 Now when he heard that John had been
arrested, he withdrew into Galilee.

내저레쓰를 떠난 그는 제뷸런과 냎털라이 경계 해안가 커퍼내엄에 와서 살게 되었는데,

13 And leaving Nazareth he went and lived in
Capernaum by the sea, in the territory of
Zebulun and Naphtali,

이것은 예언자 아이재야가 전한 다음 말의 실현이었는지 모른다.

14 so that what was spoken by the prophet
Isaiah might be fulfilled:

"제뷸런과 냎털라이땅 바닷길 조든 맞은편 비쥬다인 지역 갤럴리에서,

15 *"The land of Zebulun and the land*
of Naphtali,
the way of the sea, beyond
the Jordan, Galilee of the
Gentiles—

어둠속에 지내던 사람들이 큰 빛을 보게 되고, 죽음이 드리운 지역에서 살던 자에게 빛의 새벽동이 튼다."

16 *the people dwelling in darkness*
have seen a great light,
and for those dwelling in the region
and shadow of death,
on them a light has dawned."

그때부터 지저스는 사람에게 가르침을 전하기 시작했다. "반성하자. 하늘왕국이 곧 온다."

17 From that time Jesus began to preach,
saying, "Repent, for the kingdom of
heaven is at hand."

갤럴리 해안가를 걷던 지저스는, 형 [핕어라고 부르는] 사이먼과, 동생 앤드루라는 어부 두 사람이 바다에 그물을 던지고 있는 것을 보았다.

18 While walking by the Sea of Galilee, he
saw two brothers, Simon [who is called
Peter] and Andrew his brother, casting a
net into the sea, for they were fishermen.

그가 말했다. "나를 따르면, 너희를 사람 낚는 어부로 만든다."

19 And he said to them, "Follow me, and I
will make you fishers of men."

곧바로 그들은 자기 어망을 놔 둔 채 그를 따라갔다.

20 Immediately they left their nets and
followed him.

그곳을 떠나서 가는 도중 다른 형제, 제베디 아들 제임스와 존 두 사람이, 아버지 제베디와 함께 배안에서 어망을 수선하는 것을 보고, 그가 그들도 불렀다.

21 And going on from there he saw two
other brothers, James the son of Zebedee
and John his brother, in the boat with
Zebedee their father, mending their nets,
and he called them.

즉시 그들도 배와 아버지를 떠나 그를 따랐다.

22 Immediately they left the boat and their
father and followed him.

지저스는 갤럴리 곳곳마다 다니며, 그들 시너가그쥬다집회교회에서 가르치고, 왕국의 메시지가스플: **하나님** 마음를 전하며, 병든자와 아픈자를 모두 낫게 해주었다.

23 And he went throughout all Galilee,
teaching in their synagogues and
proclaiming the gospel of the kingdom
and healing every disease and every
affliction among the people.

그 명성이 시리아 전역에 퍼지자, 사람들이 그에게 아픈자를 데려왔고, 그는 질환과 아픔으로 고통받는 사람, 악령에 시달리는자, 정신이상자, 신체마비자를, 고쳐주었다.

24 So his fame spread throughout all Syria,
and they brought him all the sick, those
afflicted with various diseases and pains,
those oppressed by demons, those having

seizures, and paralytics, and he healed
them.

엄청난 무리가 그를 따라, 갤럴리, 드카펄리스, 저루살럼, 쥬다 땅과 조든강 넘어에서 몰려들었다.

25 And great crowds followed him from
Galilee and Decapolis, and from Jerusalem
and Judaea, and from beyond the Jordan.
(12-25/25)

● **가르침** *Gospel* 마음으로 반성하면 하늘나라로 간다.

STORY BIBLE 50

제자 맽쓔 6 | 지저스 주님의 기도

Matthew 6 | The Lord's Prayer

다음과 같이 기도하자

Let us pray like this

"드러내보이기 위해 남 앞에서 하는 선행이라면 조심해라. 그러면 하늘의 네 아버지로부터 보상받지 못한다.

1 "Beware of practicing your righteousness
before other people in order to be seen
by them, for then you will have no reward
from your Father who is in heaven.

"따라서 자선구호금을 베풀때, 네 앞에서 트럼핕을 울리지 말아야 한다. 위선자가 시너가그 교회나 거리에서 하듯 하면, 사람에게 칭찬받을지 모른다. 진실로 내가 말하는데, 그들은 그 보상뿐이다.

2 "Thus, when you give to the needy*alms*,
sound no trumpet before you, as the
hypocrites do in the synagogues and
in the streets, that they may be praised
by others. Truly, I say to you, they have
received their reward.

하지만 구호품을 주는데, 너의 왼손이 오른손이 한 일을 알지 못하면,

3 But when you give to the needy, do not
let your left hand know what your right
hand is doing,

네 기부는 묻혀도, 몰래 지켜보는 하늘아버지가 너에게 보상해 준다.

4 so that your giving may be in secret. And
your Father who sees in secret will reward
you.

"네가 기도할 때, 절대 위선자처럼 하지 말아야 한다. 그들은 시너가그 또는 길 한쪽에 서서 기

5 "And when you pray, you must not be like
the hypocrites. For they love to stand and

도하길 좋아하는데, 이는 남에게 보이기 위한 것이다. 진정으로 내가 말하는데, 그것으로 그들은 받을 것을 다 받은 셈이다.

pray in the synagogues and at the street
corners, that they may be seen by others.
Truly, I say to you, they have received their
reward.

기도하려거든, 방에 들어가 문을 닫고 보이지 않는 하늘아버지에게 해라. 그러면 몰래 지켜보는 하늘아버지가 네에게 응답한다.

6 But when you pray, go into your room and
shut the door and pray to your Father who
is in secret. And your Father who sees in
secret will reward you.

"기도할 때 이민족이 하듯, 빈말을 늘어놓지 말아야 한다. 그들은 말을 많이 반복하면, 들릴 것으로 착각한다.

7 "And when you pray, do not heap up
empty phrases as the Gentiles do, for
they think that they will be heard for their
many words.

그들처럼 하지 마라. 하늘아버지는 요청하기 전에 네가 필요한 것을 안다.

8 Do not be like them, for your Father
knows what you need before you ask him.

이런 식으로 기도하자.

9 Pray then like this:

"우리의 하늘아버지, 당신의 이름은 신성합니다.

"Our Father in heaven,
Hallowed be your name.

당신 왕국이 오면, 하늘에서 하듯, 땅에서도 당신 의지대로 이루어 집니다.

10 *Your kingdom come,*
your will be done,
on earth as it is in heaven.

우리에게 그날의 음식을 주고,

11 *Give us this day our daily bread,*

채무자의 빚을 탕감해주듯, 잘못한 우리의 죄를 용서해주세요.

12 *and forgive us our debts,*
as we also have forgiven our
debtors.

우리가 유혹에 이끌리지 않도록, 악의 영혼에서 구해주세요.

13 *And lead us not into temptation,*
but deliver us from evil.

잘못한 사람을 용서하면, 하늘 아버지도 너희를 용서하지만,

14 For if you forgive others their trespasses,
your heavenly Father will also forgive you,

남의 잘못을 용서 못하면, 하늘 아버지 역시 너희 잘못을 용서하지 않는다.

15 but if you do not forgive others their
trespasses, neither will your Father forgive
your trespasses.

"너희가 금식할 때, 위선자처럼 우울한 모습을 보이지 마라. 얼굴을 일그리면 남에게 배고파 보일 수 있다. 정말로 너희에게 말하는데, 그들이 받을 것은 그게 다다.

16 "And when you fast, do not look gloomy
like the hypocrites, for they disfigure
their faces that their fasting may be seen
by others. Truly, I say to you, they have
received their reward.

대신 끼니를 거르며 금식할때, 얼굴을 씻고 머리에 기름을 바르면,

17 But when you fast, anoint your head and
wash your face,

남에게 허기를 보이지 않아도, 보이지 않는 하늘아버지가 몰래 지켜보며, 너에게 보상을 주게 된다.

18 that your fasting may not be seen by
others but by your Father who is in secret.
And your Father who sees in secret will
reward you.

"땅위에 재물을 쌓지 마라. 그곳은 좀이 쏠고 녹이 슬며, 도둑이 들어 훔쳐 간다.

19 "Do not lay up for yourselves treasures on
earth, where moth and rust destroy and
where thieves break in and steal,

대신 하늘에 너의 보물을 쌓으면, 좀도 녹도 슬지 않고 도둑이 들어 훔쳐가지도 않는다.

20 but lay up for yourselves treasures in
heaven, where neither moth nor rust
destroys and where thieves do not break
in and steal.

너희 재물이 있는 곳에, 네 마음 역시 있을 것이다.

21 For where your treasure is, there your
heart will be also.

"눈은 몸의 빛이다. 네 눈빛이 건전하면, 신체 가득 빛이 채워져도,

22 "The eye is the lamp of the body. So, if your eye is healthy, your whole body will be full of light,

네 눈빛이 나쁘면, 너의 온몸에 어둠이 그득하게 된다. 그때 신체가 빛을 잃으면, 얼마나 깜깜할까!

23 but if your eye is bad, your whole body will be full of darkness. If then the light in you is darkness, how great is the darkness!

"두 주인을 섬기지 못하는 것은, 사람은 한쪽을 미워하면, 다른 쪽을 사랑하고, 한쪽에 마음을 다하면, 다른쪽을 무시하기 때문이다. **하나님**과 돈매먼:재물신을 같이 섬길 수 없다.

24 "No man can serve two masters, for either he will hate the one and love the other, or he will be devoted to the one and despise the other. You cannot serve God and Money*mammon*.

"그래서 내가 말하는데, 생활에 대해 염려하지 말고, 먹을 것, 마실 것은 물론 몸에 걸칠 것도 걱정하지 마라. 생명 자체가 음식 이상이고, 옷보다 신체가 있지 않나?

25 "Therefore I tell you, do not be anxious about your life, what you will eat or what you will drink, nor about your body, what you will put on. Is not life more than food, and the body more than clothing?

하늘의 새를 보면, 심거나, 거두거나, 광에 쌓지 않아도, 하늘아버지가 그들을 먹인다. 너희는 그들보다 훨씬 귀하지 않나?

26 Look at the birds of the air: they neither sow nor reap nor gather into barns, and yet your heavenly Father feeds them. Are you not of more value than they?

너희가 걱정한들, 제 수명을 단 한시간이라도 늘릴 수 있을까?

27 And which of you by being anxious can add a single hour to his span of life?

왜 너희가 옷에 신경쓰나? 들의 백합이 어떻게 자라는지 생각해 봐라. 그들은 수고도 길쌈도 하지 않는다.

28 And why are you anxious about clothing? Consider the lilies of the field, how they grow: they neither toil nor spin,

내 말은, 최고로 빛나던 솔로몬조차 백합의 화려함은 없더라.

29 yet I tell you, even Solomon in all his glory
was not arrayed like one of these.

하나님이 들풀에 옷을 입히니, 오늘 살다 내일 난로에 던져져도 그런데, 하물며 너희는 더 잘 입히지 않겠나, 오 믿음이 약한 자들아?

30 But if God so clothes the grass of the
field, which today is alive and tomorrow
is thrown into the oven, will he not much
more clothe you, O you of little faith?

그러니 걱정 마라. '무엇을 먹을까?' '무엇을 마실까?' '무엇을 입을까?'라며.

31 Therefore do not be anxious, saying, 'What
shall we eat?' or 'What shall we drink?' or
'What shall we wear?'

[이런 것은 이교도가 찾을 따름이다.] 하늘아버지는 너희가 필요한 그것을 안다.

32 [For the Gentiles seek after all these
things,] and your heavenly Father knows
that you need them all.

우선 **하나님**왕국과 그의 정의를 찾고자 노력하면, 필요한 것이 너에게 더해질 것이다.

33 But seek first the kingdom of God and his
righteousness, and all these things will be
added to you.

"내일에 관해 염려하지 마라. 내일은 내일의 걱정이 있다. 당일 어려움은 그날로 충분하다.

34 "Therefore do not be anxious about
tomorrow, for tomorrow will be anxious
for itself. Sufficient for the day is its own
trouble.

● **가르침** ***Gospel*** 하나님왕국과 그의 정의를 찾도록 노력하자.

제자 맬쌲 7

Matthew 7

황금규정

The Golden Rule

바위에 집을 짓자

Build your house on the rock

"남을 평가하지 말아야, 너희도 평가되지 않는다.
너희가 내린 평가로 자신도 평가받고, 너희가 잰 자로 너 역시 측정된다.

1 "Judge not, that you be not judged.
2 For with the judgment you pronounce
you will be judged, and with the measure
you use it will be measured to you.

형제 눈의 티끌은 보면서, 왜 제 눈의 나뭇가지는 생각 못하나?

3 Why do you see the speck that is in your
brother's eye, but do not notice the log
that is in your own eye?

또 어떻게 형제의 눈에서 티끌을 빼내준다 말하나? 바라볼 때, 나뭇가지는 제 눈에 있는데?

4 Or how can you say to your brother, 'Let
me take the speck out of your eye,' when
there is the log in your own eye?

위선자는 먼저 제 눈의 나뭇가지부터 제거하여 맑게 볼 수 있어야, 남의 눈의 티끌을 꺼낼 수 있다.

5 You hypocrite, first take the log out of your
own eye, and then you will see clearly to
take the speck out of your brother's eye.

개에게 신성한 성물을 주지 말고, 돼지 앞에 진주를 던져주지 마라. 짐승이 그것을 발로 밟은 다음, 뒤돌아 너를 물지 모른다.

6 "Do not give dogs what is holy, and do
not throw your pearls before pigs, lest
they trample them underfoot and turn to
attack you.

달라면 얻고, 찾으면 발견하며, 두드리면 열린다.

7 "Ask, and it will be given to you; seek, and you will find; knock, and it will be opened to you.

왜냐하면 구하는 자가 얻고, 찾는 자가 발견하며, 두드리는 자에게 문이 열리기 때문이다.

8 For everyone who asks receives, and the one who seeks finds, and to the one who knocks it will be opened.

너희 가운데, 아들이 빵을 달라는데, 돌을 줄 자가 있겠나?

9 Or which one of you, if his son asks him for bread, will give him a stone?

또 물고기를 달라는데, 누가 그에게 독사를 줄까?

10 Or if he asks for a fish, will give him a serpent?

자신은 나빠도, 제 자녀에게는 좋은 것을 줄줄 안다. 하물며 하늘아버지는 자기에게 요청하는 인간에게 얼마나 더 좋은 것을 주려고 할까?

11 If you then, who are evil, know how to give good gifts to your children, how much more will your Father who is in heaven give good things to those who ask him!

그러니 남이 너에게 바라는 바가 있으면, 그것이 무엇이든 그들의 요구대로 해주어라. 왜냐하면 그것이 바로 **하나님** 법과 예언이기 때문이다.

12 "So whatever you wish that others would do to you, do also to them, for this is the Law and the Prophets.

너희는 좁은문으로 들어가라. 문이 넓으면 파멸에 이르는 방법이 다양하다. 그런데도 대부분 그 길을 가려고 한다.

13 "Enter by the narrow gate. For the gate is wide and the way is easy that leads to destruction, and those who enter by it are many.

반면 문이 좁으면, 길은 비좁아도 생명에 이른다. 그런데도, 그곳을 찾는 이가 거의 없다.

14 For the gate is narrow and the way is hard that leads to life, and those who find it are few.

거짓 예언자를 조심해라. 그는 양털을 입고 너에게 오지만, 속은 먹이 찾는 늑대다.

15 "Beware of false prophets, who come to
you in sheep's clothing, but inwardly are
ravenous wolves.

너희는 맺은 열매로 그들을 알아보아야 한다. 가시나무에서 포도를 따고, 엉겅퀴에서 무화과를 얻을까?

16 You will recognize them by their fruits. Are
grapes gathered from thornbushes, or figs
from thistles?

좋은 나무는 좋은 열매를 맺고, 썩은 나무는 나쁜 열매를 맺는다.

17 So, every healthy tree bears good fruit,
but the diseased tree bear bad fruit.

좋은 나무가 나쁜 열매를 맺지 않고, 썩은 나무가 좋은 열매를 맺지 않는다.

18 A healthy tree cannot bear bad fruit, nor
can a diseased tree bear good fruit.

좋은 열매를 맺지 못하는 나무는, 잘라내어 불속에 던져라.

19 Every tree that does not bear good fruit is
cut down and thrown into the fire.

그와 같이 열매를 보면, 그들을 알아볼 수 있다.

20 Thus you will recognize them by their
fruits.

나에게 '**주님**' '**주인님**' 한다고, 누구나 하늘왕국에 가는 것이 아니고, 하늘아버지 뜻에 따라 행동하는 자가 갈 수 있다.

21 "Not everyone who says to me, 'LORD, LORD,'
will enter the kingdom of heaven, but the
one who does the will of my Father who is
in heaven.

대부분 날마다 나에게, '**주님! 주인님!** 우리가 당신의 이름으로 예언하지 않았나요? 당신 이름으로 마귀도 쫓았고, 또 당신 이름으로 기적도 많이 했잖아요?' 하겠지.

22 On that day many will say to me, 'LORD,
LORD, did we not prophesy in your name,
and cast out demons in your name, and
do many mighty works in your name?'

그런데 내가 그들에게 솔직하게 잘라 말하는데, '나는 너희를 모르니, 내게서 떠나라. 잘못을 저지르는 자들아!'

23 And then will I declare to them, 'I never
knew you; depart from me, you workers of
lawlessness.'

그리고 내 말을 듣고 실천하는

24 Everyone then who hears these words of

자라면 누구나, 나는 그를 바위에 집을 짓는 현명한 사람이라 며 좋아할 것이다.

mine and does them will be like a wise
man who built his house on the rock.

비가 내리고, 홍수가 나고, 바람이 불며 때려도, 그 집은 쓰러지지 않는다. 왜냐하면 그것은 바위위에 지었기 때문이다.

25 And the rain fell, and the floods came, and
the winds blew and beat on that house,
but it did not fall, because it had been
founded on the rock.

내가 하는 말을 듣고도 실행하지 않는 자는, 모래위에 집을 짓는 어리석은 자와 같다.

26 And everyone who hears these words of
mine and does not do them will be like
a foolish man who built his house on the
sand.

그래서 비가 내리고, 홍수가 나고, 바람이 때리면, 모래위에 지은 집은 크게 무너져 내릴 것이다."

27 And the rain fell, and the floods came,
and the winds blew and beat against that
house, and it fell, and great was the fall of
it."

지저스가 말을 마치자, 사람들은 그의 가르침에 무척 감동했다.

28 And when Jesus finished these sayings,
the crowds were astonished at his
teaching,

이와 같이 그는, 법만 매달리는 법학자서기관들과 달리, 확실한 신념을 가지고 사람들을 가르쳤던 것이다.

29 for he was teaching them as one who had
authority, and not as their scribes.

● **가르침** *Gospel* 지저스가 믿음을 가르치자 사람이 감동했다.

제자 맬쓔 17 | 지저스 변모

Matthew 17 | Transfiguration of Jesus

지저스는 죽음 뒤 부활을 또 예언했다

Jesus again foretells death and resurrection

지저스가 제자 핕어사이먼 및 재임스와 그 동생 존을 데리고, 높은 산에 오른지 6일이 지났다.

1 And after six days Jesus took with him
Peter and James, and John his brother,
and led them up a high mountain by
themselves.

그리고 그는 제자 앞에서 모습이 변하여, 얼굴은 태양처럼 빛났고, 옷은 빛처럼 하얗게 되었다.

2 And he was transfigured before them, and
his face shone like the sun, and his clothes
became white as light.

또 거기에 모지스와 일라이자일라야스가 나타나 그와 대화하고 있었다.

3 And behold, there appeared to them
Moses and Elijah, talking with him.

핕어가 지저스에게 말했다. "**주인님**, 우리가 여기 있게 된 것은 행운이예요. 당신이 원하면, 주인님, 모지스, 일라이자의 성막텐트 셋을 짓겠어요."

4 And Peter said to Jesus, "LORD, it is good
that we are here. If you wish, I will make
three tents here, one for you and one for
Moses and one for Elijah."

그가 말하는 사이, 밝은 구름이 그들을 감싸며, 구름속에서 한 목소리가 말했다. "이는 사랑하는 나의 아들로, 그로 인해 내가 몹시 즐거우니, 그의 말을 잘 들어라."

5 He was still speaking when, behold, a
bright cloud overshadowed them, and
a voice from the cloud said, "This is
my beloved Son, with whom I am well

pleased; listen to him."

제자가 그 소리에, 얼굴을 땅에 대며 몹시 두려워했다.

6 When the disciples heard this, they fell on their face and were terrified.

그러자 지저스가 다가와, 그들을 다독였다. "일어서라. 그리고 두려워 마라."

7 But Jesus came and touched them, saying, "Rise, and have no fear."

그들이 눈을 들어 보니, 아무도 없이 지저스뿐이었다.

8 And when they lifted up their eyes, they saw no one but Jesus only.

산에서 내려오며, 지저스가 당부했다. "너희가 본 환상을 아무한테도 말하지 마라. **사람의 아들**이 죽음에서 부활할 때까지다."

9 And as they were coming down the mountain, Jesus commanded them, "Tell no one the vision, until the Son of Man is raised from the dead."

제자가 질문했다. "왜 서기관들은 일라이자가 먼저 와야 한다고 하죠?"

10 And the disciples asked him, "Then why do the scribes say that first Elijah must come?"

그가 대답했다. "일라이자가 오면, 모든 것을 복원한다.

11 He answered, "Elijah*Elias* does come, and he will restore all things.

내가 말하는데, 일라이자는 이미 왔는데도, 알아보지 못하고, 사람들이 하고 싶은 대로 그에게 대한다. **사람의 아들**이 그들 손에 당하는 것도 마찬가지다."

12 But I tell you that Elijah has already come, and they did not recognize him, but did to him whatever they pleased. So also the Son of Man will certainly suffer at their hands."

그때서야 제자는, 지저스의 설명으로 세례자 존의 이야기를 이해했다.

13 Then the disciples understood that he was speaking to them of John the Baptist.

그들이 군중에게 나타나자 어떤 사람이 오더니 무릎을 꿇으며,

14 And when they come to the crowd, a man came up to him and, kneeling before him,

말했다. "**주인님**, 내 자식에게 큰사랑을 내려주세요. 정신병이 들어 무서운 고통을 겪고 있어

15 said, "Lord, have mercy on my son, for he has seizures and he suffers terribly.

요. 때때로 불이나 물속에 뛰어 들어요.

For often he falls into the fire, and often into the water.

그래서 아들을 당신 제자에게 데려가봐도, 낫지 않아요."

16 And I brought him to your disciples, and they could not heal him."

지저스가 대답했다. "오 신념없는 구부러진 세대야, 내가 얼마나 오래 너희와 있어야 하나? 얼마나 더 길게 너희를 버텨줘야 하지? 아들을 데려와라."

17 And Jesus answered, "O faithless and twisted generation, how long am I to be with you? How long am I to bear with you? Bring him here to me."

지저스가 악마를 꾸짖어, 그것이 아이한테서 나오자, 곧바로 나았다.

18 And Jesus rebuked the demon, and it came out of him, and the boy was healed instantly.

제자는 저마다 그에게 다가와 물었다. "왜 우리는 내쫓지 못하죠?"

19 Then the disciples came to Jesus privately, and said, "Why could we not cast it out?"

지저스가 말했다. "신념이 없어서다. 진실로 내가 말하는데, 겨자씨 한알만큼이라도 믿는 마음이 있을때, 산더러 '여기서 저기로 가라' 하면 옮겨진다. 너희에게 불가능은 없다.

20 He said to them, "Because of your little faith. For truly, I say to you, If you have faith like a grain of mustard seed, you will say to this mountain, 'Move from here to there,' and it will move, and nothing will be impossible for you.

그러나 이런 일은 그냥 되지 않고, 기도와 금식에 따른다."

21 However this kind of things goes not out but by prayer and fasting."

그들이 갤럴리에 있는 동안, 지저스가 말했다. "**사람의 아들**은 배신당한 뒤 인간 손에 넘겨진다.

22 As they were gathering in Galilee, Jesus said to them, "The Son of Man is about to be delivered into the hands of men,

그들이 그를 죽이면, 그는 세 번째날 다시 살아난다." 그래서 그들은 몹시 걱정스러웠다.

23 and they will kill him, and he will be raised on the third day." And they were greatly distressed.

그들이 커퍼내엄에 오자, 2드랔마그리스화폐단위를 거둬들이는 세금징수인이 와서 핕어에게 말했다. "당신네 선생은 세금을 안 내지?"

24 When they come to Capernaum, the
collectors of the two-drachma tax went
up to Peter and said, "Does your teacher
not pay the tax?"

핕어가 말했다. "내고 있다." 그때 지저스가 집안에 들어오더니, 먼저 물었다. "사이먼핕어, 네 생각은 어때? 땅위 왕들이 거두는 관세나 세금은 누구한테서 나오지? 인간자손일까, 다른데서 나올까?"

25 He said, "Yes." And when he came into
the house, Jesus spoke to him first saying,
"What do you think, Simon? From whom
do kings of the earth take toll or tax? From
their sons or from others?"

핕어가 말했다. "다른 데서 나와요." 지저스가 말했다. "그렇다면 인간자손은 면세자다.

26 And when he said, "From others," Jesus
said to him, "Then the sons are free.

그렇기는 해도, 우리가 그들을 위반하지 않기 위해, 바다로 나가 낚시대를 던져 첫물고기가 잡히면 입을 열어, 네가 거기서 동전 한 닢 1쉐클을 찾거든, 나와 너2인분의 세금으로 그들에게 주어라."

27 However, not to give offense to them, go
to the sea and cast a hook and take the
first fish that comes up, and when you
open its mouth you will find a shekel. That
take and give it to them for me and for
yourself."

● **가르침** ***Gospel*** 지저스가 인간은 땅에 대한 면세자라고 말했다.

제자 맬쓔 26 | 마지막 저녁식사

Matthew 26 | The Last Supper

지저스 살해음모를 꾸미다

They plot to kill Jesus

지저스가 가르침 이야기를 마치고, 제자에게 이렇게 말했다.

1 When Jesus had finished all these sayings,
he said to his disciples,

"너희도 알겠지만, 이틀 지나 통과축일유월절이 되면, **사람의 아들**은 배반으로 십자가에 못박힌다."

2 "You know that after two days the
Passover is coming, and the Son of Man
will be delivered up to be crucified."

한편 여러 선임제사장과 민족원로가 대제사장 카야퍼스의 궁전에 모여서,

3 Then the chief priests and the elders of
the people gathered in the palace of the
high priest, whose name was Caiaphas,

함께 은밀히 지저스를 붙잡아 죽이기 위해 음모를 꾸몄다.

4 and plotted together in order to arrest
Jesus by stealth and kill him.

그들이 말했다. "축제 동안은 안된다. 소동이 없어야 한다."

5 But they said, "Not during the feast, lest
there be an uproar among the people."

그때 지저스는 베써니지역의 피부감염자 사이먼 집에 머물렀다.

6 Now when Jesus was at Bethany in the
house of Simon the leper,

어떤 여자가 최고가 향유연고가 담긴 소형 앨러배스터 대리석함을 들고 오더니, 테이블에 비스듬히 기댄 지저스 머리에 발랐다.

7 a woman came up to him with an
alabaster flask of very expensive ointment,
and she poured it on his head as he
reclined at table.

제자들이 보고, 화를 내며 말했다. "왜 이런 낭비를 하지?

8 And when the disciples saw it, they were
indignant, saying, "Why this waste?

그 향유라면 비싸게 팔아 가난한 자를 도울 수 있을 텐데."

9 For this could have been sold for a large
sum and given to the poor."

지저스가 이 상황을 깨닫고, 말했다. "왜 그녀를 불편하게 하나? 그녀는 나를 좋게 해주려고 그랬다.

10 But Jesus aware of this, said to them, "Why
do you trouble the woman? For she has
done a beautiful thing to me.

너희는 언제나 가난한 사람과 함께 있어도, 나와는 그렇지 않다.

11 For you always have the poor with you,
but you will not always have me.

향유를 내 몸에 바른 것은, 그녀가 장례를 위해 미리 나를 준비한 것이다.

12 In pouring this ointment on my body, she
has done it to prepare me for burial.

내가 진심으로 말한다. 앞으로 전세계에 가스펄**하나님** 가르침이 전파될 때마다, 그녀가 한 일도 함께 기념하게 된다."

13 Truly, I say to you, wherever this gospel is
proclaimed in the whole world, what she
has done will also be told in memory of
her."

한편 12제자 중 쥬더스 이스캐리엍이 선임제사장에게 가서,

14 Then one of the twelve, whose name was
Judas Iscariot, went to the chief priests,

말했다. "지저스를 넘기면, 내게 무얼주죠?" 그들은 대가로 그에게 은 30조각을 주었다.

15 and said, "What will you give me if I
deliver him over to you?" And they paid
him thirty pieces of silver.

그때부터 그는 그를 배신할 기회를 찾았다.

16 And from that moment he sought an
opportunity to betray him.

무효모식 축일 첫날, 제자가 말했다. "어디에 당신을 위한 통과 축일날 식사를 마련할까요?"

17 Now on the first day of Unleavened Bread
the disciples came to Jesus, saying, "Where
will you have us prepare for you to eat the
Passover?"

그가 말했다. "도성안 어떤 사람

18 He said, "Go into the city to a certain man

에게 가서 전해라. '선생님 말이, 나의 시간이 곧 오니, 내가 제자와 당신 집에서 통과축일을 보낸다'고."

and say to him, 'The teacher says, My time
is at hand. I will keep the Passover at your
house with my disciples.'"

제자는 지저스의 지시에 따라 통과축일을 준비했다.

19 And the disciples did as Jesus had directed
them, and they prepared the Passover.

저녁때, 그는 12제자와 함께 식탁자리에 기대었다.

20 When it was evening, he reclined at table
with the twelve.

식사하는데 그가 말했다. "정말이다. 너희 중 한 사람이 나를 배반한다."

21 And as they were eating, he said, **"**Truly, I
say to you, one of you will betray me.**"**

그들은 너무 우울해져서, 묻기 시작했다. "**주인님**, 그것이 나예요?"

22 And they were very sorrowful, and began
to say to him one after another, **"**Is it I,
Lord?**"**

그가 대답했다. "나와 같이 접시에 손을 담근 자가 배신한다.

23 He answered, **"**He who has dipped his
hand in the dish with me will betray me.

사람의 아들은 자기 기록대로 되지만 **사람의 아들**을 배신한 그는 재앙이다! 그런 자는 차라리 태어나지 않았더라면 좋았을 텐데."

24 The Son of Man goes as it is written of
him, but woe to that man by whom the
Son of Man is betrayed! It would have
been better for that man if he had not
been born.**"**

그를 배신하려는 쥬더스가 말했다. "**선생님**, 그게 나예요?" 그가 말했다. "네가 그렇다고 한다."

25 Judas, who would betray him, answered,
"Is it I, Rabbi*master*?**"** He said to him, **"**You
have said so.**"**

그들이 식사하고 있는데, 지저스가 빵을 들어 축복하고, 떼어주며 말했다. "받아먹어라. 이는 나의 몸이다."

26 Now as they were eating, Jesus took
bread, and after blessing it brake it and
gave it to the disciples, and said, **"**Take,
eat; this is my body.**"**

그리고 그는 잔을 들고 감사한

27 And he took a cup, and when he had

다음, 제자에게 주며 말했다.

given thanks he gave it to them, saying,

"너희 모두 이것을 마셔라.

"Drink of it, all of you,

이것은 계약에 대한 나의 피의 증거새증언로, 많은 사람의 죄를 용서하기 위해 흘리는 것이다.

28 for this is my blood of the covenant*new*
testament, which is poured out for many for
the forgiveness of sins.

너희에게 말하는데, 이제부터 나는 포도주를 마시지 않는다. 나의 아버지 왕국에서 너희와 다시 새잔을 마시는 그날까지다."

29 I tell you I will not drink again of this fruit
of the vine until that day when I drink it
new with you in my Father's kingdom."

그들은 **하나님**을 칭송하는 노래를 부르며 올리브스산으로 갔다.

30 And when they had sung a hymn, they
went out to the Mount of Olives.

지저스가 말했다. "너희 모두 나로 인해 오늘밤 미움을 받는다. 기록대로, '나는 그 목자를 쳐서, 양떼를 흩어버린다'는 말이 실현되는 것이다.

31 Then Jesus said to them, "You will all fall
away because of me this night. For it is
written, 'I will strike the shepherd, and the
sheep of the flock will be scattered.'

하지만 나는 다시 일어나서 갤럴리의 너희한테 가겠다."

32 But after I am raised up, I will go before
you to Galilee."

핕어가 말했다. "선생님 때문에 모두 미움받아도, 나는 절대 당신을 버리지 않겠어요."

33 Peter answered him, "Though they all fall
away because of you, I will never fall away.

지저스가 그에게 말했다. "솔직하게 말하는데, 바로 오늘밤 수탉이 울기 전, 너는 나를 세번 부정한다."

34 Jesus said to him, "Truly, I tell you, this
very night, before the rooster*cock* crows,
you will deny me three times."

핕어가 말했다. "내가 당신과 함께 죽게 되어도, 나는 당신을 부정하지 않아요." 그리고 제자 모두 똑같은 말을 했다.

35 Peter said to him, "Even if I must die
with you, I will not deny you!" and all the
disciples said the same.

지저스는 제자와 겟세머니라고 불리는 장소에 가서, 말했다. "여기 앉아 있으면, 나는 저기 가서 기도하겠다."

36 Then Jesus went with them to a place
called Gethsemane, and said to his
disciples, "Sit here, while I go over there

and pray."

핕어와 제베디의 두 아들재임스와 존을 데려가면서, 그는 마음이 몹시 무겁고 비통해지기 시작했다.

37 And taking with him Peter and the
two sons of Zebedee, he began to be
sorrowful and troubled.

그가 말했다. "내 영혼이 몹시 괴로워 죽을 것 같다. 너희는 여기서 기다리며 나를 지켜봐라."

38 Then he said to them, "My soul is very
sorrowful, even to death; remain here, and
watch with me."

좀 떨어진 곳에서 그는 얼굴을 숙이고 기도했다. "나의 아버지, 가능하다면, 내가 잔을 그냥 지나치게 해주세요. 하지만 내가 아닌, 당신 뜻대로 하세요."

39 And going a little farther he fell on his
face and prayed, saying, "My Father, if it
be possible, let this cup pass from me;
nevertheless, not as I will, but as you will."

그가 제자에게 왔는데 조는 모습을 보더니, 핕어에게 말했다. "어떻게 단 한시간도 나를 지켜볼 수 없나?

40 And he came to the disciples and found
them sleeping. And he said to Peter, "So,
could you not watch with me one hour?

정신차리고 기도하면, 유혹에 빠지지 않는다. 사실 영혼이 하려 해도, 신체가 약하구나."

41 Watch and pray that you may not enter
into temptation. The spirit indeed is
willing, but the flesh is weak."

그는 두 번째로 다시 가서 기도했다. "나의 아버지, 내가 마실 잔을 비켜갈 수 없다면, 당신 뜻대로 하세요."

42 Again, for the second time, he went away
and prayed, "My Father, if this cannot pass
unless I drink it, your will be done."

그가 다시 돌아와도 눈이 몹시 무거워진 제자는 자고 있었다.

43 And again he came and found them
sleeping, for their eyes were heavy.

그래서 그들을 둔 채, 그는 또 가서, 세번째 기도로 같은 말을 다시 했다.

44 So, leaving them again, he went away and
prayed for the third time, saying the same
words again.

그뒤 돌아와 제자에게 말했다. "이제부터 너희는 자며 쉬어라. 보라, 시간이 다 되어, **사람의 아**

45 Then he came to the disciples and said to
them, "Sleep and take your rest later on.

들은 배신당하고, 죄인손에 들어간다.

See, the hour is at hand, and the Son of
Man is betrayed into the hands of sinners.

일어나 같이 가보자. 나의 배신자가 곧 온다."

46 Rise, let us be going; see, my betrayer is at
hand."

그가 말하는 사이, 12제자 중 쥬더스가 나타났는데, 칼과 몽둥이를 든 많은 무리들이 여러 선임제사장부터 민족의 원로까지 함께 왔다.

47 While he was still speaking, Judas came,
one of the twelve, and with him a great
crowd with swords and clubs, from the
chief priests and the elders of the people.

그 배신자가 저들에게 신호했다. "내가 입맞추는 바로 그를 잡아라."

48 Now the betrayer had given them a sign,
saying, "The one I will kiss is the man;
seize him."

그는 지저스에게 오자마자 말했다. "아, 뢔바이선생님!"하며 그에게 입을 맞췄다.

49 And he came up to Jesus at once and said,
"Greetings, Rabbi!" And he kissed him.

지저스가 말했다. "이봐, 네가 무슨 볼일로 왔지?" 순간, 그들이 와서 지저스에게 손을 대어 붙잡았다.

50 Jesus said to him, "Friend, do what you
came to do." Then they came up and laid
hands on Jesus and seized him.

보니, 지저스와 있던 한 사람이 손을 뻗어 칼을 뽑아, 대제사장의 종을 쳐서 귀를 잘랐다.

51 And behold, one of those who were with
Jesus stretched out his hand and drew his
sword and struck the servant of the high
priest and cut off his ear.

지저스가 말했다. "네 칼을 제자리에 다시 넣어라. 칼을 잡는 사람은 칼로 망한다.

52 Then Jesus said to him, "Put your sword
back into its place. For all who take the
sword will perish by the sword.

너희는, 내가 나의 아버지에게, 단번에 12사자군단 이상을 내게 보내 달라고 호소할수 없다고 생각하나?

53 Do you think that I cannot appeal to my
Father, and he will at once send me more
than twelve legions of angels?

그러면 어떻게 '반드시 실현된다'

54 But how then should the Scriptures be

는 기록 내용이 이루어지겠나?"

fulfilled, that it must be so?"

그때 지저스가 군중에게 말했다. "너희는 도둑에 대비하듯 칼과 몽둥이를 들고, 나를 잡으러 왔나? 매일 성전에 앉아 가르칠 때, 너희는 나를 잡지 않았다.

55 At that hour Jesus said to the crowds,
"Have you come out as against a robber,
with swords and clubs to capture me? Day
after day I sat in the temple teaching, and
you did not seize me.

하지만 이 모든 것은 실현된다는, 예언자 기록이 이루어지는 셈일 것이다." 그때 제자 모두 그를 두고 달아났다.

56 But all this has taken place that the
Scriptures of the prophets might be
fulfilled." Then all the disciples left him
and fled.

저들이 지저스를 체포하여 대제사장 카야퐈스한테 갔더니, 서기관과 원로들이 모여 있었다.

57 Then those who had seized Jesus led him
to Caiaphas the high priest, where the
scribes and the elders had gathered.

한편 핕어는 거리를 두고 그를 뒤따르다, 대제사장 궁전내부 안뜰 꽤 깊숙이 들어간 다음, 결과를 알고자 경비원들과 함께 앉아 있었다.

58 And Peter was following him at a distance,
as far as the courtyard of the high priest,
and going inside he sat with the guards to
see the end.

한편 선임제사장 및 전체위원회는 지저스를 반박할 거짓증인을 찾아, 사형으로 처벌하려고 노력했지만,

59 Now the chief priests and the whole
council were seeking false testimony
against Jesus that they might put him to
death,

비록 거짓증인이 많이 나왔어도, 아무것도 찾지 못했다. 마침내 증인 둘이 나오더니,

60 but they found none, though many false
witnesses came forward. At last two came
forward,

말했다. "이 사람 말은, '내가 **하나님** 성전을 허물고, 3일만에 새로 지을 수 있다'고 했어요."

61 and said, "This man said, 'I am able to
destroy the temple of God, and to rebuild
it in three days.'"

대제사장이 일어나 말했다. "너는 대답 안 하나? 이들이 너에 대해 증언하는 게 대체 뭐지?"

62 And the high priest stood up and said,
"Have you no answer to make? What is it
that these men testify against you?"

지저스가 침묵하자, 대제사장이 말했다. "살아 있는 **하나님** 이름으로 엄숙하게 명령한다. 네가 구원자, **하나님**의 아들인지, 말해라."

63 But Jesus remained silent. And the high
priest said to him, "I adjure you by the
living God, tell us if you are the Christ, the
Son of God."

지저스가 말했다. "당신이 그렇게 말한다. 내가 말하지만, 앞으로 절대권위 오른쪽에 앉아서, 하늘의 구름속에 나타나는 **사람의 아들**을 보게 된다."

64 Jesus said to him, "You have said so. But I
tell you, from now on you will see the Son
of Man seated at the right hand of Power
and coming on the clouds of heaven."

대제사장이 자기 옷을 찢으며 말했다. "그는 모독하는 말을 했다. 우리에게 증인이 더 필요한가? 보라, 지금 너희도 그의 모독을 들었다.

65 Then the high priest tore his robes and
said, "He has uttered blasphemy. What
further witnesses do we need? You have
now heard his blasphemy.

당신들은 어떻게 생각하나?" 그들이 말했다. "사형이 마땅하다."

66 What is your judgment?" They answered,
"He deserves death."

그들은 그의 얼굴에 침을 뱉고, 주먹으로, 일부는 손바닥으로 때리며,

67 Then they spit in his face and struck him.
And some slapped him,

말했다. "예언해봐라. 구원자야! 누가 널 때렸지?"

68 saying, "Prophesy to us, you Christ! Who is
it that struck you?"

한편 필어는 바깥쪽 대제사장 정원에 앉아 있었는데, 하녀가 와서 말했다. "당신도 갤럴리의 지저스와 같이 있었어요."

69 Now Peter was sitting outside in the
courtyard. And a servant girl came up to
him and said, "You also were with Jesus of
Galilean."

그러나 그는 모두에게 부인했다. "네가 무슨 말을 하는지 모르겠다."

70 But he denied it before them all, saying,
"I do not know what you mean."

그러면서 출입구로 가자, 다른 소녀가 그를 보더니, 옆사람에게 말했다. “이 사람도 내저레쓰 출신 지저스와 함께 있었어요.”

71 And when he went out to the entrance,
another servant girl saw him, and she said
to the bystanders, “This man was with
Jesus of Nazareth.”

그는 다시 맹세하며 부인했다. “나는 그를 알지 못한다.”

72 And again he denied it with an oath: “I do
not know the man.”

잠시 후 옆에 있던 사람들이 와서 그에게 말했다. “확실히 너도 저들 중 하나다. 네 말투에서 드러난다.”

73 After a little while the bystanders came up
and said to Peter, “Certainly you too are
one of them, for your accent betrays you.”

그는 저주를 언급하며 스스로 맹세했다. “나는 그를 모른다.” 그때 수탉이 울었다.

74 Then he began to invoke a curse on
himself and to swear, “I do not know
the man.” And immediately the rooster
crewed.

그러자 핕어는 지저스의 말이 떠올랐다. “수탉이 울기 전, 너는 나를 세번 부정한다.” 그래서 그는 밖으로 나가 슬프게 울었다.

75 And Peter remembered the saying of
Jesus, “Before the rooster crows, you will
deny me three times.” And he went out
and wept bitterly.

● **가르침** ***Gospel*** 예언자 기록대로 이루어진다.

말크 4 | 지저스가 폭풍을 진정시키다

Mark 4 | Jesus Calms a Storm

바람과 바다조차 그에게 복종한다

Even the wind and the sea obey him

다시 지저스가 해변가에서 가르치기 시작하자, 엄청난 군중이 모였다. 그는 배에 올라서 바다 가운데 앉았고, 무리는 땅위 물가에 있었다.

1 Again he began to teach beside the sea.
And a very large crowd gathered about
him, so that he got into a boat and sat in
it on the sea, and the whole crowd was
beside the sea on the land.

그는 일화를 비유로 들며 사람에게 많은 교훈을 가르쳐주었다.

2 And he was teaching them many things
in parables, and in his teaching he said to
them:

"들어보라, 농부가 씨를 뿌리러 나갔다.

3 "Listen! Behold, a sower went out to sow.

그가 뿌릴 때, 씨 일부가 길옆에 떨어지자, 공중의 새가 와서 먹었다.

4 And as he sowed, some seed fell along the
path, and the birds came and devoured it.

일부는 돌밭에 떨어졌는데, 그곳은 흙이 많지 않아, 바로 싹이 나왔다. 땅에 깊이가 없었던 것이다.

5 Other seed fell on rocky ground, where it
did not have much soil, and immediately
it sprang up, since it had no depth of soil.

그래서 해가 뜨자 시들고, 뿌리가 없었으므로 말라죽었다.

6 And when the sun rose, it was scorched,
and since it had no root, it withered away.

일부는 가시밭에 떨어졌고, 가

7 Other seed fell among thorns, and the

시가 자라더니, 그것을 눌러 열매를 맺지 못했다.	thorns grew up and choked it, and it yielded no grain.
다른 씨는 좋은 터에 떨어졌다. 싹이 나와 열매를 맺고 점점 자라서, 30배, 60배, 100배를 산출했다."	8 And other seeds fell into good soil and produced grain, growing up and increasing and yielding thirtyfold and sixtyfold and a hundredfold."
그가 말했다. "듣는 귀가 있는 사람은 들어라."	9 And he said, "He who has ears to hear, let him hear."
어느날 그가 홀로 있는데, 함께 있는 12제자가 비유에 관하여 물었다.	10 And when he was alone, those around him with the twelve asked him about the parables.
그가 말했다. "너희는 능력이 주어져 **하나님**왕국의 비밀을 알 수 있지만, 그밖의 모든 것은 일화속에 들어있다.	11 And he said to them, "To you has been given the secret of the kingdom of God, but for those outside everything is in parables,
그런데	12 so that
'그들은 보아도 알지 못하고, 들어도 이해 못하니, 그들이 마음을 뉘우치는 한, 용서받게 해야 한다.'"	*"'they may indeed see but not perceive, and may indeed hear but not understand, lest they should turn and be forgiven.'"*
또 말했다. "너희가 이 비유일화를 이해하지 못하는데, 어떻게 모든 비유이야기를 이해할까?	13 And he said to them, "Do you not understand this parable? How then will you understand all the parables?

씨뿌리는 자는 말을 뿌리는 자다.

14 The sower sows the word.

뿌리는 자가 말을 길옆에 뿌렸으니, 사람이 들었다 해도, 곧 새이튼이 와서, 그들 마음에 심어진 말을 없애버린다.

15 And these are the ones along the path,
where the word is sown: when they hear,
Satan immediately comes and takes away
the word that is sown in them.

마찬가지로 돌밭에 뿌려진 말은, 사람이 듣자마자 기쁘게 받아들인다.

16 And these are the ones sown on rocky
ground: the ones who, when they hear
the word, immediately receive it with joy.

하지만 마음안에 뿌리가 없기 때문에 한동안 지속된 다음, 그 말로 인해 고통이나 처벌을 받게 되면, 바로 사라진다.

17 And they have no root in themselves, but
endure for a while; then, when tribulation
or persecution arises on account of the
word, immediately they fall away.

가시밭에 뿌려진 말을 들은 사람은,

18 And others are the ones sown among
thorns. They are those who hear the word,

세상관심사나, 재물부정이나, 다른데 욕망이 생기면, 그 말을 짓눌러 열매를 맺지 못한다.

19 but the cares of the world and the
deceitfulness of riches and the desires for
other things enter in and choke the word,
and it proves unfruitful.

좋은 땅에 뿌려진 말은, 그것을 듣고 받아들여 열매를 맺는데, 일부는 30배, 일부는 60배, 일부는 100배를 생산해낸다."

20 But those that were sown on the good
soil are the ones who hear the word and
accept it and bear fruit, thirtyfold and
sixtyfold and a hundredfold."

그가 말했다. "촛불을 버킷양동이 아래 둘까, 침대밑에 둘까? 촛대 위에 올려놓아야 하지 않을까?

21 And he said to them, "Is a lamp brought in
to be put under a basket, or under a bed,
and not on a stand?

감춰지는 것이 없으니 드러나버

22 For nothing is hidden except to be made

리고, 어떤 비밀이라도 밝혀지고 만다.

manifest; nor is anything secret except to
come to light.

귀가 있으면, 듣도록 노력해라."

23 If anyone has ears to hear, let him hear."

그가 말했다. "너희가 듣는 것에 주의를 기울여라. 네가 재는 가늠자로 자신이 측정되고, 들을수록 자기에게 더 많이 더해진다.

24 And he said to them, "Pay attention to
what you hear: with the measure you use,
it will be measured to you, and still more
will be added to you.

가진자에게는 더 주어지고, 갖지 못한 자는 가진 것마저 빼앗긴다."

25 For to the one who has, more will be
given, and from the one who has not,
even what he has will be taken away."

이어 말했다. "**하나님**왕국은 마치 인간이 땅에 씨를 뿌리는 것과 같다.

26 And he said, "The kingdom of God is as if
a man should scatter seed on the ground.

사람은 밤낮으로 자고 일어나도, 싹이 어떻게 나고 자라는지, 알지 못한다.

27 He sleeps and rise night and day, and the
seed sprouts and grows; he knows not
how.

땅에서 열매가 나오려면, 먼저 잎이 나고 이삭을 맺어, 그안에 낟알을 채운다.

28 The earth produces by itself, first the
blade, then the ear, then the full grain in
the ear.

열매가 익으면, 수확기가 됐으니, 단번에 낫을 댄다."

29 But when the grain is ripe, at once he
puts in the sickle, because the harvest has
come."

또 말했다. "**하나님**왕국은 무엇에 비교하면 좋을까? 혹은 어떤 일화로 비유해야 할까?

30 And he said, "With what can we compare
the kingdom of God, or what parable shall
we use for it?

이는 겨자씨와 같은 것이다. 땅

31 It is like a grain of mustard seed, which,

에 뿌려질 때는 땅의 씨앗 중 가장 작지만,

when sown on the ground, is the smallest
of the seeds on earth,

그것이 뿌려져 자라면, 정원식물보다 훨씬 더 커져, 가장 큰 가지를 뻗으면, 공중의 새도 그 그늘 아래 둥지를 만들수 있다."

32 yet when it is sown it grows up and
becomes larger than all the garden plants
and puts out great branches, so that
the birds of the air can make nests in its
shade."

그가 그런 교훈적 비유일화로 많은 이야기해주어, 그들이 듣고 이해할 수 있었다.

33 With many such parables he spoke the
word to them, as they were able to hear it.

그는 비유없이 이야기를 하지 않았으며, 자기 제자에게 자세히 일일이 설명해주었다.

34 He did not speak to them without a
parable, but privately to his own disciples
he explained everything.

어느날 저녁 그가 제자에게 말했다. "우리, 다른쪽으로 건너가자."

35 On that day, when evening had come,
he said to them, "Let us go across to the
other side."

그래서 군중을 떠나보낸 뒤, 제자는 그가 타던 배에 그를 태웠고, 다른 배들도 함께 갔다.

36 And leaving the crowd, they took him
with them in the boat, just as he was. And
other boats were with him.

그런데 큰폭풍이 일더니, 거센 파도가 배를 덮쳐 배에 물이 차오르게 되었다.

37 And a great windstorm arose, and the
waves were breaking into the boat, so
that the boat was already filling.

그런데도 그는 베개를 벤 채 잠에 푹 빠져있었다. 제자가 그를 깨우며 말했다. "선생님, 우리가 죽게 되었는데, 걱정도 안 돼요?"

38 But he was in the stern, asleep on the
cushion. And they woke him and said to
him, "Teacher, do you not care that we are
perishing?"

그가 일어나, 바람을 꾸짖고, 바

39 And he awoke and rebuked the wind and

다에게 일렀다. "가만히 있어라!" 그러자 바람이 멈춰 고요해졌다.

그가 말했다. "너희는 왜 그렇게 겁이 많나? 여전히 믿음이 없는 건가?"

제자는 크게 두려워하며 서로 말했다. "이 사람은 대체 누구길래, 바람과 바다조차 복종할까?"

said to the sea, "Peace! Be still!" And the
wind ceased, and there was a great calm.
40 He said to them, "Why are you so afraid?
Have you still no faith?"
41 And they were filled with great fear and
said to one another, "Who then is this,
that even the wind and the sea obey
him?"

● **가르침** ***Gospel*** 사람은 보고도 알지 못하고 들어도 이해 못하니, 마음으로 뉘우치는 한 용서받게 해야 한다.

제자 말크 10 | 지저스와 어린이

Mark 10 | Jesus and the Children

하나님나라를 아이인듯 받아들여라

Accept the God's kingdom like children

지저스가 그곳을 떠나 [남부] 쥬디아지역과 조든강 훨씬 떨어진 곳까지 가자, 군중이 또 모여들었으므로, 하던 대로 다시 그들을 가르쳤다.

1 And he left there and went to the region
of Judea and beyond the Jordan, and
crowds gathered to him again. And again,
as was his custom, he taught them.

풔러시법문집착파도 와서 시험하려고 물었다. "남자가 아내와 이혼하는 것이 합법인가요?"

2 And Pharisees came up and in order to
test him asked, "Is it lawful for a man to
divorce his wife?"

그가 대답했다. "모지스가 너희에게 뭐라고 명령했나?"

3 He answered them, "What did Moses
command you?"

그들이 말했다. "모지스는 이혼증서를 써주고 아내를 내보내라고 허락했어요."

4 They said, "Moses allowed a man to write
a certificate of divorce and to send her
away."

지저스가 말했다. "너희가 고집하기 때문에, 모지스가 너희에게 그 명령을 적었던 것이다.

5 And Jesus said to them, "Because of
your hardness of heart he wrote you this
commandment.

그러나 창조초기부터 '**하나님**은 인간을 남자와 여자로 만들었다.'

6 But from the beginning of creation, 'God
made them male and female.'

'그래서 남자가 아버지 어머니를 떠나 아내와 합치면,

7 'Therefore a man shall leave his father and mother and hold fast to his wife,

둘이서 한몸이 된다'고 했으니, 둘은 더 이상 둘이 아닌 하나다.

8 and the two shall become one flesh.' So they are no longer two but one flesh.

따라서 **하나님**이 합쳐 놓은 것을, 남자가 떼어내지 못한다."

9 What therefore God has joined together, let not man separate."

그리고 집에 있을 때도 제자 역시 이 문제에 관해 질문했다.

10 And in the house the disciples asked him again about this matter.

그가 말했다. "누구라도 아내와 이혼하고 다른 여자와 결혼하면, 새여자와 부정한 성관계를 맺는 것이고,

11 And he said to them, "Whoever divorces his wife and marries another commits adultery against her,

여자가 남편과 이혼해 다른 남자와 결혼해도, 그녀가 부정관계를 맺는 것이다."

12 and if she divorces her husband and marries another, she commits adultery."

사람들이 어린이를 데려와, 그가 쓰다듬어 주기를 바라자, 제자가 나무랐다.

13 And they were bringing children to him that he might touch them, and the disciples rebuked them.

하지만 지저스가 이를 보고 마음이 불편해서 말했다. "어린이를 내게 데려오게 하고, 그들을 막지도 마라. 왜냐하면 그것이 **하나님**왕국에 속하는 일이기 때문이다.

14 But when Jesus saw it, he was indignant and said to them, "Let the children come to me; and do not hinder them, for to such belongs the kingdom of God.

진심으로 내가 말하는데, **하나님**왕국을 아이인듯 받아들이지 못하면, 누구도 그 안에 들어가지 못한다."

15 Truly, I say to you, Whoever does not receive the kingdom of God like a child shall not enter it."

그리고 양팔로 아이들을 안아 축복하고, 손도 얹어주었다.

16 And he took them in his arms and blessed them, laying his hands on them.

그가 길을 가고 있는데, 한 사람이 뛰어와, 무릎을 꿇고 물었다. "선한 선생님, 내가 영원한 생명을 물려받으려면 어떻게 해야죠?"

17 And as he was setting out on his journey,
a man ran up and knelt before him and
asked him, "Good teacher, what must I do
to inherit eternal life?"

지저스가 말했다. "왜 나를 선이라 말하나? **하나님** 이외 선은 아무도 없다.

18 And Jesus said to him, "Why do you call
me good? No one is good except God
alone.

너는 십계명을 안다. '살인하지 마라. 매춘하지 마라. 훔치지 마라. 거짓증언을 하지 마라. 속이지 마라. 아버지 어머니를 공경하라'고 했다."

19 You know the commandments: 'Do not
murder, Do not commit adultery, Do not
steal, Do not bear false witness, Do not
defraud, Honor your father and mother.'"

그가 말했다. "선생님, 어려서부터 나는 이 모든 것을 지켜왔어요."

20 And he said to him, "Teacher, all these I
have kept from my youth."

지저스는 애정어린 마음으로 그를 보며 말했다. "한가지 부족하다. 돌아가서, 가진것을 팔아 없는자에게 주면, 너는 하늘의 재물을 갖게 된다. 그리고 와서, 나를 따라라."

21 And Jesus, looking at him, loved him, and
said to him, "You lack one thing: go, sell
all that you have and give to the poor,
and you will have treasure in heaven; and
come, follow me."

그 말에 실망하고 우울해져 떠난 이유는, 그가 가진 것이 많았던 까닭이다.

22 Disheartened by the saying, he went away
sorrowful, for he had great possessions.

그러자 지저스가 주위를 둘러보며 제자에게 말했다. "재물 많은 부자가 **하나님**왕국에 들어가는 것은 얼마나 더 어려울까!"

23 And Jesus looked around and said to his
disciples, "How difficult it will be for those
who have wealth to enter the kingdom of
God!"

제자가 그 말에 깜짝 놀라고 있는데, 지저스가 또 말했다. "자손들아, 부자가 **하나님**왕국에 가기는 무척 어려운 일이다!

24 And the disciples were amazed at his
words. But Jesus said to them again,
"Children, how difficult it is to enter the

kingdom of God!

차라리 낙타가 바늘구멍 지나기가 재물을 지고 **하나님**왕국에 가기보다 더 쉽겠다."

25 It is easier for a camel to go through the
eye of a needle than for a rich person to
enter the kingdom of God."

제자가 너무 당황하여, 서로 말했다. "그럼, 누가 구원받을 수 있지?"

26 And they were exceedingly astonished,
and said to him, "Then who can be
saved?"

지저스가 말했다. "사람은 불가능해도, **하나님**은 그렇지 않으니, 모든 것을 **하나님**과 함께 하면 가능해진다."

27 And Jesus looked at them and said, "With
man it is impossible, but not with God. For
all things are possible with God."

핕어가 말했다. "보세요, 우리는 모든 것을 두고, 당신을 따라왔어요."

28 Peter began to say to him, "See, we have
left everything and followed you."

지저스가 말했다. "솔직하게 말해서, 아무도 집 형제 자매 어머니 아버지 자녀나 땅을, 나나 **주님** 말씀가스펄을 위해 떠나는게 아니다.

29 Jesus said, "Truly, I say to you, there is no
one who has left house or brothers or
sisters or mother or father or children or
lands, for my sake and for the gospel,

집 형제 자매 어머니 아버지 자녀나 땅에 대하여, 피해를 받는 현재에 백배로 돌려 받는게 아니고, 오는 세상에서 영원한 생명으로 [보상]받는 것이다.

30 who will not receive a hundredfold now in
this time, houses and brothers and sisters
and mothers and children and lands, with
persecutions, and in the age to come
eternal life.

결국 첫째의 대부분은 끝이고, 마지막은 곧 처음이다."

31 But many who are first will be last, and the
last first."

그런 다음 그들이 저루살럼 길로 가고 있었는데, 지저스가 앞으로 나가자, 따르던 제자가 어리둥절했다. 지저스는 다시 12

32 And they were on the road, going up to
Jerusalem, and Jesus was walking ahead
of them. And they were amazed, and

제자한테 앞으로 자신에게 일어
날 일을 꺼내기 시작하며,

those who followed were afraid. And
taking the twelve again, he began to tell
them what was to happen to him,

이렇게 말했다. "보라, 우리가
저루살럼에 가면, **사람의 아들**
은 대제사장과 서기관법학자에게
넘겨진다. 그리고 그들이 사형
을 선고한 뒤, 그는 이교도에게
넘겨진다.

33 saying, "See, we are going up to
Jerusalem, and the Son of Man will be
delivered over to the chief priests and the
scribes, and they will condemn him to
death and deliver him over to the Gentiles.

그들은 그를 조롱하고 침뱉고
매질한 다음 죽인다. 그리고 3
일 지나 그는 다시 일어난다."

34 And they will mock him and spit on him,
and flog him and kill him. And after three
day he will rise."

제베디 아들 재임스와 존이 그
에게 와서 말했다. "선생님, 우
리 요구가 무엇이든 당신이 해
주기를 바라고 있어요."

35 And James and John, the sons of Zebedee,
came up to him and said to him, "Teacher,
we want you to do for us whatever we ask
of you."

그가 그들에게 물었다. "내가 너
희를 위해 무엇을 해줄까?"

36 And he said to them, "What do you want
me to do for you?"

제자가 말했다. "당신의 빛 가운
데, 하나는 당신 오른쪽, 또 하나
는 왼쪽 자리를 보장해주세요."

37 And they said to him, "Grant us to sit, one
at your right hand and one at your left, in
your glory."

지저스가 말했다. "너희는 그
요구의 의미가 무엇인지 모른
다. 내가 마시는 잔을 너희도 마
시거나, 아니면 내가 씻는 세례
의식으로 너희도 정화될 수 있
나?"

38 Jesus said to them, "You do not know
what you are asking. Are you able to drink
the cup that I drink, or to be baptized with
the baptism with which I am baptized?"

그들이 말했다. "우리도 할 수
있어요." 그가 말했다. "앞으로
내가 마시는 잔을 너희도 마시

39 And they said to him, "We are able." And
Jesus said to them, "The cup that I drink

고, 내가 씻는 세례의식도 하게 된다.

you will drink, and with the baptism with
which I am baptized, you will be baptized,

하지만 나의 좌우 자리는 내가 보장하는 것이 아닌, 준비된 자를 위한 곳이다."

40 but to sit at my right hand or at my left is
not mine to grant, but it is for those for
whom it has been prepared."

제자 열 사람이 그 말을 듣더니, 재임스와 존에게 화를 내기 시작했다.

41 And when the ten heard it, they began to
be indignant at James and John.

지저스는 그들을 불러 말했다. "너희도 알지만, 이민족 제후들이 점령지 주민을 지배하고, 고위관리는 권한을 행사한다.

42 And Jesus called them to him and said
to them, "You know that those who are
considered rulers of the Gentiles lord it
over them, and their great ones exercise
authority over them.

그러나 너희한테 그런 일은 없어야 한다. 너희 중 큰인물이 되는 사람은 누구나, 모두의 종이 되어야 하고,

43 But it shall not be so among you. But
whoever would be great among you must
be your servant,

너희 가운데 최고는 노예처럼 모두를 섬겨야 한다.

44 and whoever would be first among you
must be slave of all.

사람의 아들도 관리가 아닌 봉사를 하려고 와서, 자기 생명을 다수를 위한 몸값으로 지불한다."

45 For even the Son of Man came not to be
served but to serve, and to give his life as
a ransom for many."

그뒤 제리코에 들렀다가, 그가 제자와 군중과 제리코를 떠날 즈음, 앞을 못보는 티미우스 아들, 발티미우스가 길가에 앉아 구걸을 하고 있었다.

46 And they came to Jericho. And as he was
leaving Jericho with his disciples and a
great crowd, Bartimaeus, a blind beggar,
the son of Timaeus, was sitting by the
roadside.

그가 내저레쓰의 지저스 존재를

47 And when he heard that it was Jesus of

듣더니, 외치기 시작했다. "대이빈 자손 지저스, 나를 불쌍히 여겨주세요."

Nazareth, he began to cry out and say,
"Jesus, Son of David, have mercy on me!"

여럿이 꾸짖고 조용히 시켰지만, 그는 더 크게 호소했다. "대이빈 자손님, 나에게 자비를 내려주세요!"

48 And many rebuked him, telling him to be
silent. But he cried out all the more, "Son
of David, have mercy on me!"

지저스가 멈춰 서서 '부르라'고 하자, 제자가 시각장애인에게, "맘놓고 일어나라. 너를 부른다"고, 전했다.

49 And Jesus stood and said, 'Call him.' And
they called the blind man, saying to him,
"Take heart. Get up; he is calling you."

그는 겉옷을 내던지고 일어나, 지저스에게 왔다.

50 And throwing off his cloak, he sprang up
and came to Jesus.

지저스가 말했다. "내가 어떻게 해주면 좋을까?" 눈먼자가 말했다. "선생님, 내 시력을 찾게해 주세요."

51 And Jesus said to him, "What do you want
me to do for you?" And the blind man said
to him, "Rabbi, let me recover my sight."

그가 말했다. "네 바람대로다. 네 믿음이 너를 낫게 했다." 그가 시력을 되찾자, 그 길로 그를 따랐다.

52 And Jesus said to him, "Go your way;
your faith has made you well." And
immediately he recovered his sight and
followed him on the way.

● **가르침** ***Gospel*** 재물은 땅이 아닌 하늘에 축적하자.

STORY BIBLE 56

말크 11 지저스가 성전을 말끔히 치우다

Mark 11 Jesus Clears the Temple

나의 집은 기도하는 장소다

My house is a place of prayer

그들이 저루살럼 가까운 베쓰퀘이지와 올리브스산 베써니에 이르자, 지저스가 두 제자를 보내며,

1 Now when they drew near to Jerusalem,
to Bethphage and Bethany, at the mount
of Olives, Jesus sent two of his disciples,

말했다. "너희가 앞마을에 들어서면, 곧바로 묶인 망아지를 발견할 거다. 사람이 타본적없는 그것을 풀어 데려와라.

2 and said to them, "Go into the village in
front of you, and immediately as you enter
it you will find a colt tied, on which no one
has ever sat. Untie it and bring it.

누군가, '왜 그러냐?'고 묻거든, '주인이 필요로 하고, 그뒤 즉시 도로 보낸다'고 전해라."

3 If anyone says to you, 'Why are you doing
this?' say, 'The LORD has need of it and will
send it back here immediately.'"

제자가 가서, 거리 바깥쪽 문에 묶여 있는 망아지 한마리를 찾은 뒤, 그를 풀었다.

4 And they went away and found a colt tied
at a door outside in the street, and they
untied it.

그곳에 서있던 몇몇이 말했다. "왜 망아지 끈을 풀지?"

5 And some of those standing there said to
them, "What are you doing, untying the
colt?"

그들이 지저스 지시대로 말하자, 가게 해주었다.

6 And they told them what Jesus had said,
and they let them go.

제자가 망아지를 지저스에게 데려와, 그들의 겉옷을 얹자, 그가 올라탔다.

7 And they brought the colt to Jesus and
threw their cloaks on it, and he sat on it.

한편 대부분 사람은 자기옷을 길위에 깔았고, 다른 이는 잎이 달린 가지를 들에서 잘라 펼쳤다.

8 And many spread their clocks on the road,
and others spread leafy branches that
they had cut from the fields.

앞에 가는 사람이나 뒤따르는 모두가 외쳤다. "호재나! [구원해주세요!] **주님** 이름으로 오는 그는 축복이다!

9 And those who went before and those
who followed were shouting, **"**Hosanna!
Blessed is he who comes in the name of
the LORD!

우리선조 대이빋의 미래왕국은 축복! 최고 높은 곳으로 구원! 호재나!"

10 Blessed is the coming kingdom of our
father David! Hosanna in the highest!**"**

그러는 동안 지저스가 저루살럼 성전에 들어갔다. 주위 모든 것을 둘러보더니, 이미 날이 저물어, 12제자와 함께 베써니로 돌아갔다.

11 And he entered Jerusalem and went into
the temple. And when he had looked
around at everything, as it was already
late, he went out to Bethany with the
twelve.

다음날 그들이 베써니에서 나왔는데, 그가 배가 고팠다.

12 On the following day, when they came
from Bethany, he was hungry.

멀리 잎이 달린 무화과나무가 보이자, 그는 무언가 찾으려고 왔다. 나뭇잎 외 아무것도 보이지 않았다. 무화과 철이 아니었기 때문이었다.

13 And seeing in the distance a fig tree
in leaf, he went to see if he could find
anything on it. When he came to it, he
found nothing but leaves, for it was not
the season for figs.

지저스가 말했다. "앞으로 네 열매를 먹는 자는 아무도 없을 거다." 제자도 그말을 들었다.

14 And he said to it, **"**May no one ever eat
fruit from you again.**"** And his disciples
heard it.

그들이 저루살럼에 오자, 지저스는 성전에 들어가 그안에서 사고파는 사람을 내쫓고, 환전상의 탁자 및 비둘기상인 의자를 뒤엎어 부숴버렸다.

15 And they came to Jerusalem. And he
entered the temple and began to drive
out those who sold and those who
bought in the temple, and he overturned
the tables of the money-changers and the
seats of those who sold pigeons.

그는 성전안에 어떤 것을 가져오는 자, 누구도 허락지 않았다.

16 And he would not allow anyone to carry
anything through the temple.

그리고 그들을 가르치며 말했다. "적혀 있지 않나, '나의 집은 민족 모두의 기도의 집으로 불려야 한다'고? 너희가 이곳을 도둑소굴로 만들었다."

17 And he was teaching them and saying to
them, "Is it not written, 'My house shall be
called a house of prayer for all the nation'?
But you have made it a den of robbers."

서기관법학자과 대제사장이 이를 전해듣고, 그를 파멸시킬 방법을 찾았다. 그들은 군중이 지저스 가르침에 감탄하고 있었기 때문에 두려웠던 것이다.

18 And the chief priests and the scribes heard
it and were seeking a way to destroy him,
for they feared him, because all the crowd
was astonished at his teaching.

저녁때가 되자 그들은 도성밖으로 나갔다.

19 And when evening came they went out of
the city.

다음날 아침 그들이 지나가다, 무화과 나무가 뿌리까지 마른 것을 보았다.

20 As they passed by in the morning, they
saw the fig tree withered away to its roots.

핕어가 기억하며 그에게 말했다. "선생님, 보세요! 당신이 저주한 무화과나무가 말라버렸어요."

21 And Peter remembered and said to him,
"Rabbi!, look! The fig tree that you cursed
has withered."

지저스가 그들에게 말했다. "**하나님**을 믿고 의지해라.

22 And Jesus answered them, "Have faith in
God.

진실로 말하는데, 누구든지 이

23 Truly, I say to you, whoever says to this

산에게, '너를 들어, 바다에 던져라' 하며, 마음속 의심없이 말한 것을 믿으면, 그대로 이루어지게 된다.

mountain, 'Be taken up and thrown into
the sea,' and does not doubt in his heart,
but believes that what he says will come
to pass, it will be done for him.

그래서 내가 말하는데, 기도로 무엇을 바라든, 받는다고 믿으면, 그것은 네것이 될 것이다.

24 Therefore I tell you, Whatever you ask in
prayer, believe that you have received it,
and it will be yours.

네가 기도하는 어느때라도, 누군가에 대한 반감을 용서하면, 하늘에 있는 네 아버지 역시 너의 잘못을 용서할 거다.

25 And whenever you stand praying, forgive,
if you have anything against anyone, so
that your Father also who is in heaven
may forgive you your trespasses.

네가 용서 못하면, 하늘아버지도 네 위반을 용서하지 않는다."

26 But if you do not forgive, neither will
your Father who is in heaven forgive your
trespasses."

그들이 저루살럼에 다시 왔다. 그가 성전안으로 걸어가는데, 대제사장, 서기관, 원로 여럿이 오더니,

27 And they came again to Jerusalem. And
as he was walking in the temple, the chief
priests and the scribes and the elders
came to him,

그에게 말했다. "당신이 이렇게 하는 것은 무슨 권한으로 하며, 누가 당신에게 그 권한을 주었나?"

28 and they said to him, "By what authority
are you doing these things, or who gave
you this authority to do them?"

지저스가 대답했다. "한가지 질문에 대답하면, 나도 무슨 권한으로 이 일을 하는지 말하겠다.

29 Jesus said to them, "I will ask you one
question; answer me, and I will tell you by
what authority I do these things.

존의 세례의식은 하늘에서 왔나, 인간한테서 나왔나? 말해보라."

30 Was the baptism of John from heaven or
from man? Answer me."

그들이 서로 의논했다. "우리가, '하늘에서 왔다' 하면, '그런데 왜 당신들은 그를 안 믿나?' 할 테고,

31 And they discussed it with one another,
saying, "If we say, 'From heaven,' he will
say, 'Why then did you not believe him?'

'사람한테서 나왔다' 답한다면?", 그들은 존을 진짜 예언자로 믿는 사람들이 두려웠던 것이다.

32 But shall we say, 'From man'?"—they were
afraid of the people, for they all held that
John really was a prophet.

마침내 그들이 대답했다. "모른다." 지저스가 말했다. "나도 무슨 권한인지 말하지 않겠다."

33 So they answered Jesus, "We do not
know." And Jesus said to them, "Neither
will I tell you by what authority I do these
things."

● **가르침** ***Gospel*** 믿고 기도하면 바람이 이루어지고, 남을 용서하면 나도 용서받는다.

STORY BIBLE 57

제자 루크 2 | 지저스의 출생

Luke 2 | The Birth of Jesus

구원자의 표시가 나타나다

Signs for Christ to save people come up

당시 시저 어거스터스가 법령을 선포하였으므로, 모든 나라는 등록신고를 하게 되었다.

1 In those days a decree went out from Caesar Augustus that all the world should be registered.

[퀴라이너스시리니우스가 시리아 총독일때 최초로 등록을 했다.]

2 [This was the first registration*taxing* when Quirinius*Cyrenius* was governor of Syria.]

그래서 모두가 신고하러 각자 고향으로 갔다.

3 And all went to be registered, each to his own town.

조셉도 갤럴리의 내저레쓰 마을에서 쥬디아남부의 대이빋 도성, 곧 베썰레헴으로 갔다. [그는 대이빋 집안 혈통이었던 것이다.]

4 And Joseph also went up from Galilee, from the town of Nazareth, to Judea, to the city of David, which is called Bethlehem, [because he was of the house and lineage of David,]

신고를 하기 위해 임신한 약혼녀 매리와 함께 갔다.

5 to be registered with Mary, his betrothed, who was with child.

그들이 그곳에 있는 동안, 그녀의 출산일이 닥쳤다.

6 And while they were there, the time came for her to give birth.

그녀가 첫아들을 낳아 포대기에 감싸서 여물통에 뉘었던 까닭은, 그곳 여관에 빈방이 없었기

7 And she gave birth to her firstborn son and wrapped him in swaddling clothes

때문이었다.

and laid him in a manger, because there was no place in the inn.

한편 그곳 벌판에서는 목자들이 밤새 양떼를 지키고 있었다.

8 And in the same region there were shepherds out in the field, keeping watch over their flock by night.

그런데 **주님**의 천사가 나타나, **주님**의 찬란한 빛으로 주위를 비추자, 그들은 대단히 무서웠다.

9 And an angel of the Lord appeared to them, and the glory of the Lord shone around them, and they were filled with great fear.

천사가 그들에게 말했다. "두려워 마라. 보다시피, 나는 모두에게 대단히 기쁜 좋은 소식을 전한다.

10 And the angel said to them, "Fear not, for behold, I bring you good news of great joy that will be for all the people.

오늘 대이빋 마을에서 너희에게 태어난 구원자는, **주님** 크라이스트구원자다.

11 For unto you is born this day in the city of David a Savior, who is Christ the Lord.

이에 대한 증거표시로, 포대기에 싸여 여물통에 뉘어놓은 아기를 발견하게 될 것이다."

12 And this will be a sign for you: you will find a babe wrapped in swaddling clothes and lying in a manger."

갑자기 그 천사와 함께 수많은 하늘군단이 나타나 **하나님**을 찬양하며 말했다.

13 And suddenly there was with the angel a multitude of the heavenly host praising God and saying,

"이는 가장 높은 **하나님**에게 빛이며, 그를 기쁘게 맞이할 땅위 모든 이에게 평화다!"

14 *"Glory to God in the highest,*
and on earth peace among those
with whom he is pleased!"

천사가 하늘로 사라지자, 목자가 서로 말했다. "우리가 베썰레헴에 가서, **주님**이 알려준 일이

15 When the angels went away from them into heaven, the shepherds said to one

일어났는지 확인해보자."

another, "Let us go over to Bethlehem and
see this thing that has happened, which
the LORD has made known to us."

그들은 급히 간 다음, 매리와 조셉과 여물통에 놓인 아기를 찾았다.

16 And they went with haste and found
Mary and Joseph, and the babe lying in a
manger.

그들이 확인하자, 널리 알리며, 이 아이에 관해 들은 이야기를 전했다.

17 And when they saw it, they made known
the saying that had been told them
concerning this child.

이야기를 전해들은 모두가 목자가 말한 것에 놀랐다.

18 And all who heard it wondered at what
the shepherds told them.

그러나 매리는 이 모든 것을 깊이 생각하며 마음속에 간직했다.

19 But Mary treasured up all these things,
pondering them in her heart.

목자들이 다시 와서, 감사하며 **하나님**을 찬양한 이유는, 모든 일이 보고 들은 그대로였기 때문이었다.

20 And the shepherds returned, glorifying
and praising God for all they had heard
and seen, as it had been told them.

그리고 8일째날 아이가 할례를 받고 지저스가 되었는데, 그 이름은 자궁에서 잉태하기 전부터 천사가 지어준 것이다.

21 And at the and of eight days, when he
was circumcised, he was called Jesus, the
name given by the angel before he was
conceived in the womb.

모지스 법에 따라 정화의 날이 되자, 그들은 그를 **주님**에게 보이기 위해 저루살럼으로 데려갔고,

22 And when the time came for their
purification according to the law of Moses,
they brought him up to Jerusalem to
present him to the LORD,

[**주님**의 법대로, 자궁에서 나온 모든 수컷은 **주님** 앞에서 신성하게 정화한다는 기록을 따랐

23 [As it is written in the law of the LORD,
Every male that opens the womb shall be

는데,]

called holy to the LORD,]

제물은 **주님**의 법에서 말한, "산 비둘기 한쌍이나, 어린 비둘기 두 마리를 올린다"고 했다.

24 and to offer a sacrifice according to what
is said in the Law of the LORD, "A pair of
turtledoves, or two young pigeons."

한편 저루살럼에는 사이먼이라는 **주님**에게 헌신하는 정직한 사람이 있었다. 그가 이즈리얼의 위안을 기다리던 중, 신성한 영혼성령이 그에게 내려왔다.

25 Now there was a man in Jerusalem, whose
name was Simeon, and this man was
righteous and devout, waiting for the
consolation of Israel, and the Holy Spirit
was upon him.

성령은 그에게 **주님**의 크라이스트구원자를 보기 전에는 죽지 않을 것이라고 알려주었다.

26 And it had been revealed to him by the
Holy Spirit that he would not see death
before he had seen the LORD's Christ.

그리고 그는 성령에 이끌려 성전에 왔고, 부모는 아기 지저스를 데려와, 법의 관습대로 진행하려던 중,

27 And he came in the Spirit into the temple,
and when the parents brought in the
child Jesus, to do for him according to the
custom of the Law,

그때 그가 아기를 팔에 안고, **하나님**의 축복을 기원하며 말했다.

28 he took him up in his arms and blessed
God and said,

"**주님**, 이제서야 당신의 종을, 당신 말에 따라 편히 떠나게 해 주는군요.

29 *"LORD, now you are letting*
your servant depart in peace,
according to your word;

내 눈이 당신의 구원을 보았는데,

30 *for my eyes have seen your salvation*

당신이 준비하여 모든 사람 앞에 드러내는,

31 *that you have prepared*
in the presence of all peoples,

이 선물은 이민족까지 밝히는, 이즈리얼 민족의 빛입니다."

32 *a light for revelation to the Gentiles,*
and for glory to your people Israel."

아이 아버지와 어머니는, 그가 한 말이 이상했다.

33 And his father and his mother marveled at
what was said about him.

사이먼은 아이를 축복하고 어머니 매리에게 말했다. "보세요. 이 아이는 죽음으로 이즈리얼 다수를 살리는 임무를 받았고, 반박에 대한 증거표시라면,

34 And Simeon blessed them and said to
Mary his mother, **"**Behold, this child is
appointed for the fall and rising of many
in Israel, and for a sign that is opposed be
spoken against;

[칼이 네 영혼까지 관통할 것]과 같은 대다수 마음의 생각이 실현되어 드러나게 될겁니다."

35 [and a sword will pierce through your own
soul also,] so that thoughts from many
hearts may be revealed.**"**

또한 당시 여예언자 애나라는 애셜부족 풰뉴얼의 딸이 있었는데, 나이가 많았다. 그녀는 처녀때 결혼하여 7년간 남편과 같이 살았고,

36 And there was a prophetess, Anna, the
daughter of Phanuel, of the tribe of Aser.
She was advanced in years, having lived
with her husband seven years from when
she was a virgin,

그뒤 미망인으로 84세가 되도록 성전을 떠나지 않고, 밤낮으로 금식과 기도로 경배하며 지내고 있었다.

37 and then as a widow until she was eighty-
four. She did not depart from the temple,
worshiping with fasting and prayer night
and day.

바로 그시간에 그녀가 오더니 **하나님**에게 감사하며, 저루살럼의 구원을 기다리는 모두에게 그에 관한 이야기를 하기 시작했다.

38 And coming up at that very hour she
began to give thanks to God and to
speak of him to all who were waiting for
redemption of Jerusalem.

그들은 **주님** 법에 따라 모든 의식을 끝내고 나서, 갤럴리의 내저레쓰 고향으로 돌아갔다.

39 And when they had performed everything
according to the Law of the LORD, they
returned into Galilee, to their own town of

Nazareth.

아이가 자라고 지혜가 채워져, 영혼이 확고해지자, **하나님**의 호의가 그에게 내려오게 되었다.

40 And the child grew and became strong,
filled with wisdom. And the favor of God
was upon him.

한편 그의 부모는 매년 통과축일에 저루살럼으로 갔다.

41 Now his parents went to Jerusalem every
year at the Feast of the Passover.

그가 12살이 되던 해에도, 관습에 따라 그곳에 갔다.

42 And when he was twelve years old, they
went up according to custom.

축일이 끝나 돌아가던 중, 소년 지저스가 저루살럼에 남겨졌지만, 부모는 그 사실을 알지 못하고,

43 And when the feast was ended, as they
were returning, the boy Jesus stayed
behind in Jerusalem. His parents did not
know it,

다만 아이가 귀가 여행단에 있을 것으로 짐작했다. 그들이 여행하며 하루동안 친척과 지인 사이에서 그를 찾아봐도,

44 but supposing him to be in the group they
went a day's journey, but then they began
to search for him among their relatives
and acquaintances,

발견하지 못하자, 그들은 다시 저루살럼으로 돌아가서 찾았다.

45 and when they did not find him, they
returned to Jerusalem, searching for him.

3일 지나 성전에서 발견된 아이는, 선생님 가운데 앉아 이야기를 들으며 그들에게 질문하고 있었다.

46 After three days they found him in the
temple, sitting among the teachers,
listening to them and asking them
questions.

그의 말을 들은 모두가 그의 이해력과 대답에 대단히 놀랐다.

47 And all who heard him were amazed at his
understanding and answers.

부모가 그를 보고 너무 놀라, 어머니가 말했다. "아들아, 왜 너는 우리를 이토록 힘들게 하니?

48 And when his parents saw him, they were
astonished. And his mother said to him,

봐라, 아버지와 내가 너를 걱정하며 찾았다."

"Son, why have you treated us so? Behold,
your father and I have been searching for
you in great distress."

그가 말했다. "왜 당신들이 나를 찾아요? 내가 하늘아버지 집에 있어야 한다는 것을 몰라요?"

49 And he said to them, "Why were you
looking for me? Did you not know that I
must be in my Father's house?"

그들은 그가 자신들에게 한 말을 이해하지 못했다.

50 And they did not understand the saying
that he spoke to them.

그는 부모와 함께 내저레쓰로 온 다음, 그들에게 순종했지만, 어머니는 이런 일을 마음속에 간직해 두었다.

51 And he went down with them and came
to Nazareth and was submissive to them.
And his mother treasured up all these
things in her heart.

지저스의 키와 지혜가 커질수록, **하나님**과 사람의 호의도 늘어갔다.

52 And Jesus increased in wisdom and
stature and in favor with God and man.

● **가르침** ***Gospel*** 하늘의 빛이 인간세상에 나타났다.

제자 루크 9 | 5,000명을 먹이다

Luke 9 | Feeding of Five Thousand

여행에 아무것도 가져가지 마라

Take nothing for your journey

지저스는 12제자를 불러, 악의 영혼을 다스리고 질환을 치료하는 능력과 권한을 준 다음,

1 And he called the twelve together and
gave them power and authority over all
demons and to cure diseases,

하나님왕국을 알리며 아픈 사람을 고치도록 그들을 파견했다.

2 and he sent them out to proclaim the
kingdom of God and to heal.

그가 말했다. "네 여행에 지팡이도, 가방도, 빵도, 돈도 가져가지 말고, 겉옷 두 벌도 안 된다.

3 And he said to them, "Take nothing for
your journey, no staff, nor bag, nor bread,
nor money; and do not have two tunics.

너희가 어느 집에 들어가면, 거기서 머물다 거기서 떠나라.

4 And whatever house you enter, stay there,
and from there depart.

그들이 받아들이지 않거든, 그 마을을 떠나며, 그들에 대한 증거로 너희 발밑 먼지까지 털어버려라.

5 And wherever they do not receive you,
when you leave that town shake off the
dust from your feet as a testimony against
them."

그래서 제자가 떠나 마을을 돌며, 가스펄가르침을 알리며, 곳곳마다 사람을 치료해주었다.

6 And they departed and went through the
villages, preaching the gospel and healing
everywhere.

당시 벌어지고 있는 소문을 들은

7 Now Herod the tetrarch heard about

해롣 영주는 몹시 곤혹스러웠다. 일부 이야기로, 존이 죽었다 살아났다고 전했기 때문이었고,

all that was happening, and he was perplexed, because it was said by some that John had been raised from the dead,

일부는, 일라이자일라야스가 나타났다 하고, 다른 일부는 옛 예언자 한 사람이 다시 살아났다 했던 것이다.

8 by some that Elijah had appeared, and by others that one of the prophets of old had risen.

해롣이 말했다. "내가 존의 목을 베었는데, 내가 듣는 일들은 누가 하는 걸까?" 그는 알고 싶었다.

9 Herod said, "John I beheaded, but who is this about whom I hear such things?" And he sought to see him.

선교제자가 돌아와 지저스에게 실행한 일을 보고했다. 그는 그들을 데리고 멀리 떨어진 벳새이다 마을로 갔다.

10 On their return the apostles told him all that they had done. And he took them and withdrew apart to a town called Bethsaida.

사람들이 이를 알고 뒤따라왔기 때문에, 그는 그들을 받아들여 **하나님**왕국을 이야기하며 힐링이 필요한 사람을 낫게 해주었다.

11 When the crowds learned it, they followed him, and he welcomed them and spoke to them of the kingdom of God and cured those who had need of healing.

날이 저물기 시작하자, 12제자가 말했다. "군중을 보내 마을 근처나 시골로 가게 해야 묵을 곳을 찾아 음식을 얻을 거예요. 우리가 있는 이곳은 외딴곳이니까요."

12 Now the day began to wear away, and the twelve came and said to him, "Send the crowd away to go into the surrounding villages and countryside to find lodging and get provisions, for we are here in a desolate place."

그가 말했다. "너희가 그들에게 먹을 것을 주어라." 제자가 말했다. "우리는 빵 다섯과 물고기 둘밖에 없으니, 나가서 모두가

13 But he said to them, "You give them something to eat." They said, "We have no more than five loaves and two fish—

먹을 음식을 사와야 해요."

unless we are to go and buy food for all these people."

거기 약 5천명 정도가 있었다. 그가 제자에게 말했다. "그들을 대략 50명씩 무리지어 앉게 해라."

14 For there were about five thousand men. And he said to his disciples, "Have them sit down in groups of about fifty each."

그들이 그렇게 군중을 앉혔다.

15 And they did so, and had them all sit down.

그는 빵 다섯과 물고기 둘을 들고, 하늘을 바라보며 축복한 다음, 조각을 떼어 제자에게 주며 무리 앞에 놓게 했다.

16 And taking the five loaves and the two fish, he looked up to heaven and said a blessing over them. Then he broke the loaves and gave them to the disciples to set before the crowd.

그래서 그들은 먹고 배가 불렀다. 남은 것을 모으자, 조각들로 12바구니가 되었다.

17 And they all ate and were satisfied. And what was left over was picked up, twelve baskets of broken pieces.

언젠가 그가 혼자 기도하다, 같이 있는 제자에게 물었다. "사람들이 나를 누구라고 말하지?"

18 Now it happened that as he was praying alone, the disciples were with him. And he asked them, "Who do the crowds say that I am?"

그들이 대답했다. "세례자 존이요. 일부는 일라야스일라이자, 다른 이는 옛 예언자 하나가 일어났대요."

19 And they answered, "John the Baptist. But others say, Elijah, and others, that one of the prophets of old has risen."

그가 물었다. "그럼 너희는 내가 누구지?" 핕어가 대답했다. "**하나님**이 보낸 구원자크라이스트입니다."

20 Then he said to them, "But who do you say that I am?" And Peter answered, "The Christ of God."

그는, 아무한테도 그렇게 말하지 말라고 엄하게 당부하며,

21 And he strictly charged and commanded
them to tell this to no one,

말했다. "**사람의 아들**은 앞으로 괴로움을 많이 겪으며, 원로와 대제사장과 서기관한테 배척되어 살해당한 뒤, 3일만에 일어난다."

22 saying, "The Son of Man must suffer many
things and be rejected by the elders and
chief priests and scribes, and be killed,
and on the third day be raised."

그가 말했다. "누구라도 나를 따르고자 하면, 자신을 부정하고, 매일 십자가를 지고 뒤를 따라야 한다.

23 And he said to all, "If anyone would come
after me, let him deny himself and take up
his cross daily and follow me.

제 생명을 구하려 하면 잃게 되고, 나를 위해 생명을 잃는 자는 구원받게 된다.

24 For whoever would save his life will lose it,
but whoever loses his life for my sake will
save it.

온세상을 얻어도 자신을 잃고 버림받으면 무엇이 이로울까?

25 For what does it profit a man if he gains
the whole world and loses or forfeits
himself?

나를 부끄러워하고, 그의 의지에 의해 **사람의 아들**로 온 내 말을 수치로 여기는 자는 누구든지, 그가 빛이 되어, 하늘아버지 및 신성한 사자의 찬란한 빛과 함께 올때, 창피를 당한다.

26 For whoever is ashamed of me and of
my words, of him will the Son of Man be
ashamed when he comes in his glory and
the glory of the Father and of the holy
angels.

내가 진심으로 말하는데, 일부 몇몇 사람이 여기 [지금 나와 같이] 있다 해도 죽을때까지 **하나님**왕국을 알지 못할 것이다."

27 But I tell you truly, there are some
standing here who will not taste death
until they see the kingdom of God."

이 말을 하고 약 8일후, 그는 핕어, 존, 재임스를 데리고 기도하러 산으로 갔다.

28 Now about eight days after these sayings
he took with him Peter and John and

James and went up on the mountain to
pray.

그가 기도하던 중, 그의 얼굴 모습이 변하면서, 옷은 하얗게 번쩍였다.

29 And as he was praying, the appearance
of his face was altered, and his clothing
become dazzling white.

또 보니, 그가 모지스와 일라이자일라야스와 이야기하는데,

30 And behold, two men were talking with
him, Moses and Elijah,

빛으로 나타난 그들이 그의 출발을 이야기하며, 그는 곧 저루살럼 임무를 완수하게 된다고 했다.

31 who appeared in glory and spoke of
his departure, which he was about to
accomplish at Jerusalem.

핕어와 동료가 깊이 잠이 들었다 완전히 깨어나 바라보니, 지저스의 빛과 함께 서 있는 두 사람이 보였던 것이다.

32 Now Peter and those who were with him
were heavy with sleep, but when they
became fully awake they saw his glory
and the two men who stood with him.

두 사람이 그를 떠나려 하자, 핕어가 지저스에게 말했다. "**주인** 선생님, 우리가 여기 있는게 행운이니, 성전 셋을 짓게 해주세요. 당신 하나, 모지스 하나, 일라이자 하나요." 의미도 모른 채 그런 말을 말했던 것이었다.

33 And as the men were departing from him,
Peter said to Jesus, "Master, it is good that
we are here. Let us make three tents, one
for you and one for Moses and one for
Elijah"— not knowing what he said.

그 말을 하는데, 구름 하나가 와서 둘을 감싸, 구름속에 들여보내자 그들은 무서웠다.

34 As he was saying these things, a cloud
came and overshadowed them, and they
were afraid as they entered the cloud.

다음 구름속에서 한 목소리가 말했다. "그는 나의 아들, 나의 사랑이니, 그의 말을 잘 들어라!"

35 And a voice came out of the cloud, saying,
"This is my Son, my Chosen One; listen to
him!"

목소리가 지나가자, 지저스가 홀로 남았다. 그들은 침묵하며 그날 본것을 아무한테도 말하지

36 And when the voice had spoken, Jesus
was found alone. And they kept silent

않았다.

and told no one in those days anything of what they had seen.

다음날, 그들이 산에서 내려와 보니, 많은 사람이 그를 만나러 와있었다.

37 On the next day, when they had come down from the mountain, a great crowd met him.

무리 중 한 남자가 호소했다. "선생님, 제발 아들 좀 봐주세요. 내 외아들이에요.

38 And behold, a man from the crowd cried out, "Teacher, I beg you to look at my son, for he is my only child.

보다시피, 어떤 악령이 아들을 사로잡으면 애가 갑자기 소리를 질러요. 경련을 일으키고 입에 거품을 무는 충격을 주면서 좀처럼 아들을 떠나지 않아요.

39 And behold, a spirit seizes him, and he suddenly cries out. It convulses him so that he foams at the mouth, and shatters him, and will hardly leave him.

내가 당신 제자에게 간청하며, 악령을 쫓아달라 했지만, 못했어요."

40 And I begged your disciples to cast it out, but they could not."

지저스가 말했다. "오 신념이 부족해 휘어진 세대들아, 내가 얼마나 더 오래 너희를 맡아 함께 있을까? 아들을 데려와라."

41 Jesus answered, "O faithless and twisted generation, how long am I to be with you and bear with you? Bring your son here."

아들이 오는 도중, 악령이 바닥으로 쓰러뜨리자, 아이가 경련을 일으켰다. 지저스가 불결한 영혼을 꾸짖어 치유한 뒤, 아이를 아버지에게 넘겼다.

42 While he was coming, the demon threw him to the ground and convulsed him. But Jesus rebuked the unclean spirit and healed the boy, and gave him back to his father.

모두가 **하나님**의 절대권위에 놀라면서도, 사람들이 그가 한 일을 믿으려 하지 않자, 지저스가 제자에게 말했다.

43 And all were astonished at the majesty of God. But while they were all marveling at everything he was doing, Jesus said to his disciples,

"이 말을 너희 귀안에 깊이 간직해라. **사람의 아들**이 인간 손에 곧 넘겨지려 한다."

44 "Let these words sink into your ears: The Son of Man is about to be delivered into the hands of men."

제자는 이 말을 이해하지 못한 채 지나쳐, 의미를 몰랐을 텐데, 그들은 묻기조차 두려워했던 것이다.

45 But they did not understand this saying, and it was concealed from them, so that they might not perceive it. And they were afraid to ask him about this saying.

제자 사이에 '누가 최고가 될지'에 대하여 논쟁이 일었다.

46 An argument arose among them as to which of them was the greatest.

지저스는 그들 마음속 생각을 감지하고, 아이를 데려와 옆에 두고,

47 But Jesus, knowing the reasoning of their heart, took a child and put him by his side,

말했다. "이 아이를 나의 이름으로 받아들이면 나를 받아들이는 일이고, 나를 받아들이면 나를 보낸 그를 받아들이는 것이다. 이는 너희 중 소인이 곧 큰인물이기 때문이다."

48 and said to them, "Whoever receives this child in my name receives me, and whoever receive me receives him who sent me. For he who is least among you all is the one who is great."

존이 말했다. "**주인**선생님, 당신 이름으로 악령을 내쫓는 사람을 보고, 우리가 못하게 했어요. 그가 우리를 따라오지 않으니까요."

49 John answered, "Master, we saw someone casting out demons in your name, and we tried to stop him, because he does not follow with us."

지저스가 말했다. "그를 막지 마라. 너에게 맞서지 않으면 네편이다."

50 But Jesus said to him, "Do not stop him, for the one who is not against you is for you."

붙잡힐 날이 다가오자, 그는 저루

51 When the days drew near for him to

살럼 방향으로 얼굴을 고정했다.

be taken up, he set his face to go to
Jerusalem.

그는 우선 전령을 보내어, 스매리아 마을로 가서, 그를 위한 준비를 하게 했다.

52 And he sent messengers ahead of him,
who went and entered a village of the
Samaritans, to make preparation for him.

하지만 그들이 수락하지 않은 이유는, 그의 목적지 방향이 저루살럼이었기 때문이다.

53 But the people did not receive him,
because his face was set toward
Jerusalem.

재임스와 존이 이를 알고서 말했다. "**주인님**, 당신이 원하기만 하면, 우리가 하늘에서 불을 내리도록 요청하여 저들을 삼켜버릴 텐데요?"

54 And when his disciples James and John
saw it, they said, "Lord, do you want us to
tell fire to come down from heaven and
consume them?"

그는 그들을 나무라며 말했다. "너희는 그 영혼이 어떤 것인지 모른다.

55 But he turned and rebuked them, and
said, You do not know what kind of spirit
of him.

사람의 아들은 인간생명의 파괴가 아닌, 구원을 위해 왔다." 그러면서 그들은 다른 마을로 갔다.

56 For the Son of man is not come to destroy
men's lives, but to save. And they went on
to another village.

길을 가는데, 어떤 사람이 지저스에게 말했다. "나는 당신이 어디로 가든, 따라가겠어요."

57 As they were going along the road,
someone said to him, "I will follow you
wherever you go."

지저스가 말했다. "여우도 굴이 있고, 하늘의 새도 둥지가 있는데, **사람의 아들**은 머리를 둘 곳이 없다."

58 And Jesus said to him, "Foxes have holes,
and birds of the air have nests, but the
Son of Man has nowhere to lay his head."

그가 어떤 사람에게, "나를 따르라"고 말하자, 그가, "**주인님**, 먼저 아버지 장례에 가게 해주세

59 To another he said, "Follow me." But he
said, "Lord, let me first go and bury my

요" 라고 말했다.

지저스는 그에게, "죽은자는 스스로 묻히게 놔두고, 대신 너는 **하나님**왕국을 알리러 가라"고 했다.

또 다른 사람이, "**주인님**, 나는 당신을 따르겠어요. 그런데 우선 내 집안에게 작별인사를 하게 해주세요" 라고 말했다.

지저스가 말했다. "쟁기에 손을 얹고 뒤를 돌아보지 않아야, **하나님**왕국에 적합하다."

father."
60 Jesus said to him, "Leave the dead to bury
their own dead. But as for you, go and
proclaim the kingdom of God."
61 Yet another said, "I will follow you, LORD,
but let me first say farewell to those at my
home."
62 Jesus said to him, "No one who puts his
hand to the plow and looks back is fit for
the kingdom of God."

● **가르침** *Gospel* 나의 이름으로 아이를 받아들이면 나를 받아들이는 일이고, 나를 받아들이면 나를 보낸 그를 받아들이는 것이다.

제자 루크 10:1-24

Luke 10:1-24

72인 제자파견

72 Disciples Sent Out

너희말을 듣는자가 나를 보낸 그의 말을 듣는다

The one who hears you hears him who sent me

그뒤 **주님**은 다른 72명을 지명하여 그보다 먼저, 둘둘씩 짝지어, 앞으로 가려는 도시와 마을로 파견했다.

1 After this the LORD appointed seventy-two
others and sent them on ahead of him,
two by two, into every town and place
where he himself was about to go.

그가 말했다. "거둘 일이 너무 많은데, 일꾼이 거의 없다. 그러니 너희가 **주님**에게 간절히 요청하여, 추수할 노동자를 보내달라 기도해라.

2 And he said to them, "The harvest
is plentiful, but the laborers are few.
Therefore pray earnestly to the LORD of
the harvest to send out laborers into his
harvest.

이제 떠나라. 보라, 내가 너희 어린양을 이리떼 가운데로 보낸다.

3 Go your way; behold, I am sending you
out as lambs in the midst of wolves.

돈가방, 소배낭, 신발도 가져가지 말고, 도중 아무에게 인사도 하지마라.

4 Carry no moneybag, no knapsack, no
sandals, and greet no one on the road.

들어가는 집마다 우선, '이 집에 평화가 있기를 바란다!'고 말해줘라.

5 Whatever house you enter, first say, 'Peace
be to this house!'

그곳 자손이 평온하면 그들과 편히 쉬고, 그게 아니면 되돌아와야 한다.

6 And if a son of peace is there, your peace
will rest upon him. But if not, it will return

to you.

한 집에 머물며, 그들이 제공하는 것을 먹고 마셔라. 노동자는 제 품삯을 마땅히 받아야 한다. 이집 저집 옮겨다니지 마라.

7 And remain in the same house, eating
and drinking what they provide, for the
laborer deserves his wages. Do not go
from house to house.

들어간 마을 사람이 받아들이면, 너희 앞에 내놓는 것을 먹어라.

8 Whenever you enter a town and they
receive you, eat what is set before you.

그곳 아픈 사람을 고치며, '**하나님**왕국이 가까이 왔다'고 말해줘라.

9 Heal the sick in it and say to them, 'The
kingdom of God has come near to you.'

반대로 너희가 간 마을이 반기지 않으면, 그 거리로 나와 말해라.

10 But whenever you enter a town and they
do not receive you, go into its streets and
say,

'우리발에 붙은 이 마을 먼지조차, 당신들한테 다 털어놓는다. 그래도 알아야 할 것은, **하나님**왕국이 너희 가까이 와있다'고 말해야 한다.

11 'Even the dust of your town that clings
to our feet we wipe off against you.
Nevertheless know this, that the kingdom
of God has come near.'

내가 말하는데, 앞날은 그 마을보다 차라리 소듬에게 더 관대할 것이다.

12 I tell you, it will be more bearable on that
day for Sodom than for that town.

코러즌, 너희에게 재앙이다! 벳새이다, 너희에게 재앙이다! 만약 너희에게 실현된 절대위업의 경이가 타이러와 사이든에 있었다면, 그들은 훨씬 예전에 반성하며, 베옷에 재를 쓰고 앉아 있었을 텐데.

13 "Woe to you, Chorazin! woe to you,
Bethsaida! For if the mighty works done
in you had been done in Tyre and Sidon,
they would have repented long ago,
sitting in sackcloth and ashes.

그러니 정의의 날은 너희보다 타이러와 사이든에 훨씬 더 관대할 거다.

14 But it will be more bearable in the
judgment for Tyre and Sidon than for you.

커퍼내움, 너희는 하늘까지 우

15 And you, Capernaum, will you be exalted

쫄해하지? 당연히 죽음나라에 던져지고 만다.

to heaven? You shall be brought down to
Hades*sheol*.

"너희 말을 들으면 내 말을 듣고, 너희를 거부하면 나도 거부하며, 나를 거부하면 나를 보낸 그에 대한 거부다."

16 "The one who hears you hears me, and
the one who rejects you rejects me, and
the one who rejects me rejects him who
sent me."

파견자 70명이 돌아와 즐겁게 보고했다. "**주님**, 당신 이름에 악령조차 우리에게 복종했어요!"

17 The seventy-two returned with joy, saying,
"LORD, even the demons are subject to us
in your name!"

그가 말했다. "[악의 영혼] 새이튼이 하늘에서 번개처럼 떨어지는 것을 보았다.

18 And he said to them, "I saw Satan fall like
lightning from heaven.

보라, 내가 너희에게 독사와 전갈을 짓밟을 능력을 주었으니, 적의 힘을 능가하면, 아무것도 너희를 헤치지 못한다.

19 Behold, I have given you authority to
tread on serpents and scorpions, and over
all the power of the enemy, and nothing
shall hurt you.

단, 사람의 영혼이 너희를 따른다고 기뻐하는 대신, 네 이름이 하늘에 등록되는 것을 기뻐해라."

20 Nevertheless, do not rejoice in this, that
the spirits are subject to you, but rejoice
that your names are written in heaven."

동시에 그는 신성한영혼으로서 기뻐하며 말했다. "하늘아버지 당신에게 감사합니다. 하늘과 땅의 **주인** 당신은 이런 일을 지혜와 이해 아래 감춰두고, 아이에게만 드러내지요. 그게 바로 아버지 당신의 우아한 사랑의 뜻이죠.

21 In that same hour he rejoiced in the
Holy Spirit and said, "I thank you, Father,
LORD of heaven and earth, that you have
hidden these things from the wise and
understanding and revealed them to little
children; yes, Father, for such was your
gracious will.

모든 일을 아버지가 내게 맡겼는데, 사람은 그 **아들**을 모르고, **하늘아버지**만 알뿐이죠. **아들**만 아는 **하늘아버지**를, 임명받은 **아들**이 드러내 알립니다."

22 All things have been handed over to me
by my Father, and no one knows who
the Son is, except the Father, or who the
Father is except the Son and anyone to
whom the Son chooses to reveal him."

그리고 제자를 일일이 돌아보며 말했다. "바라보는 것을 이해할 수 있는 너희 눈은 이미 축복의 자체다!

23 Then turning to the disciples he said
privately, "Blessed are the eyes that see
what you see!

내가 말하지만, 많은 예언자와 제왕이, 너희가 이해하는 것을 알고 싶어했지만 보이지 않았고, 너희가 듣는 것도 그들은 들리지 않았다.

24 For I tell you that many prophets and
kings desired to see what you see, and did
not see it, and to hear what you hear, and
did not hear it." (1-24/42)

● **가르침** ***Gospel*** 인간주인의 비밀은 지혜와 이해 아래 숨겨져 있으니, 이를 아는데 노력을 다하자.

STORY BIBLE 60

제자 루크 10:25-42

Luke 10:25-42

좋은 스매리아인

The Good Samaritan

이웃을 자신처럼 사랑해라

Love your neighbor as yourself

어떤 법조인이 그를 시험하며 말했다. "선생님, 내가 어떻게 해야 영원한 생명을 얻게 되죠?"

25 And behold, a lawyer stood up to put him to the test, saying, "Teacher, what shall I do to inherit eternal life?"

그가 말했다. "법에 뭐라고 써있지? 그것을 어떻게 읽었나?"

26 He said to him, "What is written in the Law? How do you read it?"

그가 대답했다. "'**주인 하나님**을 네 마음과 정신을 다하여, 온 힘과 정성을 기울여 사랑하고, 네 이웃도 자신처럼 사랑하라' 했어요."

27 And he answered, "You shall love the LORD your God with all your heart and with all your soul and with all your strength and with all your mind, and your neighbor as yourself."

그가 말했다. "맞는 답이다. 그렇게 살면 가능하다."

28 And he said to him, "You have answered correctly; do this, and you will live."

그는 주장을 펼칠 의도로 지저스에게 말했다. "내 이웃이 누구죠?"

29 But he, desiring to justify himself, said to Jesus, "And who is my neighbor?"

지저스가 대답했다. "한 사람이 저루살럼에서 제리코로 가다, 도둑떼를 만났다. 그들이 옷을 뺏은 뒤 치고 가버리자, 그는 반쯤 죽은 채 남겨졌다.

30 Jesus replied, "A man was going down from Jerusalem to Jericho, and he fell among robbers, who stripped him and beat him and departed, leaving him half

dead.

무심코 어떤 제사장이 그길로 가다 그를 보더니, 다른 쪽으로 비켜 갔다.

31 Now by chance a priest was going down
that road, and when he saw him he
passed by on the other side.

마찬가지로 리바이 사람도 거기 와서 그를 보자, 다른 길로 가버렸다.

32 So likewise a Levite, when he came to
the place and saw him, passed by on the
other side.

그런데 스매리아인이 여행하며 그가 있는 곳까지 와서 보더니, 가여운 마음이 들었다.

33 But a Samaritan, as he journeyed, came to
where he was, and when he saw him, he
had compassion.

그는 그에게 가서, 상처에 기름과 와인을 부어 싸매고, 자기 나귀에 태워, 여관으로 데려가서 그를 보살펴주었다.

34 He went to him and bound up his wounds,
pouring on oil and wine. Then he set him
on his own animal and brought him to an
inn and took care of him.

다음날 그는 동전 2개를 꺼내, 여관주인에게 주며, '그를 보살피고, 돈이 더 들면, 내가 돌아올 때 갚겠다'고 말했다.

35 And the next day he took out two
pence*denarii* and gave them to the
innkeeper, saying, 'Take care of him, and
whatever more you spend, I will repay you
when I come back.'

네 생각에, 이들 셋중 강도당한 사람에게 이웃을 증명한 자는 누구일까?"

36 Which of these three, do you think,
proved to be a neighbor to the man who
fell among the robbers?"

그가 대답했다. "그에게 넉넉한 사랑을 보여준 사람이에요." 지저스가 말했다. "가서, 똑같이 해라."

37 He said, "The one who showed him
mercy." And Jesus said to him, "You Go,
and do likewise."

어느날 길을 가다, 지저스가 한

38 Now as they went on their way, Jesus

동네로 들어가자, 말싸라는 여자가 자기집에 그를 받아들였다.

entered a village. And a woman named
Martha welcomed him into her house.

그녀의 여동생 매리도 지저스 발앞에 앉아 가르침을 들었다.

39 And she had a sister called Mary, who
sat at the Load's feet and listened to his
teaching.

말싸는 접대일이 많아 정신없이 일하다, 말했다. "**주인님**, 나 혼자 일을 시키는 여동생이, 신경 쓰이지 않아요? 좀 거들라 말해 주세요."

40 But Martha was distracted with much
serving. And she went up to him and said,
"LORD, do you not care that my sister has
left me to serve alone? tell her then to
help me."

지저스가 대답했다. "말싸야, 네가 일이 많아 무척 힘이 드는 모양이구나.

41 But the Load answered her, "Martha,
Martha, you are anxious and troubled
about many things,

한 가지만 가능한 경우, 매리가 필요한 것을 선택하여 만족하면, 그녀한테서 그것을 빼앗으면 안 된다."

42 but one thing is necessary. Mary has
chosen the good portion, which will not
be taken away from her." (25-42/42)

● **가르침** ***Gospel*** 나의 도움이 필요한 이웃을 돕자.

제자 루크 15 | 돈을 낭비한 아들

Luke 15 | The Prodigal Son

아버지는 무사히 건강하게 돌아온 아들을 환영한다

Father welcomes his son back safe and sound

이제 세금징수인도 죄인도 그의 말을 들으려고 가까이 다가왔다.

1 Now the tax collectors and sinners were all drawing near to hear him.

퉤러시법문집착파와 서기관법학자이 불평했다. "이 사람은 죄인까지 받아들여 음식을 함께 먹는다."

2 And the Pharisees and the scribes grumbled, saying, "This man receives sinners and eats with them."

그들에게 다음 비유를 이야기했다.

3 So he told them this parable:

"너희 중 어떤 사람이, 양100마리를 갖고 있다 하나를 잃어버리면, 99을 벌판에 남겨둔 채, 사라진 하나를 찾을 때까지 뒤쫓지 않을까?

4 "What man of you, having a hundred sheep, if he has lost one of them, does not leave the ninety-nine in the open country, and go after the one that is lost, until he finds it?

그래서 잃었던 것을 찾고서야, 어깨에 올려놓고 맘이 기쁘다.

5 And when he has found it, he lays it on his shoulders, rejoicing.

집에 돌아온 그는 친구 이웃 모두 불러, '기쁨을 같이 나누자. 내가 잃었던 양을 찾았다'고 말할 것이다.

6 And when he comes home, he calls together his friends and his neighbors, saying to them, 'Rejoice with me, for I have found my sheep that was lost.'

바로 그래서 내가 말하는데, 하늘에서 더 즐거운 것은, 반성하는 죄인 하나가 후회가 필요없는 올바른 99 사람보다 더 클것이다.

7 Just so, I tell you, there will be more joy in
heaven over one sinner who repents than
over ninety-nine righteous persons who
need no repentance.

"또한 어떤 여자가 소지한 은동전 10개 중 하나가 없어졌다면, 등불을 켜고 집안을 쓸며, 발견할 때까지 열심히 찾지 않을까?

8 "Or what woman, having ten silver coins,
if she loses one coin, does not light a lamp
and sweep the house and seek diligently
until she finds it?

그러다 그것을 찾으면, 그녀는 친구 이웃을 불러 모아 말한다. '같이 기뻐하자. 내가 잃어버린 동전을 찾았다.'

9 And when she has found it, she calls
together her friends and neighbors,
saying, 'Rejoice with me, for I have found
the coin that I had lost.'

그와 같아, **하나님** 사자들 앞의 즐거움은, 반성하는 한 죄인한테 있다."

10 Just so, I tell you, there is joy before
the angels of God over one sinner who
repents."

그가 또 말했다. "어떤 사람에게 아들이 둘 있었다.

11 And he said, "There was a man who had
two sons.

둘째가 아버지에게 말한다. '아버지, 재산 중 내몫을 주세요.' 그래서 그중 둘째의 몫을 떼어 주었다.

12 And the younger of them said to his
father, 'Father, give me the share of
property that is coming to me.' And he
divided his property between them.

얼마 지나지 않아, 둘째 아들은 가진 것을 모두 모아, 먼 지방으로 떠나더니, 아무 생각없이 무모한 생활로 자기 재산을 낭비해버렸다.

13 Not many days later, the younger
son gathered all he had and took a
journey into a far country, and there he
squandered*wasted* his property in reckless

living.

모든것을 다 써버린 무렵, 그 지방에 가뭄이 심해지자 그가 궁핍해졌다.

14 And when he had spent everything, a
severe famine arose in that country, and
he began to be in need.

그래서 그곳 주민에게 가서 자신을 고용해달라고 맡기자, 주인 밭에서 돼지를 먹이라며 보냈다.

15 So he went and hired himself out to one
of the citizens of that country, who sent
him into his fields to feed pigs.

그가 돼지먹이 곡물껍질로 배를 채울 정도가 되어도, 아무도 어떤 것도 주지 않았다.

16 And he was longing to be fed with the
pods*husk* that the pigs ate, and no one
gave him anything.

그러다 스스로 생각하며 말했다. '아버지 고용인은 얼마나 싫컷 빵을 많이 먹을까, 나는 여기서 굶어 죽어가는데!

17 "But when he came to himself, he said,
'How many of my father's hired servants
have more than enough bread, but I perish
here with hunger!

내가 아버지한테 가서 말해야겠다. "아버지, 나는 하늘과 아버지 앞에 죄를 지었어요.

18 I will arise and go to my father, and I will
say to him, "Father, I have sinned against
heaven and before you.

더 이상 아들 자격도 못 되니, 나를 고용인 중 하나로 취급해 주세요."

19 I am no longer worthy to be called
your son. Treat me as one of your hired
servants."

그리고 일어나 아버지에게 갔다. 아들이 아직 멀리 떨어져 있었지만, 아버지가 그를 보자, 그리움에 달려가, 껴앉고 입을 맞추었다.

20 And he arose and came to his father. But
while he was still a long way off, his father
saw him and felt compassion, and ran and
embraced him and kissed him.

아들이 말했다. '아버지, 나는 하늘과 당신 앞에 죄를 지어서, 더 이상 아들로 불릴 가치가 없어요.'

21 And the son said to him, 'Father, I have
sinned against heaven and before you.
I am no longer worthy to be called your

son.'

아버지가 종에게 말했다. '어서, 최고급 로브옷을 가져와 아들에게 입히고, 손에 반지를 끼우고, 신도 신겨라.

22 But the father said to his servants, 'Bring
quickly the best robe, and put on him, and
put a ring on his hand, and shoes on his
feet.

또 살찐 송아지를 잡아, 즐겁게 먹으며 축하하자.

23 And bring the fattened calf and kill it, and
let us eat and celebrate.

왜냐하면 내 아들이 죽었다, 다시 살아났고, 그를 잃었는데 다시 찾았기 때문이다'며, 잔치를 시작했다.

24 For this my son was dead, and is alive
again; he was lost, and is found.' And they
began to celebrate.

"한편 큰아들이 밭에서 돌아오다, 집이 가까워지자, 음악에 춤추는 소리를 듣게 되었다.

25 "Now his older son was in the field, and as
he came and drew near to the house, he
heard music and dancing.

그는 종을 불러, 무슨 상황인지 물었다.

26 And he called one of the servants and
asked what these things meant.

종이 말했다. '당신 동생이 돌아오자, 아버지가 살찐 송아지를 잡은 것은, 무사히 건강하게 돌아온 둘째를 환영했기 때문이죠.'

27 And he said to him, 'Your brother has
come, and your father has killed the
fattened calf, because he has received him
back safe and sound.'

화가 난 첫째가 집에 들어가려 하지 않아, 아버지가 밖에 나와 달했더니,

28 But he was angry and refused to go in. His
father came out and entreated him,

그가 말했다. '보세요, 나는 몇년을 당신에게 봉사해도, 내 친구와 잔치하라고 어린 염소 하나 준일 없었어요.

29 but he answered his father, 'Look, these
many years I have served you, and I
nerver disobeyed your command, yet you
never gave me a young goat, that I might
celebrate with my friends.

그런데 이 아들이 돌아오자, 당

30 But when this son of yours came, who has

신 재산을 매춘부와 써버린 그
를 위해 당신은 살찐 송아지까
지 잡다니요!'
아버지가 말했다. '아들아, 너는
늘 함께 있었고, 내것이 모두 네
것이다.

당연히 축하하며 기뻐해야 하잖
니, 죽었던 동생이 살아있고, 그
를 잃었는데, 다시 찾았으니 말
이다.'"

devoured your property with prostitutes,
you killed the fattened calf for him!'
31 And he said to him, 'Son, you are always
with me, and all that is mine is yours.
32 It was fitting to celebrate and be glad, for
this your brother was dead, and is alive; he
was lost, and is found.'"

● **가르침** ***Gospel*** 인간주인은 반성하는 한 사람에게 더 만족한다.

제자 루크 19 | 지저스와 세금징수인 재키어스

Luke 19 | Jesus and Zacchaeus

지저스는 잃은자를 구원한다

The Son of Man came to save the lost

지저스는 제리코로 들어가고 있었다.

1 He entered Jericho and was passing through.

그곳에 재키어스라는 사람이 있었는데, 수석 세금징수인으로 부자였다.

2 And behold, there was a man named Zacchaeus. He was a chief tax collector and was rich.

그는 지저스가 누구인지 보고 싶었지만, 혼잡한 무리속에서 키가 작아서, 볼 수 없었다.

3 And he was seeking to see who Jesus was, but on account of the crowd he could not, because he was small in stature.

그래서 그를 볼만한 앞쪽의 시커모어유럽단풍나무위로 올라갔다. 그가 그길을 지날 예정이었다.

4 So he ran on ahead and climbed up into a sycamore tree to see him, for he was about to pass that way.

지저스가 그곳에 오더니, 위를 쳐다보며 말했다. "재키어스, 어서 내려와라. 오늘 내가 너희집에서 묵어야겠다."

5 And when Jesus came to the place, he looked up and said to him, "Zacchaeus, hurry and come down, for I must stay at your house today."

그는 급히 내려와, 즐겁게 그를 맞이했다.

6 So he hurried and came down and received him joyfully.

저들은 그 모습을 보고 불평했

7 And when they saw it, they all grumbled,

다. "그가 죄인의 손님이 되어 들어가다니."

"He was gone in to be the guest of a man
who is a sinner."

재키어스가 맞이하며 말했다. "보세요, **주인님**, 앞으로 내 재산 절반을 가난한 사람에게 나눠주고, 혹시 내가 어떤 사람에 대해 잘못 빼앗는 경우에는, 4배로 갚겠어요."

8 And Zacchaeus stood and said to the
Lord, "Behold, Lord, the half of my goods
I give to the poor. And if I have defrauded
anyone of anything, I restore it fourfold."

지저스가 말했다. "오늘 구원이 이 집에 내려온 것은, 그 역시 애이브러햄 자손의 한 사람이기 때문이다.

9 And Jesus said to him, "Today salvation
has come to this house, since he also is a
son of Abraham.

사람의 아들은 잃은자를 찾아 구원해주기 위해 온 것이다."

10 For the Son of Man came to seek and to
save the lost."

제자가 이야기를 듣는 가운데, 그가 일화를 들어 비유를 계속했던 이유는, 저루살럼이 가까워지면서 그들이 **하나님**왕국이 곧 나타난다고 생각하고 있었기 때문이었다.

11 As they heard these things, he proceeded
to tell a parable, because he was near to
Jerusalem, and because they supposed
that the kingdom of God was to appear
immediately.

그가 말했다. "어떤 귀족이 자기 왕국을 받으러 먼 지방으로 갔다가 돌아올 예정이었다.

12 He said therefore, "A nobleman went
into a far country to receive for himself a
kingdom and then return.

그는 종 10명을 불러, 10마이나 화폐단위씩 돈을 주고 일렀다. '내가 돌아올 때까지 맡아 장사해 봐라.'

13 Calling ten of his servants, he gave them
ten minas*pounds*, and said to them, 'Engage
in business until I come.'

한편 그 지방은 그를 거부하며, 뒤이어 대표를 보내 이렇게 전했다. '우리는 이 사람의 통치를 바라지 않습니다.'

14 But his citizens hated him and sent a
delegation after him, saying, 'We do not
want this man to reign over us.'

그래서 왕국을 받기만 한 채, 돌아온 뒤, 그가 돈을 맡겼던 종들을 불렀다. 그들이 장사로 얼마

15 When he returned, having received the
kingdom, he ordered these servants to

나 벌었는지 알고 싶었던 것이다.

whom he had given the money to be
called to him, that he might know what
they had gained by doing business.

첫째 종이 말했다. '주인님, 당신 돈으로 10마이나를 더 늘렸어요.'

16 The first came before him, saying, 'Lord,
your minas*pound* has made ten minas more.'

주인이 말했다. '잘했다. 너는 좋은 종이다. 아주 작은 것으로 충실히 일했으니, 10개 도시를 관리할 권한을 맡아라.'

17 And he said to him, 'Well done, good
servant! Because you have been faithful in
a very little, you shall have authority over
ten cities.'

둘째 종이 말했다. '주인님, 당신 돈으로 5마이나를 만들었어요.'

18 And the second came, saying, 'Lord, your
mina has made five minas.'

주인이 말했다. '너는 5개 도시를 관리해라.'

19 And he said to him, 'And you are to be
over five cities.'

다른 종이 말했다. '주인님, 이게 당신 돈인데, 내가 보자기에 싸서 잘 보관했어요.

20 Then another came, saying, 'Lord, here
is your mina, which I kept laid away in a
handkerchief;

나는 당신이 엄격해서 두려웠어요. 당신은 맡기지 않은 돈도 빼앗고, 뿌리지 않은 것도 거둬들이니까요.'

21 for I was afraid of you, because you are a
severe man. You take what you did not
deposit, and reap what you did not sow.'

주인이 말했다. '네가 말한대로, 내가 욕해주지, 너는 나쁜 종이다! 너는 내가 지독하다는 것을 잘 알듯, 나는 주지 않아도 뺐고, 뿌리지 않아도 거두는 사람이지?

22 He said to him, 'I will condemn you with
your own words, you wicked servant! You
knew that I was a severe man, taking what
I did not deposit and reaping what I did
not sow?

그런데 어째서 너는 내 돈을 은행에 넣지 않았지? 그랬다면 내가 돌아왔을 때, 이자가 생겼을 텐데?'

23 Why then did you not put my money in
the bank, and at my coming I might have
collected it with interest?'

주인은 옆사람에게 말했다. '그 의 돈을 빼앗아, 10마이나를 불린 사람에게 주어라.'

24 And he said to those who stood by, 'Take
the mina from him, and give it to the one
who has the ten minas.'

옆사람이 말했다. '주인님, 그는 이미 10마이나를 갖고 있는데요.'

25 And they said to him, 'Lord, he has ten
minas!'

'내가 너희에게 말한다. 가진자는 더 주어지지만, 그렇지 못하면 가진것마저 빼앗긴다.

26 'I tell you that to everyone who has, more
will be given, but from one who has not,
even what he has will be taken away.

나를 거부하는 적들이, 나의 통치를 바라지 않았으니, 그들을 끌어다, 내 앞에서 죽여라.'"

27 But as for these enemies of mine, who did
not want me to reign over them, bring
them here and slaughter them before
me.'"

이런 말을 하고 나서, 그는 저루살렘으로 갔다.

28 And when he had said these things, he
went on ahead, going up to Jerusalem.

올리벧산이라고 불리는 베쓰풰이지와 베써니에 가까워지자, 그가 제자 둘을 보내며,

29 When he drew near to Bethphage and
Bethany, at the mount that is called of
Olivet, he sent two of his disciples,

말했다. "앞에 있는 마을 입구로 가면, 아직 사람이 앉아보지 않은 망아지 한 마리가 묶여 있을 거다. 그 끈을 풀어 여기로 데려와라.

30 Saying, "Go into the village in front of you,
where on entering you will find a colt tied,
on which no one has ever yet sat. Untie it
and bring it here.

만약 누가 물으며, '왜 망아지 끈을 푸냐?' 물으면, '주인이 필요로 한다'고 대답해주어라."

31 If anyone asks you, 'Why are you untying
it?' you shall say this: 'The Lord has need of
it.'"

그렇게 보내진 그들이 가서 찾아냈는데 그의 말대로였다.

32 So those who were sent went away and
found it just as he had told them.

망아지를 풀자, 주인이 말했다. "왜 너희가 망아지 끈을 푸냐?"

33 And as they were untying the colt, its

owners said to them, "Why are you
untying the colt?"

"**주인님**이 그것을 필요로 해요."

34 And they said, "The LORD has need of it."

망아지를 지저스에게 데려온 제자는 그들 겉옷을 망아지에 깔아, 지저스를 그 위에 태웠다.

35 And they brought it to Jesus, and
throwing their cloaks on the colt, they set
Jesus on it.

그가 길을 따라가는 동안, 사람들은 자기 옷을 길위에 펼쳤다.

36 And as he rode along, they spread their
cloaks on the road.

그가 벌써 올리브스산 아래길로 가까이 접어들자, 제자 군중이 기뻐하며, 큰소리로 그들이 알게된 놀라운 위업을 이룬 **하나님**에 대한 감사를,

37 As he was drawing near—already on
the way down the Mount of Olives—the
whole multitude of his disciples began to
rejoice and praise God with a loud voice
for all the mighty works that they had
seen,

말했다. "**주인님**의 이름으로 오는 왕은 축복이다! 이는 하늘의 평화며, 최고 높은 곳의 찬란한 빛이다!"

38 saying, "Blessed is the King who comes in
the name of the LORD! Peace in heaven and
glory in the highest!"

군중속의 몇몇 풰러시법문집착파가 말했다. "선생님, 제자를 야단치세요."

39 And some of the Pharisees in the crowd
said to him, "Teacher, rebuke your
disciples."

그가 대답했다. "내가 말하는데, 이들이 조용하면, 바로 돌이 소리칠거다."

40 He answered, "I tell you, if these were
silent, the very stones would cry out."

그가 다가가 도시를 보면서 생각하더니 울면서,

41 And when he drew near and saw the city,
he wept over it,

말했다. "적어도 너희는, 지금이 평화라는 것을 깨닫겠지! 하지만 앞으로 이 도시는 너희 눈에서 사라진다.

42 saying, "Would that you, even you, had
known on this day the things that make
for peace! But now they are hidden from

your eyes.

그날은 반드시 너희에게 닥친 다. 적이 너희 주위에 장애물을 쳐, 포위하고, 사방으로 가둘뿐만 아니라,

43 For the days will come upon you, when
your enemies will set up a barricade
around you and surround you and hem
you in on every side,

너희가 품은 아이까지 바닥에서 찢긴다. 저들은, 돌 하나조차 너희에게 남겨두지 않는다. 이는 너희의 방문 시기를 알지 못하기 때문이다."

44 and tear you down to the ground, you
and your children within you. And they
will not leave one stone upon another in
you, because you did not know the time
of your visitation."

다음 그는 성전안에 들어가, 물건 파는 사람을 내쫓으며,

45 And he entered the temple and began to
drive out those who sold,

말했다. "적힌대로, '나의 집은 기도하는 곳'이라 했는데, 너희가 이곳을 도둑소굴로 만들어버렸다."

46 saying to them, "It is written, 'My house
shall be a house of prayer,' but you have
made it a den of robbers."

그는 날마다 성전에서 가르쳤다. 대제사장과, 서기관법학자과, 주민대표는 그를 파멸시키려고 궁리했지만,

47 And he was teaching daily in the temple.
The chief priests and the scribes and the
principal men of the people were seeking
to destroy him,

그들이 할 수 있는 방법을 찾지 못한 것은, 사람들이 그의 가르침을 열심히 들었기 때문이었다.

48 but they did not find anything they could
do, for all the people were hanging on his
words.

● **가르침** ***Gospel*** 나의 집은 기도하는 곳이지, 장사하는 곳이 아니다.

제자 루크 22 | 핕어의 세번 부정

Luke 22 | Peter's Three Denial

그는 위반자로 취급되었다

이제 곧 무효모식, 통과축일유월절이라고 부르는 축제일이 다가오고 있었다.

대제사장과 서기관법학자은 그를 파멸할 방법을 찾는 중인데, 단지 사람들이 두려웠다.

[악의 영혼] 새이튼이, 12제자 중 성이 이스캐리엍인 쥬더스에게 들어갔다.

그가 가서, 대제사장과 고위관리들과 그를 어떻게 배신할 수 있는지 의논했다.

그들은 기뻐서, 그에게 돈을 주겠다고 약속했다.

그렇게 합의한 그는 배신할 기회로, 무리가 없을 때 저들에게 그를 넘기고자 했다.

He was numbered with the transgressors

1 Now the Feast of Unleavened Bread drew
near, which is called the Passover.
2 And the chief priests and the scribes were
seeking how to put him to death, for they
feared the people.

3 Then Satan entered into Judas called
Iscariot, who was of the number of the
twelve.
4 He went away and conferred with the
chief priests and officers how he might
betray him to them.
5 And they were glad, and agreed to give
him money.
6 So he consented and sought an
opportunity to betray him to them in the
absence of a crowd.

그때 통과축일용 새끼양을 희생하는 무효모식 축제일이 되었다.

7 Then came the day of Unleavened Bread, on which the Passover lamb had to be sacrificed.

지저스는 핕어와 존을 보내며 말했다. "너희가 가서, 통과축일 날 우리가 음식을 먹을 수 있게 준비해라."

8 So Jusus sent Peter and John, saying, "Go and prepare the Passover for us, that we may eat it."

두 사람이 그에게 물었다. "우리가 어디서 그것을 마련할까요?"

9 They said to him, "Where will you have us prepare it?"

그들에게 말했다. "보라, 너희가 도성으로 들어가, 물단지를 나르는 사람을 만나거든, 그를 따라 그 집으로 들어가라.

10 He said to them, "Behold, when you have entered the city, a man carrying a jar of water will meet you. Follow him into the house that he enters,

그리고 집주인에게 말해라. '우리 선생님 말이, 내가 제자와 통과축일 음식을 먹을 객실이 있는지, 전하라 했다'고 해라.

11 and tell the master of the house, 'The Teacher says to you, Where is the guest room, where I may eat the Passover with my disciples?'

그가, 가구 딸린 윗층 큰방을 보여주거든, 거기서 준비해라."

12 And he will show you a large upper room furnished; prepare it there."

그래서 그들이 가서, 그가 말한 곳을 찾아, 통과축일을 준비했다.

13 And they went and found it just as he had told them, and they prepared the Passover.

식사시간이 되자, 그는 제자와 함께 식탁에 기대어 앉았다.

14 And when the hour came, he reclined at table, and the apostles with him.

제자에게 말했다. "나의 간절한 희망은, 고통을 겪기 전 너희와 함께 통과축일 음식을 먹고 싶었다.

15 And he said to them, "I have earnestly desired to eat this Passover with you before I suffer.

내가 말하는데, **하나님**왕국이 실현될 때까지 나는 먹지 않을 것이다."

16 For I tell you I will not eat it until it is fulfilled in the kingdom of God."

그는 잔을 들어 감사하며 말했다. "이 잔을 들어, 서로 나누어라.

17 And he took a cup, and when he had given thanks he said, "Take this, and divide it among yourselves.

다시 말하지만, 나는 **하나님**왕국이 올때까지, 포도열매즙을 마시지 않을 것이다."

18 For I tell you that from now on I will not drink of the fruit of the vine until the kingdom of God comes."

다음 그는 빵을 들어 감사하고, 조각을 떼어 제자에게 주며 말했다. "이것은 너희를 위하여 주는 나의 몸이다. 이것으로 나를 기억해라."

19 And he took bread, and when he had given thanks, he broke it and gave it to them, saying, "This is my body, which is given for you. Do this in remembrance of me."

식사를 마치고 똑같이 잔을 들어 말했다. "너희를 위해 흘리는 이 잔은, 나의 피로 맺는 새계약이다.

20 And likewise the cup after they had eaten, saying, "This cup that is poured out for you is the new covenant in my blood.

그런데 보라, 나를 배신한 사람 손이 태이블에 나와 함께 있다.

21 But behold, the hand of him who betrays me is with me on the table.

사람의 아들은 정해진 길을 따라 밟아 가지만, 그를 배신한 자는 재앙이다!"

22 For the Son of Man goes as it has been determined, but woe to that man by whom he is betrayed!"

그들이 서로, 대체 제자 누가 그렇게 할수 있겠냐며, 묻기 시작했다.

23 And they began to question one another, which of them it could be who was going to do this.

게다가 입씨름까지 일으키며 그들 가운데 누가 최고로 인정받을지 논쟁했다.

24 A dispute also arose among them, as to which of them was to be regarded as the

greatest.

그가 말했다. "이민족 왕들이 지배하고 주권을 행사하면, 그들 피지배자에게 권한을 행사하는 지배자를 은인이라 부른다.

25 And he said to them, "The kings of the
Gentiles exercise lordship over them, and
those in authority over them are called
benefactors.

하지만 너희는 그렇게 하지 마라. 오히려 너희 중 최고 인물은 낮은 곳에서 봉사하는 지도자가 되어야 한다.

26 But not so with you. Rather, let the
greatest among you become as the
youngest, and the leader as one who
serves.

최고란, 식탁앞에 기대고 있을까, 아니면 봉사하는 자일까? 음식 앞에 있는 자는 아니겠지? 대신 나는 봉사하는 자로 너희 가운데 있다.

27 For who is the greater, one who reclines at
table or one who serves? Is it not the one
who reclines at table? But I am among you
as the one who serves.

"너희는 내가 유혹에 빠질 때마다 늘 나와 함께 있어주었다.

28 "You are those who have stayed with me
in my trials,

하늘아버지가 나에게 맡겨주었듯이, 너희에게 왕국을 맡긴다.

29 and I assign to you, as my Father signed to
me, a kingdom,

그러면 너희는 나의 왕국 식탁에서 먹고 마시고, 이즈리얼 12부족을 판결하는 왕좌에도 앉게 된다."

30 that you may eat and drink at my table in
my kingdom and sit on thrones judging
the twelve tribes of Israel.

"사이먼 핕어야, 보라, [악의 영혼] 새이튼이, 밀알 같은 너를 체로 쳐서 걸러내려 한다.

31 "Simon, Simon, behold, Satan demanded
to have you, that he might sift you like
wheat,

하지만 내가 너를 위해 기도하여, 네가 믿음을 잃지 않게 했다. 네가 바뀌거든, 형제도 강화시켜주어라."

32 but I have prayed for you that your faith
may not fail. And when you have turned
again, strengthen your brothers."

필어가 말했다. "**주인님**, 감옥이나 죽음이나 당신과 함께 갈 작정이에요."

33 Peter said to him, "Lord, I am ready to go with you both to prison and to death."

그가 말했다. "필어에게 말하는데, 이날 네가 나를 안다는 말을 세번 부정할때까지 수탉은 울지 않는다."

34 Jesus said, "I tell you, Peter, the rooster will not crow this day, until you deny three times that you know me."

또 그가 말했다. "너희를 돈가방, 소배낭, 신발없이 보냈는데, 무언가 부족했나?" 그들이 말했다. "아니요."

35 And he said to them, "When I sent you out with no moneybag or knapsack or sandals, did you lack anything?" They said, "Nothing."

그들에게 말했다. "이제부터는 돈가방이 있으면 들고 가게 하고, 소배낭도 마찬가지다. 칼이 없으면 옷을 팔아 하나를 사게 해라.

36 He said to them, "But now let the one who has a moneybag take it, and likewise a knapsack. And let the one who has no sword sell his cloak and buy one.

내가 말하는데, 이 기록, '그는 위반자로 취급된다'는, 반드시 내게 나타나 이루어지는 나에 관한 글이다."

37 For I tell you that this Scripture must be fulfilled in me: 'And he was numbered with the transgressors.' For what is written about me has its fulfillment."

그들이 말했다. "**주인님**, 칼이 두개 있어요." 그가 말했다. "그것으로 충분하다."

38 And they said, "Look, Lord, here are two swords." And he said to them, "It is enough."

그리고 밖으로 나와 그가 늘 하던대로 올리브스산으로 가자, 제자도 뒤따랐다.

39 And he came out and went, as was his custom, to the Mount of Olives, and the disciples followed him.

그는 어느 곳에 이르러, 제자에게 말했다. "너희가 기도하면, 유혹에 빠지지 않을 수 있다."

40 And when he came to the place, he said to them, "Pray that you may not enter into

temptation."

돌을 던지면 닿을 거리만큼 제 자로부터 떨어져서, 그는 무릎을 꿇고 기도하며,

41 And he withdrew from them about a
stone's throw, and knelt down and prayed,

말했다. "아버지, 당신 뜻이라도, 내게서 이 잔을 거둬주세요. 그러나, 내가 아닌, 당신 뜻대로 하세요."

42 saying, "Father, if you are willing, remove
this cup from me. Nevertheless, not my
will, but yours, be done."

하늘에서 내려온 사자가 그에게 나타나, 용기를 북돋아주었다.

43 And there appeared to him an angel from
heaven, strengthening him.

그가 괴로워하며 간절히 기도하는 동안, 마치 땀이 굵은 핏방울처럼 그의 몸에서 땅으로 떨어져내렸다.

44 And being in agony he prayed more
earnestly; and his sweat became like
great drops of blood falling down to the
ground.

기도를 마치고 일어나 돌아온 그는, 제자가 잠든 모습을 보고 서운해져서,

45 And when he rose from prayer, he came to
the disciples and found them sleeping for
sorrow,

그들에게 말했다. "왜 잠을 자나? 일어나 기도하면, 너희가 유혹을 피할수 있다."

46 And he said to them, "Why are you
sleeping? Rise and pray that you may not
enter into temptation."

그가 말을 하는데, 한 무리가 나타났고, 12제자중 쥬더스라 불리는 사람이 앞장서 다가오더니, 지저스에게 입을 맞췄다.

47 While he was still speaking, there came a
crowd, and the man called Judas, one of
the twelve, was leading them. He drew
near to Jesus to kiss him,

지저스가 말했다. "쥬더스, 너는, 키스로 **사람의 아들**을 배신하나?"

48 but Jesus said to him, "Judas, would you
betray the Son of Man with a kiss?"

주위에 있던 제자가 뒤따를 상황을 알고, 말했다. "**주인님**, 우리가 칼로 칠까요?"

49 And when those who were around him
saw what would follow, he said, "LORD,

shall we strike with the sword?"

그러면서 그중 하나가 대제사장의 종을 치자, 그의 오른쪽 귀가 잘렸다.

50 And one of them struck the servant of the
high priest and cut off his right ear.

지저스가 말했다. "이러면 안 된다." 하면서 그의 귀를 만져 고쳐주었다.

51 But Jesus said, "No more of this.!" And he
touched his ear and healed him.

지저스는 자신을 적대시하러 온 대제사장과 성전관리 및 원로에게 말했다. "너희는 도둑과 대결하듯 칼과 몽둥이를 들고 왔나?

52 Then Jesus said to the chief priests and
officers of the temple and elders, who had
come out against him, "Have you come
out as against a robber, with swords and
clubs?

성전에서 날마다 너희와 함께 있어도 내게 손대지 않더니, 암흑이 힘을 발휘하는 너희 시간이 되었구나."

53 When I was with you day after day in the
temple, you did not lay hands on me.
But this is your hour, and the power of
darkness."

저들이 그를 체포하여 대제사장 관저로 끌고가자, 핕어는 거리를 두고 그뒤를 따라갔다.

54 Then they seized him and led him away,
bringing him into the high priest's house,
and Peter was following at a distance.

사람들이 대제사장 안뜰에 불을 피우고 앉아 있었는데, 핕어가 그들 사이에 끼어앉았다.

55 And when they had kindled a fire in the
middle of the courtyard and sat down
together, Peter sat down among them.

한 여종이 모닥불에 앉은 핕어를 주의 깊게 살피더니 말했다. "이 사람도 그와 같이 있었어요."

56 Then a servant girl, seeing him as he sat in
the light and looking closely at him, said,
"This man also was with him."

그러나 핕어는 부정했다. "봐라, 나는 그를 알지 못한다."

57 But he denied it, saying, "Woman, I do not
know him."

잠시 후 다른 이가 그를 보며 말

58 And a little later someone else saw him

했다. "당신도 그중 하나다." 하지만 핕어가 말했다. "이봐, 나는 아니야."

and said, "You also are one of them." But
Peter said, "Man, I am not."

약 한시간 지나, 또 다른 사람이 단언했다. "확실히, 이 자 역시 그와 있었다. 갤럴리 출신이 틀림없다."

59 And after an interval of about an hour
still another insisted, saying, "Certainly
this man also was with him, for he too is a
Galilean."

핕어가 말했다. "이 사람아, 나는 당신이 무슨 말을 하는지 모른다." 순간, 그가 그말을 하는데 수탉이 울었다.

60 But Peter said, "Man, I do not know what
you are talking about." And immediately,
while he was still speaking, the rooster
crowed.

그리고 **주님**이 몸을 돌려 핕어를 바라보았다. 핕어는 **주인님**이 자기에게 한 말을 기억했다. "오늘 수탉이 울기 전, 너는 나를 세번 부정한다."

61 And the Lord turned and looked at Peter.
And Peter remembered the saying of the
Lord, how he had said to him, "Before the
rooster crows today, you will deny me
three times."

핕어는 나가서 슬프게 울었다.

62 And he went out and wept bitterly.

지저스를 붙잡은 사람들이 그를 때리고 놀렸다.

63 Now the men who were holding Jesus in
custody were mocking him as they beat
him.

그의 눈을 가려 놓고, 물었다. "예언해봐라! 누가 너를 때렸지?"

64 They also blindfolded him and kept asking
him, "Prophesy! Who is it that struck you?"

그들은 욕설을 퍼부으며 그를 모욕했다.

65 And they said many other things against
him, blaspheming him.

날이 밝자, 주민원로와 선임제사장 및 서기관법학자이 모여 함께 그를 위원회로 데려가자, 그

66 When day came, the assembly of the
elders of the people gathered together,

들이 말했다.

both chief priests and scribes. And they
led him away to their council, and they
said,

"당신이 크라이스트인지, 말해 보라." 그가 말했다. "말해도, 믿지 않는다.

67 "If you are the Christ, tell us." But he said
to them, "If I tell you, you will not believe,

내가 질문해도, 너희는 답하지 않을거다.
이제부터 **사람의 아들**은 **하나님** 권좌의 오른쪽에 앉게 될 것이다."

68 and if I ask you, you will not answer.
69 But from now on the Son of Man shall be
seated at the right hand of the power of
God."

그들이 모두 말했다. "그럼, 당신이 **하나님** 아들인가?" 그가 말했다. "너희가, 내가 그렇다고 말한다."

70 So they all said, "Are you the Son of God,
then? And he said to them, "You say that I
am."

그러자 그들이 말했다. "더 이상 증인이 필요한가? 저 사람 입에서 나온 말을 우리가 직접 들었다."

71 Then they said, "What further testimony
do we need? We have heard it ourselves
from his own lips."

● **가르침** ***Gospel*** 기도하면 유혹을 피할수 있다.

제자 루크 24 | 지저스의 부활

Luke 24 | Resurrection of Jesus

너희에게 평화를 기원한다

Peace to you

그주 첫날 먼동이 틀무렵 그들은 묘지로 오면서, 준비해둔 향료를 가져왔다.

1 Now on the first of the week, at early dawn, they went to the tomb, taking the spices they had prepared.

그들은 무덤에서 큰 돌이 옆으로 굴려진 것을 발견하고,

2 And they found the stone rolled away from the tomb,

안으로 들어갔는데, **주인님** 지저스의 시신이 보이지 않았다.

3 but when they went in they did not find the body of the LORD Jesus.

그들이 이 상황에 너무 당황하며 주위를 보자, 옆에 눈부신 옷을 입은 두 남자가 서있었다.

4 While they were perplexed about this, behold, two men stood by them in dazzling apparel.

그들이 겁에 질려 얼굴을 땅에 숙이자 남자들이 말했다. "너희는 죽음에서 살아난 자를 찾고 있나?

5 And as they were frightened and bowed their faces to the ground, the men said to them, "Why do you seek the living among the dead?

일어났으니 여기 없다. 갤럴리에서, 그가 너희에게 한 말을 기억해라.

6 He is not here, but has risen. Remember how he told you, while he was still in Galilee,

다음과 같이, '**사람의 아들**은 죄

7 that 'the Son of Man must be delivered

인 손에 넘겨져, 십자가에 못박힌 다음, 사흘만에 일어난다'고 했다."

into the hands of sinful men and be
crucified and on the third day rise.'"

그들은 그의 말을 기억해내고,

8 And they remembered his words,

무덤에서 돌아가, 이 일을 11제자와 나머지 사람에게 전했다.

9 and returning from the tomb they told all
these things to the eleven and to all the
rest.

말을 전한 사람은 바로, 매리 맥덜린, 조애나, 재임스의 어머니 매리 및 함께 있던 다른 여자들로, 그들이 제자에게 상황을 설명했다.

10 Now it was Mary Magdalene and Joanna
and Mary the mother of James and other
women with them who told these things
to the apostles,

그런 말은 제자들에게 헛소리로 들릴뿐, 아무도 믿지 않았다.

11 but these words seemed to them an idle
tale, and they did not believe them.

그런데 핕어가 일어나 무덤으로 달려가 몸을 굽혀 살피다, 자신들이 감쌌던 리넨수의를 발견하자, 일어난 상황을 이상하게 생각하며 집으로 갔다.

12 But Peter rose and ran to the tomb;
stooping and looking in, he saw the linen
clothes by themselves; and he went home
marveling at what had happened.

같은 그날, 제자 두 사람은 이매이어스라는 저루살럼에서 약 7마일11Km 떨어진 마을로 가면서,

13 That very day two of them were going to
a village named Emmaus, about seven
miles from Jerusalem,

일어난 일에 관하여 서로 이야기하고 있었다.

14 and they were talking with each other
about all these things that had happened.

그들이 대화하며 토론하고 있는데, 지저스가 몸소 다가와 함께 걸었다.

15 While they were talking and discussing
together, Jesus himself drew near and
went with them.

하지만 그들의 눈은 전혀 그를 알아보지 못했다.

16 But their eyes were kept from recognizing
him.

그러자 그가 그들에게 말했다. "너희는 걸으며 무슨 이야기를 그렇게 열심히 하지?" 그들은 멈춰서서, 딱한듯 쳐다봤다.

17 And he said to them, "What is this conversation that you are holding with each other as you walk? And they stood still, looking sad.

둘 중 클리오퍼스라는 사람이 대답했다. "당신은 저루살럼을 방문했을뿐이라, 요 며칠 여기서 벌어진 사건을 모른다고요?"

18 Then one of them, named Cleopas, answered him, "Are you the only visitor to Jerusalem who does not know the things that have happened there in these days?"

그가 말했다. "무슨 일이지?" 그들이 말했다. "내저레쓰 출신 지저스에 관한 일인데, 그는 **하나님**과 사람들앞에서 말과 행동에 큰능력이 있는 예언자였어요.

19 And he said to them, "What things?" And they said to him, "Concerning Jesus of Nazareth, a man who was a prophet mighty in deed and word before God and all the people,

선임제사장과, 고위관리들이 그에게 유죄판결을 내려, 십자가에서 죽게 했어요.

20 and how our chief priests and rulers delivered him up to be condemned to death, and crucified him.

하지만 우리는 그가 이즈리얼을 구원할 사람이기를 희망했고요. 그리고 오늘은 그런 일이 벌어진지 3일째날이예요.

21 But we had hoped that he was the one to redeem Israel. Yes, and besides all this, it is now the third day since these things happened.

더우기, 일행 가운데 여자 몇 사람이 우리를 놀라게 했어요. 그들이 아침 일찍 무덤에 갔는데,

22 Moreover, some women of our company amazed us. They were at the tomb early in the morning,

시신을 보지 못한 채 돌아와 하는 말이, 천사의 환상을 보았고, 그들이 '지저스가 살아났다'고 말했다는 거예요.

23 and when they did not find his body, they came back saying that they had even seen a vision of angels, who said that he was alive.

우리 중 일부도 무덤으로 가서, 여자들이 말한 것을 확인했지만, 그를 보지 못했다고 했어요."

24 Some of those who were with us went to the tomb and found it just as the women had said, but him they did not see."

그가 그들에게 말했다. "오 어리석은 사람들아, 예언자들이 말한 것을 믿는 마음이 그토록 더디다니!

25 And he said to them, "O foolish ones, and slow of heart to believe all that the prophets have spoken!

크라이스트가 그 일을 겪어야만, 그의 찬란한 빛속에 들어갈 수 있다니?"

26 Was it not necessary that the Christ should suffer these things and enter into his glory?"

그러면서 모지스와 모든 예언자가 언급한 처음부터, 그가 그들에게 바이블 안에 있는 자신에 관한 내용을 설명해주었다.

27 And beginning with Moses and all the prophets, he interpreted to them in all the Scriptures the things concerning himself.

그들이 가려던 마을이 가까워져, 지저스가 헤어지려 하자,

28 So they drew near to the village to which they were going. He acted as if he were going farther,

그들이 강하게 만류했다. "우리와 같이 머무세요. 이제 날이 저물어 저녁이 다 되었어요." 그래서 그는 함께 머물러 들어갔다.

29 but they urged him strongly, saying, "Stay with us, for it is toward evening and the day is now far spent." So he went in to stay with them.

그들과 함께 식탁에 자리하자, 그는 빵을 들어 축복하고 떼어내 그들에게 주었다.

30 When he was at table with them, he took the bread and blessed and broke it and gave it to them.

그때 그들의 눈이 뜨여 그를 알아보자, 그들의 시야에서 그가 사라졌다.

31 And their eyes were opened, and they recognized him. And he vanished from their sight.

그들은 서로 말했다. "우리 가슴이 불타지 않았어? 오는 길에 그가 우리에게 설명하며, 바이블

32 They said to each other, "Did not our hearts burn within us while he talked to

내용을 깨우쳐주었을 때?"

us on the road, while he opened to us the
Scriptures?"

그들은 곧바로 일어나 저루살럼
으로 돌아와, 11제자를 찾고, 또
함께 있던 사람도 모은 다음,

33 And they rose that same hour and
returned to Jerusalem. And they found
the eleven and those who were with them
gathered together,

말했다. "**주님**이 실제로 일어나,
사이먼필어에게 나타났다!"

34 saying, "The LORD has risen indeed, and
has appeared to Simon!"

두 사람 역시, 오는 길에서 일어
난 일을 말하며, 그가 빵을 떼며
어떻게 그들을 일깨웠는지 이야
기했다.

35 Then they told what had happened on
the road, and how he was known to them
in the breaking of the bread.

그들이 이런 대화를 하고 있는
데, 지저스가 직접 그들 가운데
서서 말했다. "너희에게 평화를
기원한다!"

36 As they were talking about these things,
Jesus himself stood among them, and said
to them, "Peace to you!"

그러나 그들은 깜짝 놀라, 유령
을 본 것으로 착각하자 공포에
질렸다.

37 But they were startled and frightened and
thought they saw a spirit.

그가 그들에게 말했다. "왜 너희
는 당황하며 마음에 의구심을
품나?

38 And he said to them, "Why are you
troubled, and why do doubts arise in your
hearts?

내 손과 발을 보라. 바로 나다.
만져봐라. 영혼은 살과 뼈가 없
지만, 너희가 보는 대로 나는 갖
고 있다."

39 See my hands and my feet, that it is I
myself. Touch me, and see. For a spirit
does not have flesh and bones as you see
that I have."

그말을 하며, 그가 그들에게 자
기 손과 발을 내보였다.

40 And when he had said this, he showed
them his hands and his feet.

그들이 어리둥절해하면서 기뻤

41 And while they still disbelieved for joy and

지만, 여전히 믿지 못하고 있는데, 그가 말했다. "여기, 먹을게 좀 있나?"

were marveling, he said to them, "Have
you anything here to eat?"

그들이 구운 생선 한토막을 주자,

42 They gave him a piece of broiled fish,

그가 받더니 그들 앞에서 먹었다.

43 and he took it and ate before them.

다음 그들에게 말했다. "내가 할 말은, 너희와 함께 있을때 들려준대로, 모지스법과 예언서와 시가기도 가운데 나에 관한 글은 반드시 이루어져 전부 실현된다는 것이다."

44 Then he said to them, "These are my
words that I spoke to you while I was still
with you, that everything written about
me in the Law of Moses and the Prophets
and the Psalms must be fulfilled."

그는 바이블 내용을 이해할 수 있도록, 그들 정신을 깨우쳐주며,

45 Then he opened their minds to understand
the Scriptures,

말했다. "적힌 바는, 크라이스트가 고통을 겪은뒤 죽음에서 3일만에 일어나면,

46 and said to them, "Thus it is written, that
the Christ should suffer and on the third
day rise from the dead,

죄를 용서하기 위한 참회의 반성이 저루살럼에서 시작하여 전세계로 그의 이름으로 선포될 것이다.

47 and that repentance for the forgiveness of
sins should be proclaimed in his name to
all nations, beginning from Jerusalem.

너희가 이 일의 증인이다.

48 You are witnesses of these things.

보라, 나는 하늘아버지의 약속을 너희에게 전한다. 그러니 너희는 가장높은 권위의 옷을 입게 될때까지 저루살럼 도시에 있어라."

49 And behold, I am sending the promise of
my Father upon you. But stay in the city
until you are clothed with power from on
high."

그다음 그는 그들을 이끌어 베써니로 데려가, 양손을 들어 축복해주었다.

50 And he led them out as far as Bethany,
and lifting up his hands he blessed them.

축복하면서, 그는 그들을 떠나 하늘로 올라갔다.

51 While he blessed them, he parted from
them and was carried up into heaven.

그들은 그를 경배하며, 대단히 기쁜 마음으로 저루살럼에 돌아와,

52 And they worshiped him and returned to
Jerusalem with great joy,

성전에서 **하나님**을 찬양하며, 끊임없이 감사했다.

53 and were continually in the temple
blessing God.

● **가르침** ***Gospel*** 모지스법, 예언서, 시가기도에 나오는 나에 관한 기록은 반드시 실현된다.

STORY BIBLE **65**

제자 존 2 | 물이 술이 되는 기적

John 2 | The Miracle of Water into Wine

당신 집에 대한 열망이 나를 삼킬 것이다

Zeal for your house will consume me

갤럴리의 캐이너 마을 어느 결혼식 세 번째 날, 지저스 어머니는 그곳에 있었다.

1 On the third day there was a wedding at
Cana in Galilee, and the mother of Jesus
was there.

지저스도 제자와 함께 그 결혼식에 초대되었다.

2 Jesus also was invited to the wedding
with his disciples.

술이 동나자, 어머니가 지저스에게 말했다. "저들에게 와인이 없다."

3 When the wine ran out, the mother of
Jesus said to him, "They have no wine."

지저스가 말했다. "그렇다고, 내가 무엇을 할 수 있죠? 아직 나의 시간이 오지 않았어요."

4 And Jesus said to her, "Woman, what does
this have to do with me? My hour has not
yet come."

그의 어머니가 종에게 말했다. "너희는 그가 시키는대로 해라."

5 His mother said to the servants, "Do
whatever he tells you."

그곳에 있는 6개 석제 물단지는 쥬다인의 정화의식용으로, 각각 20-30갤런75-115L들이 용량이었다.

6 Now there were six stone water jars there
for the Jewish rites of purification, each
holding twenty or thirty gallons.

지저스가 그들에게 말했다. "항아리에 물을 채워라." 그래서 그들이 물을 그득 채웠다.

7 Jesus said to the servants, "Fill the jars
with water." And they filled them up to

the brim.

그가 말했다. "이제 그것을 퍼서, 축제 주관자에게 가져가라." 그래서 그들이 그것을 가져갔다.

8 And he said to them, "Now draw some
out and take it to the master of the feast."
So they took it.

축제 주관자가 술이된 물맛을 보더니, 그 출처를 알지 못한 채, [비록 물을 퍼온 종들은 알고 있었지만], 축제 주관자가 신랑을 불러,

9 When the master of the feast tasted
the water now become wine, and did
not know where it came from [though
the servants who had drawn the water
knew], the master of the feast called the
bridegroom,

말했다. "일반적으로 처음에 좋은 포도주를 내놓다가, 한껏 취하면 질이 떨어지는데, 당신은 지금까지 고급술을 유지하네요."

10 and said to him, "Everyone serves the
good wine first, and when people have
drunk freely, then the poor wine. But you
have kept the good wine until now."

지저스가 갤럴리 캐이너에서 최초의 표시기적를 실천하며 빛을 드러내자, 제자가 그를 믿게 되었다.

11 This, the first of his signs, Jesus did at Cana
in Galilee, and manifested his glory. And
his disciples believed in him.

그뒤 그가 커퍼내엄으로 가면서, 어머니, 형제, 제자가 같이 갔는데, 그곳에는 며칠만 머물렀다.

12 After this he went down to Capernaum,
with his mother and his brothers and his
disciples, and they stayed there for a few
days.

쥬다인의 통과축일이 다가와, 지저스가 바로 저루살럼으로 떠났던 것이다.

13 The Passover of the Jews was at hand, and
Jesus went up to Jerusalem.

그는 성전안에서 소, 양, 비둘기를 파는 상인과, 환전상이 앉아 있는 것을 발견했다.

14 In the temple he found those who were
selling oxen and sheep and pigeons, and
the money-changers sitting there.

그는 노끈 채찍을 만들어, 그들을 양과 소와 함께 성전밖으로 내쫓고, 환전상의 동전을 쏟고 테이블도 엎었다.

15 And making a whip of cords, he drove
them all out of the temple, with the sheep
and oxen. And he poured out the coins of
the money-changers and overturned their
tables.

또 비둘기를 파는 사람에게 말했다. "그것들을 치워라. 나의 하늘아버지 집을 시장바닥으로 만들지 마라."

16 And he told those who sold the pigeons,
"Take these things away; do not make my
Father's house a house of trade."

제자는 기록을 떠올렸다. "당신 집에 대한 열망이 나를 집어삼켰다."

17 His disciples remembered that it was
written, "Zeal for your house will consume
me."

쥬다인들이 말했다. "당신이 왜 이러는지 보여줄 표시라도 있나?"

18 So the Jews said to him, "What sign do
you show us for doing these things?"

지저스가 말했다. "성전을 허물면, 내가 3일안에 다시 짓겠다."

19 Jesus answered them, "Destroy this
temple, and in three days I will raise it up."

쥬다인이 말했다. "성전건설에 46년이 걸렸는데, 당신이 3일만에 짓는다고?"

20 The Jews then said, "It is taken forty-six
years to build this temple, and will you
raise it up in three days?"

하지만 그의 말은 자기 몸의 성전에 관한 것이었다.

21 But he was speaking about the temple of
his body.

따라서 그가 죽음에서 일어나자, 비로소 제자는, 그가 했던 이 말을 떠올리며, 바이블 내용과 지저스가 했던 말을 믿게 되었다.

22 When therefore he was raised from the
dead, his disciples remembered that
he had said this, and they believed the
Scripture and the word that Jesus had
spoken.

지저스가 통과축일절에 저루살

23 Now when he was in Jerusalem at the

렴에 있는 동안, 많은 사람이 그가 실행하는 표시를 보고, 그의 이름을 믿게 되었다.	Passover Feast, many believed in his name when they saw the signs that he was doing.
반면 지저스가 자기임무를 사람에게 밝히지 않았던 것은, 그가 사람을 잘 알고 있었을뿐 아니라,	24 But Jesus on his part did not entrust himself to them, because he knew all people,
인간에 대한 증언자도 불필요했던 것은, 스스로 인간이 어떤지 잘 알고 있었기 때문이었다.	25 and needed no one to bear witness about man, for he himself knew what was in man.

● **가르침** ***Gospel*** 지저스가 보여주는 표시를 보고 사람이 예언기록을 믿게 되었다.

제자 존 3 | 지저스가 니커디머스와 대화
John 3 | Jesus Talks with Nicodemus

너희는 반드시 다시 태어나야 한다

You must be born again

니커디머스는 [법문집착파] 풰러시로, 쥬다인 고위관리였다.

1 Now there was a man of the Pharisees
named Nicodemus, a ruler of the Jews.

그가 밤에 지저스에게 와서 말했다. "뢔바이 선생님, 우리는 당신이 **하나님**이 보낸 선생님이라고 알고 있어요. **하나님**이 함께 하지 않고는, 당신이 하는 기적을 아무도 못해요."

2 This man came to Jesus by night and said
to him, "Rabbi, we know that you are a
teacher come from God, for no man can
do these signs that you do, unless God is
with him."

지저스가 말했다. "정말 진실로 말하는데, 사람이 새롭게 태어나지 않으면, **하나님**왕국을 볼 수 없다."

3 Jesus answered him, "Truly, truly, I say to
you, unless one is born again he cannot
see the kingdom of God."

니커디머스가 물었다. "몸이 늙었는데, 어떻게 다시 태어나요? 두번째로 엄마 자궁에 들어갔다 다시 나와요?"

4 Nicodemus said to him, "How can a man
be born when he is old? Can he enter a
second time into his mother's womb and
be born?"

그가 대답했다. "정말, 진정으로 너에게 말한다. 물과 신성한영혼으로 태어나지 않으면, **하나님**왕국에 들어가지 못한다.

5 Jesus answered, "Truly, truly, I say to you,
unless one is born of water and the Spirit,
he cannot enter the kingdom of God.

신체에서 태어난 것은 몸이고, 성령신성한영혼에서 태어나면 영혼이 된다.

6 That which is born of the flesh is flesh, and that which is born of the Spirit is spirit.

내가 말하는, '너희는 다시 태어나야 한다'를 이상하게 생각하지 마라.

7 Do not marvel that I said to you, 'You must be born again.'

바람이 바라는 곳으로 흘러가면, 너는 그 소리를 들을 수 있어도, 어디서 와서 어디로 가는지는 모른다. 성령으로 태어나는 사람도 그렇다."

8 The wind blows where it wishes, and you hear its sound, but you do not know where it comes from or where it goes. So it is with everyone who is born of the Spirit."

니커디머스가 그에게 물었다. "어떻게 그런 일이 가능하죠?"

9 Nicodemus said to him, "How can these things be?"

지저스가 대답했다. "너는 이즈리얼 선생인데, 그런 일을 여전히 이해하지 못하나?

10 Jesus answered him, "Are you the teacher of Israel and yet you do not understand these things?

정말, 진실로 네게 말한다. 우리는, 아는 것을 말하고, 본 것을 증언하지만, 너희는 우리 증언을 받아들이지 않는다.

11 Truly, truly, I say to you, we speak of what we know, and bear witness to what we have seen, but you do not receive our testimony.

내가 땅위 이야기를 해도 네가 믿지 않는데, 하늘 이야기를 하면 너희가 어떻게 믿겠나?

12 If I have told you earthly things and you do not believe, how can you believe if I tell you heavenly things?

하늘로 올라가는 인간은 없다. 오직 하늘에서 내려온 **사람의 아들**을 제외하고 아무도 없다.

13 No man has ascended into heaven except he who descended from heaven, the Son of Man.

모지스가 황야에서 뱀을 들어올리듯, 그렇게 **사람의 아들**도 반드시 들어올려지므로,

14 And as Moses lifted up the serpent in the wilderness, so must the Son of Man be lifted up,

그를 믿으면 누구나 영원히 사는 생명을 가질 수 있다.

15 that whoever believes in him may have
eternal life.

왜냐하면 **하나님**이 그토록 세상을 사랑하기 때문에, 자기의 **유일한 아들**을 내려주어, 그를 믿으면 누구나 죽지 않고, 영원히 살게 되는 것이다.
하나님은 세상을 처벌하려고 **아들**을 보낸 것이 아니고, 대신 그를 통하여 세상을 구하려는 것이다.

16 "For God so loved the world, that he gave
his only Son, that whoever believes in him
should not perish but have eternal life.
17 For God did not send his Son into the
world to condemn the world, but in order
that the world might be saved through
him.

그를 믿으면 처벌되지 않아도, 그를 믿지 않으면, **하나님**의 **유일한 아들**의 이름을 믿지 않은 탓에 이미 유죄가 되는 것이다.

18 Whoever believes in him is not
condemned, but whoever does not
believe is condemned already, because he
has not believed in the name of the only
Son of God.

판결은 다음과 같다. 빛이 세상에 나타났는데도, 인간은 부정행위 탓에, 빛보다 어둠을 사랑하므로 유죄가 되는 것이다.

19 And this is the judgement: the light has
come into the world, and people loved
the darkness rather than the light because
their works were evil.

부정을 실천하는 자는 빛을 증오하며, 빛으로 나오지 않는데, 이는 자신의 부정을 들키지 않으려는 것이다.

20 For everyone who does wicked things
hates the light and does not come to the
light, lest his works should be exposed.

반대로 진실한 행동을 하면, 빛으로 나와도 **하나님** 안에서 이루어진 그의 실천은 투명하게 보일수 있는 것이다."

21 But whoever does what is true comes to
the light, so that it may be clearly seen
that his works have been carried out in
God."

그후 지저스와 제자는 [남부] 쥬디아 땅에 와서 지내며, 사람들에게 세례해주었다.

22 After this Jesus and his disciples went into
the Judean countryside, and he remained
there with them and was baptizing.

존세례자 역시 새일림 근처 애이넌에서 세례를 해주었는데, 그곳에 물이 많았으므로, 사람들이 와서 세례를 받았다.

23 John also was baptizing in Aenon near
Salim, because water was plentiful there,
and people were coming and being
baptized

[존이 감옥에 들어가기 전이었다.]

24 [for John had not yet been put in prison].

그때 존의 제자 일부와 어떤 쥬다인 사이에 정화의식을 두고 논쟁이 일었다.

25 Now a discussion arose between some
of John's disciples and a Jew over
purification.

그들이 존에게 와서 말했다. "래바이 선생님, 조든강 저쪽에서 당신과 같이 있었고, 당신이 증언했던 그가, 이제 보니, 세례를 해주자, 전부 그쪽으로 가요."

26 And they came to John and said to him,
"Rabbi, he who was with you across the
Jordan, to whom you bore witness—look,
he is baptizing, and all are going to him."

존이 대답했다. "인간은 하늘이 부여하지 않는 한, 단 한가지 능력조차 받을 수 없다.

27 John answered, "A person cannot receive
even one thing unless it is given him from
heaven.

너희 자신이 나의 증인이므로 내가 말하는데, '나는 크라이스트구원자: 머사야가 아니고, 그에 앞서 보내졌을 뿐'이다.

28 You yourselves bear me witness, that I
said, 'I am not the Christ, but I have been
sent before him.'

그는 신부를 맞이하는 신랑이다. 신랑 친구들은 서서 그의 말을 듣고, 그의 음성에 크게 기뻐한다. 이로서 나의 기쁨이 만족되는 것이다.

29 The one who has the bride is the
bridegroom. The friend of the bridegroom,
who stands and hears him, rejoices greatly
at the bridegroom's voice. Therefore this
joy of mine is now complete.

반드시 그는 커지고, 나는 쇠퇴

30 He must increase, but I must decrease."

한다.”

위에서 내려온 그는 모두 이상의 존재다. 땅에서 태어난 자는 땅에 속하므로 땅의 방식으로 말한다. 하늘에서 온 자는 모든 것 이상이다.

31 He who comes from above is above all. He who is of the earth belongs to the earth and speaks in an earthly way. He who comes from heaven is above all.

그는 보고 들은 것을 증언하는데, 그 증언을 받아들이는 자가 아무도 없다.

32 He bears witness to what he has seen and heard, yet no one receives his testimony.

그의 증언을 받아들이는 자는, ‘**하나님**이 곧 진리’라는 봉인이 찍힌다.

33 Whoever receives his testimony sets his seal to this, that God is true.

하나님이 파견한 그가, **하나님**의 가르침을 전달하므로, 그는 무한한 신성한영혼성령을 주는 것이다.

34 For he whom God has sent utters the words of God, for he gives the Spirit without measure.

하늘아버지는 **아들**을 사랑하여, 그의 손에 모든 것을 맡겼다.

35 The Father loves the Son and has given all things into his hand.

그 **아들**을 믿는 자는 영원한 생명을 얻고, 따르지 않는 자는, 생명을 알아보지 못하니, **하나님**의 분노만 남는다.

36 Whoever believes in the Son has eternal life; whoever does not obey the Son shall not see life, but the wrath of God remains on him.

● **가르침** ***Gospel*** 파견된 지저스가 전하는 하나님 가르침을 받아들이면, 신성한영혼을 받는다.

제자 존 4 | 우물의 스매리아 여자

John 4 | The Woman at the Well

두번째 표시가 그곳에 있었다

There was the second sign

지저스는 풰러시법문집착파가 듣는 소문을 알게 되었다. 자기가 존세례자보다 세례로 더 많은 제자를 만든다는 것이었다.

1 Now when Jesus learned that the
Pharisees had heard that Jesus was
making and baptizing more disciples than
John

[지저스가 직접 세례를 하지 않고, 제자들만 했는데도],

2 [although Jesus himself did not baptize,
but only his disciples],

그래서 쥬디아를 떠나, 갤럴리로 향했다.

3 he left Judea and departed again for
Galilee.

그러려면 스매리아중부를 지나야 했다.
그가 들어간 마을은 스매리아의 시카라는 곳으로, 재이컵이 아들 조셒에게 준 벌판 근처였다.

4 And he had to pass through Samaria.
5 So he came to a town of Samaria called
Sychar, near to the field that Jacob had
given to his son Joseph.

거기에 재이컵의 우물이 있었고, 여행에 지친 지저스가 우물 옆에 앉았는데, 때는 제6정오시쯤 되었다.

6 Jacob's well was there; so Jesus, wearied
as he was from his journey, was sitting
beside the well. It was about the sixth
hour.

어떤 스매리아인 여자가 물을 길러 와서, 지저스가 말했다. “물좀 달라.”

7 A woman from Samaria came to draw
water. Jesus said to her, “Give me a drink.”

[그때 제자는 먹을 것을 사러 마을안으로 가고 없었다.]

8 [For his disciples had gone away into the
city to buy food.]

스매리아 여자가 말했다. "어떻게, 쥬다인 당신이 스매리안 여자에게 물을 달라하죠?" [당시 쥬다인은 스매리안과 교류하지 않았기 때문이었다.]

9 The Samaritan woman said to him, **"**How
is it that you, a Jew, asks for a drink from
me, a woman of Samaria?**"** [For Jews have
no dealings with Samaritans.]

지저스가 말했다. "네가 **하나님**의 선물이, 너에게 '물좀 달라' 말거는 사람이란 걸 알았다면, 요청한 그를 받아들였고, 그는 너에게 생명의 물을 주었을 텐데."

10 Jesus answered her, **"**If you know the gift
of God, and who it is that is saying to you,
'Give me to drink,' you would have asked
him, and he would have given you living
water.**"**

그녀가 말했다. "선생님은 물퍼낼 도구도 없고, 우물도 깊은데, 어디서 생명의 물을 얻지요?

11 The woman said to him, **"**Sir, you have
nothing to draw water with, and the well
is deep. Where do you get that living
water?

당신이 우리 선조 재이콥보다 위대해요? 그는 자신이 몸소 마신 이 우물을 우리에게 주어, 자손과 가축까지 마시게 했는데요?"

12 Are you greater than our father Jacob? He
gave us the well and drank from it himself,
as did his sons and his livestock.**"**

지저스가 말했다. "이 물을 마시면 누구나, 다시 목이 마르게 된다.

13 Jesus said to her, **"**Everyone who drinks of
this water will be thirsty again,

하지만 내가 주는 물을 마시면, 결코 목마르지 않을 것이다. 내가 주는 물은, 인간안에서 물의 원천이 되어 영원히 살게 되는 것이다."

14 but whoever drinks of the water that I will
give him will never be thirsty again. The
water that I will give him will become in
him a spring of water welling up to eternal
life.**"**

그녀가 말했다. "선생님, 그 물을 주세요. 그럼 나는 목이 마르지 않아, 물을 길러 여기까지 오

15 The woman said to him, **"**Sir, give me this
water, so that I will not be thirsty or have

지 않을 테니까요."

to come here to draw water."

지저스가 말했다. "가서, 네 남편을 불러오너라."

16 Jesus said to her, "Go, call your husband,
and come here."

그녀가 대답했다. "나는 남편이 없어요." 지저스가 말했다. "너는, '남편이 없다'고 바른말을 했다.

17 The woman answered him, "I have no
husband." Jesus said to her, "You are right
in saying, 'I have no husband';

네가 다섯 남편을 가졌어도, 또 지금 있는 자도 네 남편이 아니므로, 네가 한 말은 진실이다."

18 for you have had five husbands, and the
one you now have is not your husband.
What you have said is true."

그녀가 말했다. "선생님, 나는 당신이 예언자처럼 느껴져요.

19 The woman said to him, "Sir, I perceive
that you are a prophet.

우리 조상은 이 산에서 예배했는데, 당신은, 사람이 마땅히 경배해야 할 곳은 저루살럼이라고 말하네요."

20 Our fathers worshiped on this mountain,
but you say that in Jerusalem is the place
where people ought to worship."

지저스가 말했다. "너는 나를 믿어라. 때가 오면, 너희는 이 산도 저루살럼도 아닌 하늘아버지에게 경배해야 한다.

21 Jesus said to her, "Woman, believe me,
the hour is coming, when neither on
this mountain nor in Jerusalem will you
worship the Father.

너희는 알지 못하는 것을 숭배한다. 구원은 쥬다인으로부터 나오기 때문에, 우리가 아는 것을 경배해야 한다.

22 You worship what you do not know; we
worship what we know, for salvation is
from the Jews.

때가 오고 있으니, 이제부터 참된 기도자들은 진정한 영혼으로 하늘아버지에게 경배해야 한다. 이는 그가 자기를 경배하는 자를 찾기 때문이다.

23 But the hour is coming, and is now here,
when the true worshippers will worship
the Father in spirit and truth, for the
Father is seeking such people to worship
him.

하나님은 신성한영혼성령이므로,

24 God is Spirit, and those who worship him

경배는 반드시 진정한 영혼으로 해야 한다."

must worship in spirit and in truth."

그녀가 말했다. "나는, [크라이스트라고 부르는] 머사야구원자가 온다고 아는데, 그가 오면 모든 것을 말해주겠죠."

25 The woman said to him, "I know that
Messiah is coming [he who is called
Christ]. When he comes, he will tell us all
things."

지저스가 그녀에게 말했다. "너에게 말하는 내가, 바로 그다."

26 Jesus said to her, "I who speak to you am
he."

그때 제자가 돌아와, 그녀와 대화하는 그를 이상하게 생각했지만, 아무도 그에게 "뭐하냐?" 라거나, "왜 그녀와 말하지?"라고 묻지 않았다.

27 Just then his disciples came back. They
marveled that he was talking with a
woman, but no man said, "What do you
seek?" or, "Why are you talking with her?"

그녀는 물단지를 들고 마을로 가서, 사람들에게 말했다.

28 So the woman left her water jar and went
away into town and said to the people,

"가서, 내 생애에 관해 말한 사람을 살펴보세요. 크라이스트가 아닐까요?"

29 "Come, see a man who told me all that I
ever did. Can this be the Christ?"

그래서 사람들이 마을밖으로 나가 그에게 다가왔다.

30 They went out of the town and were
coming to him.

그사이 제자가 그에게 권했다. "랩바이 선생님, 어서 드세요."

31 Meanwhile the disciples were urging him,
saying, "Rabbi, eat."

하지만 그가 말했다. "나는, 너희가 알지 못하는 음식을 먹었다."

32 But he said to them, "I have food to eat
that you do not know about."

그러자 제가가 서로 말했다. "누군가 그에게 먹을 것을 갖다주었나?"

33 So the disciples said to one another, "Has
anyone brought him something to eat?"

지저스가 말했다. "나의 음식은 나를 보낸 그의 뜻을 실행하여, 그의 일을 이루도록 실천하는 것이다.

34 Jesus said to them, "My food is to do
the will of him who sent me and to
accomplish his work.

너희가, '추수하려면 아직 4개월

35 Do you not say, 'There are yet four months,

이 남았다'고 말하지 않았나? 보라, 내가 말하지만, 눈을 들어 밭을 보면, 하얗게 익어서 거둬들일 정도가 되었다.

then comes the harvest'? Look, I tell you,
lift up your eyes, and see that the fields
are white for harvest.

수확하는 사람은 이미 임금을 받아, 영원한 생명의 열매를 모으고 있으니, 뿌리고 거두는 사람 모두 함께 기뻐할 것이다.

36 Already the one who reaps is receiving
wages and gathering fruit for eternal life,
so that sower and reaper may rejoice
together.

여기서, '하나는 뿌리고, 다른 하나는 거둔다'는 말은 진리다.

37 For here the saying holds true, 'One sows
and another reaps.'

나는, 너희가 노동하지 않은 것을 수확하러 보낸다. 일은 다른 이가 하고, 너희는 그것을 거두는 노동을 하러 가는 것이다."

38 I sent you to reap that for which you did
not labor. Others have labored, and you
have entered into their labor."

스매리아 마을의 많은 주민이 그를 믿게 된 것은, 그녀의 증언덕이었다. "그가 내 생애를 전부 말했어요."

39 Many Samaritans from that town believed
in him because of the woman's testimony,
"He told me all that I ever did."

스매리안이 와서, 같이 있어달라는 부탁에, 그는 그곳에 이틀간 있었다.

40 So when the Samaritans come to him,
they asked him to stay with them, and he
stayed there two days.

그래서 더 많은 사람이 그의 가르침 때문에, 그를 믿었다.

41 And many more believed because of his
word.

사람들이 그녀에게 말했다. "이제는 더 이상 당신 말 때문이 아니고, 우리가 듣고서, 이 사람이 진짜 세상의 구원자머사야: 크라이스트임을 알았다."

42 They said to the woman, "It is no longer
because of what you said that we believe,
for we have heard for ourselves, and we
know that this is indeed the Savior of the
world."

이틀 지나 그는 갤럴리로 갔다.

43 After the two days he departed for Galilee.

[지저스 스스로 증언하듯, 예언

44 [For Jesus himself had testified that

자는 제 고향에서 존경받지 못 했다.]

a prophet has no honor in his own
hometown.]

갤럴리에 도착하자, 마을 주민이 그가 저루살럼 통과축일절에 실행한 일을 보았으므로, 환영했다. 그들 역시 축제에 갔던 것이다.

45 So when he came to Galilee, the Galileans
welcomed him, having seen all that he
had done in Jerusalem at the feast. For
they too had gone to the feast.

그렇게 그는 자기가 물을 술로 만들었던 갤럴리의 캐이너 마을로, 다시 왔다. 그런데 커퍼내엄의 한 관리의 아들이 아팠다.

46 So he came again to Cana of Galilee,
where he made the water wine. And at
Capernaum there was an official whose
son was ill.

그 사람은 지저스가 쥬디아남쪽에서 갤럴리북쪽로 갔다는 소문을 듣고 와서, 아들을 고치러 와 달라며 간청했다. 아들이 죽어 가고 있었다.

47 When this man heard that Jesus had come
from Judea to Galilee, he went to him and
asked him to come down and heal his son,
for he was at the point of death.

지저스가 말했다. "너희는 표시나 기적을 보지 않으면 믿지 않는다."

48 So Jesus said to him, "Unless you see signs
and wonders you will not believe."

관리가 그에게 말했다. "선생님, 내 아이가 죽기 전에 와주세요."

49 The official said to him, "Sir, come down
before my child dies."

지저스가 말했다. "어서 가봐라. 네 아들은 산다." 그 사람은 지저스가 자기에게 한 말을 믿고 떠났다.

50 Jesus said to him, "Go; your son will live."
The man believed the word that Jesus
spoke to him and went on his way.

그가 돌아가는 길에, 종들이 그를 만나, 아들이 회복중이라고 전했다.

51 As he was going down, his servants met
him and told that his son was recovering.

관리는 종에게 아들이 낫기 시작한 시각을 묻자, 그들이 말했다. "어제 제7오후1시쯤 아들의 열이 내렸어요."

52 So he asked them the hour when he
began to get better, and they said to him,
"Yesterday at the seventh hour the fever

left him."

아버지는 그때가 지저스가 "당신 아들은 산다"고 말한 시각이었음을 알았다. 그다음 자신은 물론 집안 전체가 믿게 되었다.

53 The father knew that was the hour when
Jesus had said to him, "Your son will
live." And he himself believed, and all his
household.

이것은 지저스가 쥬디아남에서 갤럴리북로 갔을 때 실행한 두번째 표시기적였다.

54 This was now the second sign*miracle* that
Jesus did when he had come from Judea
to Galilee.

● **가르침** ***Gospel*** 너희는 표시나 기적을 보지 않으면 믿지 않는다.

제자 존 6 | 지저스가 물위를 걷다

John 6 | Jesus Walks on the Water

사람은 하나님에게 배워야 한다

One must learn from God

이일 이후 지저스는 갤럴리 바다의 다른쪽으로 갔는데, 타이비리어스 바다라는 곳이었다.

1 After this Jesus went away to the other
side of the sea of Galilee, which is the Sea
of Tiberias.

많은 군중이 그를 뒤따른 이유는, 아픈자에게 실행하는 그의 기적표시를 보았던 것이다.

2 And a large crowd was following him,
because they saw the signs*miracles* that he
was doing on the sick.

지저스는 산으로 올라 제자와 함께 앉아 있었다.

3 Jesus went up on the mountain, and there
he sat down with his disciples.

이제 쥬다인의 명절, 통과축일유월절이 가까웠다.

4 Now the Passover, the feast of the Jews,
was at hand.

지저스가 눈을 들고, 자기에게 몰려오는 큰군중을 보며, 필립에게 말했다. "우리가 어디서 빵을 사서, 사람들을 먹이나?"

5 Lifting up his eyes, then, and seeing that
a large crowd was coming toward him,
Jesus said to Philip, "Where are we to buy
bread, so that these people may eat?"

이는 자신을 시험하여, 스스로 하고자 하는 일을 증명하려고 꺼낸 말이었다.

6 He said this to test him, for he himself
knew what he would do.

필립이 대답했다. "각각 조금씩 먹어도 200디나리반년 이상 품삯 어치 빵도 충분치 않아요."

7 Philip answered him, "Two hundred
denarii*penny* worth of bread would not be

enough each of them to get a little."

제자 가운데 앤드류, 사이먼 필어의 동생이 그에게 말했다.

8 One of his disciples, Andrew, Simon
Peter's brother, said to him,

"여기 한 소년이 보리빵 5덩이와 물고기 두마리를 가졌을뿐, 이렇게 많은 사람은 어떻하죠?"

9 "There is a boy here who has five barley
loaves and two fish, but what are they for
so many?"

지저스가 말했다. "사람을 앉게 해라." 그곳은 넓은 풀밭이어서, 사람이 앉았더니, 대략 숫자가 5,000이었다.

10 Jesus said, "Have the people sit down."
Now there was much grass in the place.
So the men sat down, about five thousand
in number.

지저스는 빵을 들어 감사한 다음, 그것을 앉아 있는 사람에게 나눠주게 했다. 마찬가지로 물고기도 그들이 원하는 만큼 주었다.

11 Jesus then took the loaves, and when he
had given thanks, he distributed them to
those who were seated. So also the fish, as
much as they wanted.

모두 배가 부르자, 그가 제자에게 말했다. "남은 조각을 남김없이 모아라."

12 And when they had eaten their fill, he
told his disciples, "Gather up the leftover
fragments, that nothing may be lost."

제자가 전부 모아보니, 보리빵 5덩이에서 사람이 먹고 남긴 조각이 12 바구니를 채웠다.

13 So they gathered them up and filled
twelve baskets with the fragments from
the five barley loaves left by those who
had eaten.

사람들이 그가 실행하여 나타낸 표시*기적*를 보고 말했다. "이 사람이 세상에 온다는 진짜 예언자다!"

14 When the people saw the sign*miracle* that
he had done, they said, "This is indeed the
Prophet who is to come into the world!"

이에 지저스는 그들이 자신을 억지로 데려가 왕으로 삼으려는 것을 알아차리고, 홀로 다시 산으로 들어갔다.

15 Perceiving then that they were about
to come and take him by force to make
him king, Jesus withdrew again to the

mountain by himself.

한편 저녁 무렵 제자들은 바다로 내려가,

16 When evening came, his disciples went
down to the sea,

배를 타고, 커퍼내엄 바다를 건너가기 시작했다. 날이 어두워졌어도, 지저스는 아직 그들에게 가지 않았다.

17 got into a boat, and started across the sea
to Capernaum. It was now dark, and Jesus
had not yet come to them.

그런데 강풍이 불자, 바다가 거칠어지기 시작했다.

18 The sea became rough because a strong
wind was blowing.

제자가 노를 저어 5-6Km정도 갔을때, 바다위를 걸어 배로 다가오는 지저스를 보게 되자, 무서워했다.

19 When they had rowed about three or four
miles, they saw Jesus walking on the sea
and coming near the boat, and they were
frightened.

그가 말했다. "나다, 두려워 마라."

20 But he said to them, **"**It is I; do not be
afraid.**"**

그제서야 그들이 기뻐하며 배안으로 그를 받아들인 순간, 제자들이 가려던 육지에 배가 닿았다.

21 Then they were glad to take him into the
boat, and immediately the boat was at the
land to which they were going.

다음날 바다 건너편에 남겨진 군중은, 그곳에 있던 유일한 배 한 척이 있었고, 지저스는 제자와 함께 배를 타지 않은 채, 제자들만 건너간 것으로 알고 있었다.

22 On the next day the crowd that remained
on the other side of the sea saw that there
had been only one boat there, and that
Jesus had not entered the boat with his
disciples, but that his disciples had gone
away alone.

한편 타이비리어스에서 온 다른 배들이 **주인님**이 감사한 뒤 그들에게 빵을 먹여주었던 장소

23 Other boats from Tiberias came near the
place where they had eaten the bread

가까이 왔다.

after the LORD had given thanks.

그리고 그곳에 지저스도, 제자도 없다는 것을 알게 된 군중은, 스스로 배를 얻어타고 지저스를 찾아 커퍼내엄까지 왔다.

24 So when the crowd saw that Jesus was
not there, nor his disciples, they
themselves got into the boats and went
to Capernaum, seeking Jesus.

그들이 바다 저편에서 그를 발견하자 말했다. "뢔바이 선생님, 언제 여기 왔죠?"

25 When they found him on the other side
of the sea, they said to him, "Rabbi, when
did you here?"

지저스가 대답했다. "진실로 내가 말한다. 너희가 나를 찾는 것은 표시기적를 보고서가 아니라, 빵을 배불리 먹었기 때문이다.

26 Jesus answered them, "Truly, truly, I say to
you, you are seeking me, not because you
saw signs*miracles*, but because you ate your
fill of the loaves.

없어질 양식 때문에 애쓰지 말고, 영원한 생명을 유지하는 양식을 위해 수고해라. 그 생명은 **사람의 아들**이 부여하도록 하늘 아버지가 봉인하여 허락해주었다."

27 Do not work for the food that perishes,
but for the food that endures to eternal
life, which the Son of Man will give to
you. For on him God the Father has set his
seal."

그들이 말했다. "우리가 어떻게 해야, **하나님**이 바라는 일을 하죠?"

28 Then they said to him, "What must we do,
to be doing the works of God?"

지저스가 대답했다. "**하나님**이 바라는 일은, 너희가 그의 파견자를 믿는 것이다."

29 Jesus answered them, "This is the work of
God, that you believe in him whom he has
sent."

그들이 말했다. "우리가 어떤 표시를 보고 당신을 믿죠? 당신은 무슨 일을 실행하나요?

30 So they said to him, "Then what sign do
you do, that we may see and believe you?
What work do you perform?

조상은 사막에서 매나를 먹었죠. '그는 조상에게 하늘에서 내려온 빵을 먹도록 주었다'고 기

31 Our fathers ate the manna in the
wilderness; as it is written, 'He gave them

록되어 있어요."

bread from heaven to eat.'"

지저스가 말했다. "진실로 내가 말하는데, 하늘의 빵을 너희에게 준 이는 모지스가 아니고, 나의 하늘아버지가 하늘에서 빵을 내려 너희에게 준 것이다.

32 Jesus then said to them, "Truly, truly, I say
to you, it was not Moses who gave you the
bread from heaven, but my Father gives
you the true bread from heaven.

하나님의 빵은, 그가 하늘에서 내려보내 세상에 생명을 준 것이다."

33 For the bread of God is he who comes
down from heaven and gives life to the
world."

그들이 말했다. "선생님, 그 빵을 언제나 우리에게 주세요."

34 They said they to him, "Sir, give us this
bread always."

지저스가 말했다. "나는 생명의 빵이다. 나에게 오면 배고프지 않고, 나를 믿으면 목이 마르지 않는다.

35 Jesus said to them, "I am the bread of life;
whoever comes to me shall not hunger,
and whoever believes in me shall never
thirst.

하지만 내가 말했듯이, 너희는 나를 보고도 믿지 않는다.

36 But I said to you, that you have seen me
and yet do not believe.

하늘아버지가 내게 부여한 임무를 이룬 다음, 누구든지 내게 오면 나는 절대 뿌리치지 않을 것이다.

37 All that the Father gives me will come to
me, and whoever comes to me I will never
cast out.

내가 하늘에서 내려온 것은, 내 의지가 아닌, 나를 보낸 그의 뜻이다.

38 For I have come down from heaven, not
to do my own will but the will of him who
sent me.

또 나를 보낸 그의 뜻은, 그가 맡긴 일을 내가 빠짐없이 실행하는 것이다. 그뒤 마지막날 내가 올라간다.

39 And this is the will of him who sent me,
that I should lose nothing of all that he
has given me, but raise it up on the last
day.

이것 또한 하늘아버지의 뜻이

40 For this is the will of my Father, that

다. 그 **아들**을 보고 믿는 누구든지, 영원한 생명을 얻을 수 있도록, 마지막날 내가 그 사람을 위로 오르게 한다."

everyone who looks on the Son and
believes in him should have eternal life,
and I will raise him up on the last day."

그때 쥬다인이 못마땅했던 것은, 그가, '나는 하늘에서 내려온 빵'이라고 말했기 때문이었다.

41 So the Jews grumbled about him, because
he said, "I am the bread that came down
from heaven."

그들이 말했다. "이 자는 조셉 아들 지저스아냐? 그 아버지 어머니를 우리가 아는데? 어떻게 그가, '나는 하늘에서 내려왔다'는 말을 하지?"

42 They said, "Is not this Jesus, the son of
Joseph, whose father and mother we
know? How does he now say, 'I have come
down from heaven'?"

지저스가 대답했다. "너희끼리 투덜대며 수군거리지 마라.

43 Jesus answered them, "Do not grumble
among yourselves.

나를 파견한 하늘아버지가 이끌지 않는 한, 아무도 내게 올수 없다. 그리고 내가 마지막날 그를 위로 오르게 한다.

44 No man can come to me unless the Father
who sent me draws him. And I will raise
him up on the last day.

예언서에, '사람은 **하나님**에게 배워야 한다'고 써있다. 하늘아버지의 가르침을 듣고 배워야 나에게 오게 된다.

45 It is written in the Prophets, 'And they will
all be taught by God.' Everyone who has
heard and learned from the Father comes
to me—

어느 누구도 하늘아버지를 본 적 없고, 오직 **하나님**으로부터 온 존재만 그를 보았다.

46 not that anyone has seen the Father
except he who is from God; he has seen
the Father.

진정으로 내가 말하는데, 나를 믿는 자는 누구든지 영원히 산다.

47 Truly, truly, I say to you, whoever believes
has eternal life.

나는 생명의 빵이다.

48 I am the bread of life.

너희 조상은 황야에서 매나를 먹었는데, 죽었다.

49 Your fathers ate the manna in the
wilderness, and they died.

이 빵은 하늘에서 내려왔으므로, 그것을 먹는 사람은 죽지 않는다."

50 This is the bread that comes down from
heaven, so that one may eat of it and not
die."

나는 하늘에서 내려온 생명의 빵이다. 이 빵을 먹으면 영원히 산다. 내가 세상에 생명을 주게 되는 빵이란 나의 살이다."

51 I am the living bread that came down
from heaven. If anyone eats of this bread,
he will live forever. And the bread that
I will give for the life of the world is my
flesh."

그러자 쥬다인이 서로 분개하며 말했다. "어떻게 이 자가 우리에게 제 살을 먹으라고 줄 수 있나?"

52 The Jews then disputed among
themselves, saying, "How can this man
give us his flesh to eat?"

그때 지저스가 말했다. "정말, 진심으로 말하는데, **사람의 아들**의 살을 먹지 않고 그의 피를 마시지 않으면, 너희는 생명을 갖지 못한다.

53 So Jesus said to them, "Truly, truly, I say to
you, unless you eat the flesh of the Son of
Man and drink his blood, you have no life
in you.

내 살을 먹고 내 피를 마셔 영원한 생명을 얻게 된 사람은 누구든지, 내가 마지막날 들어올린다.

54 Whoever feeds on my flesh and drinks my
blood has eternal life, and I will raise him
up on the last day.

나의 살은 진정한 양식이며, 나의 피도 진리의 음료다.

55 For my flesh is true food, and my blood is
true drink.

내 살로 먹여지고, 내 피로 마셔진 자는 내 안에서, 나는 그 안에서 산다.

56 Whoever feeds on my flesh and drinks my
blood abides in me, and I in him.

살아 있는 하늘아버지가 나를 보내서, 내가 그 때문에 살듯, 나로 먹여진 자 역시 나 때문에 살게 된다.

57 As the living Father sent me, and I live
because of the Father, so whoever feeds
on me, he also will live because of me.

하늘에서 내려온 이 빵은, 조상이 먹고 죽은 빵과 같지 않다. 이 빵을 먹으면 누구나 영원히

58 This is the bread that came down from
heaven, not like the bread the fathers ate,

산다."

and died. Whoever feeds on this bread will live forever."

지저스는 커퍼내엄의 시너가그 집회에서 가르치며 이런 이야기를 했다.

59 Jesus said these things in the synagogue, as he taught at Capernaum.

말을 들은 제자 대부분이, "그것은 어려운 이야기인데, 누가 이해할 수 있지?"라고 말했다.

60 When many of his disciples heard it, they said, "This is a hard saying; who can listen to it?"

그러나 지저스는 제자가 이것을 거북해하는 것을 눈치채고 말했다. "너희는 이 말이 불편한가?

61 But Jesus, knowing in himself that his disciples were grumbling about this, said to them, "Do you take offense at this?

만약 **사람의 아들**이, 전에 있던 곳으로 오르는 모습을 보면, 어떨까?

62 Then what if you were to see the Son of Man ascending to where he was before?

신성한영혼은 생명을 주지만 살은 전혀 그렇지 않다. 내가 너희에게 하는 말은 영혼과 생명에 관한 것이다.

63 It is the Spirit who gives life; the flesh is no help at all. The words that I have spoken to you are spirit and life.

하지만 너희 중 일부도 믿지 않는다." [지저스는 처음부터 그들이 자기를 믿지 않았다는 것을 알았고, 누가 자기를 배신하게 될지 알았던 것이다.]

64 But there are some of you who do not believe." [For Jesus knew from the beginning who those were who did not believe, and who it was who would betray him.]

그가 말했다. "하늘아버지한테 인정받지 못하면, 누구도 나에게 올 수 없는 이유를 내가 너희에게 말했다."

65 And he said, "This is why I told you that no one can come to me unless it is granted him by the Father."

그후 많은 제자가 그를 등지고, 더 이상 함께 걸어가지 않았다.

66 After this many of his disciples turned back and no longer walked with him.

그래서 지저스가 12제자에게 말

67 So Jesus said to the twelve, "Do you want

했다. "너희도 마찬가지로 떠나고 싶나?"

사이먼 핕어가 대답했다. "**주인님**, 우리가 누구에게 가라고요? 당신은 영원한 생명에 관한 말을 했으므로,

우리는, 당신이 **하나님의 신성한 존재**라는 것을 알고 믿게 되었어요."

지저스가 대답했다. "그래서 내가 너희 12명을 고른게 아닌가? 그런데 너희 중 하나는 아직 악령이 있다."

그는 사이먼 이스캐리얻의 아들, 쥬더스에 대해 말했다. 그는 12제자 중 하나로, 그를 배신했던 사람이다.

to go away as well?"
68 Simon Peter answered him, "LORD, to
whom shall we go? You have the words of
eternal life,
69 and we have believed, and have come to
know, that you are the Holy One of God."
70 Jesus answered them, "Did I not choose
you, the twelve? And yet one of you is a
devil"
71 He spoke of Judas the son of Simon
Iscariot, for he, one of the twelve, was
going to betray him.

● **가르침** ***Gospel*** 진리의 살을 먹고 진리의 피를 마시면, 영원한 생명을 얻는다.

제자 존 11 래저러스가 죽음에서 일어나다

John 11 Lazarus Raised from the Dead

죽었지만 살아나는 사람 예시

The example who die, yet shall he live

매리와 여형제 말싸의 고향 베써니 마을에 병든 사람이 있었고, 그의 이름이 래저러스였다.

1 Now a certain man was ill, Lazarus of
Bethany, the village of Mary and her sister
Martha.

매리는 **주님** 발에 향유연고를 바른뒤, 자기 머리카락으로 닦아낸 적이 있는데, 그 형제 래저러스가 아팠다.

2 It was Mary who anointed the LORD with
ointment and wiped his feet with her hair,
whose brother Lazarus was ill.

여형제가 그에게 인편으로 전했다. "**주인님**, 당신이 사랑하는 이가 아파요."

3 So the sisters sent to him, saying, "LORD, he
whom you love is ill."

지저스가 말했다. "이 병은 죽음에 이르지 않는다. 이는 **하나님**이 빛을 비추고, 그를 통해 **하나님 아들**이 빛을 발휘하게 하려는 것이다."

4 But when Jesus heard it he said, "This
illness does not lead to death. It is for the
glory of God, so that the Son of God may
be glorified through it.

지저스는 말싸와 자매 매리와 형제 래저러스를 사랑했다.

5 Now Jesus loved Martha and her sister
and Lazarus.

그런데 **주인님**은 래저러스의 건강악화를 듣고도, 있던 곳에서 이틀간 더 머물렀다.

6 So, when he heard that Lazarus was ill, he
stayed two days longer in the place where
he was.

그리고 제자에게 말했다. "우리

7 Then after this he said to the disciples, "Let

쥬디아남부로 다시 가자."

us go to Judea again."

제자가 그에게 말했다. "래바이 선생님, 최근 쥬다인이 당신에게 돌을 던지려 했는데, 거기 또 가요?"

8 The disciples said to him, "Rabbi, the Jews
were just now seeking to stone you, and
are going there again?"

지저스가 대답했다. "낮은 12시간 아닌가? 사람은 낮에 걸어야, 세상을 비추는 빛을 보니, 넘어지지 않는다.

9 Jesus answered, "Are there not twelve
hours in the day? If anyone walks in the
day, he does not stumble, because he sees
the light of this world.

하지만, 밤에 걸으면 그를 비춰 주는 빛이 없기에 넘어진다."

10 But if anyone walks in the night, he
stumbles, because the light is not in him."

이런 말을 하더니, 제자에게 말했다. "우리 친구 래저러스가 잠들었어도, 내가 그를 깨우러 간다."

11 After saying these things, he said to them,
"Our friend Lazarus has fallen asleep, but I
go awaken him."

제자가 말했다. "**주인님**, 그가 잠들었다면, 좋아질 겁니다."

12 The disciples said to him, "LORD, if he has
fallen asleep, he will recover."

지저스는 그의 죽음을 말했는데, 제자는 그의 말을 자며 쉬는 의미로 생각했다.

13 Now Jesus had spoken of his death, but
they thought that he meant taking rest in
sleep.

지저스가 더 솔직히 말했다. "래저러스는 죽었다.

14 Then Jesus told them plainly, "Lazarus has
died,

내가 거기 없었던게 다행으로, 너희가 혹시 믿게 될지 모른다는 뜻이다. 그러니 우리가 그에게 가자."

15 and for your sakes I am glad that I was not
there, so that you may believe. But let us
go to him."

쌍둥이그리스어: 디더머스라고 불리는 토마스가 동료에게, "우리도 가자 하면, 우리도 그와 함께 죽게 될지 모른다"고 했다.

16 So Thomas, called the Twin*Didymus*, said to
his fellow disciples, "Let us also go, that
we may die with him."

지저스가 갔는데, 래저러스는 이미 죽은지 4일이 지나서 무덤 안에 있다는 것을 알게 되었다.

17 Now when Jesus came, he found that Lazarus had already been in the tomb four days.

베써니는 저루살럼에서 약3Km 떨어진 근처였다.

18 Bethany was near Jerusalem, about two miles off,

쥬다인 여럿이 말싸와 매리에게 다가와, 그들 형제에 대해 위로 했다.

19 And many of the Jews had come to Martha and Mary to console them concerning their brother.

그때 지저스가 오고있다는 소리를 듣고, 말싸는 가서 그를 만났지만, 매리는 집에 남아있었다.

20 So when Martha heard that Jesus was coming, she went and met him, but Mary remained seated in the house.

말싸가 말했다. "**주인님**, 당신이 있었다면, 동생이 죽지 않았을 텐데요.

21 Martha said to Jesus, "LORD, if you had been here, my brother would not have died.

나는 이제라도 당신이 **하나님**에게 바라면, **하나님**이 들어줄 것을 알아요."

22 But even now I know that whatever you ask from God, God will give you."

지저스가 말했다. "너희 형제는 다시 일어난다."

23 Jesus said to her, "Your brother will rise again."

말싸가 말했다. "나는 마지막날 부활로 그가 다시 일어난다고 알고 있어요."

24 Martha said to him, "I know that he will rise again in the resurrection on the last day."

지저스가 말했다. "나는 부활이며 생명이다. 나를 믿는 자는 누구나, 비록 죽었어도 여전히 산다.

25 Jesus said to her, "I am the resurrection and the life. Whoever believes in me, though he die, yet shall he live,

살아있는 사람이 나를 믿으면, 결코 죽지 않는다. 너는 이를 믿나?"

26 and everyone who lives and believes in me shall never die. Do you believe this?"

그녀가 말했다. "그래요, **주인**

27 She said to him, "Yes, LORD; I believe that

님, 나는 당신이 크라이스트구원자이며, 세상에 나타난 **하나님 아들**임을 믿어요."

you are the Christ, the Son of God, who is
coming into the world."

그녀는 이렇게 말한뒤 가서, 여형제 매리를 불러, 넌지시 말했다. "선생님이 왔는데, 너를 부른다."

28 When she had said this, she went and
called her sister Mary, saying in private,
"The Teacher is here and is calling for
you."

그녀는 그 말을 듣더니 일어나 급히 그에게 갔다.

29 And when she heard it, she rose quickly
and went to him.

지저스는 아직 마을로 들어오지 않은 채, 말싸를 만났던 그곳에 여전히 있었다.

30 Now Jesus had not yet come into the
village, but was still in the place where
Martha had met him.

그때 쥬다인이 매리의 집에서 그녀를 위로하던 중, 그녀가 일어나 급히 나가자, 그들도 뒤따르며, 그녀가 무덤에 가서 울려는 것으로 짐작했다.

31 When the Jews who were with her in
the house, consoling her, saw Mary rise
quickly and go out, they followed her,
supposing that she was going to the tomb
to weep there.

매리는 지저스가 있는 곳에 와서 그를 보더니, 발앞에 엎드려 말했다. "**주인님**, 당신이 여기 있었더라면, 내 형제가 죽지 않았을 텐데요."

32 Now when Mary came to where Jesus was
and saw him, she fell at his feet, saying
to him, "LORD, if you had been here, my
brother would not have died."

그녀는 울었고, 우는 그녀와 함께 온 쥬다인을 보게된 지저스는 그의 영혼이 흔들릴 정도로 몹시 괴로워하며,

33 When Jesus saw her weeping, and
the Jews who had come with her also
weeping, he was deeply moved in his
spirit and greatly troubled.

말했다. "너희는 그를 어디에 뉘었나?" 그들이 말했다. "**주인님**, 와서 보세요."

34 And he said, "Where have you laid him?"
They said to him, "LORD, come and see."

지저스가 울었다.

35 Jesus wept.

쥬다인이 말했다. "얼마나 그를 사랑했으면!"

36 So the Jews said, "See how he loved him!"

몇몇이 말했다. "장님눈도 뜨게 하는 사람이, 이 자를 죽지 않게 할 수 없단 말이야?"

37 But some of them said, "Could not he who opened the eyes of the blind man also have kept this man from dying?"

지저스가 다시 마음 깊이 괴로워하며 무덤에 왔더니, 동굴입구를 돌로 막아놓았다.

38 Then Jesus, deeply moved again, came to the tomb. It was a cave, and a stone lay against it.

지저스가 말했다. "돌을 치워라." 죽은자의 여형제 말싸가 그에게 말했다. "**주인님**, 죽은지 4일이 지났으니, 지금쯤 냄새가 날 거예요."

39 Jesus said, "Take away the stone." Martha, the sister of the dead man, said to him, "LORD, by this time there will be an odor, for he has been dead four days."

지저스가 말했다. "믿으면 **하나님** 빛을 본다고, 내가 말하지 않았나?"

40 Jesus said to her, "Did I not tell you that if you believed you would see the glory of God?"

그들이 돌을 치우자, 지저스가 보며 말했다. "하늘아버지, 내 기도를 들어주었던 당신에게 감사하고 있어요.

41 So they took away the stone. And Jesus lifted up eyes and said, "Father, I thank you that you have heard me.

또 당신이 늘 내 말을 듣는 것도 알지만, 주위에 선 사람을 위해, 당신이 나를 보낸 것을 믿도록 내가 이렇게 말합니다."

42 I knew that you always hear me, but I said this on account of the people standing around, that they may believe that you sent me."

그렇게 말한 다음 크게 불렀다. "래저러스, 앞으로 나와라!"

43 When he had said these things, he cried out with a loud voice, "Lazarus, come out."

그러자 죽었던 그가 나왔는데,

44 The man who had died came out, his

손발이 리넨끈수의으로 묶였고, 얼굴은 천으로 감긴 채였다. 지저스가 말했다. "그를 풀어, 걷게 해줘라."

hands and feet bound with linen strips,
and his face wrapped with a cloth. Jesus
said to them, "Unbind him, and let him
go."

그래서 매리와 함께 왔던 쥬다인 다수가, 그가 한 일을 보고 믿었다.

45 Many of the Jews therefore, who had
come with Mary and had seen what he
did, believed in him,

반면 일부는 풰러시에게 가서, 지저스가 한 일을 전했다.

46 but some of them went to the Pharisees
and told them what Jesus had done.

그때 선임제사장과 풰러시가 회의를 열어 말했다. "우리가 어떻게 해야지? 이 사람이 표시기적를 많이 보여준다.

47 So the chief priests and the Pharisees
gathered a council and said, "What are
we to do? For this man performs many
signs*miracles*.

이런 식으로 그를 놔두어, 모두 그를 믿게 되면, 로마인이 와서 우리 터전과 나라를 모조리 빼앗을 것이다."

48 If we let him go on like this, everyone will
believe in him, and the Romans will come
and take away both our place and nation."

그해 대제사장 카야풔스라는 사람이 말했다. "당신들은 전혀 아무것도 모르고,

49 But one of them, Caiaphas, who was high
priest that year, said to them, "You know
nothing at all.

더 나은 방법을 이해하지도 못한다. 민족을 위해 하나가 죽어야, 나라전체가 파멸하지 않는다."

50 Nor do you understand that it is better
for you that one man should die for the
people, not that the whole nation should
perish."

이것은 자기주장이라기 보다, 그해 대제사장으로서, 지저스가 민족을 위해 죽어야 한다고 예언한 것이다.

51 He did not say this of his own accord, but
being high priest that year he prophesied
that Jesus would die for the nation,

또 민족뿐 아니고, 멀리 흩어진 **하나님** 자손을 한데 모으기 위해서도 그렇게 되어야 한다는 것이었다.

52 and not for the nation only, but also to
gather into one the children of God who
are scattered abroad.

그래서 그날부터 그를 죽일 계획을 짰다.

53 So from that day on they made plans to
put him to death.

지저스는 더 이상 쥬다인 사이에 공개적으로 다니지 않았고, 대신 사막황야 부근지역 이프리엄 마을로 가서, 제자와 함께 머무르게 되었다.

54 Jesus therefore no longer walked openly
among the Jews, but went from there to
the region near the wilderness, to a town
called Ephraim, and there he stayed with
the disciples.

쥬다인의 통과축일절이 가까워지자, 많은 사람이 고향을 떠나, 통과축일 전에 저루살럼에 와서, 마음을 정화하고자 했다.

55 Now the Passover of the Jews was at hand,
and many went up from the country to
Jerusalem before the Passover to purify
themselves.

그 사람들이 지저스를 찾으며, 성전에서 서로 말했다. "너희는 어떻게 생각하지? 그가 이번 축제에 전혀 나타나지 않으려나?"

56 They were looking for Jesus and saying to
one another as they stood in the temple,
"What do you think? That he will not
come to the feast at all?"

선임제사장과 풰러시 모두 명령을 내려, 그가 있는 곳을 아는 사람은 누구나, 그를 체포할수 있도록 그들에게 신고하게 했다.

57 Now the chief priests and the Pharisees
had given orders that if anyone knew
where he was, he should let them know,
so that they might arrest him.

● **가르침** ***Gospel*** 하나가 죽어야 전체가 파멸되지 않는다.

제자 존 12 | 저루살럼으로 입장
John 12 | Triumphal Entry into Jerusalem

나는 늘 함께 있는게 아니다

You do not always have me

통과축일 6일 전, 지저스가 베써니에, 직접 래저러스를 죽음에서 살렸던 곳으로 왔다.

1 Six days before the Passover, Jesus
therefore came to Bethany, where Lazarus
was, whom Jesus had raised from the
dead.

그에게 저녁식사를 주며, 말싸는 시중을 들었고, 래저러스는 식탁에 기대앉은 사람 가운데 함께 있었다.

2 So they gave a dinner for him there.
Martha served, and Lazarus was one of
those reclining with him at table.

그리고 매리가 최고급 널드진정효과 허브향유 1파운드약 0.5L를 가져와, 지저스 발에 바른뒤 자기 머리카락으로 닦아내자, 집안에 향내가 가득찼다.

3 Mary therefore took a pound of expensive
ointment made from pure nard, and
anointed the feet of Jesus and wiped his
feet with her hair. The house was filled
with the fragrance of the perfume.

그러자 제자 쥬더스 이스캐리얼이 [그를 배신하려는 자가], 말했다.

4 But Judas Iscariot, one of his disciples [he
who was about to betray him], said,

"왜 이 향유를 팔지 않고, 300펜스그리스어 디내리: 연봉쯤 받으면, 가난한 사람에게 줄수 있잖아?"

5 "Why was this ointment not sold for three
hundred denarii*pence* and given to the
poor?"

이 말은, 빈자를 생각해서가 아니라, 그는 도둑이니까, 무엇이

6 He said this, not because he cared about

든 제 지갑에 집어넣는 습관성 발언이었던 것이다.

the poor, but because he was a thief, and having charge of the moneybag he used to help himself to what was put into it.

지저스가 말했다. "그녀를 놔둬라. 그녀는 내 장례날을 대비하는 거다.

7 Jesus said, "Leave her alone, so that she may keep it for the day of my burial.

어려운자는 언제나 곁에 있어도 나는 너희와 늘 함께 있는게 아니다."

8 For the poor you always have with you, but you do not always have me."

쥬다인 다수가 거기 지저스가 있다는 것을 알고 온 이유는, 그 뿐만아니라, 그가 죽음에서 살렸다는 래저러스를 보려는 이유도 있었다.

9 When the large crowd of the Jews learned that Jesus was there, they came, not only on account of him but also to see Lazarus, whom he had raised from the dead.

따라서 선임제사장이 모의하여 래저러스마저 죽일 계획을 짰는데,

10 So the chief priests made plans to put Lazarus to death as well,

왜냐하면 그 사람으로 인해, 쥬다인 대부분이 가서, 지저스를 믿었던 것이다.

11 Because on account of him many of the Jews were going away and believing in Jesus.

다음날 축제에 온 수많은 사람이, 지저스가 저루살럼으로 오는 중이라는 소식을 들었다.

12 The next day the large crowd that had come to the feast heard that Jesus was coming to Jerusalem.

그들이 야자나무 가지를 들고, 그를 맞이하러 몰려가 소리쳤다.

"호재나! **주님** 이름으로 오는 이 즈리얼 왕은 축복이다!"

13 So they took branches of palm trees and went out to meet him, crying out, "Hosanna! Blessed is he who comes in the name of the LORD, even the King of Israel!"

지저스는 어린 나귀를 찾아 올라 탔는데, 다음 기록 그대로였다.

14 And Jesus found a young donkey and sat on it, just as it is written,

"두려워 마라, 자이언의 딸아! 보라, 너희 왕이 어린나귀를 타고 온다!"

15 *"Fear not, daughter of Zion;*
behold, your king is coming,
sitting on a donkey's colt!"

그의 제자는 처음에 이를 이해하지 못했지만, 지저스가 환영받고 빛나자, 그제야 떠올리며 그 글이 그에게 벌어질 일을 기록한 내용이었음을 알게 되었던 것이다.

16 His disciples did not understand these things at first, but when Jesus was glorified, then they remembered that these things had been written about him and had been done to him.

군중은 지저스가 무덤에서 래저러스를 불러 죽음에서 살려냈을 때 함께 있었으니, 계속해서 증인이 되었던 것이다.

17 The crowd that had been with him when he called Lazarus out of his tomb and raised him from the dead continued to bear witness.

군중이 그를 만나러 가는 이유는 바로 그가 나타내보인 표시기적의 소문을 들었기 때문이었다.

18 The reason why the crowd went to meet him was that they heard he had done this sign*miracle*.

한편 풰러시법문집착파가 그들끼리 말했다. "아다시피, 이제 너희는 얻을게 없다. 보라, 세상이 그를 따른다."

19 So the Pharisees said to one another, "You see that you are gaining nothing. Look, the world has gone after him."

축일을 경배하러 간 사람 중에는 그리스 사람도 있었다.

20 Now among those who went up to worship at the feast were some Greeks.

그들이 갤럴리 벳새이다 출신 퓔립에게 와서 부탁했다. "선생님, 우리는 지저스를 만나보고 싶어요."

21 So these came to Philip, who was from Bethsaida in Galilee, and asked him, "Sir, we wish to see Jesus."

퓔립이 가서 앤드류에게 말한 다음, 둘이 함께 지저스에게 전했다.

22 Philip went and told Andrew; Andrew and Philip went and told Jesus.

지저스가 대답했다. "시간이 되어, **사람의 아들**이 빛이 되어야 한다.

23 And Jesus answered them, "The hour has
come for the Son of Man to be glorified.

진실로 말한다. 밀알이 땅에 떨어지지 않으면, 씨앗 자체에 불과하나, 그것이 죽으면, 많은 열매를 맺는다.

24 Truly, truly, I say to you, unless a grain
of wheat falls into the earth and dies, it
remains alone; but if it dies, it bears much
fruit.

자기 목숨을 사랑하면 그것을 잃고, 제 생명을 세상에 버리면, 영원한 생명으로 이어진다.

25 Whoever loves his life loses it, and
whoever hates his life in this world will
keep it for eternal life.

나를 섬기려면, 나를 따르게 해라. 내가 있는 곳에, 나의 종 역시 있을 것이다. 내게 헌신하면, 하늘아버지가 그에게 명예를 준다.

26 If anyone serves me, he must follow me;
and where I am, there will my servant be
also. If anyone serves me, the Father will
honor him.

지금 내 영혼이 괴로운데, 무슨 말을 할까? '아버지, 이 순간 나를 구하라'고 할까? 하지만 이제 내가 온 목적의 시간이 왔다.

27 "Now is my soul troubled. And what shall
I say? 'Father, save me from this hour'? But
for this purpose I have come to this hour.

아버지, 당신 이름을 빛냅니다." 그때 한 목소리가 하늘에서 들렸다. "내가 빛을 주었으니, 이제 다시 거기에 빛을 낸다."

28 Father, glorify your name." Then a voice
came from heaven: "I have glorified it, and
I will glorify it again."

그곳에 선 군중은 그 소리를 듣고 천둥이라 했고, 다른이는, "천사가 그에게 말한다"고 했다.

29 The crowd that stood there and heard it
said that it had thundered. Others said,
"An angel has spoken to him."

지저스가 대답했다. "이 목소리는 너희를 지키러 왔지, 내가 아니다.

30 Jesus answered, "This voice has come for
your sake, not mine.

앞으로 세상에 재판이 열리면, 이 세상 통치자는 버림받는다.

31 Now is the judgment of this world; now
will the ruler of this world be cast out.

내가 땅에서 위로 올려질때, 내 게 온 모두를 직접 끌어올리겠다."

32 And I, when I am lifted up from the earth,
will draw all people to myself."

이 말은 그가 맞이할 죽음이 어떤것인지 보여주려한 것이었다.

33 He said this to show by what kind of death
he was going to die.

군중이 말했다. "우리가 법문에서 크라이스트는 영원하다고 들었는데, 왜 당신은, **사람의 아들**이 위로 간다 말하죠? 대체 **사람의 아들**은 누구죠?"

34 So the crowd answered him, "We have
heard from the Law that the Christ
remains forever. How can you say that the
Son of Man must be lifted up? Who is this
Son of Man?"

지저스가 대답했다. "빛이 잠시 동안 너희와 함께 했다. 빛속에서 걸어, 어둠이 너희를 덮치지 않게 해라. 어둠속에서 걸으면, 어디로 가는지 모른다.

35 So Jesus said to them, "The light is among
you for a little while longer. Walk while
you have the light, lest darkness overtake
you. The one who walks in the darkness
does not know where he is going.

빛이 있을 때 그 빛을 믿어야 너희는 빛의 자녀가 될 수 있다." 지저스는 이 말을 마치고 나갔을뿐, 그들에게 자신을 드러내지 않았다.

36 While you have the light, believe in the
light, that you may become sons of light."
When Jesus had said these things, he
departed and hid himself from them.

그는 사람 앞에서 그토록 많은 기적표시를 보였어도, 그들은 여전히 그를 믿지 않았는데,

37 Though he had done so many signs*miracles*
before them, they still did not believe in
him,

이는 아이재야의 다음 예언을 그대로 이루어지게 한 것인지 모른다.

38 so that the word spoken by the prophet
Isaiah might be fulfilled:

"**주인님**, 누가 우리가 들은 것을 믿을까요, 있다면 드러난 **주님**의 팔을 그가 잡게 했을 텐데요?"

"Lord, who has believed what
he heard from us, and to whom has
the arm of the Lord been revealed?"

사람들이 믿지 못했으므로, 아이재야가 다시 말했다.

39 Therefore they could not believe. For again Isaiah said,

"눈이 가려지고 마음이 굳어서, 제눈으로 보지 못하고, 제마음으로 이해하지 못하니, 그들이 방향을 바꾸도록 내가 고쳐주어야 한다."

40 *"He has blinded their eyes*
and hardened their heart,
lest they see with their eyes,
and understand with their heart, and turn,
and I would heal them."

아이재야가 이렇게 말한 것은, 지저스의 빛과 말을 보고 알았기 때문이다.

41 Isaiah said these things because he saw his glory and spoke of him.

수석관계자 대부분조차 그를 믿는다해도, 풰러시법문집착파가 두려워 믿음을 고백하지 못했다. 그래야 시너가그 집회에서 쫓겨나지 않을 테고,

42 Nevertheless, many even of the authorities believed in him, but for fear of the Pharisees they did not confess it, so that they would not be put out of the synagogue;

또 그들은 **하나님**한테서 나오는 [환상속]빛보다 인간한테서 나오는 [현실속]빛을 더 사랑했기 때문이었다.

43 for they loved the glory that comes from man more than the glory that comes from God.

지저스가 크게 외쳤다. "나를 믿는 자는, 내가 아닌 나를 보낸 존재를 믿는 것이다.

44 And Jesus cried out and said, "Whoever believes in me, believes not in me but in him who sent me.

또 나를 보면, 나를 보낸 그를 보는 것이다.

45 And whoever sees me sees him who sent me.

나는 세상에 빛으로 왔으므로, 나를 믿는 자는 누구나, 어둠속에 남겨지지 않는다.

46 I have come into the world as light, so that whoever believes in me may not remain

in darkness.

47 If anyone hears my words and does not
keep them, I do not judge him; for I did
not come to judge the world but to save
the world.

내 말을 듣고 따르지 않는다해도, 나는 그 잘잘못을 평가하지 않는다. 왜냐하면 나는 처벌하러 온 게 아니고, 세상을 지키러 왔기 때문이다.

48 The one who rejects me and does not
receive my words has a judge; the word
that I have spoken will judge him on the
last day.

나를 거부하고 내 말을 받아들이지 않으면 재판을 받는다. 내가 한 말은 마지막날 그가 판결을 내릴 것이다.

49 For I have not spoken on my own
authority, but the Father who sent me has
himself given me a commandment—what
to say and what to speak.

나는 내 권위로 말하지 않았고, 나를 보낸 하늘아버지가, 전할 말과 연설에 대하여 나에게 직접 명령을 내려 주었던 것이다.

50 And I know that his commandment is
eternal life. What I say, therefore, I say as
the Father has told me."

나는 그의 명령이 곧 영원히 사는 생명임을 안다. 따라서 나는, 하늘아버지 말을 그대로 하고 있다."

● **가르침** ***Gospel*** 주님의 명령을 따르면 영원한 생명을 얻는다.

선교실행 1 | 지저스가 위로 오르다

Acts 1 | The Ascension of Jesus

그의 임무는 다른이가 맡는다

Another takes on his office

오 [대제사장] 씨아퓔러스! 루크 나는 나의 첫책에서 지저스의 가르침과 실행부터,

1 In the first book, O Theophilus, I have dealt with all that Jesus began to do and teach,

위로 오르던 날까지 다루며, 직전에 그가 선발한 선교제자에게 신성한영혼성령을 주며 내린 명령을 적었다.

2 until the day when he was taken up, after he had given commands through the Holy Spirit to the apostles whom he had chosen.

수난 이후 그는 제자에게 살아 있음을 부정 못할 많은 증거를 몸소 보이며, **하나님**왕국을 전해주러 40일간 나타났다.

3 He presented himself alive to them after his suffering by many infallible proofs, appearing to them during forty days and speaking about the kingdom of God.

그들과 함께 지낸 그는, 저루살럼을 떠나지 말고 하늘아버지 약속을 기다릴 것을 명령하며 말했다. "너희는 나로부터 다음을 들었다.

4 And while staying with them that he ordered them not to depart from Jerusalem, but to wait for the promise of the Father, which, he said, "you heard from me;

존은 진짜물로 세례해주었는데, 너희는 머지않아 신성한영혼으로 세례받게 된다."

5 for John baptized with water, but you will be baptized with the Holy Spirit not many

days from now."

그러자 제자가 일제히 그에게 질문했다. "**주님**, 이번에 당신이 이즈리얼에게 왕국을 되찾게 해 주나요?"

6 So when they had come together, they
asked him, "LORD, will you at this time
restore the kingdom to Israel?"

그가 그들에게 말했다. "너희는 그때나 시기를 알수 없고, 하늘 아버지가 자기 권한으로 그것을 정해놓는다.

7 He said to them, "It is not for you to know
times or seasons that the Father has fixed
by his own authority.

단 신성한영혼이 너희에게 내려 올때 능력을 부여받으면, 너희는 저루살럼, 쥬디아남부, 스매리아중부 및 지구끝까지 나의 증인이 된다."

8 But you will receive power when the Holy
Spirit has come upon you, and you will be
my witnesses in Jerusalem and in all Judea
and Samaria, and to the end of the earth."

그가 이런 이야기를 하던 중, 제자가 바라보니, 그가 들려 위로 오르자, 구름이 받아들여, 그들 시야를 가렸다.

9 And when he had said these things, as
they were looking on, he was lifted up,
and a cloud took him out of their sight.

그가 사라져도 제자가 하늘을 계속 응시하자, 흰로브옷을 입은 두 사람이 그들 옆에 서서,

10 And while they were gazing into heaven
as he went, behold, two men stood by
them in white robes,

말했다. "갤럴리 사람아, 왜 하늘을 뚫어지게 보며 섰나? 지저스는 너희를 떠나 하늘에 올랐다가, 하늘로 오르는 똑같은 모습으로 다시 나타난다."

11 and said, "Men of Galilee, why do you
stand looking into heaven? This Jesus,
who was taken up from you into heaven,
will come in the same way as you saw him
go into heaven."

그다음 제자는 올리벧산에서 저루살럼으로 돌아갔다. 그곳은 저루살럼에서 가까워 사배쓰휴일 1일 여행길 정도 떨어져있다.

12 Then they returned to Jerusalem from
the mount called Olivet, which is near
Jerusalem, a Sabbath day's journey away.

그들이 돌아와, 윗층방으로 들어가자, 그곳에 핕어, 존, 재임스, 엔드루와, 퓔립, 토마스와,

13 And when they had entered, they went
up to the upper room, where they were

바썰러뮤, 맽쓔와, 알퓌어스 아들 재임스, 젤렅스의 사이먼 및 재임스 아들 쥬더스가 모여 있었다.

staying, Peter and John and James and Andrew, Philip and Thomas, Bartholomew and Matthew, James the son of Alphaeus and Simon the Zealot and Judas the son of James.

이들 모두 한마음으로 기도를 계속했고, 여자들은 지저스 어머니 매리와 그의 형제와 함께 간절히 기도했다.

14 These all continued with one accord in prayer and supplication, with the women, and Mary the mother of Jesus, and with his brothers.

그러는 동안 핕어는 제자형제들 [동료가 전부 약 120명 정도되는] 가운데 서서 말했다.

15 In those days Peter stood up among the brothers [the company of persons was in all about 120] and said,

"형제들아, 바이블 글은 실현돼야 했다. 신성한영혼성령은 예전 대이빋 입으로 언급되었고, 쥬더스는 지저스를 잡아가도록 저들을 이끄는 안내자가 되어 있었던 것이다.

16 "Brothers, the Scripture had to be fulfilled, which the Holy Spirit spoke beforehand by the mouth of David concerning Judas, who became a guide to those who arrested Jesus.

그 역시 우리일원으로 헤아려져, 이 임무의 자기역할이 맡겨졌던 것이다."

17 For he was numbered among us and was allotted his share in this ministry."

[한편 그는 악행의 보상으로 밭을 매입했어도, 머리를 박고 떨어져, 몸이 파열돼 내장이 쏟아져 나왔다.

18 [Now this man acquired a field with the reward of his wickedness, and falling headlong, he burst open in the middle and all his bowels gushed out.

이 이야기는 저루살럼 주민에게 알려져, 그 밭이 그들 모국어로 아켈더마 '피의 밭'으로 불리게 되었던 것이다.]

19 And it became known to all the inhabitants of Jerusalem, so that the field was called in their own language Akeldama, that is, Field of blood.]

"이 내용은 시가기도Psalm 책에 적혀있다.

20 For it is written in the book of Psalms,

'그의 거처는 황폐화되어, 아무도 살지 못하는 곳이 되어버렸고,

"'May his camp become desolate,
and let there be no one to dwell in it';

and

그의 임무는 다른이가 맡는다' 고 했다.

'Let another take his office.'

따라서 그 기간, 지저스 **주님**이 우리와 오가던 동안, 우리와 동반했던 여럿 중에서 한 사람,

21 So one of the men who have accompanied
us during all the time that the LORD Jesus
went in and out among us,

존이 세례를 주기 시작한 날부터, 우리로부터 사라진 날까지 함께한 사람 가운데 하나는 반드시, 우리처럼 그의 부활에 대한 증언자가 되어야 한다."

22 beginning from the baptism of John until
the day when he was taken up from us—
one of these men must become with us a
witness to his resurrection."

그래서 그들은 두 사람, 발사바스로 불리는 성이 저스터스인 조셒과, 맽싸야스를 지명했다.

23 And they put forward two, Joseph called
Barsabas, who was also called Justus, and
Matthias.

그리고 다음과 같이 기도했다. "모두의 마음을 아는 **주님**, 둘 중 당신의 선택을 보여서,

24 And they prayed and said, "You, LORD, who
know the hearts of all, show which one of
these two you have chosen,

그가 봉사직을 맡게 하여, 쥬더스 변심에 의한 선교제자 자리를 대체할수 있게 해주세요."

25 to take the place of this ministry and
apostleship from which Judas turned
aside to go to his own place."

다음 그들이 제비뽑기하자, 맽싸야스가 뽑혀, 그가 11제자에 추가로 가입되었다.

26 And they cast lots for them, and the lot fell
on Matthias, and he was numbered with

the eleven apostles.

● **가르침** ***Gospel*** 우리가 선교제자의 임무를 맡아 지저스 부활을 증언해야 한다.

선교실행 2 | 신성한영혼이 내려오다

Acts 2 | Coming of the Holy Spirit

필어의 연설에 감동했다

They moved on thier heart through Peter

펜테코스트 [부활 후 7번째 일요일 제자에게 신성한영혼이 내린] 날 모두 한곳에 모였다.

1 When the day of Pentecost arrived, they
were all together in one place.

갑자기 하늘에서 거센 바람같은 소리가 들려오더니, 그들이 앉아있는 집안을 가득 채웠다.

2 And suddenly there came from heaven a
sound like a mighty rushing wind, and it
filled the entire house where they were
sitting.

그리고 마치 불로 혀를 가르듯 나타나더니, 각각에게 내려앉았다.

3 And divided tongues as of fire appeared
to them and rested on each one of them.

그래서 신성한영혼이 채워지자, 그들은 마치 성령이 할말을 넣어준 것처럼 다른 언어로 말을 시작했다.

4 And they were all filled with the Holy Spirit
and began to speak in other tongues as
the Spirit gave them utterance.

이제 저루살럼에 살고 있는 쥬다인은 하늘 아래 전세계에서 온 사람들에게 헌신적이었다.

5 Now there were dwelling in Jerusalem
Jews, devout men from every nation
under heaven.

이 소리에 와있던 쥬다인 대부분이 어리둥절 했던 이유는, 외국인이 자기 모국어로 하는 말이 쥬다인에게 들렸기 때문이었다.

6 And at this sound the multitude came
together, and they were bewildered,
because each one was hearing them
speak in his own language.

쥬다인은 너무 놀라 이상해하며 말했다. "이들이 갤럴리어로 말하고 있는거 아냐?

7 And they were amazed and astonished, saying, "Are not all these who are speaking Galileans?

우리가 각자 모국어로 하는 말이 들리니 어떻게 된 거지?

8 And how is it that we hear, each of us in his own native language?

팔씨안스, 미더스, 일러마잍츠, 매소포태이미아 주민, 쥬디아, 캐퍼도시아, 폰터스, 애이쟈로마령,

9 Parthians and Medes and Elamites and residents of Mesopotamia, Judea and Cappadocia, Pontus and Asia,

프리지아, 팸퓔리아 이집트, 사이린 소속 리비아 일부지역, 로먼 방문객, 쥬다인과 개종자 및

10 Phrygia and Pamphylia, Egypt and the parts of Libya belonging to Cyrene, and visitors from Rome, both Jews and proselytes,

크리트, 어래이비아 사람까지, 그들이 우리 고유언어로 하는 말을 우리가 듣다니, **하나님**의 놀라운 위업이다."

11 Cretans and Arabians—we hear them telling in our own tongues the mighty works of God."

모두가 놀라고 어리둥절해서 서로 말했다. "대체 이게 무슨 일이지?"

12 And all were amazed and perplexed, saying to one another, "What does this mean?"

다른 사람은 농담조로 말했다. "이들이 새술에 잔뜩 취했나보다."

13 But others mocking said, "They are filled with new wine."

하지만 11제자와 함께 선 필어는, 큰소리로 이렇게 연설했다. "쥬디아와 저루살럼 주민들아, 너희에게 알리는 내 말에 귀를 기울여 들어봐라.

14 But Peter, standing with the eleven, lifted up his voice and addressed them: "Men of Judea and all who dwell in Jerusalem, let this be known to you, and give ear to my words.

지금 제3오전 9시 아침이니, 너희

15 For these people are not drunk, as you

가 짐작하듯, 이들은 술취한 게 아니다.

suppose, since it is only the third hour of
the day.

대신 이것은 예언자 조얼을 통해 언급된 것이다.

16 But this is what was uttered through the
prophet Joel:

"마지막날에 틀림없이 일어나는 일을 **하나님**이 다음과 같이 선언했다.

'내가 신체마다 나의 신성한영혼을 내려주면, 너희 아들딸은 예언하고, 너희 청년은 환상을 보며, 나이든 자는 꿈을 꾼다.

17 "And in the last days it shall be,
God declares, that
'I will pour out my Spirit on all flesh,
and your sons and your daughters
shall prophesy, and your young men
shall see visions, and your old men
shall dream dreams;

나의 남자종과 여자종조차 그날에 나의 신성한영혼을 부어, 그들도 예언을 말하게 하겠다.

18 *even on my male servants*
and female servants in those days
I will pour out my Spirit,
and they shall prophesy.

내가 하늘위에서 경이를 보이고, 땅밑에서 나타나는 표시로, 피와 불과 수증기를 일으키면,

19 *And I will show wonders*
in the heavens above
and signs on the earth below,
blood, and fire, and vapor of smoke;

해는 어둡게 변하고, 달은 핏빛으로 붉어지는데, 이는 엄청나게 위대하고 놀라운 날 곧 **주님**이 오기 전날의 일이다.

20 *the sun shall be turned to darkness*
and the moon to blood,
before the day of the LORD comes,
the great and magnificent day.

그날 실현되어 이루어지는 일은, 누구든지 **주님**의 이름을 부르면 구원받게 된다.'

21 *And it shall come to pass that*
everyone who calls upon the name
of the LORD shall be saved.'

"이즈리얼 사람아, 다음말을 들어봐라. 내저러쓰 출신 지저스는, 절대능력과 경이와 특별한 표시를 보이는 **하나님** 의도로 너희에게 체포되었다. **하나님**은, 잘 알다시피, 그를 너희 가운데 살게 했다.

22 "Men of Israel, hear these words: Jesus of Nazareth, a man attested to you by God with mighty works and wonders and signs that God did through him in your midst, as you yourselves know—

이 지저스를, **하나님**이 확고한 계획과 미래의 예지에 따라 넘기자, 너희가 무법자들 손을 통해 십자가형으로 죽였던 것이다.

23 this Jesus, delivered up according to the definite plan and foreknowledge of God, you crucified and killed by the hands of lawless men.

하나님이 그를 일으켜 세워, 죽음의 고통에서 풀어주었던 것은, 그를 가둘 수 없었기 때문이었다.

24 God raised him up, loosing the pangs of death, because it was not possible for him to be held by it.

대이빋이 그에 관해 다음을 말했다.

25 For David says concerning him,

"'나는 늘 내앞에 있는 **주님**을 본다. 그는 내 오른쪽에 있으므로, 나는 흔들리지 않을 수 있다.

" 'I saw the Lord always before me,
for he is at my right hand that
I may not be shaken;

그래서 가슴이 벅차고, 혀가 즐거우니, 내 몸은 희망속에 산다.

26 *therefore my heart was glad, and*
my tongue rejoiced;
my flesh also will dwell in hope.

이는 당신이 내 영혼을 지옥에 버려두지 않고, 유일신 당신의 신성한영혼이 부패하도록 내버려두지 않는 덕택이다.

27 *For you will not abandon my soul*
to Hadessheol,
or let your Holy One see corruption.

당신은 내게 생명의 길을 깨우치게 해주었으니, 당신이 곁에 있는 것만으로도 나의 기쁨은 완전하다.'

28 *You have made known to me the*
paths of life;
you will make me full of gladness
with your presence.'

"사람들아, 나는 너희에게 위대 한 대부 대이빋에 관해 자신있 게 말할 수 있다. 그는 죽어 묻 혔어도, 그 무덤은 오늘날 우리 와 함께 한다.

29 "Brothers, I may say to you with
confidence about the patriarch David
that he both died and was buried, and his
tomb is with us to this day.

게다가 한 예언자로서, **하나님**이 자기에게 약속한 맹세를 알고 있었으므로, 그 왕위에 자손 중 하나를 세우고자 했고,

30 Being therefore a prophet, and knowing
that God had sworn with an oath to him
that he would set one of his descendants
on his throne,

또 예견하며 크라이스트의 부활에 대해, 그는 지옥에 내동댕이 쳐지지 않고, 그의 신체가 부패하는 것도 보지 않게 된다고 말했던 것이다.

31 he foresaw and spoke about the
resurrection of the Christ, that he was not
abandoned to Hades*sheol*, nor did his flesh
see corruption.

이 사람이 바로 **하나님**이 일으켜 세우고, 우리가 증언하는 지저스다.

32 This Jesus God raised up, and of that we
all are witnesses.

그래서 **하나님** 오른편으로 높이 오른뒤, 하늘아버지로부터 신성한영혼에 대한 약속을 승인받고 퍼부어주는 그의 빛을, 너희가 보고 듣는 거다.

33 Being therefore exalted at the right hand
of God, and having received from the
Father the promise of the Holy Spirit, he
has poured out this that you yourselves
are seeing and hearing.

대이빋은 하늘로 오르지 않았지만, 자신에게 말했다.

34 "For David did not ascend into the
heavens, but he himself says,

'**주님**하나님이 나의 **주인님**지저스에게 말했다.
"너는 내 오른편에 앉아라.
내가, 너의 적으로 네 발판을 만들어주겠다."'

'The LORD said to my LORD,
"Sit at my right hand,
35 *until I make your enemies your*
footstool."

그러니 이즈리얼 집안 모두, 이 것만은 확실히 알자. 너희가 십자가에 못박은 지저스가, **하나님**이 만든 **주인님**이자 크라이스트머사야: 구원자라는 것을.”

36 Let all the house of Israel therefore know for certain that God has made him both Lord and Christ, this Jesus whom you crucified.”

사람들이 이 연설을 듣더니, 저마다 마음이 찔려, 핕어와 나머지 선교제자에게 말했다. “형제님, 이제 어떻게 해야죠?”

37 Now when they heard this they were cut to the heart, and said to Peter and the rest of the apostles, “Brothers, what shall we do?”

핕어가 말했다. “너희 모두 반성하고, 깨끗하게 정화되는 세례를 받으면, 지저스 크라이스트 이름으로 죄가 사면된다. 게다가 신성한영혼이라는 선물도 받는다.

38 And Peter said to them, “Repent and be baptized every one of you in the name of Jesus Christ for the forgiveness of your sins, and you will receive the gift of the Holy Spirit.

이 약속은 너희, 네 자손, 멀리 떨어진 사람을 위한 것이고, 우리 **주 하나님**을 부르는 모두를 위한 것이다.”

39 For the promise is for you and for your children and for all who are far off, everyone whom the Lord our God calls to himself.”

그는 또 갖가지 다른 말로 증언하며, 간절한 권유를 계속했다. “이런 부정부패로 구부러진 세대로부터 스스로 자신을 지켜라.”

40 And with many other words he bore witness and continued to exhort them, saying, “Save yourselves from this crooked generation.”

그때 그의 말을 기꺼이 받아들인 사람이 세례를 받아서, 당시 3천명 정도가 더해지게 되었다.

41 So those who received his word were baptized, and there were added that day about three thousand souls.

그들은 스스로 선교제자가 전하는 말을 열심히 들었고, 음식을 나누며 기도하는 마음을 함께

42 And they devoted themselves to the apostles' teaching and the fellowship, to

다졌다.

the breaking of bread and the prayers.

모두에게 경외심이 들게 된 이유는, 많은 경이와 증거표시가 선교제자를 통해 실행되었기 때문이었다.

43 And awe came upon every soul, and many
wonders and signs were being done
through the apostles.

믿는 모두가 함께 자리하며, 모든 것을 공유했다.

44 And all who believed were together and
had all things in common.

사람들은 재산과 소유물을 팔아, 필요한 사람에게 나누어주었다.

45 And they were selling their possessions
and belongings and distributing the
proceeds to all, as any had need.

또 때마다 그들은 성전 모임에 참석했고, 각자의 집에서 음식을 나누며, 즐겁고 편한 마음으로 식사했고,

46 And day by day, attending the temple
together and breaking bread in their
homes, they received their food with glad
and generous hearts,

하나님을 찬양하며, 모두와 사랑과 정을 나눴다. 그래서 **주님**에게 구원을 받으려는 사람수가 날마다 추가되었다.

47 praising God and having favor with all
the people. And the LORD added to their
number day by day those who were being
saved.

● **가르침** ***Gospel*** 신성한영혼을 받은 사람들이 즐겁고 편한 마음으로 서로 도움을 나누었다.

선교실행 3 | 핕어사이먼의 연설

Acts 3 | Peter's Sermon

지저스를 통한 믿음은 완벽한 내면의 건강이 된다

The faith through Jesus is the perfect health in you

핕어와 존이 제9오후 3시 기도시간에 함께 성전으로 올라갔다.

1 Now Peter and John were going up to the
temple at the hour of prayer, the ninth
hour.

그곳 사람들은, 태어날 때부터 다리를 저는 어떤 장애인을, 아름다운대문까지 매일 데려다주어, 성전에 들어가는 사람의 자선을 구걸하게 하고 있었다.

2 And a man lame from birth was being
carried, whom they laid daily at the gate
of the temple that is called the Beautiful
Gate to ask alms of those entering the
temple.

성전에 들어가려는 핕어와 존을 본 그가 자선을 얻게해 달라며 애원했다.

3 Seeing Peter and John about to go into
the temple, he asked to receive alms.

핕어가 그를 바라보는 사이, 존이 말했다. "우리를 보라."

4 And Peter directed his gaze at him, as did
John, and said, "Look at us."

그는 주목하며, 그들에게 무언가 받을 것을 기대하고 있었다.

5 And he fixed his attention on them,
expecting to receive something from
them.

핕어가 말했다. "내게 은과 금은 없어도, 가진 것을 네게 주겠다. 내저러쓰의 지저스 크라이스트

6 But Peter said, "I have no silver and gold,
but what I do have I give to you. In the

이름으로, 일어나 걸어라!"

name of Jesus Christ of Nazareth, rise up
and walk!"

필어가 오른손으로 붙잡아 그를 일으키자, 순간 그의 발과 발목 뼈에 힘이 생겼다.

7 And he took him by the right hand and
raised him up, and immediately his feet
and ankles were made strong.

그리고 벌떡 서더니 걷게 되자, 그들과 함께 성전으로 들어가, 걷고 뛰며 **하나님**에게 감사했다.

8 And leaping up, he stood and began to
walk, and entered the temple with them,
walking and leaping and praising God.

모두가 **하나님**을 찬양하며 걸어 다니는 그를 보자,

9 And all the people saw him walking and
praising God,

구걸하며 성전의 아름다운대문에 앉아 있던 그를 알아보더니, 그에게 일어난 경이에 깜짝 놀라게 되었다.

10 and recognized him as the one who sat at
the Beautiful gate of the temple, asking
for alms. And they were filled with wonder
and amazement at what had happened to
him.

그가 필어와 존에게 매달려 있는데, 완전히 경악한 사람들이 솔로먼의 현관에 있던 그들한테 달려왔다.

11 While he clung to Peter and John, all the
people, utterly astounded, ran together to
them in the portico called Solomon's.

필어가 이를 보고, 그들에게 연설했다. "이즈리얼 사람아, 왜 이것을 이상해하거나, 우리를 진지하게 응시하나, 이 사람을 걷게 한 것이 마치 우리 자신의 능력인듯, 경건해하며?

12 And when Peter saw it he addressed
the people: "Men of Israel, why do you
wonder at this, or why do you stare at us,
as though by our own power or piety we
have made him walk?

애이브러햄의 **하나님**이, 아이직과 재이컵과 우리 조상의 **하나님**은, 자기 종 지저스를 보고 기뻐했는데, 너희가 그를 넘기면서, 석방해주려는 파일렅의 결정마저 거부해버렸던 것이다.

13 The God of Abraham, the God of Isaac,
and the God of Jacob, the God of our
fathers, glorified his servant Jesus, whom
you delivered over and denied in the

presence of Pilate, when he had decided
to release him.

대신 너희는 신성한 정의의 존재를 부정하고, 살인자를 받아들이겠다고 요구했다.

14 But you denied the Holy and Righteous
One, and asked for a murderer to be
granted to you,

그다음 생명의 왕자를 죽이자, **하나님**이 그를 죽음에서 일으켰던 것이다. 우리는 이에 대한 증인이다.

15 and you killed the Prince*Author* of life, whom
God raised from the dead. To this we are
witnesses.

그 이름을 믿는 신념으로서 그의 이름은, 너희가 보고 알듯, 이 사람을 강하게 만들었고, 그에게 부여된 지저스를 통한 믿음이란, 너희 모두안에 완벽하게 내재된 건전한 신념인 것이다.

16 And his name—by faith in his name—
has made this man strong whom you see
and know, and the faith that is through
Jesus has given the man this perfect
soundness*health* in the presence of you all.

"형제들아, 이는 무지속 행동이었고, 통치자 역시 그랬음을 나는 안다.

17 "And now, brothers, I know that you acted
in ignorance, as did also your rulers.

이는 **하나님**이, 예언대로 수난을 당하는 미래의 크라이스트를 예언자의 입을 통해 전한 다음 실현시킨 일이었다.

18 But what God foretold by the mouth of all
the prophets, that his Christ would suffer,
he thus fulfilled.

따라서 잘못을 반성하고 마음을 되돌려 너희가 죄에서 벗어나도록,

19 Repent therefore, and turn back, that your
sins may be blotted out,

또 새로워져서 **주님** 앞에 나올 수 있도록, **하나님**이 크라이스트를 임명하여 너희를 위해 파견한 존재가 바로 지저스다.

20 that times of refreshing may come from
the presence of the LORD, and that he may
send the Christ appointed for you, Jesus,

이 모든 일을 복원하는 시기가 되면 하늘이 정화된 너희를 반드시 받아들인다고, 그의 신성한 예언자 입을 통해 오래전에 말했던 것이다.

21 whom heaven must receive until the time
for restoring all the things about which
God spoke by the mouth of his holy
prophets long ago.

모지스는 말했다.

'**주 하나님**이 너희 형제 중에서 나처럼 한 예언자를 세워서, 그가 들려주는 말을 너희가 듣게 할 것이다.

22 Moses said,
'The Lord God will raise up for you a
prophet like me from your brothers. You
shall listen to him in whatever he tells you.

누구든 그 예언자 말을 듣지 않는 자는 사람 가운데서 파멸된다.'

23 And it shall be that every soul who
does not listen to that prophet shall be
destroyed from the people.'

미래를 말한 새뮤얼부터 뒤이어 나타난 예언자 모두 한결같이 이날을 분명하게 말하고 있었다.

24 And all the prophets who have spoken,
from Samuel and those who came after
him, also proclaimed these days.

너희는 예언자의 자손이고, **하나님**이 우리 조상과 맺은 계약의 후손으로, 애이브러햄에게 이렇게 말했다.

'너희 후손으로 인해, 지구위 전 가정이 축복받는다.'

25 You are the sons of the prophets and of
the covenant that God made with our
fathers, saying to Abraham,
'And in your offspring shall all the families
of the earth be blessed.'

자기 종을 일으킨 **하나님**이, 앞서 너희에게 그를 보내어, 잘못에서 마음을 돌이키는 사람을 축복하고자 했다."

26 God, having raised up his servant, sent
him to you first, to bless you by turning
every one of you from your wickedness."

● **가르침** ***Gospel*** 하나님은 종을 통해 잘못을 후회하는 사람을 축복한다.

선교실행 8 | 필립이 이씨오피언과 대화

Acts 8 | Philip Talks with an Ethiopian

진심으로 믿으면 세례받을 수 있다

If you believe with all your heart, you may be baptized

쏠은 스티븐의 사형을 당연하게 여겼다. 당시 저루살럼 교회에 큰박해가 시작되자, 선교제자 이외 모두가 쥬디아와, 스매리아 곳곳으로 흩어졌다.

1 And Saul approved of his execution.
And there arose on that day a great
persecution against the church in
Jerusalem, and they were all scattered
throughout the regions of Judea and
Samaria, except the apostles.

헌신적인 사람들이 스티븐을 장례해주며, 대단히 슬퍼했다.

2 Devout men buried Stephen and made
great lamentation over him.

그러나 쏠은 교회를 파괴하며, 집집마다 들어가 남녀를 끌어내 감옥에 넣었다.

3 But Saul was ravaging the church, and
entering house after house, he dragged
off men and women and committed them
to prison.

한편 흩어진 제자는 가는 곳마다 **하나님**의 가르침을 전했다.

4 Now those who were scattered went
about preaching the word.

필립은 스매리아 도시로 가서, 사람들에게 크라이스트를 알렸다.

5 Philip went down to the city of Samaria
and proclaimed to them the Christ.

이에 한마음이 된 다수가 필립

6 And the crowds with one accord paid

이 하는 말을 진지하게 들었고, 그가 나타내보이며 실현하는 표시의 기적을 지켜보았다.

attention to what was being said by
Philip, when they heard him and saw the
signs*miracles* that he did.

불결한 악령이 크게 소리치며, 다수가 스며들었던 신체로부터 튀어나오자, 신체부자유자와 장애자들이 대부분 나았다.

7 For unclean spirits, crying out with a loud
voice, came out of many who had them,
and many who were paralyzed or lame
were healed.

그래서 그 도시가 대단히 기뻐했다.

8 So there was much joy in that city.

그 도시에는 사이먼이라는 사람이 있었는데, 이전부터 마법으로, 스매리아 사람을 놀라게 하며, 스스로 큰인물이라고 말했다.

9 But there was a man named Simon, who
had previously practiced magic in the city
and amazed the people of Samaria, saying
that he himself was somebody great.

주민은 지위가 낮으나 높으나 관심을 쏟으며, "**하나님**의 능력을 가진 이 사람은 위대하다"고 말했다.

10 They all paid attention to him, from the
least to the greatest, saying, "This man is
the power of God that is called Great."

그들이 그렇게 주목한 이유는, 그가 오랫동안 마법으로 사람의 감탄을 자아냈기 때문이었다.

11 And they paid attention to him because
for a long time he had amazed them with
his magic.

그러다 **하나님**왕국에 관한 좋은 이야기를 전하자, 그들이 퓔립을 믿고, 지저스 크라이스트 이름으로 남녀 모두 세례를 받게 되었다.

12 But when they believed Philip as he
preached good news about the kingdom
of God and the name of Jesus Christ, they
were baptized, both men and women.

마법사 사이먼조차 스스로 믿고 세례를 받은 뒤, 계속 퓔립과 같이 있으면서, 표시와 기적의 실현에 몹시 경이로워했다.

13 Even Simon himself believed, and after
being baptized he continued with Philip.
And seeing signs and great miracles
performed, he was amazed.

그때 저루살럼에 있던 선교제자가 스매리아주민이 **하나님** 가르침을 받아들였다는 소식을 듣고, 핕어와 존에게 파견을 부탁하자,

14 Now when the apostles at Jerusalem
heard that Samaria had received the word
of God, they sent to them Peter and John,

그들이 내려와 신성한영혼성령을 받을 수 있도록 스매리아인을 위해 기도했다.

15 who came down and prayed for them that
they might receive the Holy Spirit,

그들 중 아직 성령을 받은 이가 없었고, 단지 **주인님** 지저스의 이름으로 세례를 받았을 뿐이었던 것이다.

16 for he had not yet fallen on any of them,
but they had only been baptized in the
name of the LORD Jesus.

다음 그들이 주민에게 손을 얹자, 그들도 신성한영혼을 받게 되었다.

17 Then they laid their hands on them and
they received the Holy Spirit.

마법사 사이먼이 살펴보니, 선교제자가 손을 얹는 것으로 성령을 주는 것을 알았다. 그는 그들에게 돈을 내밀며,

18 Now when Simon saw that the Spirit
was given through the laying on of the
apostles' hands, he offered them money,

말했다. "내게도 이 능력을 주면, 내가 손을 얹는 자마다 성령을 받을 수 있을 텐데요."

19 saying, "Give me this power also, so that
anyone on whom I lay my hands may
receive the Holy Spirit."

핕어가 말했다. "네 돈이 너를 망친다. **하나님** 선물을 돈으로 얻을 수 있다고 생각하다니!

20 But Peter said to him, "May your silver
perish with you, because you thought you
could obtain the gift of God with money!

너는 **하나님** 앞에 바른 마음이 아니니, 이 사업의 부분적 역할도 안 된다.

21 You have neither part nor lot in this
matter, for your heart is not right before
God.

따라서 **주님**에게 기도로 너의 악의를 반성하면, 네 마음속 의도를 용서받을 수 있을지 모른다.

22 Repent, therefore, of this wickedness
of yours, and pray to the LORD that, if
possible, the intent of your heart may be
forgiven you.

내가 보기에, 너희한테는 죄의

23 For I see that you are in the gall of

덩어리가 들어있다는 생각이 든다."

bitterness and in the bond of iniquity."

사이먼이 말했다. "나를 위해 **주님**에게 기도해서, 당신이 말한 것이 내게 나타나지 않게 해주세요."

24 And Simon answered, "Pray for me to the
LORD, that nothing of what you have said
may come upon me."

그런식으로 그들은 **주님**의 말을 전하며 증언하고, 저루살럼으로 돌아왔다. 또 스매리아 마을마다 가스펄 **하나님** 가르침을 알렸다.

25 Now when they had testified and spoken
the word of the LORD, they returned to
Jerusalem, preaching the gospel to many
villages of the Samaritans.

주님의 천사가 필립에게 말했다. "일어나 남쪽의 저루살럼에서 가자사막에 이르는 길로 가라."

26 Now an angel of the LORD said to Philip,
"Rise and go toward the south to the road
that goes down from Jerusalem to Gaza."
This is a desert place.

그래서 필립이 떠나 길을 가는데, 어떤 이씨오피아인을 만났다. 그 내시는, 이씨오피아 여왕 캔더스의 재무를 담당하는 법원 관리로, 저루살럼까지 예배하러 왔다가,

27 And he arose and went. And there was
an Ethiopian, a eunuch, a court official of
Candace, queen of the Ethiopians, who
was in charge of all her treasure. He had
come to Jerusalem to worship

돌아가는 길에 마차에 앉아, 예언자 아이재야편을 읽고 있었다.

28 and was returning, seated in his chariot,
and he was reading the prophet Isaiah.

그때 신성한영혼이 필립에게 말했다. "마차에 올라, 합석해라."

29 And the Spirit said to Philip, "Go over and
join this chariot."

그래서 필립이 달려가, 그가 예언자 아이재야를 읽는 중이라는 말을 듣고, 물었다. "당신이 읽은 부분을 이해하나?"

30 So Philip ran to him and heard him
reading Isaiah the prophet and asked, "Do
you understand what you are reading?"

그가 말했다. "가르쳐주는 사람이 없는데, 내가 어떻게 이해해요?" 그는 필립에게 같이 앉기

31 And he said, "How can I, unless someone
guides me?" And he invited Philip to

를 청했다.

come up and sit with him.

그가 읽던 바이블 구절은 다음 이었다.

32 Now the passage of the Scripture that he
was reading was this:

"그는 도살장에 끌려간 양과 같이, 털을 깎는자 앞의 새끼양처럼 가만히 그의 입을 열지 않았다.

"Like a sheep he was led to the slaughter
and like a lamb before its shearer is silent,
so he opens not his mouth.

수모속에서 그의 정의는 거부되고 말았다. 누가 그 세대를 설명할수 있을까? 그의 생명이 땅에서 제거되고 말았던 것이다."

33 *In his humiliation justice was*
denied him.
Who can describe his generation?
For his life is taken away from the
earth."

내시가 퓔립에게 물었다. "궁금해요, 예언자가 말하는 그가 누구죠? 자신인가요, 다른 사람인가요?"

34 And the eunuch said to Philip, "About
whom, I ask you, does the prophet say
this, about himself or about someone
else?"

그래서 퓔립이 입을 열어, 그 바이블 구절을 비롯하여 그에게 지저스에 관한 좋은 이야기를 해주었다.

35 Then Philip opened his mouth, and
beginning with this Scripture he told him
the good news about Jesus.

그들이 계속 가다가, 어느 물가에 이르자, 내시가 말했다. "보세요, 여기 물이 있어요! 여기서 내가 세례를 받으면 안 될까요?"

36 And as they were going along the road
they came to some water, and the eunuch
said, "See, here is water! What prevents
me from being baptized?"

퓔립이 말했다. "당신이 진심으로 믿기만 하면 가능하다." 그가 대답했다. "나는 지저스 크라이스트가 **하나님** 아들이라고 믿어

37 And Philip said, "If you believe with all
your heart, you may." And he replied,
"I believe that Jesus Christ is the Son of

요."

God."

그가 마차를 세우도록 명령한 다음, 두 사람이 같이 물로 들어가자, 필립이 그에게 세례해주었다.

38 And he commanded the chariot to stop,
and they both went down into the water,
Philip and the eunuch, and he baptized
him.

그들이 물밖으로 나왔을 때, **주님**의 성령이 필립을 데려가서, 내시는 더 이상 그를 보지 못했지만, 그는 기뻐하며 제 갈길을 갔다.

39 And when they came up out of the water,
the Spirit of the Lord carried Philip away,
and the eunuch saw him no more, and
went on his way rejoicing.

한편 필립은 애조터스에서 눈에 띄었다. 그는 시저리아에 닿을 때까지 마을마다 가스펄 **하나님** 가르침을 전했다.

40 But Philip found himself at Azotus, and
as he passed through he preached the
gospel to all the towns until he came to
Caesarea.

● **가르침** ***Gospel*** 지저스 크라이스트 구원자가 하나님 아들임을 믿으면 세례받을수 있다.

선교실행 9 | 쏠폴의 개종과정
Acts 9 | Conversion of Saul

내가 고른 도구가 내 이름 전파

The instrument I chose made my name

여전히 쏠은 숨막히는 위협을 가하며, **주님**의 제자를 학살하다, 대제사장에게 갔다.

1 But Saul, still breathing threats and
murder against the disciples of the LORD,
went to the high priest,

그리고 드매스커스의 시너가그 교회로 보낼 편지를 요청하며, 이번 길에 발견되는 남녀를 묶어서 저루살럼까지 끌고 오겠다고 했다.

2 and asked him for letters to the
synagogues at Damascus, so that if he
found any belonging to the Way, men or
women, he might bring them bound to
Jerusalem.

그는 여행일정대로 드매스커스 가까이 왔는데, 갑자기 하늘에서 한 줄기 빛이 그 주위를 비추었다.

3 Now as he went on his way, he
approached Damascus, and suddenly a
light from heaven shone around him.

순간 그가 땅에 쓰러지며, 자신에게 말하는 어떤 목소리를 들었다. "쏠, 쏠아, 너는 왜 나를 박해하지?"

4 And falling to the ground, he heard a
voice saying to him, "Saul, Saul, why are
you persecuting me?"

그가 말했다. "당신은 누구죠?" **주님**이 말했다. "나는, 네가 박해하는 지저스다. 가시를 발로 차면, 네가 아프다.

5 And he said, "Who are you, LORD?" And
he said, "I am Jesus, whom you are
persecuting. It is hard for you to kick
against the prickle.

그러니 일어나 그 도시에 가면, 네가 해야 할일을 알게 된다."

6 But rise and enter the city, and you will be told what you are to do."

그와 함께 여행중인 사람들은 말없이 서서 음성을 들었지만, 아무도 보지 못했다.

7 The men who were traveling with him stood speechless, hearing the voice but seeing no one.

쏠이 땅에서 일어나 눈을 뜨고 있었는데, 아무것도 보이지 않았다. 그래서 사람들이 그의 손을 이끌어, 드매스커스까지 데려갔다.

8 Saul rose from the ground, and although his eyes were opened, he saw nothing. So they led him by the hand and brought him into Damascus.

그는 3일간 앞을 보지 못한 채, 먹지도 마시지도 않았다.

9 And for three days he was without sight, and neither ate nor drank.

한편 드매스커스에 제자가 있었는데, 이름이 애너나이어스였다. **주님**이 환상으로 그에게 말했다. "애너나이어스야!" 그가 말했다. "여기 있어요. **주님**."

10 Now there was a disciple at Damascus named Ananias. The Lord said to him in a vision, "Ananias." And he said, "Here I am, Lord."

주님이 말했다. "일어나, 스트레이트똑바른라고 부르는 거리로 간 다음, 쥬더스 집에서, 탈서스 출신 쏠이라는 사람을 찾아라. 그는 기도중에,

11 And the Lord said to him, "Rise and go to the street called Straight, and at the house of Judas look for a man of Tarsus named Saul, for behold, he is praying,

환상속에서 애너나이어스라는 사람이 온다는 것을 알고 있다. 네가 손을 얹어주면, 그는 시력을 되찾는다."

12 and he has seen in a vision a man named Ananias come in and lay his hands on him so that he might regain his sight."

그가 대답했다. "**주님**, 여러 사람한테 들었는데, 이 사람이 저루살럼의 당신 성도에게 나쁜 짓을 얼마나 많이 했는데요.

13 But Ananias answered, "Lord, I have heard from many about this man, how much evil he has done to your saints at Jerusalem.

그는 이곳 선임제사장의 권한을 갖고, 당신 이름을 부르기만하면 체포할 거예요."

14 And here he has authority from the chief priests to bind all who call on your name."

주님이 일렀다. "어서 가거라. 그는, 내가 고른 도구로, 앞으로 내 이름을 이민족과, 여러 왕과, 이즈리얼 자손에게 나르게 된다.

15 But the LORD said to him, "Go, for he is a chosen instrument of mine to carry my name before the Gentiles and kings and the children of Israel.

따라서 내가 그에게 보여줄 텐데, 그는 내 이름을 위하여 너무나 많은 어려움을 겪어야 할 거다."

16 For I will show him how much he must suffer for the sake of my name."

그래서 애너나이어스가 가서, 그 집에 들어가 그에게 손을 얹고 말했다. "쏠 형제야, 네가 오는 길에 나타난 **주님** 지저스가 나를 보냈는데, 너의 시력을 회복하면, 너는 신성한영혼성령이 가득차게 될 것이다."

17 So Ananias departed and entered the house. And laying his hands on him he said, "Brother Saul, the LORD Jesus who appeared to you on the road by which you came has sent me so that you may regain your sight and be filled with the Holy Spirit."

그 순간 그의 눈에서 비늘 같은 것이 떨어지더니, 시력이 되돌아왔다. 다음 그가 일어나 세례를 받았고,

18 And immediately something like scales fell from his eyes, and he regained his sight. Then he rose and was baptized;

또 음식을 먹자 힘이 솟았다. 그리고 며칠간 그는 드매스커스에 있는 제자와 함께 지냈다.

19 and taking food, he was strengthened. For some days he was with the disciples at Damascus.

그다음 곧바로 그는 시너가그 집회에서 지저스를 말하며, "그는 **하나님**의 아들"이라고 알렸다.

20 And immediately he proclaimed Jesus in the synagogues, saying, "He is the Son of God."

모두가 그 소문을 듣더니 너무 놀라 말했다. "지저스를 부르기만하면 죽여 저루살럼 참사를 저지른 자 아냐? 그 때문에 여기와, 사람을 잡아 선임제사장한테 끌고 가려는 거잖아?"

21 And all who heard him were amazed and said, "Is not this the man who made havoc in Jerusalem of those who called upon this name? And has he not come here for this purpose, to bring them bound before

the chief priests?"

그런데 쏠이 말의 강도를 더욱 높이자, 지금까지 드매스커스에 살면서 지저스가 크라이스트구원자라고 증언하던 쥬다인이 몹시 곤혼스러웠다.

22 But Saul increased all the more in
strength, and confounded the Jews who
lived in Damascus by proving that Jesus
was the Christ.

한동안 두고보던 쥬다인이 그를 죽일 음모를 꾸몄지만,

23 When many days had passed, the Jews
plotted to kill him,

그 음모는 쏠에게 들켜버렸다. 그들이 그를 죽이려고 밤낮으로 성문을 지키자,

24 but their plot became known to Saul. They
were watching the gates day and night in
order to kill him,

제자들이 밤에 쏠을 데려와, 바구니로 내려주어 성벽을 타고 가도록 밖으로 내보내주었다.

25 but his disciples took him by night and let
him down through an opening in the wall,
lowering him in a basket.

저루살럼까지 오게 된 쏠은 제자단에 입단하려고 시도했는데, 모두가 그를 두려워하며, 그가 제자가 되었다는 것을 믿지 않았다.

26 And when he had come to Jerusalem, he
attempted to join the disciples. And they
were all afraid of him, for they did not
believe that he was a disciple.

그러나 바너버스가 그를 선교제자에게 데려가 상황을 설명하며, 그가 어떻게 길에서 **주님**을 만났고, 무슨말을 해주었고, 어떻게 드매스커스에서 지저스 이름으로 대담하게 가르침을 전했는지 말해주었다.

27 But Barnabas took him and brought him
to the apostles and declared to them how
on the road he had seen the LORD, who
spoke to him, and how at Damascus he
had preached boldly in the name of Jesus.

그래서 그는 저루살럼에 있는 선교제자단을 드나들게 되었다.

28 So he went in and out among them at
Jerusalem, preaching boldly in the name
of the LORD.

그가 [그리스문명숭배 쥬다인] 헬레니스트그리션에게 이의를 제기하자, 그들도 쏠을 죽이려 했다.

29 And he spoke and disputed against the
Hellenists. But they were seeking to kill him.

동료들이 이를 알고, 쏠을 시저리아에 보낸 다음, [그의 고향] 탈서스로 가게 해주었다.

30 And when the brothers learned this, they
brought him down to Caesarea and sent
him off to Tarsus.

그때 교회는 쥬디아남부와 갤럴리북부 스매리아중부 전역에 걸쳐 안정된 자리를 잡아가는 중이었다. **주님**에 대한 경외감에 뒤를 따르며, 신성한영혼성령의 위안을 바라는 사람이 크게 늘었다.

31 So the church throughout all Judea and
Galilee and Samaria had peace and was
being built up. And walking in the fear of
the LORD and in the comfort of the Holy
Spirit, it multiplied.

한편 핕어사이먼는 여기 저기 사람 사이를 두루 돌아, 리다에 사는 성도한테도 오게 되었다.

32 Now as Peter went here and there among
them all, he came down also to the saints
who lived at Lydda.

거기서 어니어스라는 남자가, 8년째 몸이 마비되는 중풍으로 침대에 누워있는 것을 발견했다.

33 There he found a man named Aeneas,
bedridden for eight years, who was
paralyzed.

핕어가 말했다. "어니어스야, 지저스 크라이스트가 너를 고쳐준다. 일어나 네 침대를 정돈해라." 그러자 바로 그가 일어났다.

34 And Peter said to him, "Aeneas, Jesus
Christ heals you; rise and make your bed."
And immediately he rose.

리다 및 쉐론 주민 모두가 그를 보더니, 마음을 **주님**에게 돌렸다.

35 And all the residents of Lydda and Sharon
saw him, and they turned to the LORD.

그때 자파지역에 태버싸라는 이름의 여제자가 있었는데, 그리스어 발음은 돌카스어린영양였다. 그녀는 좋은 일을 하며, 빈민을 위한 자선활동을 많이 했다.

36 Now there was in Joppa a disciple
named Tabitha, which, translated, means
Dorcas*gazelle*. She was full of good works
and acts of charity.

그즈음 그녀가 병이나 죽자, 사람들이 몸을 씻겨 윗층에 안치해두었다.

37 In those days she became ill and died, and
when they had washed her, they laid her
in an upper room.

리다는 자파 근처였고, 제자는

38 Since Lydda was near Joppa, the disciples

필어가 그곳에 와있다는 소식에, 두 사람을 보내어 그에게 애원했다. "부디 지체없이 우리에게 와주세요."

hearing that Peter was there, sent two
men to him, urging him, "Please come to
us without delay."

그래서 필어가 일어나 그들과 같이 갔다. 그가 도착하자, 그들이 윗층으로 데려갔다. 미망인들이 모두 필어 옆에 서서 울면서, 돌카스가 생전에 만들었던 웃옷과 겉옷을 보여주었다.

39 So Peter rose and went with them. And
when he arrived, they took him to the
upper room. All the widows stood beside
him weeping and showing tunics and
other garments that Dorcas made while
she was with them.

그런데 필어는 모두를 내보낸 다음, 무릎을 꿇고 기도하며, 시신에게 돌아오도록 말했다. "태버싸야, 일어나라." 그러자 그녀가 눈을 뜨더니, 필어를 보고 일어나 앉았다.

40 But Peter put them all outside, and knelt
down and prayed; and turning to the
body he said, "Tabitha, arise." And she
opened her eyes, and when she saw Peter
she sat up.

그는 손을 내밀어 그녀를 일으킨 다음, 성도와 미망인들을 불러, 그녀가 살아있음을 보였다.

41 And he gave her his hand and raised her
up. Then, calling the saints and widows,
he presented her alive.

이것이 자파 전역에 알려져, 많은 사람이 **주님**을 믿게 되었다.

42 And it became known throughout all
Joppa, and many believed in the LORD.

그리고 그는 자파에서 가죽장인 사이먼한테서 꽤 오래 머물렀다.

43 And he stayed in Joppa for many days
with one Simon, a tanner.

● **가르침** ***Gospel*** 폴Paul로 개명한 쏠이 개종후, "지저스는 하나님 아들"이라고 말했다.

재임스의 편지 2 | 믿음과 실천

James 2 | Faith and Work

실천없는 믿음은 무익하다

나의 형제들아, 우리의 찬란한 빛의 **주님** 지저스 크라이스트를 믿으면서 사람을 차별하면 안 된다.

너희 모임에 금반지에 좋은 옷을 입은 사람도 오고, 허름한 옷을 입은 가난한 사람도 나타나는 경우,

좋은 옷을 입은 사람을 존중해, "이곳 좋은 자리에 앉기"를 권하면서, 가난한 사람에게는 "저기 발판쪽에 앉으라"고 한다면,

너희는 스스로 차별하며, 상대를 악의적으로 판결하게 되지 않을까?

들어봐라, 나의 사랑하는 형제들아, **하나님**은 세상의 가난한 자를 골라, 믿음으로 부자가 되게 하여, 자기를 사랑한 그들에

Faith without action is useless

1 My brothers, show no partiality as you
hold the faith in our LORD Jesus Christ, the
LORD of glory.

2 For if a man wearing a gold ring and fine
clothing comes into your assembly, and a
poor man in shabby clothing also comes
in,

3 and if you pay attention to the one who
wears the fine clothing and say, "You sit
here in a good place," while you say to the
poor man, "You stand over there," or, "Sit
down at my feet,"

4 have you not then made distinctions
among yourselves and become judges
with evil thoughts?

5 Listen, my beloved brothers, has not God
chosen those who are poor in the world to
be rich in faith and heirs of the kingdom,

게 약속한 왕국을 상속해주지 않을까?

which he has promised to those who love
him?

그런데 너희는 약자를 무시하고 있다. 너희를 압박하며 법정으로 끌고 나오는 쪽은 부자들이 아닐까?

6 But you have dishonored the poor man.
Are not the rich the ones who oppress
you, and the ones who drag you into
court?

너희를 불러내 네 명예를 모욕하는 자도 그들이 아닌가?

7 Are they not the ones who blaspheme
the honorable name by which you were
called?

너희가, "이웃을 자신처럼 사랑하라"는 바이블을 따르는 왕국의 법을 실행한다면, 아주 잘 하는 일이다.

8 If you really fulfil the royal law according
to the Scripture, "You shall love your
neighbor as yourself," you are doing well.

그러나 혹시 사람을 차별하면, 너희는 죄를 짓게 되므로, 법을 위반하는 유죄다.

9 But if you show partiality, you are
committing sin and are convicted by the
law as transgressors.

법전체를 지켰어도, 그 중 하나를 어기면, 그는 죄를 짓는 것이다.

10 For whoever keeps the whole law but fails
in one point has become guilty of all of it.

"매춘하지 말라"고 말하는 그가, "사람도 죽이지 말라"고 했다. 그런데 매춘하지 않았어도, 사람을 죽였다면, 너는 법위반자가 되는 것이다.

11 For he who said, "Do not commit
adultery," also said, "Do not murder."
If you do not commit adultery but do
murder, you have become a transgressor
of the law.

따라서 정직하게 말하고 정당하게 행동해야, 법아래에서 자유로 판결된다.

12 So speak and so act as those who are to
be judged under the law of liberty.

사람에게 관대하지 못한 판결을 내리면 무자비함을 보이게 된다. 관대한 사랑은 유죄를 이긴다.

13 For he shall have judgment is without
mercy to one who has shown no mercy.
Mercy triumphs over judgment.

나의 형제들아, 믿는다고 말하는 사람이 행동으로 실천하지 않으면, 뭐가 유익할까? 그런 믿음이 그를 구할 수 있을까?	14 What good is it, my brothers, if someone says he has faith but does not have works? Can that faith save him?
형제나 자매가 가난하여 헐벗고 매일 먹을 것이 없는데,	15 If a brother or sister is poorly clothed and lacking in daily food,
너희가 그들에게, "마음 편히, 따뜻하게 입고, 배불리 먹어라" 말만 하고, 신체에 필요한 것을 주지 않는다면, 뭐가 좋을까?	16 and one of you says to them, "Go in peace, be warmed and filled," without giving them the things needed for the body, what good is that?
그처럼 믿음 자체만 있고 실행이 없으면, 그 믿음은 죽은 거다.	17 So also faith by itself, if it does not have works, is dead.
누구는, "너는 믿음이 있고, 나는 실천을 한다"거나, "네가 실천없는 믿음을 보여라," "나는 실천하며 믿음을 보이겠다"라는 말도 한다.	18 But someone will say, "You have faith and I have works," "Show me your faith apart from your works," and "I will show you my faith by my works."
너희가 **하나님**은 유일신이라고 믿으면, 그것은 잘하는 것이다. 심지어 악마조차 믿고 전율할 일이다!	19 You believe that God is one; you do well. Even the demons believe—and shudder*tremble*!
너희가, 어리석은 사람처럼, 보여지기를 바라나, 실천없는 믿음이란 쓸모없지 않나?	20 Do you want to be shown, you foolish person, that faith apart from works is useless?
우리 조상 애이브러햄도 제단위에 아들 아이직을 제물로 올리는 실행으로 올바른 믿음을 인정받지 않았나?	21 Was not Abraham our father justified by works when he offered up his son Isaac on the altar?
너희도 알지만, 믿음은 실천이 따르는 행위이고, 자기 실천으로 믿음이 완성되는 것이며,	22 You see that faith was active along with his works, and faith was completed by his works;

또 바이블은 다음과 같이 실현 되었던 것이다. "애이브러햄이 **하나님**을 믿자, 그가 올바르다고 인정받았다." 따라서 그는 **하나님**의 친구로 불리게 되었다.

23 and the Scripture was fulfilled that says,
"Abraham believed God, and it was
counted to him as righteousness"—and
he was called a friend of God.

사람은 실천으로 정의를 인정받게 되지, 믿음만으로 되지 않는다는 것을 너희가 알아야 한다.

24 You see that a person is justified by works
and not by faith alone.

마찬가지로 매춘부 래이햅도, 전령을 받아들인 다음 다른 길로 보내준 행동을 하여, 올바르다고 인정받지 않았나?

25 And in the same way was not also Rahab
the prostitute justified by works when she
received the messengers and sent them
out by another way?

그래서 영혼이 분리된 신체가 죽음이듯, 실천없는 믿음 역시 죽은 것이다.

26 For as the body apart from the spirit is
dead, so also faith apart from works is
dead.

● **가르침** ***Gospel*** 믿음만 있고 실천이 없으면 죽은 믿음이다.

재임스의 편지 3 | 말조심하자

James 3 | Mind the Tongue

혀가 인생에 불을 지른다

A tongue is setting on fire the life

너희 모두 선생이 되려하지 마라. 나의 형제들아, 가르치는 자는 더 엄격한 평가를 받는다는 것을 알아야 한다.

1 Not many of you should become teachers,
my brothers, for you know that we
who teach will be judged with greater
strictness.

우리는 실수할 기회가 많다. 자기가 한 말로 실수하지 않는 사람이 있으면 그는 완전하고, 신체의 자제도 가능하다.

2 For we all stumble in many ways. And if
anyone does not stumble in what he says,
he is a perfect man, able also to bridle his
whole body.

말의 입에 재갈을 물려 복종시켜야, 우리가 동물의 신체를 잘 다룰 수 있다.

3 If we put bits into the mouths of horses so
that they obey us, we guide their whole
bodies as well.

또 배를 살펴보자. 배의 선체는 크지만 강풍에 떠밀릴 때, 아주 작은 방향키로 조종사가 가려는 수로로 이끌린다.

4 Look at the ships also: though they are
so large and are driven by strong winds,
they are guided by a very small rudder
wherever the will of the pilot directs.

마찬가지로 신체의 작은 부위인 혀는, 자랑이 엄청 크다. 작은 불씨 하나가 얼마나 거대한 숲을 불길로 휩싸는지!

5 So also the tongue is a small member,
yet it boasts of great things. How great a
forest is set ablaze by such a small fire!

혀는 부정한 세상의 불씨다. 신체의 한부분에 불과한 혀가 몸 전체를 오염시켜, 인생길 전체에 불을 질러 지옥까지 이글거리게 한다.	6 And the tongue is a fire, a world of unrighteousness. The tongue is set among our members, staining the whole body, setting on fire the entire course of life, and set on fire by hell*sheol*.
온갖 종류의 짐승, 조류새, 파충류뱀, 바다생물마저, 인류가 길들일 수 있고, 그래서 지금까지 길들여 왔지만,	7 For every kind of beasts and bird, of reptile*serpents* and sea creature, can be tamed and has been tamed by mankind,
혀를 길들일 수 있는 사람은 없다. 이것은 들뜬 맹독성 악이다.	8 but no human being can tame the tongue. It is a restless evil, full of deadly poison.
혀로 **주인님**과 하늘아버지에게 감사하는가 하면, 그 혀로 **하나님** 모습으로 만들어진 인간을 저주하기도 한다.	9 With it we bless our LORD and Father, and with it we curse people who are made in the likeness of God.
같은 입에서 축복과 저주가 나오다니, 나의 형제야, 그렇게 하면 안 되는 것이다.	10 From the same mouth come blessing and cursing. My brothers, these things ought not to be so.
한 우물에서 민물담수과 짠물염수이 같이 나오던가?	11 Does a spring pour forth from the same opening both fresh and salt water?
형제들아, 무화과나무가, 올리브 열매를 맺거나, 포도나무가 무화과를 생산하던가? 염호수소금물는 담수를 뿜어낼 수 없는 거다.	12 Can a fig tree, my brothers, bear olives, or a grapevine produce figs? Neither can a salt pond yield fresh water.
너희 가운데 지혜롭고 이해력을 가진 자는 누구인가? 있다면 그를 앞세워 부드러운유연한 지혜를 발휘하여 실천의 모범을 보이게 해라.	13 Who is wise and understanding among you? By his good conduct let him show his works in the meekness of wisdom.
하지만 혹시 네 마음에 씁쓸한 질투와 이기적 욕심이 있다면, 떠벌리지 말고 거짓을 말하지 않게 해야 한다.	14 But if you have bitter jealousy and selfish ambition in your hearts, do not boast and be false to the truth.

그런 것은 위에서 내려오는 지혜가 아닌, 땅바닥에서 나오는 비영혼적 악의이다.

15 This is not the wisdom that comes down from above, but is earthly, unspiritual, demonic.

질투와 이기적 욕구가 있는 곳마다, 무질서와 부도덕적 관행이 자리할 것이다.

16 For where jealousy and selfish ambition exist, there will be disorder and every vile practice.

반면 위에서 내리는 지혜는, 무엇보다 순수하여, 평화롭고, 부드럽고, 분명하고, 사랑이 넘쳐서, 공정하고 진실한 좋은 열매를 맺는다.

17 But the wisdom from above is first pure, then peaceable, gentle, open to reason, full of mercy and good fruits, impartial and sincere.

그래서 정의는 평화를 만드는 사람이 심은 평화를 거두는 일이다.

18 And a harvest of righteousness is sown in peace by those who make peace.

● **가르침** ***Gospel*** 평화를 만드는 사람이 심은 평화의 열매를 추수하는 일이 정의실현이다.

77 Story Bible 영어회화
영어로 이야기

초판 인쇄 2023년 6월 20일
초판 발행 2023년 6월 20일

지은이 | 세니카 B. 정희정
펴낸곳 | 영어로연구소
서울시 종로구 종로34, 알파빌딩 201호
Email | englishlo@naver.com

ISBN 979-11-85345-28-4 (03200)
정가 25,000원